[MIRROR]

imaginist

054

为了人与书的相遇

M 译丛序

“如果没有翻译，”批评家乔治·斯坦纳（George Steiner）曾写道，“我们无异于住在彼此沉默、言语不通的省份。”而作家安东尼·伯吉斯（Anthony Burgess）回应说：“翻译不仅仅是言词之事，它让整个文化变得可以理解。”

这两句话或许比任何复杂的阐述都更清晰地定义了理想国译丛的初衷。

自从严复与林琴南缔造中国近代翻译传统以来，译介就被两种趋势支配。

它是开放的，中国必须向外部学习；它又有某种封闭性，被一种强烈的功利主义所影响。严复期望赫伯特·斯宾塞、孟德斯鸠的思想能帮助中国获得富强之道，林琴南则希望茶花女的故事能改变国人的情感世界。他人的思想与故事，必须以我们期待的视角来呈现。

在很大程度上，这套译丛仍延续着这个传统。此刻的中国与一个世纪前不同，但她仍面临诸多崭新的挑战。我们迫切需要他人的经验来帮助我们应对难题，保持思想的开放性是面对复杂与高速变化的时代的唯一方案。但更重要的是，我们希望保持一种非功利的兴趣：对世界的丰富性、复杂性本身充满兴趣，真诚地渴望理解他人的经验。

M译丛主编

梁文道　刘瑜　熊培云　许知远

[美] 康拉德 · H. 雅劳施 著　　王晨 译

破碎的生活：
普通德国人经历的 20 世纪

KONRAD H. JARAUSCH

BROKEN LIVES:
HOW ORDINARY GERMANS EXPERIENCED
THE 20TH CENTURY

广西师范大学出版社
· 桂林 ·

Broken Lives: How Ordinary Germans Experienced the 20th Century
by Konrad H. Jarausch

著作权合同登记图字：20–2021–323

图书在版编目(CIP)数据

破碎的生活：普通德国人经历的20世纪 / (美) 康拉德·H.雅劳施著；王晨译. -- 桂林：广西师范大学出版社, 2022.1（2024.1重印）

书名原文: Broken Lives: How Ordinary Germans Experienced the 20th Century

ISBN 978-7-5598-4523-8

Ⅰ.①破… Ⅱ.①康…②王… Ⅲ.①德国–历史–研究–现代 Ⅳ.①K516.4

中国版本图书馆CIP数据核字(2021)第260001号

广西师范大学出版社出版发行

广西桂林市五里店路9号　邮政编码：541004
网址：www.bbtpress.com

出 版 人：黄轩庄
责任编辑：黄平丽
特约编辑：刘广宇　梅心怡
装帧设计：陆智昌
内文制作：李丹华
全国新华书店经销
发行热线：010–64284815
山东临沂新华印刷物流集团有限责任公司

开本：965mm × 635mm　1/16
印张：29.75　字数：395千字　图片：31幅
2022年1月第1版　2024年1月第3次印刷
定价：108.00元（精装）

如发现印装质量问题，影响阅读，请与出版社发行部门联系调换。

目 录

第三部分　战后的成年

人物介绍

1. 关键个体（提到超过 80 次）

埃迪特 · 舍夫斯基（Edith Schöffski），1928 年生于柏林一个宗派主义的新教家庭，家中贫苦，读书不多。她照顾自己的妹妹，做过电话接线员，经历了密集轰炸，在俄军占领和战后的饥寒中幸免于难，遇到了自己的难民丈夫，尽管贫困潦倒但还是建立了自己的家庭。

埃里克 · 黑尔默（Erich Helmer），1922 年生于布伦瑞克（Braunschweig），父亲是位不满时局的新教牧师，反对第三帝国。他没有加入希特勒青年团，在空军服役，后从战俘营逃亡。他在东德生活，但在西德读完了文理高中。后学习神学，并与民族主义教会发生争执，成为不满时局的教士，离开了官方教会。

保罗 · 弗伦策尔（Paul Frenzel），1920 年生于莱比锡一个下层中产阶级家庭，曾在国防军工程营服役，后戏剧性地逃离俄军战俘营，学了会计，加入德国社会民主党（Sozialdemokratische Partei Deutschlands, SPD），是一名银行业者和金融专家，曾与德国统一社会党（Sozialistische Einheitspartei Deutschlands, SED）有过冲突，批评计划经济，成为斯塔西（Stasi）的目标，退休后被允许搬到联邦德国。

弗里茨·克莱因（Fritz Klein），1924年生于柏林一个从事民族主义出版的上层阶级家庭，继父是位教育家。他曾经毫无热情地在军队服役，后转向共产主义，学习了马克思主义历史。担任过专业期刊的编辑，受到惩戒，被调到科学院，成为民主德国著名历史学家和戈尔巴乔夫的支持者。

格哈德·克拉普夫（Gerhard Krapf），1924年生于迈森海姆（Meissenheim），父亲是个富有魅力的新教教士。他是个爱国青年，在国防军担任炮兵军官，被俄国人囚禁了几年。后来在卡尔斯鲁厄（Karlsruhe）学习音乐，成为一名风琴手和作曲家，借交流年的机会移民美国，成为爱荷华大学（University of Iowa）的教授。

格哈德·约阿希姆（Gerhard Joachim），1926年生于斯德丁（Stettin）* 一个有一半犹太血统的商人家庭，曾加入过空军，试图开小差，结果遭到囚禁。后来成功逃往俄军前线，成为社会主义理想主义者，担任过文化官员，与党的路线发生冲突，受到惩戒。他的一个儿子在西德自杀。曾对戈尔巴乔夫抱有希望，对统一感到失望。

海因茨·舒尔泰斯（Heinz Schultheis），1921年生于吉森（Giessen），父亲是个富有的店主。他参加了希特勒青年团，被征入劳动军，担任工程兵，在战斗中活了下来。后学习化学，担任大学研究助理，加入顶尖的化工企业巴斯夫公司（BASF），开始了成功的商业生涯。

赫尔穆特·拉什多夫（Hellmut Raschdorff），1922年生于卡塞尔（Kassel）一个天主教商人家庭，对第三帝国抱有怀疑，

---

* 今波兰什切青（Szczecin）。——编注

做过商业学徒，志愿参军并负伤，后被送往海峡群岛（Channel Islands），开始挨家挨户叫卖自己生产的纺织品，通过“经济奇迹”中典型的辛勤劳动取得成功，喜欢汽车、房子、登山和旅行。

霍斯特·格罗图斯（Horst Grothus），1925年生于埃森（Essen），继父是位成功的律师。他是希特勒青年团空军成员，第三帝国的热情支持者，于战争末期被俘，在俄军战俘营失去了双脚，后来在叔叔的公司担任经理，成为独立管理顾问，摇身一变成了自由民主派、和平主义者与社会活动家。

霍斯特·约翰森（Horst Johannsen），1929年生于巴姆贝克（Barmbek），父亲是个没有特长的工人。共产党员，童年时被送到特兰西瓦尼亚（Transylvania），在战争末期被征召入伍，离开部队回家后，成为德国统一社会党的奴隶劳工。他是个音乐表演者，学习工程，当过铁路运务员和化工集团的调度员，不满民主德国的计划经济。

卡尔·黑特尔（Karl Härtel），1923年生于布雷斯劳（Breslau）*的一个工人阶层家庭，曾在国防军服役，后从法军战俘营逃出，接受了电工和机械工训练，在夜校学习工程，在民主德国的“化工三角”工作，柏林墙建起前逃往西德，在联邦德国的核设施中开始新的生涯。

露特·布尔文（Ruth Bulwin），1922年生于卡塞尔，父亲是个暴虐的流动推销员。她曾是狂热的德国少女联盟（Bund Deutscher Mädel，BDM）成员，战争期间嫁给了一名希特勒青年团领袖，后者也是党卫队士兵。她在被占领的布拉格生活过，后从民主德国（东德）逃往联邦德国（西德），在政府部门工作，帮助丈夫造了房子，成立了一家独立的商业公司。

罗伯特·诺伊迈尔（Robert Neumaier），1924年生于拉尔（Lahr）

* 今波兰弗罗茨瓦夫（Wrocław）。——编注

的一个有瑞士和德国双国籍的商人家庭，成长于天主教环境中，做过焊工学徒，是空军志愿兵，在斯大林格勒和诺曼底幸免于难。战后学习工程，专长是循环水泵设计，写过几本书，成为所在领域的国际权威。

维尔纳 ·“汤姆”· 安格雷斯（Werner “Tom” Angress），1920 年生于柏林一个富裕的犹太人家庭，在格罗斯布雷森（Gross Breesen）学习务农，1938 年逃离德国，在美国弗吉尼亚的海德农场（Hyde Farmlands）工作。后加入美军情报部，空降登陆诺曼底，凭着美国《退伍军人权利法案》(GI Bill) 上了大学，成为德国史学家，退休后回到柏林。

乌尔苏拉 · 贝伦伯格（Ursula Baehrenburg，根据本人要求化名），1927 年生于波美拉尼亚（Pomerania）一个面包师家庭，遭红军士兵强暴，被驱逐到西柏林。后学习教育，作为特殊教育老师在法兰克福城外的多所学校工作，人际交往上有困难，退休后与童年时的朋友生活在一起。

乌尔苏拉 · 马伦多夫（Ursula Mahlendorf），1929 年生于斯切林（Strehlen）的一个中产阶级家庭，支持战争，在西里西亚（Silesia）最后的战斗中被捕，遭到波兰人的驱逐。在西德读完高中，学习多种语言，享受在美国的交流年。后来移民美国，成为德国研究教授，是民族社会主义的激烈批评者。

约阿希姆 · 费斯特（Joachim Fest），1926 年生于柏林，父亲是一名保守的天主教高中老师，对第三帝国不满。他没有参加希特勒青年团，1944 年志愿加入德军，被美军俘虏后获释。后学习法律和艺术史，为美军占领区的电台工作，成为著名记者和历史学家。

2．次要主角（提到超过 40 次）

阿尔贝特 · 贡珀茨（Albert Gompertz），1921 年生于盖尔森基兴（Gelsenkirchen），父亲是富有的犹太皮货商，后移民美国，在美军服役，成为美国公民和成功的商人。

埃丽卡·陶布霍恩（Erika Taubhorn），1928 年生于巴门（Barmen），家境贫苦，德国少女联盟成员，做过裁缝学徒，克服了战后的艰难岁月，是工人阶层的家庭主妇。

埃娃 · 施特恩海姆–彼得斯（Eva Sternheim–Peters），1925 年生于帕德博恩（Paderborn），狂热的希特勒青年团领袖，战后学习教育学，先后当过高中老师和心理医生。

安内利泽 · 胡贝尔（Anneliese Huber），1920 年生于瓦尔茨胡特（Waldshut），父亲是共产党员。她受训成为时装销售员，丈夫死于战争。她曾为保险公司工作，第二任丈夫是警察，家庭主妇。

彼得 · 盖伊（Peter Gay），1923 年生于柏林一个同化犹太人家庭，本名彼得 · 弗勒利希（Peter Fröhlich）。1939 年从纳粹德国逃往古巴，1941 年来到美国，成为著名的历史学家。

弗兰克 · 艾克（Frank Eyck），1920 年生于柏林，父亲是位著名的犹太律师和政治家，他被送到英国的寄宿学校上学，在英国占领军中服役，后成为加拿大的欧洲史学家。

格哈德 · 鲍克（Gerhard Baucke），1919 年生于柏林，父亲是面包师和纳粹党员。他是国防军的幸存者，民主德国的记者，西柏林的反共主义者，成功的印刷公司所有者。

格哈特 · 塔姆（Gerhardt B. Thamm），1930 年生于亚沃尔（Jauer），西里西亚的童子兵，苏联的奴隶劳工，被波兰人驱逐，后移民美国，成为情报分析师和作家。

汉斯 · 克维萨（Hans R. Queiser），1921 年生于奥博施泰因

（Oberstein），希特勒青年团领袖，空军志愿兵，机尾射击手，纳粹战地记者，战后成为民主派记者。

汉斯·陶施（Hans Tausch），1922 年生于维尔德施泰因（Wildstein），苏德台区日耳曼人，军官，战俘，被捷克人驱逐，后来在巴伐利亚（Bavaria）当高中古典学老师。

赫尔曼·德布斯（Hermann Debus），1926 年生于布尔（Buer），爱国的德国"海军特种部队"成员，当过莱茵河上的船长，化工厂轮班工，地方房地产官员，因残疾退休，业余话剧演员。

霍斯特·安德烈（Horst Andrée），1927 年生于波美拉尼亚，父亲是个护林员。他作为国防军成员在意大利服役，成为战俘，后从东德逃到西德，接受护林员训练，成为莱茵兰-普法尔茨州（Rhineland-Pfalz）的一名护林员。

吉塞拉·格罗图斯（Gisela Grothus），1920 年生于柏林一个上层阶级家庭，对第三帝国不满，受训成为医疗技术人员，管理顾问助手，女权主义活动者。

克劳斯·许布施曼（Klaus Hübschmann），1932 年生于图林根（Thuringia），父亲是个医生。他学习医学，成为波茨坦（Potsdam）儿科诊所的主任，退休后成了业余音乐学家。

雷娜特·芬克（Renate Finckh），1926 年生于乌尔姆（Ulm），德国少女联盟领袖，学习德语和历史，是 8 个孩子的母亲，年轻作家，后搬到法国南部。

露特·克吕格（Ruth Klüger），1931 年生于维也纳，父亲是个犹太医生。她从特莱西恩施塔特（Theresienstadt）* 和奥斯维辛集中营幸存下来，1947 年移民美国，是作家和德语文学教授。

露特·魏格尔特（Ruth Weigelt），1922 年生于施莱伯豪 / 西

* 即泰雷津（Terezin）集中营，特莱西恩施塔特是它的德语名称。——编注

里西亚（Schreiberhau/Silesia）的一个餐厅经营者家庭，第三帝国国家劳役团成员，战时结婚，1957年被波兰人释放，在施瓦本（Swabia）艰难地开始新生活。

露西·曼德尔施塔姆（Lucy Mandelstam），1926年生于维也纳一个中等收入的犹太家庭，被送到特莱西恩施塔特和奥斯维辛集中营，从死亡行军中幸存下来，后移民以色列。

罗瑞·瓦尔布（Lore Walb），1919年生于阿尔蔡（Alzey），狂热的希特勒青年团领袖，战时学习德语，战后成为记者和女权主义者，为西南广播公司和巴伐利亚广播公司工作。

马丁·西格（Martin Sieg），1927年生于东普鲁士，国防军士兵，学习神学，奥斯纳布吕克（Osnabrück）的新教牧师，神学作家，纳粹统治的批评者。

维尔纳·费格尔(Werner Feigel),1924年生于普劳恩(Plauen)，军用卡车司机，东德警官，尽管对德国统一社会党有异议，但仍是个坚定的共产党员，前东德精英的代言人。

3. 次要个体（提到超过5次）

阿尔贝特·莱特霍尔德（Albert Leithold），1923年生于代利奇（Delitzsch），化学家和民主德国的批评者。

阿尔弗雷德·科辛（Alfred Kosing），1928年生于东普鲁士，东德马克思主义哲学家。

阿格内斯·莫斯曼（Agnes Moosmann），1925年生于博德内格（Bodnegg），施瓦本的家庭主妇和官员。

埃伯哈德·朔尔茨-奥伊勒（Eberhard Scholz-Eule），1921年生于西里西亚的赖兴巴赫（Reichenbach），难民。

贝蒂娜·费尔（Bettina Fehr），1922年生于法兰克福，书商，家庭主妇。

本诺·舍夫斯基（Benno Schöffski），1923年生于皮劳（Pillau），东普鲁士难民。

迪特尔·舍恩哈尔斯（Dieter Schoenhals），1926年生于吉森，后移民瑞典，日耳曼学家。

多萝特·泽勒（Dorothee Sölle），1929年生于科隆，新教神学家和活跃分子。

弗里茨·斯特恩（Fritz Stern），1926年生于布雷斯劳，犹太人，后移民美国，历史学家。

格奥尔格·伊格斯（Georg Iggers），1926年生于汉堡，犹太人，后移民美国，历史学家。

格特鲁德·科赫（Gertrud Koch），1924年生于科隆，共产党抵抗运动战士，家庭主妇。

古斯塔夫·埃尔勒（Gustav Ehrle），1927年出生，二战士兵，德国联邦国防军成员。

海因茨·策格尔（Heinz Zöger），1915年生于莱比锡，共产党记者，后逃往联邦德国。

海因茨·耶胡达·迈尔施泰因（Heinz Jehuda Meyerstein），1920年生于哥廷根，犹太人，后逃往以色列。

海因里希·约翰·布施曼（Heinrich Johann Buschmann），1922年生于埃森，东德农学家。

汉斯-格尔德·内格莱因（Hans-Gerd Neglein），1927年生于威斯特法伦（Westphalia），西门子董事会成员，环保主义者。

汉斯-哈拉尔德·席尔默（Hans-Harald Schirmer），1924年生于沃尔芬比特尔（Wolfenbüttel），工人，社会民主党政客。

加布里尔·贝格尔（Gabrie Berger），1944年生于法国，犹太物理学家，民主德国难民。

杰克·巴鲁赫·凯尔（Jack Baruch Keil），1926年生于柏林，犹太难民，美国会计。

君特·格罗斯（Günter Gros），1920年生于吉森，战俘营逃脱者，眼科医生。

君特·哈格曼（Günter Hagemann），1921年生于汉堡，工人和社会民主党政客。

君特·克劳泽（Günter Krause），1920年生于格拉（Gera），机械工程师，东德难民。

君特·曼茨（Günter Manz），1922年生于柏林，东德经济学家。

卡洛拉·施特恩（Carola Stern），1925年生于阿尔贝克（Ahlbeck），西德自由派记者。

克里斯特尔·拜尔曼（Christel Beilmann），1921年生于波鸿（Bochum），天主教青年活跃分子。

克里斯特尔·格罗舍克（Christel Groschek），1928年生于柯尼希斯贝格（Königsberg），被驱逐者，家庭主妇。

露特·埃利亚斯（Ruth Elias），1922年生于俄斯特拉发（Ostrava），生活在以色列的大屠杀幸存者。

马丁·格赖芬哈根（Martin Greiffenhagen），1928年生于布雷默弗德（Bremervörde），西德政治科学家。

玛丽·雅洛维茨·西蒙（Marie Jalowicz Simon），1922年生于柏林，大屠杀幸存者，教授。

玛丽安娜·布施（Marianne Busch），奥斯维辛的老师，纳粹同谋。

尼扎·加诺尔（Niza Ganor），原名安娜·弗伦克尔（Anna Fränkel），1925年生于利沃夫（Lviv），奴工和奥斯维辛集中营幸存者，现居以色列。

索尼娅·科列斯尼克（Sonja Kolesnyk），1928年生于莱特尼亚（Letnia），乌克兰奴工。

威尔·泽尔曼–埃格贝特（Will Seelmann–Eggebert），1923年生于柏林，军官，联邦国防军成员。

威廉·霍迈尔（Wilhelm Homeyer），1913年生于哈默尔恩（Hameln），国防军士兵，俄军战俘。

威廉·科列斯尼克（Wilhelm Kolesnyk），1927年生于维也纳，乌克兰纳粹同谋。

维尔纳·布劳内（Werner Braune），1936年生于柏林，东德新教牧师。

维尔纳·瓦姆布伦（Werner Warmbrunn），1920年生于法兰克福，犹太人，后移民美国，日耳曼学家。

雅各比娜·维托拉（Jakobine Witolla），1923年生于东普鲁士，因躲避红军而逃到联邦德国。

伊尔莎·波拉克（Ilse Polak），1927年生于帕彭堡（Papenburg），后移民美国。

伊雷妮·阿伦费尔德（Irene Alenfeld），1933年生于柏林，有一半犹太血统的幸存者，翻译，后移民法国。

伊姆加德·米勒（Irmgard Mueller），20世纪20年代生于哈雷（Halle），奥斯维辛集中营幸存者，在美国担任秘书。

英格博格·黑希特（Ingeborg Hecht），1921年生于汉堡，作家，有一半犹太血统的幸存者。

英格丽德·博克（Ingrid Bork），1928年生于柏林，家庭主妇。

约阿希姆·贝斯曼（Joachim Bässmann），银行家，奥斯维辛的党卫队凶手。

导言

德国人经历的叙事

与年长的德国人谈论他们的过去会引出令人称奇的故事，其中的所谓事实经常比小说更离奇。比如，1945 年 3 月 16 日夜，在一次英军对中世纪古城维尔茨堡（Würzburg）的轰炸中，托尼 · 舍费尔（Toni Schöffel）与她的三个年幼的孩子在防空洞里挤作一团。当通风井被击中时，“他们陷入恐慌，因为烟飘进了房间”。挖开被堵住的入口后，他们面对的是火的地狱，自家房子的正面已经被烧塌。“大火形成的气流如此猛烈，托尼不得不抓住孩子们，以防他们被卷走。”最小的女孩坐在手推车上，这些满身污泥的幸存者不得不步行 25 公里，直到一位友好的农民最终接纳了他们。但他们的父亲保罗仍然没有音信，他正在前线服役 ：“他被击中了吗？已经阵亡了吗？”[1] 在战后恢复的表象之下，几乎每个家庭都有这种生活被破坏或丧失亲人的故事，显示了独裁和战争的毁灭性影响。

倾听这样的故事能大大拓宽我们对 20 世纪的了解，因为它把普通人放回到关于重大事件广为人知的叙事中。这种角度的倒置不再专注于高层政治的进程，而是突出了人的维度，显示了一种长期苦难和意外幸福的奇特混合。贝蒂娜 · 费尔回忆说 ：“只有通过重

述个人命运，才能真正理解人们遭遇的千百种不幸。”一方面，许
多人同不受他们控制的力量苦苦搏斗，变成纳粹等独裁者要求的共
2 谋。另一方面，尽管面对自由主义西方和社会主义东方之间的冷战
对峙，从这些灾难中走出的幸存者还是重建了自己的生活。因此，
对普通人生活的持续关注将灾难和重建的宏大故事分解成了无数关
于生存和恢复的个体故事，显示了政治冲突无法抵御的影响。这种
影响既打破了和平的存在，也提供了新的机会。[2]

在这些个人叙述中，纳粹独裁、二战和大屠杀是中心旋涡，无可挽回地改变了数以百万计的人的生活轨迹。虽然一战和恶性通胀造成的痛苦看上去已经够糟了，但魏玛共和国还是提供了进步将会重启的希望之光。然而，大萧条的灾难后果引发了大众的不满，新的民族社会主义运动趁机上位，通过提供一种扭曲的民族情感恢复了德国人的骄傲。尽管这些故事印证了希特勒最初受到的欢迎，但它们也表明了通过战场交火、平民轰炸和种族清洗，罪恶的毁灭战争如何最终反过来不断伤害德国人民自己。战争最后岁月里的戏剧性转变把曾经的作恶者变成了受害者，在人们的头脑中刻下了深深的印记，因为这导致那么多人丧生，就连那些足够幸运地存活下来的人身上也留下了疤痕。[3]

这些生命故事还暗示，更加和平的 20 世纪下半叶为个体带去了一些宽慰，让他们可以重建破碎的生活，继续进行自己的私人事务。许多战后的决定有意无意地避免重复过去灾难的可能。冷战期间，想要在一定程度上恢复正常状态，个人和集体需要专注当下，付出巨大的努力。西德所追求的物质财富和东德追求的社会平等在几十年间吸引了大量关注。许多人成功地忘记了自己的噩梦，他们重建了个人关系，沉浸在职业成功中，通过买车、建房和国外旅行收获着繁荣的战利品。但对一些人来说，随着他们的退休，战败、逃亡、驱逐和战后饥荒的可怕记忆卷土重来，迫使他们接受迟来的

清算。正是这个痛苦的自省过程最终把许多德国人变成了和平的民 3
主派。[4]

分析视角

想要理解这些截然不同的叙事，需要一部内涵大于单独个体，但又小于整个社会的集体传记。[5] 限制范围的一种方法是专注于特定的年龄群体，诸如 20 世纪 20 年代出生的孩子，历史事件对他们生活各阶段的影响尤为明显。[6] 他们的父母目睹了一战，他们在魏玛共和国时期度过了童年，纳粹的独裁统治令他们深受影响，因为他们的少年时期恰逢第三帝国之初，迫使他们对希特勒的统治表明立场。当他们即将成年时，二战期间服兵役或担任文职的危险，以及迫害和大规模谋杀都让情况变得更加复杂。从战败和毁灭中幸存下来让他们可以开始新的生活，在联邦德国或民主德国跨入成年，最终惊讶地目睹共产主义统治的结束。我不想假称那代人拥有某种不存在的统一性，让他们与众不同的是私人事务与公共事件间千丝万缕的联系。

出生于 1918 年一战末和 1933 年纳粹掌权之间的年龄群体包含了大量在 20 世纪留下自己印记的著名人物。在政界，有德国总理赫尔穆特 · 施密特（Helmut Schmidt，1918 年生）和他的继任者赫尔穆特·科尔（Helmut Kohl，1930 年生），以及总统里夏德·冯·魏茨泽克（Richard von Weizsäcker，1920 年生）、外交部部长汉斯-迪特里希 · 根舍（Hans-Dietrich Genscher，1927 年生）、民主德国的间谍头子马库斯·沃尔夫（Markus Wolf, 1923 年生）、总理汉斯·莫德罗（Hans Modrow, 1928 年生）、美国国务卿亨利·基辛格（Henry Kissinger，1923 年生）。在文化界，有海因里希 · 伯尔（Heinrich Böll，1917 年生）、君特 · 格拉斯（Günter Grass，1927 年生）、马丁·瓦尔泽（Martin Walser，1927 年生）和克里斯塔·沃尔夫（Christa Wolf，1929 年生）这样的作家。在社会思想家中，尼克拉斯·卢曼（Niklas Luhmann，1927 年生）和尤尔根·哈贝马斯（Jürgen Habermas，1929 年生）最为重要。其他名人包括足球运动员弗里茨·瓦尔特（Fritz Walter，1920 年生）、艺术家约瑟夫·博伊斯（Joseph Beuys，1921 年生）、影星希尔德加德·克内夫（Hildegard Knef，1925 年生）、指挥库尔特·马苏尔（Kurt Masur，1927 年）。[7] 虽然这些人的生活大多已经广为人知，但他们和许多德国人有着共同的成长经历，就像后文将会详细描绘的。

4 本书中所选的 70 多个故事包括了对民族社会主义形形色色的反应，从热情的支持到勇敢的反对。最难找到的是那些支持希特勒的狂热纳粹分子的故事，因为他们不愿提及自己是共犯。有十多名民族主义合作者更愿意倾吐，1942 年前，他们一直在庆祝自己的军事胜利。大部分回忆录来自不关心政治的人，让他们感到骄傲的仅仅是通过巧妙的智谋在第三帝国幸存下来。数量不那么多，大约占总数十分之一的是纳粹统治的批评者，他们描述了自己拒绝顺从的小举动，证明自己没有失去尊严。只有少数故事来自积极抵制第三帝国甜言蜜语的一小群人。由于犹太人或其他纳粹受害者的声音大部分被大规模谋杀所掩盖，只有 10 多个集中营幸存者或因为及时移民而逃过一劫的人的故事被收录。因此，这些书面证据反映了一种有些不完整的回应，它们刻画了大部分人的经历。[8]

对于 20 世纪下半叶，我们必须选择另一类对政治的反应，因为纳粹的败亡颠覆了效忠关系，让人生机会被重新洗牌。一个关键的差异在于追随冷战中冲突双方的某一边——有的加入联邦德国的资本主义重建，有的加入民主德国的社会主义实验。在来自西德的大部分故事中，文本显示经济成功促使人们至少在名义上接受了民主；而 20 多个东德的自传故事则表明，德国统一社会党的反法西斯政策最初吸引了很多支持，但新的马克思主义专制的建立造成了一批新的受害者，并迫使批评者逃亡。因此，东德人最终结束了共产党统治，加入西德的体制，重新统一了他们的国家。[9] 这些关于物质繁荣和意识形态失望的迥异故事为叙事加入了一条不同的战后轨迹。

为了避免大部分书面叙述偏向精英的倾向，恢复普通人的声音，本研究试图呈现德国人口中更多的部分。[10] 书中包括了源于不同 5
社会阶层的自传，大约一半来自中上阶层，三分之一来自小资产阶级，十分之一来自劳动阶层。我选择了来自不同地区的文本，以便反映德国社会广大的地理范围：20 多人来自西德，18 人来自东德，10 多人来自柏林。本书还包含了不同的宗教观点，因为信仰仍然在中欧保有强大的力量：大部分人是新教徒，作为少数派的天主教徒数量也很可观，其余是犹太人。我将尽可能选择涵盖整个生命周期的故事，以便将对早前事件的叙事同后来对其意义的反思结合起来。与更加有限的研究不同，本书中的六七十名个体组成的多层次样本代表了更加广泛的个人和集体经历。[11]

由于 20 世纪的大众生活进程是高度性别化的，男性和女性不同的经历（可能相互联系）也必须得到体现。占样本三分之二的男性常常以探险故事的口吻讲述自己的工作历史，以及他们在前线服役或在战俘营中的经历。他们公开谈论政治问题，描绘他们如何与民族社会主义合作，或者试图逃脱其掌握。相反，女性更多讲述她们的家庭、亲人和朋友，重建人际关系的密集网络。特别是在艰难时期，她们的故事会围绕提供食物、衣物和庇护所展开，即她们自己家庭单元的基本生存情况。政治很少出现，通常被视作外来的入侵。当然，在诸如求爱、婚姻和孩子，或者离别和死亡等方面，男性和女性的生活会密切地交织在一起。不过，他们经常仿佛生活在不同的世界里，分开他们的不仅是年龄或职业，也包括性别。[12]

自传材料

有望为这一群体传记提供材料的是 20 世纪 90 年代退休的人们所写，作为德国统一后回顾性记述的自传。一些作者为他们的孙辈
6 写下这些，以便描绘他们祖先的背景或者讲述激动人心的经历，通过付诸文字让口头故事正式化。另一些则出于心理冲动，想要通过解释过去的状况来为错误的决定辩解，书籍成了一种个人治疗的形式。还有的则是针对媒体日益对德国人的苦难感兴趣而做出的回应，这种兴趣始于 1985 年冯·魏茨泽克总统下令对大众记忆展开讨论。[13] 许多叙事包含了大量家庭快照、个人画作、战斗地图和有关民事活动的剪报（图 1）[14]，就像乌尔苏拉 · 贝伦伯格的那样。尽管主要是为了创造私人的家庭记忆，但这些业余记述也为由于见证者的逝去而消失的口头证词提供了公开替代品。

寻找普通德国人所写的生活故事成了超越历史学术常规材料的发现之旅。这项计划缘起于想要恢复作曲家格哈德 · 克拉普夫、犹太移民汤姆 · 安格雷斯和东德历史学家弗里茨 · 克莱因等朋友所讲述的故事。理发师布里吉特 · 施塔克（Brigitte Stark）曾询问历史学家是否会对她母亲的回忆录感兴趣，这为我的行动提供了新的动
7 力。我发现她的文字和图片是大众经历的宝库。从那里，我的探寻进入了一个类似的灰色文献的世界，它们的作者是像莱茵河船长赫尔曼·德布斯这样的人，由小型自费出版社刊印。向工程师卡尔·黑特尔等人征求引用文字和图片许可的做法收到了令人意外的积极回复，随之而来的是一系列电话和电子邮件，以及对两位主人公的感人采访——已经约 95 岁高龄的赫尔穆特 · 拉什多夫和牧师埃里克 · 黑尔默。这些回复者都对有专业历史学家认真看待他们的故事感到高兴。

尽管许多自传手稿仍然掌握在私人手中，但另一些已经进了公共档案。获悉我的计划后，卡塔琳娜 · 霍赫穆特（Katharina

图 1．一位作者的自画像。来源：德国日记档案（Deutsches Tagebucharchiv）。

Hochmuth）与乌尔里希·格罗图斯（Ulrich Grothus）等后人向我提供了他们的父母或祖父母未发表的回忆资料。此外，从 1955 年起，纽约的莱奥·贝克学会（Leo Baeck Institute）就开始系统性地保护说德语的犹太人的文化，对将近 2000 份个人叙述做了归档。[15] 20 世纪 70 年代末，作家瓦尔特·肯波夫斯基（Walter Kempowski）同样开始收集此类叙述，作为他撰写社会小说的材料。他共收集了超过 8000 卷材料，现藏于柏林艺术学院的文学档案库。与之类似，20 世纪 90 年代末，弗劳克·冯·特罗施克（Frauke von Troschke）开启了类似的计划，在巴登小城埃门丁根（Emmendingen）设立了德国日记档案库。[16] 档案库现在收录有超过 1.5 万个条目，大约五分之二是自传。[17] 再加上小出版社刊印的其他记述，这些文本组成了名副其实的大众记忆档案库，但至今仍在很大程度上被专业历史学家所忽视。[18]

对于分析性的目的而言，这类第一人称文本的主观性既是缺点，也是其优势。当然，相比在关键事件发生时所写的日记或书信，晚年的回顾缺乏时效性和可靠性。年龄同样会带来遗忘、文过饰非和辩护的倾向，使作者以更加光鲜的形象出现。此外，自传受到其间在家庭和更广泛社会中展开的争论的塑造，这些争论常常会影响叙事。不过，当生命将要走向终点时，许多此类叙述对早年的错误和
8 缺点表现出意外的坦诚。在好几个案例中，它们还会参考早前的文件，包括书信或日记，以便修正后来的记忆。它们常常还是自我反思式的，将早前的自我同后来的形象进行对比，从而提供关于个人和集体学习过程的线索。由于这些自我描绘试图吸引读者，因此在使用它们时必须进行批判性的甄别。[19]

自传的价值恰恰在于结合了对事件的叙事和对记忆的建构，这是书信或日记等其他材料所不具备的。在 20 世纪的断裂中，“传记和当代史被以复杂的方式交织在一起，与此同时，两者事实上通过自传叙事被制造出来”。这种自我历史化的尝试同时也是“对自身生活的回顾性解读”和为表述经历“寻求可被社会接受的方式”。它们具有强烈的历时性特征，通过后来反思和评价的透镜来表现之前的事件和情感。此外，个人叙事是社会互动和文化争论的产物。通过文本呈现和反思上的优势，它们弥补了事实准确性上的不足。理解个人身份的演化需要解释造就和破坏了其存在的更大规模的变化。[20] 特别是在被相互比较时，自传会显示出不同德国人叙述 20 世纪的特别方式。

下文对普通自我记录的分析建立在日常历史的传统之上，但又试图超越这种传统。这种反向视角并不居高临下地从宏大政治出发，而是试图自下而上地重建普通人的关系。它不关注关键决定，而是试图弄清他们日常生活中的变化，即他们日常（Alltag）存在的改变。不同于政府文件，它诉诸亲历了变迁的“见证者”的记忆，以便了解它们对广大人口的影响。[21] 不过，本研究没有使用口头采

访，而是分析了书面证据，这些证据大多是之前在家人和朋友间讲故事的成果。[22] 此外，它并不局限于少数著名的“时代见证者”（Zeitzeugen），而是通过对七八十个故事进行相互比较来寻找超越 9
个人的模式。这种方法让我们可以重建普通人生活中的变化，再现小人物在大事件面前的举动。

跨媒介地审视自传中包含的许多照片，能够加强和放大这种自下而上的叙事视角。大约一半的回忆录包含了主人公的丰富影像，让他们作为个人显得栩栩如生，就像露特 · 布尔文的故事那样。家族照片组成了一座视觉档案库，包含了出生、坚振*、婚姻、退休和死亡等重要生活事件的影像。在这些私人照片中，政治仅仅通过希特勒青年团（Hitler Youth, HJ）† 中的少年或成人，或者国防军士兵的纳粹制服或肖像逐渐展现。战争期间，到处是胜利军队的照片；战败和毁灭的照片则要少得多，因为摄影师们都忙着逃生。在战后，西德的影像集中于汽车、房屋和度假等成功的标志，而东德的影像还描绘了党的活动。这些图片记录为书面文本增加了另一个相当不自觉的自我描绘维度。[23]

关注魏玛共和国时期的儿童这一年龄群体的集体传记，让我们得以通过连续的生命阶段来审视一系列德国政权。威廉帝国属于祖父母讲述的怀旧回忆，一战和战后的混乱体现在父母的挣扎中。作者们本人的童年经历展现了温和的魏玛共和国，而民族社会主义则通过希特勒青年团中少年的眼睛得以呈现。二战出现在年轻人对战场或家乡可怕经历的描绘中，对大屠杀中苦难的描写成为其高潮。德国的战败和被占领正值他们沿着不同的轨迹走向成年的决定性时期，这些轨迹在冷战期间分别通往西德的民主和东德的独裁。[24] 生

* 天主教和东正教的“圣事”之一，教徒受礼以坚定信仰、振奋心灵。——编注

† 希特勒青年团的德文为 Hitlerjugend，因此缩写为 HJ。——编注

命阶段和政权更迭的这种联系打开了新的诠释视角。

使用多部自传的一个关键问题是区分个人轨迹和与它们相关的
10 更普遍的模式。每个人生故事都独一无二，由与他人不同的个人命运组成，但如果放在一起，此类叙事也会显露出更大社会过程中的规律。以主角同民族社会主义的关系作为标准来归类，可以让我们看到典型模式。此外，许多人生命的共同点不仅在于各阶段的发展过程，而且包括在一个动荡的世纪里，他们有过类似的经历——在前线作战，空袭时坐在防空洞里——这暗示了他们相似的反应。虽然这些个人故事的特异之处令人着迷，但它们的交汇点显示了“共同的经历”，解释了他们集体的回应。就像马赛克上一块块小石头组成了更大的图案，对超过 80 个案例的比较也让我们在它们组成的一幅更加普遍的画面中看到了共同趋势。

个人生活的故事一方面声称展现了真实的经历，另一方面又具有记忆叙事的特征，分析它们时要面对的另一个挑战就是这两者的矛盾。表面上，作者的写作是为了描绘他们生活中的真实事件，自诩是对他们行动的如实再现。不过，由于时过境迁，它们所呈现的真实性不能确定，需要通过与其他材料的比较来证实。此外，自传由以个体角色为中心的故事组成，他们可以选择如何取舍和呈现。由此写成的叙事内容迥异，从讲述在军队的历险到集中营里的苦难或英勇的幸存，再到顽强恢复和战后繁荣的成功故事。但某些故事的重复之处构成了“记忆的转义”，暗示了共有的讲述和寓意方式。因此，批判性地利用这些自我叙事需要事实确认和叙事解构。[25]

最后一个问题是，个体叙事强调德国人遭受的苦难，这会引起争论，让人觉得他们对受害者的痛苦麻木不仁。因此，外国观察家和德国学者坚称，历史应该铭记犹太人、斯拉夫人和其他纳粹迫害
11 目标所遭受的百万倍的痛苦。但君特·格拉斯在他的中篇小说《蟹行》（*Crabwalk*）中正确地指出，这种同情的变化忽视了德国人的哀伤

记忆，使其转入地下，被愤恨的右翼所利用。[26] 这些自传式回顾的确以德国人的受害者情感为中心，只是顺带提到了纳粹受害者的痛苦。但批判性的解读不必按表面意思接受这些故事。相反，我们可以把这些关于苦难的脱罪故事解读成战后学习的另一种动力，让许多洗心革面的德国人发誓不再犯这样的罪行，以免可怕的后果再次降临它们的作者。[27]

盘点这样一批生命故事需要类似小说的技巧，将个人命运同集体叙事融为一体。本书中的分析并非将不同人物组合起来的“复合采访”，而是专注于作为核心的 17 个示例个体，他们的回忆录代表了典型的反应，涵盖了很长的时间。[28] 为了给诸如可怕的战争经历这样的普遍主题提供额外的深度，书中还加入了另外 21 个次要人物。最后，有 40 多个小人物被用来展现一些具体的点，诸如加入纳粹党的动机。戏剧性地逃离战俘营等反复出现的故事让我们可以发现共同经历的特征，而它们被讲述的方式则显示了回顾性记忆的转义。虽然比扎比内·弗里德里希（Sabine Friedrich）超过 2000 页的小说更加专注于德国人的抵抗，但上述多层次的方法造就了一幅集体命运丰富多彩的织锦。[29] 这种生活历史的视角显示了普通德国人在多大程度上不仅罹受自己的灾难之苦，而且要对此负责。

正因为它们不是精英回忆录，这些未受过正规训练的记述为经历 20 世纪意味着什么提供了鲜活和个人的画面。它们并不仅仅讲述第二帝国、魏玛共和国、第三帝国和东西德这一连串体系的区别，而是显示了个人的生活决定如何被卷入独裁或民主。[30] 这些叙事描绘了像大萧条那样的经济危机造成的激进化影响，展现了年轻人对 12
第三帝国的狂热。更重要的是，它们展现了前线、防空洞和集中营里生活遭到的破坏，以及战后为恢复正常生活而付出的艰难努力。最后，这些记述展现了敌对意识形态在冷战期间所做的决定，以及对共产主义最终崩溃的遗憾。[31] 与虚构的媒体描绘不同，这些业余叙事讲述了真实的生活事件，揭示了普通德国人如何受到外部力量的影响，以及他们如何让自己遭受痛苦和磨难。[32]

经历与记忆

这些叙事显示，绝大部分德国人在 20 世纪经历了生活的破碎，他们的生活被破坏到无法修复的程度。虽然第一个十年唤起了持续进步的希望，但一战引发了一系列灾难性事件，在许多社会层面上造成了生活的断裂。魏玛共和国的政治冲突撕裂了许多家庭，迫使他们做出意识形态上的选择。经济的不稳定造成了普遍的不安全感，使太多人相信了种族主义独裁者的承诺。两次大战期间的大规模杀戮和死亡夺走了无数人的生命，留下了悲痛和绝望。无数个体从东德逃离或被驱逐，他们失去了自己的家园，被迫在其他地方重新开始。只有将其视作不顾一切地想要避免同样的灾难再次发生的努力，我们才能理解 20 世纪下半叶的许多反应。[33] 因此，战后对成功的强调似乎就像是在念咒语，想要以此消弭危险。

事实上，这些故事是为了弥合破碎的记忆而付出的叙事努力，一边是将自己标榜为受害者来脱罪，一边是自我批判式地承认对罪行负责，在两者间摇摆不定。自传很少描绘作者自己的过错，而是充斥着长久以来一直被历史学界所无视的关于德国人苦难的惊人故事。关于前线的恐怖、蜷缩在防空洞里、大规模强奸、逃亡和被驱逐的报道足够可信，但它们常常不会提到的是，这些正是之前德国人的侵略造成的。顽固的民族主义者仍然会提出相对化的解释，“我
13 们只是在做自己的工作”，或者“我们都被纳粹误导了”，“遭到了元首的背叛”。更加内省的作者会试图检验自己的良知，承认至少部分参与了战争和压迫。几位有自我批判精神的作者甚至会直面自己的罪行，并随之表现出赎罪的欲望。[34] 正是这种努力克服同谋身

份并表现出悔罪的努力让德国人的记忆文化成了普遍意义上尝试改过自新的典范案例。[35]

在这些自传中，经历与记忆以独特的方式融为一体，变得难以分开。从日常生活的琐事到特别令人兴奋的时刻，自传的内容描绘了一系列以真实事件为核心的个人遭遇。但由于这些经历是在几十年后回忆起来的，除非通过与其他叙述、文件和学术分析的比较获得核实，否则它们的真实性存在疑问。由于是基于记忆而写，很少得到真实记录的支持，这些回忆录是选择性、有偏颇和为了脱罪的，所提供的画面并不完整。不过，它们也是引人入胜的材料，显示了早年的经历如何被记忆，这种记忆常常遵循由社会重述、文化反思和政治讨论所构建的集体脚本。由于此类个人故事表达了对经历的记忆，需要对它们的叙事形式进行解构，以便获得多个层次的意义。正是德国人遭受的可怕痛苦让他们奋力想要把记忆和遗忘分开。[36]

由于这些回忆的描绘者没有经过正规训练，它们比许多学术分析更直接地反映了 20 世纪的人类话剧。它们并非仅仅讲述重要事件，而是呈现了与更大范围的变化相互作用的大量个人经历。相比其他国家，德国的发展遇到了更多令人吃惊的断裂、领土变化和政权更迭的阻遏，使民族国家的概念本身也受到动摇。普通人奋力追求正常生活，想要以无关宏大政治的方式按部就班地从童年走向成年。但超越个人的力量不断打扰和平的生活，带来死亡和毁灭的威胁。[37] 难民雅各比娜 · 维托拉意味深长地表示 ：“时间像狂野而汹 14 涌的海浪一样扫过我们，摧毁了一切。”面对这样的危险，想要求生的人们有的与独裁政权合作，有的无视他们的命令，有的甚至反对他们。这些人的故事为审视大众生活提供了独一无二的窗口，最终应该得到应有的重视。[38]

第一部分

战前的童年

第一章

帝国的祖先

祖先的传统对家庭生活有着巨大的影响，即便只剩下模糊的记忆。虽然年轻人可能会试图摆脱家庭的束缚，但他们的选择受到他们无法控制的既有结构的限制。古老的遗产确立了民族归属、社会背景、宗教习俗和地区纽带等从属特征。更直接地，如果祖父母的生活与孙辈的有交集，他们会以训诫兼具慈爱的方式来传递关于职业偏好、物质环境和行为准则的信息。最直接的是，父母会通过自己的例子和人格，职业的成功和失败，来影响孩子们的生活机遇和价值选择。埃里克·黑尔默牧师把这种无形的包袱比作“一个背包，我们在里面放了生活带给我们的一切”，它决定了今后的生活，即便大多数人很难意识到这点。[1]

先人们在很大程度上通过他们在“皇帝时代”（人们在回顾时称之为“美好的旧时光”）的行为决定了一战后德国儿童的生活机遇。[2]从后来的动荡时期看来，那是一段“快乐而和平的岁月”。柏林的女售货员埃迪特·舍夫斯基回忆说，在乡下，“人们心满意足，通常比今天更加幸福”。生活似乎井然有序，事事都在意料之中。“除非田里有必须要干的活，否则周日只做基本的事。下午，女人们同

邻居或过路人坐在屋前的长椅上，谈论或想着”自己的事。“这是
18 对周中辛勤劳动的奖赏。”[3] 在更加富庶的城市，资产阶级家庭喜欢有烤肉的午宴，穿着精美的衣服在附近的公园里散步，享用咖啡和蛋糕。这是一个稳定的世界，一切似乎都各得其所。

虽然生活状况总体上不断改善，但从自传中还是可以看到，对下层阶级来说，在战前的几十年里，第二帝国的生活“贫穷而匮乏”。虽然许多商人高兴地看到进账提高而生活富裕，专业人士享受着学术头衔带来的社会尊重，但小店主和工匠们的日子还是过得紧巴巴。[4] 按照埃迪特 · 舍夫斯基的描述，农村生活对女仆和农夫来说仍然艰难：“微薄的食物只够生活和工作。［劳动者］每天要辛劳工作 12 到 14 个小时。没有自由时间。”[5] 在城市，无产阶级家庭生活在潮湿而疾病丛生的单间廉价公寓里。为了强化纪律，他们的孩子经常在学校挨打。工程师卡尔 · 黑特尔回忆说，他的父亲，一名发电厂的工人，“不停地用一把特大号铁锹将煤铲进锅炉永不满足的嘴里，每周工作超过 50 个小时”。[6] 帝国权力蒸蒸日上、繁荣与日俱增的闪耀形象背后是艰辛劳动和缺乏基本权利的阴暗一面。

因此，德意志帝国的性质在历史学家中间引发了无尽的争论，对于它本质上是压迫性的还是温和的，人们莫衷一是。西德的辩护者们最初试图为其积极性质辩护，而东德的马克思主义者则抨击普鲁士是专制的，认为应该拆毁波茨坦和柏林的王室城堡。受 20 世纪 60 年代那代人的反抗启发，像汉斯-乌尔里希 · 韦勒（Hans Ulrich Wehler）这样具有批判精神的联邦德国历史学家提出了“特殊道路”理论，指责威廉时代德国的不全面现代化背离了西方民主观念，遵循的是“社会帝国主义”政策。而温和的学者则指出了德意志帝国法治的进步以及科学和文化的发展，他们的英国同行也强调，当时中产阶级拥有比人们所认为的更大的权力。[7] 这场“特殊道路”的争论仍然尚无定论，因为两种对立的观点都有许多证据支持。

生于 20 世纪 20 年代的儿童，其丰富多彩的回忆提供了关于德意志第二帝国民众经历的又一视角，因为它们描绘了普通人对那个时期有什么样的记忆。他们对帝国的印象来自祖父母的叙述，这一印象创造了期待的基线，被用来评价后来的经历。护林员霍斯特·安德烈回忆说："在家庭聚会上，话题总是会转向我们的祖先：他们是谁，来自何方，生活在哪里，从事什么职业。"虽然诸如"契据、旧书信或照片"等书面记录和物质文化物品帮助建立的家族记忆解释了他们是谁，"但许多问题仍然悬而未决"。自传比口述故事更加持久，因此那是一种将传统付诸文字的有意识尝试，旨在让我们的后代"拥有比我们更深入的了解"。[8] 此类个人叙事将暧昧不清的帝国遗产传递给了一战后出生的孩子们。 19

祖先的传统

前人对后辈生活的影响难以确定，因为大部分自传叙事对他们的远祖讳莫如深。尽管讲述家族故事在过去是娱乐项目的一个重要组成部分，但往往很少提到祖先，即使提到也是语焉不详。[9] 许多自传里满是先人的老照片，有些是精心摆拍的肖像，就像露特·魏格尔特的父亲和祖父的照片，画面中着军装的男子看上去自命不凡（图 2）。另一些是纪念婚礼、出生或坚振礼等重要生活事件的快照，但后辈们常常无法确定照片上的人究竟是谁，除非照片背面标着名字和场合。事实上，有几位作者还诉诸谱系研究，以便构建复杂的家谱树，这些家谱树上常常只包含姓名、日期和地点。[10] 因此，早前的家族背景常常笼罩在迷雾中，让后辈们有了发挥想象力的广阔空间。

直到纳粹要求在结婚和应聘公职时必须证明拥有雅利安血统时，关于祖先的无害话题才变成了一个危险的问题。1933 年关于恢 20

图 2. 帝国时期的父亲和祖父。来源：温弗里德 · 魏格尔特（Winfried Weigelt）。

复公职人员的法令将任何“非雅利安人的后代，特别是父母或祖父母是犹太人者”定义为非雅利安人。由于无法通过生物学测量来证明种族身份，这一反犹主义条件引发人们在公民记录和“教会簿册”中疯狂搜寻文件证据。由于存在皈依、跨种族婚姻和世俗化，宗教边界的模糊造就了许多拥有混合血统的个体。因为被发现祖母是犹
21 太人可能会危及自己的生活，许多受影响的家庭（诸如黑尔默家）采取了权宜之计，比如和某个纳粹要人攀亲，以便从他们的背景中抹去这种所谓的污点。在第三帝国的种族主义世界里，证明拥有雅利安血统成了生死攸关的事。[11]

要是没有这种动机，则需要对特别的血统感到不一般的骄傲才会让家族记住之前世代的先人。劳动阶层的回忆录很少忆及他们祖父母的名字，因为挣扎生存的艰难让他们无法保存记录。但拥有不

一般背景的中产阶级家庭更可能保存这种记忆，诸如胡格诺教派难民的后代，就像来自波美拉尼亚的护林员安德烈的家族那样。[12] 努力追求被社会接受的宗教少数派成员——比如鲁尔（Ruhr）盆地的犹太商人贡珀茨家族——会养成一种血统意识，特别是如果他们当下的成功比起祖先的卑微要更加体面时。[13] 与之类似，像本诺·舍夫斯基这样流离失所的作者会试图向自己的后人传递怀念失去家园的描述。[14] 最后，像朔尔茨-奥伊勒家族这样的精英代表——他们之前是西里西亚一处庄园的主人——会把记忆视作可能索取赔偿的基础。[15]

这些不同祖先留给后人们的一个基本传统是他们作为德国人的文化身份。除了约阿希姆·费斯特用法语交谈的准贵族祖父母，以及格哈特·塔姆也说波兰语的西里西亚先人，本研究中所有男女都使用同一种书面语言。此外，他们的后人继承了一系列社会习俗，诸如周日在啤酒园中欢饮，或者聚拢在用蜡烛点亮的圣诞树周围，这些习俗让他们不同于西边和东边的邻居。遗产中还包括后来遭到污蔑的“次等美德”，即勤劳、守纪、准时和尊敬权威，这些让“德国制造”的标签变成了商业成功的代名词。最后，遗产中还包括通过社会化进入一种高雅文化，它拥有像歌德和席勒这样的文学巨匠、康德和黑格尔这样的哲学家、巴赫和贝多芬这样的作曲家。[16] 这些共同的习俗和文化对象创造了一种共同体的情感，即便对它们的具体解读仍然充满争议。

另一项遗产是民族自由主义，倡导建立立宪政府，以及将支离 22
破碎的领土统一成一个民族国家。出生在 19 世纪 30 年代的曾祖辈大多对 1848 年革命的失败和获得政治权利过程的缓慢感到失望，以致有些人移民美国。但为统一而努力的意外成功把普鲁士国王变成了德国皇帝威廉一世，把奥托·冯·俾斯麦首相变成了被大众文化称颂的人民英雄。此外，对丹麦（1864 年）、奥地利（1866 年）

和法国（1870—1871 年）三场战争的胜利也让军队获得了巨大的声望。建立共同国家需要根本性的转向，从效忠家乡转向效忠更大的民族归属感。无论是俾斯麦后来同天主教徒的斗争，《反社会党人非常法》（Anti-Socialist Laws）的颁布，还是犹太人获得自由后兴起的反犹主义，这些都显示，信奉新教的普鲁士人以自己为模板重塑德国的尝试仍然是有争议和不完全的。[17]

还有一项遗产是对鲁尔、西里西亚和萨尔（Saar）地区的环境经历工业变迁的记忆，这些田园风光的乡村变成了蓬勃发展的煤钢世界。虽然德国的工业大部分是从英国和比利时输入的，但通过基础创新和政府支持获得了飞速的进步，使其在一战前夕赶上和超过了早前的领先者。将化肥和机械引入农业解放了许多农业劳动者，他们随即涌入工业城市，将鲁尔和西里西亚沉睡的乡间小镇变成了熙熙攘攘的城市。为改善首都柏林的居住条件，约阿希姆 · 费斯特的外公参与了在卡尔斯霍斯特（Karlshorst）开发一片新城郊的工作。虽然工厂的劳动很辛苦，居住条件也仍然很差，但这种城市化还是最终改变了人们的生活习惯和识字水平，甚至让一些无产阶级成员也提出政治参与的主张。[18]

最后一项遗产是一种社会流动感，有抱负的年轻人和整个地区都变得更加发达和兴旺。比如，汉斯 · 克维萨的祖父是摩泽尔地区
23 （Moselle）小城伊达尔–奥伯施泰因（Idar-Oberstein）的皮带匠。他的儿子在当地一家银行做学徒，后来升任银行董事会成员，住在公司的公寓里，“职业非常成功”，得以结婚和雇用了几名仆人。克维萨的外祖父来自勃兰登堡的科特布斯（Cottbus），原本是个锅炉司炉工，但通过辛勤的工作获得晋升，成为一家精纺毛料纱厂的主管。类似地，本诺 · 舍夫斯基的父亲原本是个普通的邮递员，需要在东普鲁士顶风冒雨地送信，但最终在柯尼希斯贝格的当地邮政中心成为一名高级职员。这种个人晋升在威廉时代的无数家庭里重演，

它创造了集体的自豪感，推动了对未来继续进步的乐观期待。[19]

因此，祖先通过口头故事传下来的深刻记忆带有某种矛盾的意味。一方面，人们对巴伐利亚的罗滕堡（Rothenburg）这种中世纪“故乡城市”风景如画的过去深感怀旧。许多个世纪以来，那里被坚厚围墙环抱的城堡、哥特式的教堂、半木结构的房屋和鹅卵石铺就的地面似乎一直都没有改变。[20] 另一方面，不再局限于效忠当地王朝的德国人身份认同变得越来越强烈，而更大的商业和学术视野让人们有了被解放的感觉，让他们的国家可以同法国和英国这样的老牌国家一较高下。与此同时，工业变革（以铁路和远洋轮的到来为标志）的蓬勃动力暗示，将要摧毁固有等级和安定的变化正在加速。[21] 正是这种地方出身和民族归属、农耕怀旧和工业城市文明之间的矛盾，给下一代人带来了挑战。

祖父母的影响

与遥远的先祖不同，祖父母是活的记忆。他们时而严格，时而慈爱的权威笼罩了许多人的童年。由于年龄上的代际差异，他们凭着自己的生活经历和成就赢得了尊重，无论成就是在管理农场，经营商店，抑或从事职业。虽然少数人不顾体力下降继续工作，但大部分祖父母都退休了，现在有时间享受打理花园、养蜂或只是抽抽 24
烟斗之类的爱好。圣诞节时，埃迪特·舍夫斯基的祖父雕刻了“一座小小的玩偶之家，带家具、炉子和厕所”，而她的祖母则“为小床缝制了床单和别的一切，当然还烤了胡椒蜂蜜饼（Lebkuchen）”。[22] 另一位祖父讲了关于他年轻时事迹的有趣故事，还带着孩子们玩傻傻的游戏。虽然他们的父母憎恶这些男人和女人曾经对自己施加的严格规矩，但当像肺结核这样的疾病带走“阿爷”或“阿奶”时，孙辈们却常常会带着深情铭记他们。

在他们眼中，祖父母的生活严格地按照性别划分，祖父是一家之长，祖母是一家的灵魂。前者用父权主义的权威统治他的家人，做一切重要的决定，控制财务，并颁布严格的纪律。祖父要为家庭的物质财富负责，让每天都有面包摆上桌，还要提供一点别的消遣。
25 在农村，农场主掌控仆人和家畜，决定何时何地耕种。在城市，主人执掌自己的买卖，管束学徒和雇员。一家之主还负责与外部世界的关系，守护家族的名誉，参与公共事务。虽然只是个金匠，但汉斯·克维萨的祖父（“一个沉默寡言的人”）身着深色的主日西装，依然散发出可敬的气息。[23]

相反，对祖母们的记忆是她们主管着大家族中的所有成员和人际关系。因为大部分菜肴都必须从头做起，每天给许多人准备食物是项繁重的任务。类似地，制办衣服同样复杂，因为很多衣物需要手工裁剪和缝纫。中产阶级家庭会雇女仆帮助清扫和带孩子，但必须有人监督仆人们。年长的妇女还要监督女儿和媳妇们，确保她们行为得体，以防有丑闻玷污家族的荣誉。祖母还常常比她们的配偶更加虔敬，坚持带着孙辈去教堂。如果说祖父们是权威的，那么他们的妻子则只能选择让步，试图通过温和的劝诫，而非咆哮来达到目的。不过，即便“阿奶”是个粗暴的人，孙女也常常会“爱她超过任何人”。在像舍夫斯基家的主妇那样的照片里（图 3），她们常常显得令人敬畏，不过还是和蔼可亲，带着微笑。[24]

祖父母受到孩子们的欢迎，能让后者逃避父母的控制和日常的责任，特别是在做客和假期时。如果一家人搬到城里，在工厂干活，他们可以在假期回到乡下的农场，孩子们可以在那里和动物玩耍，并学习农活。如果祖父是个工匠，他的孙辈可以前来观摩他的技术，期望以后继承手艺。或者如果他开了自己的店，年轻人可以从服务顾客做起，开始学习毛皮或殖民地商品的秘密。在祖父母真正富有的情况下，他们孩子的后代可以体验上层阶级的生活，住别墅或开

图 3. 威廉时代的祖母们。来源：本诺· 舍夫斯基，“我的家族史”（“Meine Familiengeschichte.”）。

汽车。霍斯特·格罗图斯回忆说，他喜欢“在工厂里闲逛，观察机器，看着工人们”。[25] 类似地，女孩们可以通过在城里亲戚家做客品味时尚和优雅。 26

祖父母和外祖父母的不同也给孩子们提供了有趣的选择。吉塞拉·格罗图斯的祖父是著名的新教神学家，曾担任过巴登大公的老师。（她把祖母说成只是个“小妇人”。）她的外祖父母生活在柏林，因为她的外公是军医和威廉一世的御医。这位令人敬畏的阿爷“喜欢带着我一起散步；但我记得最多的还是他坐在书桌边写字，有时用羽毛笔。我记不清究竟写了什么”。为了取悦外孙女，外祖母会给她“尝起来不太好吃”的糖果、苹果酱和葡萄干。但她也“为我准备了玩具。特别是我的‘克里斯塔娃娃’，有一岁小孩那么大……我很喜欢玩”。这些愉快的记忆提供了不同的角色榜样，建立了代际纽带和对家族的自豪感。[26]

像艾克家这样的典型上层中产家庭将商业成功同学术训练和职业追求融为一体。祖父约瑟夫（Joseph）是柏林证券交易所的经纪人，在柏林打理一家酿酒厂，但为了维持体面的生活，他不得不注意节约。祖母海伦妮（Helene）为家庭牺牲了自己的才干，她留下一部日志，以敏锐的洞察力描绘了如何将 6 个孩子养大。这家的儿子们在文理高中接受训练，成为律师、自由派政客和商人；女儿们嫁给了工程师、律师和出色的医生。他们在古典作品的新人文主义精神中长大，自认为属于有文化的资产阶级（Bildungsbürgertum）。虽然这个家庭并不严守教规，但 19 世纪 80 年代反犹骚动的兴起让他们意识到了自己的犹太血统。[27]

对于黑特尔家这样的劳动阶层家庭来说，生活更多是为了糊口而苦苦挣扎。每天都要设法获得足够的食物，特别是当众多饥肠辘辘的孩子胃口越来越大时。因此，年纪大些的男孩常常被送去学手艺，而女孩们则成为仆人。家庭暴力司空见惯，男人会通过殴打妻
27 儿来树立自己的权威，特别是当他们喝多了的时候。这种思维也适用于雇主和雇员：当有年轻人打翻了干草车时，“庄园监工会当场鞭打他”，指责他装得不得法。结果，被不公对待的年轻人前往鲁尔，到煤矿干活。席尔默爷爷是一所高中的卑微门房，此人是个非常死板的严守纪律者，他叛逆的儿子成了水手和共产党员。[28] 维持秩序的权威式做法付出了高昂的代价。

在威廉帝国的最后几十年里，年长的那代人遭遇了子女们更多的反抗，后者不再自动遵循他们的意志。代际冲突经常围绕职业的选择发生，就像格哈德 · 鲍克的父亲拒绝了格哈德祖父的建议，成为一名面包师而不是教士。格特鲁德 · 科赫的父母坚持要结婚，尽管新郎是个丧偶的锅炉匠，还带着两个孩子，而新娘是个中产阶级的药剂师。她回忆说：“当我母亲爱上我的父亲，世界仿佛到了末日——我的祖母可能觉得和那同样可怕。”虽然是个“高大魁伟的人，

头发和胡子都是白色的”，但这位无产阶级的父亲比他的妻子大了15岁，还是个共产党员。甚至在一战爆发前，父权权威就已经开始削弱，他们的子女试图对自己的孩子们表现出更多慈爱和鼓励。[29]

由于魏玛时代那代人的祖父母大多生于19世纪60年代德国统一期间，他们留下的民族主义遗产毫无疑问将自己同新创立的帝国等同起来。年轻时，这些迥然不同的说德语的人渐渐克服了许多地域、宗教和阶级上的差异，融合成更大共同体的普通公民。一定程度上，这种身份的重构是共同货币和法典带来的结果，并有教科书上的地图和男性兵役的支持。忠诚的逐渐转向还要部分归功于皇帝的仪式性来访，以及庆祝色当日这样的节日，那是为了纪念1870
年对法国的胜利。第二帝国还推行普鲁士的行政和教育标准，将其 28
作为整个国家的蓝图。[30] 这些祖父母中的很多人与俾斯麦帝国一起长大，因此对其与日俱增的国力和受到的国际尊重深感自豪。

尽管在快速工业化过程中仍有许多贫困现象，但在后人的记忆中，第二帝国是一个繁荣和稳定的时代，生活按部就班。城市中的企业所有人、工匠和产业工人相当于农村的贵族地主、独立农户和无地劳动者。这些威权结构在一定程度上被精英父权主义所缓解，后者觉得有必要为比自己地位低下的人提供住所和节日礼物。虽然工业化剥削了人的劳动，但中产阶级中越来越多的人感受到了生活水平逐渐超过基本需求所带来的进步感。此外，戈特弗里德·戴姆勒（Gottfried Daimler）等发明者对汽车做出改进，此类技术进步加深了世界正在变好的感觉。[31] 因此，祖父母的主要遗产是对未来感到乐观的德国民族主义。

父母的影响

父母对孩子生活的影响甚至比年长亲戚的更大，因为情感式育儿的兴起把养育孩子变成了他们的责任。随着子女数量减少，照顾余下的孩子成了更加严肃的任务。[32] 20 世纪 20 年代那代人的自传描绘了父母的身体健康和情绪稳定这一遗产可以如何有利于后代的生活，或者对其产生妨害。类似地，父母的社会经济地位将决定他们孩子的生活是充满艰辛还是舒适悠闲。宗教信仰则把人们标记为新教徒、天主教徒或犹太人，将他们放入多数或少数人群，得到肯定或遭到歧视。此外，生活在北方和南方也会造成身份的巨大不同。边境线随着战争而改变，迫使人们迁徙。父母的意识形态面貌和政
29 治参与在很大程度上决定了他们子女的反应。科西（Köchy）家族那样的肖像暗示了这对孩子们人生的影响有多么强烈（图 4）。

在一个仍是父权主义的世界里，父亲的角色至关重要。他是必须被服从的权威形象和被模仿的榜样。包括霍斯特·格罗图斯在内，许多作者抱怨说，由于工作压力或者强调纪律，“我的父亲不太关心我”。[33] 另一位父亲就是个“赌徒和喜欢吃喝玩乐的人”，对儿子疏于照顾。[34] 但作为劳动阶层的女儿，埃丽卡·陶布霍恩记得，她的父亲是个“了不起的人”，能够办成他想做的任何事。在她那个无产阶级的世界里，父亲是“负责人”，“总是和我玩”。[35] 当像弗里茨·克莱因的记者父亲这样的重要男性英年早逝时，孩子们受到的影响是近乎灾难性的，因为他们的物质保障受到了威胁，不得不在亲朋好友中找到新的照顾者，例如柏林的改革派教育家海因里希·戴特斯（Heinrich Deiters）家那样。寡妇很少会再婚。即便再婚了，继父也很少会像亲生父亲一样供养那些孩子。[36]

30 不过，母亲还是作为家庭的情感中心被铭记，因为养育孩子是她们首要的特权。由于生育次数很多，即便她们的孩子并未全都存活下来，这也是一项艰难的工作。大部分作者记得，他们的母亲通过以身作则而非暴力来展现慈爱和有教益的价值与举止。对于幸运的家庭来说，这种努力造就了“家中无条件的凝聚力［和］表面上

图 4. 一个魏玛共和国的家庭。来源：露特 · 布尔文，《后来的回响》(*Spätes Echo*)。

的绝对和谐”。[37] 但也有些母亲形象更加“暧昧”。社会女性更关心购物、容貌和娱乐，而非照顾号啕大哭的婴儿。她们把孩子留给了保姆或未婚的阿姨婶婶，像维尔纳 · 安格雷斯这样的孩子与照顾者的感情就变得很深。[38] 在仍然罕见的离婚和再婚案例中，母亲常常“更关心她们的新丈夫，而不是未成年的孩子”。这让她们的孩子在情感上产生了强烈的矛盾。[39]

对孩子人生机会的关键影响之一是他们父母所处的社会阶层。在地主精英中，父亲常常表现得像是“村里的无冕之王”，依靠传统和人格力量统治一方。作为一位这样的庄园主，威廉 · 莱曼 (Wilhelm Lehmann)“仪表堂堂，高大威武，充满了力量和威严”，他站着驾驶马车，“有力地挥动马鞭”，让人和牲畜感到害怕。他的兄弟们对他又敬又怕，“他是村里所有酒吧最好的主顾”。女仆们会躲开他，因为他会对处女“行使初夜权”(jus primae noctis)。不过，即便是地主贵绅的子弟也必须在文理高中接受古典学训练和学习法律，然后才能获得某个公职或参军。[40] 这些飞扬跋扈的人需要意志坚强的妻子的教化，后者来自门当户对的精英家族。这种优势背景带来了持续终生的特权感。

得益于优渥的生活方式，城市上层阶层拥有类似的优越感。如果父亲是像老安格雷斯那样的成功银行家，他会努力工作，“完全遵循传统的普鲁士美德，最重要的是荣誉和责任感”。于是，他的家庭“会在物质上非常丰足。我们住在舒适的家里，穿得很好，和父母一起出游，有一名女仆和一个厨子照顾我们每天的需求”。摆
31 脱了烦人的家庭杂务，母亲可以是社交名流，坚持“穿光鲜的衣服，做漂亮的发型”，疯狂地进行昂贵的购物。她们的任务是打理一个热情好客的家，常常在节假日款待商业伙伴或亲戚，通过自己的成就为其添加一丝文化和时尚气息。[41] 在大资产阶级(Grossbürgertum)阶层中长大的孩子相信，优秀的品质会得到回报。

相反，下层中产阶级家庭的生活要求不断努力维持个人的社会尊严。由于财富所限，每一笔支出都必须被仔细斟酌，很少能享受像冰激凌或看电影这样的小奢侈。城里的公寓逼仄而昂贵，这种拥挤常常放大了因为一点点钱而引发的争吵。如果像露特 · 布尔文那样，父亲是个流动推销员，他将很少待在家里，而且要求安静不受打扰，因为他是“十足的暴君”，稍微被惹到就会挥拳相向，所有人都蹑手蹑脚地绕着他走，“没有家庭生活”。只有乡下的祖父母提供了受欢迎的庇护。为了增加家庭收入，露特的母亲不得不工作，为社交贵妇设计时髦的帽子。[42] 这种小资产阶级(Kleinbürgertum)的童年常会造成物质上的束缚和心理上的困扰。

由于“糟糕的经济状况”，像黑特尔家那样的无产阶级家庭不得不付出更多的努力才能养家糊口。对父亲们来说，工作需要付出艰苦的体力劳动，得到的却是微薄的收入，只够让家人免于挨饿。工作还不稳定，经常会失业。住所常常是没有电的“简陋地下室”，

或者是位于廉价住宅后院、没有室内卫生间的一室公寓。由于劳动阶层家庭通常人数较多，住所人满为患，所以父母和孩子需要睡在同一个房间里，或者挤在同一张床上。母亲们从事的常常是清洁工或其他卑微的工作。由于缺少教育和卫生条件不佳，整个家庭经常会感染疾病。[43]生存需要聪明才智，比如在院子里种菜或养兔子来补充食物。如果没有因病夭折，来自这种家庭的孩子常常是坚韧又机灵的。

另一个重要差异是宗教信仰。宗教改革将德国的土地分成了天 32
主教和基督新教的世界。在普鲁士的领导下，后者在文化上主宰了新帝国，因为他们强调圣经知识。新教徒影响力的基础是牧师公馆，那里是神学知识和社会行动的中心。牧师克拉普夫的儿子形容父亲是“最和善谦虚的人”，提到他身上具有“源自信仰的尊严与正直”，以至于他的信众对他“又爱又敬畏”。他不仅在布道中引用古典语言和圣经批评，而且忙于参加读经会、青年培训和传教活动等社会任务。牧师的妻子要忙着打理她自己的家庭和承担女人们的社会责任。[44]在这种背景下，孩子们常常难以达到很高的预期。

相反，天主教徒觉得自己在德意志帝国处于守势，因为当1866年奥地利的哈布斯堡王朝被普鲁士打败后，他们便失去了保护。此后，虽然他们在莱茵兰和巴伐利亚等地仍然实力强大，但俾斯麦对忠于罗马教廷的教皇至上主义者发动的“文化斗争”（Kulturkampf）运动表明，不再是他们说了算了。对于像黑森（Hesse）的拉什多夫家这样的天主教家庭来说，宗教信仰首先意味着定期参加“神圣弥撒”，好让自己觉得精神安宁。作为教会成员还意味着上教授天主教价值和观念的教会学校。此外还有不同的青年团体，诸如圣乔治童子军（St. George scouts），以确保年轻人不会被引入歧途。[45]对孩子们而言，天主教提供了有凝聚力的亚文化，并因在隔三岔五的教会假日举行的多彩仪式而得到强化。

在犹太人家庭中，宗教身份的问题更是至关重要，因为这是自我界定和外界归属的一个关键元素。随着犹太人的解放，一些融入社会的障碍消失了，对犹太教的忠诚也有所减弱。但种族上而非宗教上的反犹主义的兴起，迫使每个家庭决定是要维持不同的身份，还是试图与邻居们融为一体。用维尔纳·瓦姆布伦的话来说，大部
33 分人选择了一种典型的妥协：“我的父亲非常想要成为信仰犹太教的德国公民。”这意味着积极保持与犹太教堂的归属关系，过圣洁日（High Holidays），遵守对猪肉等食物的禁令。一些犹太家庭非常严格，另一些则改变了信仰，并与基督徒通婚。[46] 加入德国犹太信仰公民中央协会（Central Association of German Citizens of Jewish Faith，CV）的大部分犹太人希望，他们最终会被完全接受为德国人。

父母的宗教信仰对成长中的孩子影响不一，结果可以从热情的投入直至完全不感兴趣。像新使徒教会（New Apostolic Church）这样的基督再临论派成员“在信仰上非常积极”，因为他们期待耶稣基督会很快再临。面对外部的怀疑者，会众围绕在他们的使徒周围，创造了一种紧密的社群，像埃迪特·舍夫斯基的父母一样的教区居民就是在那里成婚的。[47] 数量远超其他的是文化新教徒或天主教徒，他们保持了名义上的信仰，让自己的孩子受洗，过教会假日，但不再参加礼拜仪式。另一个极端是完全世俗的自由派或社会党人，他们与有组织的信仰不再有任何联系，喜欢传播基于德语经典作品的人文主义道德。

德国人之间的第三个重要差异是他们的家乡所在。与土地和王朝的联系造就了不同的身份。比如，本诺·舍夫斯基的家族来自东普鲁士，“土地上有黑森林和水晶般清澈的湖泊”。他们的农场位于泽姆兰德（Samland），那里以矗立在波罗的海海滩上的陡峭悬崖著称。生活在帝国东部边界的东普鲁士人体格魁伟，行动迟缓而笨

拙，念 r 时会发颤音，并使用斯拉夫语词汇。海岸是旅游胜地，有克兰茨（Cranz）这样的著名景点，可以看到远道而来的轮船。当舍夫斯基先生在邮局获得晋升后，一家人搬到了当地治所柯尼希斯贝格，这座骄傲的贸易城市是伊曼纽尔·康德的家乡。1945 年，他们被从东普鲁士驱逐，这一打击为后来的回忆染上了怀旧的色彩："只有当人们看到和感到失去了什么，对家乡的爱才会变得强烈和自觉。"[48]

西里西亚是东德一个特别的地区，位于波兰和捷克斯洛伐克之间，是奥地利和普鲁士争夺的目标。该省有奥得河（Oder River）沿岸的重要煤矿，为柏林提供了大量移民，拥有鲜明的地区身份。此外，那里的巨人山脉（Riesengebirge）* 是很受欢迎的旅游地，夏天适合登山，冬天适合滑雪。露特·魏格尔特在霍赫斯泰因（Hochstein）峰顶的一座山间小屋里长大，乌尔苏拉·马伦多夫来自斯切林小镇，弗里茨·斯特恩则来自布雷斯劳这座大都市，天主教徒、新教徒和犹太人在那里和睦相处。这个地区流传着各种关于任性巨人吕布查尔（Rübezahl）的山间神话，诗人格哈德·豪普特曼（Gerhart Hauptmann）曾经赞美过它。西里西亚一直坚持到 1945 年遭受惨痛的失败，那里是战后难民的重要来源，甚至在被并入波兰后，也是作为少数族裔的日耳曼人的家园。[49] 34

在西部，是坐落在兰河（Lahn River）畔的黑森州大学城吉森。1900 年前后，那里仍是一座传统的小城，保留着哥特式城墙和市场广场。狭窄的鹅卵石街道两侧，是半木结构的房屋，上面矗立着一座城市教堂。舒尔泰斯家在市场街上拥有一栋"非常温馨的老房子"，提供了"囊括全部生活的罕见庇护所。生活区和厨房、毛皮商店和

---

* 即今位于捷克和波兰边境的克尔科诺谢山（Krkonoše），Riesengebirge 是它的德语名称 。——编注

作坊、仓库和阁楼，都位于同一屋檐下”。虽然同样以新教徒为主，但黑森人更加活泼，愿意接受新事物，善于贸易，对科学发现感兴趣。海因茨·舒尔泰斯后来回忆说：“对我们男孩子来说，众多工棚和库房就像是由神秘的迷宫式角落、台阶、梯子、板墙和黑暗通道组成的黄金国，我们可以在那里用废弃的纸箱和板条搭建藏身所和城堡。”[50]

莱茵河谷是典型的更具天主教色彩的地区，那里因为城堡和美酒而得到浪漫主义者的赞美，但在政治上受到法国人的威胁。德布斯家先后在多条驳船上生活，这些驳船长约 300 英尺，由拖船带着来往于鲁尔盆地与荷兰的鹿特丹港之间。船员通常是船长和他的妻子、两名水手和一个打杂的男孩，对他们来说，在异国城市登陆会营造出“无法描述的激动氛围”。拖船上系着几条驳船，把煤运到
35 荷兰，把铁矿运到鲁尔的冶炼厂。装货是艰辛的体力劳动，领航要持续整个白天，事故经常发生，很少有时间欣赏如画的景色。在岸上时，这家人在考布（Kaub）安家，那里以一处位于河中央的中世纪关税所而闻名。水上的生活让德布斯家的孩子们很少有时间正常上学，他们只在冬天河流封冻时才去学校。[51]

相反，南部的施瓦本乡间仍有许多古色古香的农业村庄，守旧的传统主宰着那里。阿格内斯·莫斯曼出生在康斯坦茨湖（Lake Constance）附近的博德内格，一个从事合作奶酪与奶制品生产的家庭。她的父母用沉重的 50 升奶罐从养着几头牛的当地农民那里收购牛奶，将其脱脂，做成黄油和软硬不一的各种奶酪。只要“牛奶干净并冷却”，就能把它变成一流的产品，拿到像拉芬斯堡（Ravensburg）这样的集市小镇出售。无尽的工作由季节主导，围绕当地堂区神父组织的宗教节日展开。即便没有精致的玩具，孩子们会和农场上的动物玩耍，而且很小就开始干杂活。冬天，他们乘坐雪橇滑下山。夏天，他们在农场的池塘里游泳。学校专注于“三

个R”*，只有唱歌能带来些许消遣。[52]这是一个稳定的世界，离心机、电话和汽车等机器才刚刚开始闯入生活。

最令人兴奋的成长之所是柏林。这座迅速扩张的城市拥有诸多面向：它同时是帝国的首都，霍亨索伦宫廷的所在地，一座国际都会，一个制造业枢纽。因此，特兰西瓦尼亚记者弗里茨·克莱因很高兴作为《德意志汇报》(*Deutsche Allgemeine Zeitung*)的主编搬到那里，该报得到了外交大臣古斯塔夫·施特雷泽曼（Gustav Stresemann）所在的德国人民党（German People's Party）的行业补贴。在他的“大公寓”里接待来宾时，克莱因可以同魏玛共和国的当权派亲密交谈，呼吁推翻“可耻的《凡尔赛和约》(Treaty of Versailles)”。他穿着挂有他在一战中所获勋章的燕尾服迎客，妻子则“身着长晚礼服，表现出安静而自信的优雅”。不过，不那么幸运的下层中产阶级家庭同样热爱这座城市，因为那里有游乐园、电影院和最好的百货商店。[53]

社会阶层、宗教信仰和生活地域共同造就了4个截然不同的政 36
治阵营，传播着关于德国人应该如何的对立观点。西里西亚难民埃伯哈德·朔尔茨-奥伊勒描绘了他父亲周围的政治环境：“就像大多数有产者一样，我们家也流行德意志的民族观。”在实践中，这意味着忠于霍亨索伦王朝，属于新教教会，推崇军队，以及来自易北河以东。朔尔茨-奥伊勒的祖父只会被称作“骑兵上尉”。孩子们“以木剑和黑白红三色旗为戏”，显示他们对普鲁士国王效忠。[54]这种民族主义观念将俾斯麦侯爵变成了偶像，反对工业化的许多方面。德国国家人民党（German National People's Party）的保守立场尤其受到地主、军官、公务员和传统新教徒的支持，甚至包括一些农民和工匠。

---

* 指阅读、写作和算数。——编注

该党的主要对手是自由派，后者大多来自城市中产阶级中受过教育和从商的那部分。这些专业人士和商人相信通过教育、自立和个人责任实现进步的必要性——他们正是因为这些特质在生活中获得了成功。比如，律师和记者埃里克·艾克（Erich Eyck）将自己的精力用于“对法治以及［政府的］议会和民主体系的普遍捍卫”。为了实践这些信念，他加入了左翼自由派的德国民主党（German Democratic Party），被选入柏林-夏洛滕堡（Berlin-Charlottenburg）的市议会，经常在民主俱乐部发表演说。与其他被同化的犹太人一样，他“认同自己是德国人，在文化上感到与其拥有紧密的联系”。[55] 这些温和的进步人士确信，他们有资格扮演领袖角色——但不幸的是，他们缺乏赢得选举所必需的大众支持。

第三个阵营由天主教的一个亚文化群体组成，为了在日益世俗化的世界里捍卫自己的信仰，他们聚集在教会周围。这个阵营的区域中心位于莱茵兰和巴伐利亚，但天主教徒在其他地区也形成了可观的流散群体。在阿格内斯·莫斯曼所在的施瓦本乡村，生活以教堂和教士为中心，特别是在众多宗教节日期间。俾斯麦在文化斗
37 争中对国家不可靠性的指责促成了中央党（Center Party）的创立，他们利用议会摇摆不定的忠诚维持了教会阶层的组织自治，宗教婚姻的神圣性，以及堂区学校的教育独立。通过公民联系的紧密网络和丰富多彩的节日庆祝，像约阿希姆·费斯特的父亲这样有文化的天主教徒在日益现代化的世界里创造了一种有凝聚力的身份。新教徒和基督教徒之间的通婚是文化上的战场之一。教会拒绝祝福这样的结合，声称这些夫妇“生活在罪中”，除非新教徒的一方愿意改宗。[56]

最后一个群体是劳工运动，以社会民主党为代表，他们仍被帝国当权者认为是颠覆性的。许多产业工人觉得从农业到工厂劳动，从农村到城市生活的转变非常困难。他们收入很少，还常常被解雇。

一位名叫汉斯·席尔默的工人厌恶如此可悲的状况，提出“希望建立更好的社会主义社会，更加团结和更多跨国的”理解。当工会为了更好的收入和工作条件而与雇主展开斗争时，社会民主党发展成了议会第一大党，尽管俾斯麦试图通过《反社会党人非常法》和社会保险计划来打压它。由于受到打压，劳工运动也发展出了独立的亚文化，包括公共讲演、体育俱乐部和歌唱协会等。[57] 但运动内部分成温和改革派和激进革命派，在 1918 年分裂成相互竞争的社会民主党和共产党。

因为本书主人公的父母大多生于 19 世纪 90 年代，他们成长于威廉帝国，经历了德国的成功达到顶峰的那段战前岁月。尽管存在各种社会、宗教、地域和政治上的分歧，但大部分普通公民是“忠于皇帝”的，把威廉二世的炫耀视作彰显了新国家的进步。在日常生活中，他们可以看到自己的生活条件有了真实的改善，体现在工资上涨、闲暇时间增加和住房条件改善上。尽管城市化发展迅速，帝国仍然代表了“和平、安定和秩序”，对这个固定等级世界的挑战只来自下层的弱势人群。[58] 虽然可能会对政治展开激烈的争论，但大部分人对德国日隆的海外声誉感到骄傲，乐意支持帝国“在太 38
阳下赢得一席之地”的努力。因此，威廉时代的大部分家庭都怀着欢欣鼓舞的乐观精神，即便格特鲁德·科赫的父亲这样的工人也继续在为“更好的世界”而奋斗。[59]

尽管经历了最初的热情，但随着人们了解到前线和后方的受创程度，一战变成了可怕的梦魇。无论来自何种阶级或信仰，年轻人都志愿参军，如果未被接受就会觉得遭到了排斥。埃迪特·舍夫斯基的父亲年仅 17 岁便“出于冒险精神而走上战场。他是个大胆、勇敢和友善的战士，被提拔为中士，获得一等铁十字勋章”。不过，在“试图帮助一位身受重伤的战友时，他被埋到了战壕里”。尽管最终被找到和救出，但他再也没有恢复元气。数百万家庭有儿子战死，幸存者也多有伤残或疾病缠身。在英国的“饥饿封锁”*中，许多妇女想方设法让家中能够继续生火，试图靠吃甜菜来避免挨饿，用烤过的谷粒来替代咖啡。[60] 由于军队的消息审查，长时间战斗的最终失利令人们深受冲击。

失败和革命很难带来德国人在 4 年战争期间如此渴望的那种和平。1918 年 11 月，海军起义赶走了皇帝，建立了民主的魏玛共和国，而非更加激进的共产主义政权。但“即便战争早已结束，还是有饥饿和匮乏”。卡尔 · 黑特尔表示，经济状况“如此糟糕”，几乎不能更差了。“德国正逐渐失控，无法阻挡地陷入混乱。”此外，同盟国的和约条件似乎出自仇恨和报复。“各个政治派别的报纸都谈到凡尔赛开出的和约，它必将导致欧洲最大经济体的彻底崩溃。”[61] 另外，莱茵兰被法军占领引发了广泛的怨恨。因此，对于生活在恶性通货膨胀下和断断续续的内战中的年轻父母来说，过上和平的生活是一场艰难的斗争。

39 渐渐地，即便形势变得比之前更困难，“恢复昔日美好岁月”和回归正常生活的努力仍然深入人心。关于“输掉的战争”和苛刻的和平条件的所有讨论只会“让中产阶级德国人更加不屈”。生活还要继续。人们用更少的资源将就，发明了巧妙的生存策略。他们在每一块能利用的地上种菜，甚至在阳台和窗台上种烟草。女人为了一点点额外的收入也去工作，有的在家里缝补衣物，有的在外面接点零活。即便不得不辛勤工作，大部分人“还是能够过活”。寻求浪漫的年轻情侣试图通过在舞厅享受生活来弥补失去的青春岁月。他们中的许多人还无视长辈的建议而结为夫妇。节育工具很少被使用，因此孩子开始不断降生。[62] 尽管身陷战后的混乱，生活依

---

* 第一次世界大战期间，英国对德国发起贸易禁运，并在海上建立了日趋严厉的贸易封锁，造成德国国内食品短缺。——编注

然在好日子必将到来的希望中继续。

模糊的遗产

虽然家族遗产常常“被深埋在记忆中”，但20世纪20年代出生的孩子，他们的生活在未来几十年间都将受这些遗产的约束。大部分人对遥远的祖先只有模糊的回忆，至多只能意识到一个一般性的参考框架，他们作为先人的后裔在其中成长。但与自己祖父母有交集的人会更直接地回想起他们的影响，因为其慈爱的关怀和经常带来的礼物而“对其大加赞美”。最显而易见的是，他们记得自己的父母曾试图通过提供支持和建议来指导他们的教育成长。通过劝说和强迫并用，父母试图向自己的孩子灌输重要的教训，作为必须遵循的法则。儿女们的自传显示，他们在根本上怀着矛盾的心态看待这种两代人间的社会化的努力。[63]

回过头来看，帝国祖先留给一战后德国孩子们的遗产是个大杂烩，包含了积极的可能和消极的阻碍。可以列出很多令人印象深刻的毋庸置疑的好处。在帝国时代，得益于卫生设施和社会医疗，人 40
口健康状况有了显著改善，预期寿命大大延长。与此同时，科学发展和技术发明催生了诸如电力学和化学等全新的领域，更不用说像汽车这样的机器，它们改善了生活的品质。在文学和教育领域，普鲁士同样走在最前面。在城市改革和发展福利国家上，德国人被认为是文明世界的引领者。甚至马克·吐温这样的美国来访者也称赞德意志帝国是一个处在现代化前沿的国家。[64]

不过，20世纪20年代那代人的回忆录也透露了许多会困扰他们年轻生命的问题。一战的意外失利和1923年的恶性通胀导致大批中产阶级陷入贫困，而许多无产者更是连生存都受到威胁。《凡尔赛和约》的苛刻条件导致了对战胜国的强烈怨恨，使得民族主义党派可以借机为自己的复仇主义外交政策辩护。党派政治在战事期间被暂停，达成“城堡内的停火”，这反而掩盖了德国社会的许多意识形态分歧。随着帝国的崩溃和1918年十一月革命的爆发，这些分歧变本加厉地爆发出来。左翼红色旅和右翼“自由军团”（Freikorps）之间随之而来的近乎内战的冲突，让团结推迟了将近5年。身处持民族主义、自由派、社会民主党和共产党立场的父亲们中间，战后的孩子们面对一个需要考验他们决心的灰暗未来。[65]

因此，魏玛的孩子成了相互竞争的现代化意识形态较量的关键战场，不同意识型态竞相争取他们成为信奉者。军事失利使人们对德国式的科学进步、经济增长、官僚秩序、军事力量和福利国家失去了信心。在东方，苏联平等主义社会革命的蓝图发出了召唤，向劳动阶层许诺国际和平、社会福利和技术进步。在西方，传来美国更为温和的自由民主信息，暗示将把繁荣和自由带给中产阶级。最初，大部分德国人倾向于伍德罗·威尔逊总统，而非布尔什维克领
41 袖列宁，但到了20世纪20年代初，对现实不满的右翼中很大一部分人开始把目光投向南方，投向才华出色的意大利记者墨索里尼，后者正在酝酿一种新的激进民族主义，名为法西斯主义。[66]

对于20世纪20年代出生的那代人来说，形形色色的家庭背景和社会网络为他们提供了广泛的潜在选择。一方面，祖先遗产中的自由和社会民主元素让他们有很大的机会获得自由发展；另一方面，他们祖先的决定所造就的威权和民族主义背景严重限制了当下的行动。在同一个家庭内部，例如席尔默家，孩子们已经做出了不同的反应：一个儿子效仿父母，成为民族主义官僚；而另一个则拒绝家长制权威，成了叛逆的共产党员。[67] 在更大的社会中，学校、朋友圈子、青年团体、教堂和其他公民社会组织同样会提供相互冲突的观点，鼓励个人走上互不相容的道路。不幸的是，许多魏玛的孩子后来不得不承认他们最终做了灾难性的选择。

第二章

魏玛的孩子

20世纪20年代，新生儿的降临通常是件喜事，生命在大战的杀戮之后重新获得了肯定——尤其当生的是男孩时。即便地位下降的姐姐可能怨恨新来的小家伙，父母依然对有了儿子和继承人感到骄傲。中产阶层家庭会发出印刷的通知，告诉亲朋好友新成员的名字，并雇请摄影师记录这个快乐的日子。为了让新生儿成为社群的合法成员，登记员会用一丝不苟的日耳曼笔体填写孩子的出生证，包括孩子的父母、出生地、出生日期和宗教信仰。然后，亲戚们会聚在一起参加正式的教堂洗礼，孩子有时会因为被泼上凉水而哭闹。一位忠诚的官员甚至可能成功地说服兴登堡总统担任荣誉教父。[1]

这种出生描写标志着大部分自传的开始，即便传主并不记得准确的情形。“我的零点时刻是在遭受通货膨胀的1923年一个初夏的明媚白天，即6月18日中午12点15分”，工程师卡尔·黑特尔根据充满细节的家族故事这样回忆说。“我的出生相对顺利，因为在我之前，我的许多哥哥姐姐们已经经历了同样的过程。我的母亲生了8个孩子，几乎没有遇到麻烦。”[2] 格哈德·克拉普夫最早的“模糊而朦胧、非常不连贯、单幅图像式的记忆”始于3岁，他记得自己从窗口望着院子里一只跳舞的熊。在小说《童年典范》(*Patterns* 43 *of Childhood*)中，生于1929年的克里斯塔·沃尔夫对于通过第一次至关重要地说出“我”这个词而神奇地开启了意识感到惊异。[3]随后的叙事呈现了这一初生的人格在整个生命历程中的发展。

受到菲利普·阿里耶斯(Philippe Ariès)开创性作品的启发，历史学家们开始探索这种被重复了成百上千万次的普遍模式如何因为时间和地点不同而有所差异。[4]他们的工作表明，童年在文化上被赋予它的观念和价值所建构，包括从把孩子们当成小大人到把他们当作脆弱的婴儿照料的各种类型。此外，人口统计学家提出，19世纪末的人口变化——从每家有很多孩子，因为其中许多在婴儿期就夭折了，到一对夫妻只有几个孩子——同样根本性地改变了父母的情感态度，使他们从漠不关心变得十分投入。与此同时，学者们还不辞辛劳地从支离破碎的记录中寻找线索，发现孩子们试图让自己的生活摆脱成年人控制的真实经历。[5]结果，我们对于童年有了更复杂的理解，视之为一个为发现自我而斗争的阶段。

大部分关于在魏玛共和国成长经历的记忆都积极得令人意外，声称“我的童年非常幸福”。与危机不断的政治图景相反，这些个人回忆通常强调父母设法提供了“很好的舒适和安全感”，让孩子能够茁壮成长。[6]毫无疑问，育儿理想仍然在威权的家长主义和放任的自由主义之间摇摆，家庭规模则继续大小不一，较贫穷的父母因为缺少节育手段而会生多个孩子，中产阶级母亲则会限制孩子的数量。但这种矛盾的混合让孩子面对家庭不同的期待，同时提供了支持和挑战，鼓励他们形成坚韧的性格。只有在人生最开始的阶段(特别是在共和国末期)，经济困难和政治忧患才显著威胁孩子们的未来。[7]

这种“幸福无忧”的童年对生活轨迹产生了持久的影响——它们创造了对安全和常态的期待，那是个人此后努力想要找回的。与

一战造成的匮乏、大萧条时期的大规模失业、二战前线和后方的苦 44
难不同，共和国中期是一段相对和平的时期。对许多工人和社会主义者来说，第一个德国民主政权是希望的时代，日渐繁荣和社会改革预示着更好的生活。[8] 但对威权传统的维护者和激进的反犹主义者来说，魏玛共和国的现代主义实验对他们的整个世界观和生活方式造成了威胁。为了解决对“黄金童年”的记忆和对魏玛共和国许多问题的描绘之间的矛盾，有必要更仔细地审视孩子们在主导了他们生活的家庭、学校和社区中的真实经历。[9]

家庭庇护所

尽管“卫生状况”很不好，大部分魏玛的孩子都在家中出生。生孩子被认为是自然行为，而非医学问题。卡尔 · 黑特尔记得，当他有妹妹将要降生时，“有个邻居在小炉上烧了几壶开水，准备了干净的毛巾，派我 12 岁的姐姐……去找接生婆，好让她开始神圣的工作”。焦急的父亲和紧张的孩子们被送出房间，他们等待着宫缩期间女人的尖叫，那可能是有进展的信号。“母亲躺在狭小地下室的床上，被痛苦折磨着”，期待着听到“新生命的第一声啼哭”，那将标志着煎熬的结束。在草草地对母亲和婴儿进行清理后，接生婆会把丈夫和孩子们叫进房间，向后者宣布“你有了个小妹妹”。现在，他们需要赞美新生儿：“看看床上，她躺在那里睡着了。”[10] 标准的婴儿照被用来赞美与母亲的联系，就像露特 · 布尔文的那样（图 5）。

特别是在穷人家庭，生孩子和婴儿期仍然充满危险，许多孩子无法活到成年。如果同胞早早夭折，对丧亲的记录很少带有情感：“我从没见过另外 5 个孩子，因为他们已经死去，离开了这个世界”，一位作者像陈述事实那样说道。但当稍长些的兄弟或堂表兄突然逝

图 5. 母亲和孩子。来源：露特 · 布尔文，《后来的回响》。

去时（比如因为破伤风），那将是“人的悲剧”，因为命运似乎对一
45 个无助的孩子开了残忍的玩笑。因此，百日咳、猩红热、麻疹和白喉等儿童疾病是对整个家庭的巨大考验，需要医生的昂贵诊断、从药房买药、长时间的卧床休息。经历了特别严重的双侧肺炎后，一位如释重负的母亲告诉她康复的儿子：“你仍然活着真是奇迹。”[11]

母亲通常是童年世界的中心，就像在大部分家庭一样，她“完全对孩子和家人负责”。化学家海因茨 · 舒尔泰斯记得，在没有现代设备的情况下，几乎一切都需要女人们自己动手，因此“母亲终日劳作的手”从来得不到休息。洗衣服在每月一次的“大洗涤日”进行，每件衣物都经过烫洗和拧干，再晾干后折起收好。此外，“衣物都是在自己家中制作的”，需要精心的缝纫和修补。与此同时，在专卖小店和每周农民集市上购物需要花很多时间讨价还价，还得自己动手包装。食物大多要从头开始备制，菜谱像秘密一样被守护或分享。当年长些的女孩被要求做些简单的家务时，蹒跚学步的幼

儿常常跟在她们身旁。[12]

相反，大多数父亲显得陌生，因为他们很少接触婴儿。即便不 46
再严厉，他们依然“权威不容置疑”。由于劳动的性别分工，男人是家庭的顶梁柱，他们会把自己的头衔给予妻子，后者喜欢被称作“医生太太”（Frau Doktor），即便她们自己并非医生。因为父亲整天都外出工作，他们仅仅在晚上或周末才能见到自己的孩子，所以只留下模糊的存在。在大部分家庭，男主人有责任维持权威的纪律，常常为了灌输社会规则和让孩子们坚强地面对生活而施加体罚。不过，也有越来越多的事例体现了关爱，比如父亲帮助孩子“学习游泳和骑车”，缔造情感的纽带。[13] 随着变得日益成熟，许多孩子开始赞赏父亲的职业成就，以及他们在危机中的道德权威。

作为孩子最早的玩伴，兄弟姐妹是他们的学习和差遣对象，对处于童年早期的他们会产生关键的影响。在像克拉普夫家这样有 5 个孩子的大家庭中，出生顺序决定了群体内的角色、才能的专业化和家务的分配。独生子女常常是孤独和被惯坏的，而在更大的家庭中，孩子们不仅会为争夺父母的关注展开很多竞争，而且还有相当的自由，因为成年人无法盯着每一个孩子。[14] 男孩的哥哥可能扮演了他在学术成功和运动成就上模仿的榜样角色。如果女孩有个妹妹，姐姐可以像妈妈一样照顾她、保护她和逗她玩，学习将来也许对自己有用的女性技能。[15] 虽然年龄差异大或性别不同常常会影响同胞间的关系，但童年早期的亲密会造就持续一生的情感纽带。

如果母亲有工作或忙于社交，保姆将取代她的地位。这些保姆被称作安妮（Anni）、艾米（Emmi）和卡蒂（Kathi），她们通常是来自乡下的穷姑娘，为了增加父母的预算和学习资产阶级生活方式而被送到城里。甚至中产阶级也负担得起雇佣一个女孩来给小孩子喂食和洗澡，并且看着他们，从而让女主人免除了日常的工作。育
儿保姆与她们的照顾对象玩耍，为他们读故事，带他们去游乐场和 47

公园散步。不过，通过谈论自己的贫苦，保姆也让孩子们了解到生活在不那么幸福的家庭是怎样的。工程师保罗·弗伦策尔回忆说："一个六七岁的男孩需要的全部爱和教育……我都不是从父母那里，而是从一位来自上巴伐利亚的保姆那里得到的。"相比疏远的母亲，孩子们经常与他们的保姆更加亲密。只有少数孩子被送去了幼儿园，比如埃迪特·舍夫斯基或乌尔苏拉·马伦多夫。[16]

当既没有母亲也没有保姆时，亲友网络将不得不照顾被冷落的孩子，并常常在方方面面替代了父母。祖父母家不仅是暑假的目的地，还是暂时或更长期的替代住处，特别是当他们生活在自己带花园的乡下房子里时。像露特·布尔文这样的独生子女觉得受到欢迎和保护，因为阿奶和阿爷宠爱他们，耐心地向他们解释园艺和房屋维修等工作。未婚的姑姑也是个好选择，就像"接管"了小汤姆·安格雷斯的远亲迪迪（Didi），她"给我讲故事，唱歌给我听……很早就教我不要哭鼻子"。在农村或工匠家庭，孩子们被要求以力所能及地做家务来做出贡献。[17]通常说来，有一批堂表兄弟和朋友充当了非正式的支持结构，帮助孩子们达到成人世界的要求。

家庭住所是成长的环境，其规模和位置取决于父亲的挣钱能力。像克莱因家这样的上层阶级家庭可以买得起柏林"一座极好的公寓"，有许多房间用于社交展示和日常生活。由于有充足的空间提供独立的"儿童房"，他们的孩子"作为'体面人家'之子"，拥有"被精心照顾的童年"。[18]另一些中产阶层家庭也拥有自己的住所：毛皮交易商"温馨的老屋"，牧师"布局杂乱的住所"，或者普鲁士农民"结实的农舍"。像安德雷斯一家位于东部的护林员之屋这样的个人住所提供了安全感，让孩子们既得到"照顾和保护"，又拥有探索森林的"无尽自由"。因此，修建自己的房子是许多资产阶
48 级（Bürger）的渴望，因为自家的墙壁带来了社会认可和孩子的庇护所。[19]

在不那么有钱的家庭，拥挤的居所永远是矛盾的导火索，因为缺乏空间会让家庭成员发生冲突。下层中产阶级家庭常常生活在公寓楼里，这些威廉时代的丑陋建筑有着中世纪风格的门面、塔楼和阳台。但孩子们可以在阴湿的内部庭院玩他们富有创意的游戏，把那里变成冒险的空间。像黑特尔家这样的无产阶级家庭只能生活在窄小的公寓里，常常位于地下室，或者是塔楼里的单个房间，吃饭、睡觉和平淡的生活不得不同时在那里进行。被迫的亲密造成缺乏隐私，折磨着人们的神经。孩子和成人不得不同睡一张床，使用楼梯间里的公用厕所。此外，当疲倦的父亲结束轮班回家时，大家都得蹑手蹑脚，而母亲则常常不得不靠洗衣或缝补来补贴微薄的收入。这是一个对孩子们来说很艰难的环境，他们不得不努力满足自己最基本的需求。[20]

花园是逃避城市生活的庇护所和额外食物的来源，对于拥有花园的幸运孩子来说，那里还是会有神奇发现的地方。上层阶级家庭常常可以享用他们引人瞩目的城市公寓背后的绿地空间，中产阶级业主也常常拥有满足审美和实际用途的足够土地。因此，像舍夫斯基家这样的下层中产阶级和无产阶级家庭也常常努力租赁一块带树荫的园圃，作为娱乐和社交场所。女儿埃迪特后来写道："这块地是我父母的梦想。"在这种"租用花园"中，人们会种植各种花果和蔬菜，诸如玫瑰、草莓和土豆。孩子们可以在那里玩耍，只要不破坏庄稼或樱桃、苹果、梨树这样的果树，树上的果实可以让他们吃个饱。特别是在战争和萧条的艰难时期，这些花园是重要的食物来源。[21]

像午间正餐这样的场合会把家中所有成员集中起来，是"每天发生和关心的事真正的交流场所"。在感谢神恩后，人们开始进食，父亲会得到最好的肉，母亲有时会牺牲自己的那份，以确保她的宝
贝有足够的可吃。孩子们必须学会行为得体，因为"体面的餐桌礼 49

仪会受到父母的特别监督”，违规者会被快速地拍一下耳朵。只要孩子表现出足够的尊重，他们就会被允许参加成人的谈话，那将提供很多“有教益和宝贵的东西”。像霍斯特·格罗图斯这样的上层阶级孩子有时会吃得太多，导致体重过重，得到“胖子”的绰号；而下层阶级的孩子则会饿肚子，向往着吃“香蕉或葡萄”是什么样的。[22]

孩子们一有可能就会玩耍，在发明比赛和规则上表现出很多创造力。这些游戏可以像在人行道上跳房子一样简单，也可以像西洋跳棋这样的棋类游戏一样复杂。男孩们更喜欢动手性的玩具，诸如“马克林拼装玩具（Märklin erector sets）或发条火车”，或者通过转陀螺、放风筝和打弹子来检验自己的技能。女孩们则被认为应该在精心布置的房子里玩娃娃。埃丽卡·陶布霍恩回忆说：“我喜欢一个人玩过家家。我的 7 个大娃娃是孩子。我还真在我的小炉子上做过饭。衣橱里挂着它们穿的衣服，小板凳当作桌子。娃娃们还有一张小床和一辆小推车。”女孩们背诵诗歌、猜哑谜和在彼此的纪念册上留言；男孩则喜欢打闹，他们玩“牛仔和印第安人”的游戏，或者踢足球。[23] 即便玩具数量有限，这些复杂的游戏还是能够在不花多少钱的情况下带来快乐。

每年的高潮是像圣诞节这样的宗教节日，甚至世俗家庭也会被唤起“最温暖的情感”。基督降临历 * 和降临花环带来了期待感，前者上面的每个开口代表一天，后者带有 4 支红烛，分别在每个主日点燃。12 月 6 日，圣尼古拉会前来决定“孩子们是好还是不好”，据此对他们进行奖励或惩罚。圣诞夜的教堂仪式让人们更加兴奋，孩子们在其中扮演天使和牧羊人的圣诞剧常常为仪式增色。晚宴过

---

* 一种用硬纸板做成的日历，上面有门形开口，每个开口代表一天，后面藏着图片或小东西。——译注

后，客厅的门终于被打开，露出闪闪发光的圣诞树，上面有五颜六色的装饰品、金银丝和点燃的蜡烛。直到唱完《平安夜》，孩子们才被允许打开礼物——通常是一些他们想要的东西，比如新的雪橇，或者实用的东西，比如毛线袜、“帽子或手套”。[24] 圣诞节习俗十分 50
流行，甚至开始被一些犹太家庭所接受。

假日是另一段深受欢迎的时光，因为它们中断了日常的作息，带来了新的体验。甚至像卡尔 · 黑特尔这样的穷人孩子也能在私人小菜园里玩耍，在当地的河里学习游泳，或者去郊游。像露特 · 布尔文这样条件稍好些的孩子可以坐火车从柏林前往图林根森林，造访他们的祖父母，体验乡间的生活，以及那里健康的空气、新鲜的食物和有趣的农场动物。而像保罗 · 弗伦策尔这样更有钱人家的儿子则会前往波罗的海，住在豪华的温泉酒店里，用沙子筑起精美的城堡，在浪花里和朋友们戏水，或者在沙滩藤椅上避风。他们的母亲会在茶会上炫耀自己华丽的衣装，父亲则会在周末加入他们。像艾克这样的精英之子“经常举家出游，很多时候是出国，前往荷兰或瑞士”，从而获得了见多识广的光环。[25]

恶性通胀和大萧条之间是魏玛共和国的“金色中年”。在人们的记忆中，它让大部分孩子拥有了“幸福和受呵护的童年”。内战肆虐的混乱开端已经安全地过去，经济和政治灾难尚未到来。广泛的贫困、宗教偏见和民族仇恨无疑相当让人烦恼，令他们的父母厌恶政治。但相比后来的痛苦，这个时期的生活相对稳定，他们得以专注于个人关心的问题,使童年在回忆中显得“富有诗意”。拥有“慈爱而激励人的父母”与趣味相投的兄弟姐妹，甚至犹太裔德国人也能够“建立关系密切的家庭”，满怀信心地憧憬未来。[26] 这种成长缔造了与其他家庭成员的有力纽带，与自己家乡的长久联系，以及对德国文化的持久认同，后者在将来会受到严重的挑战。

学校的挑战

进入小学是“一次深刻的转变”，对孩子们意味着“一个新的和非常重要的生活阶段”。得益于宗教改革的遗产，德意志各邦早
51 在18世纪就建立了义务初级教育系统，以便让虔信者能够阅读俗语的《圣经》。为了不对心智造成太大负担，学生们只被要求在上午听课。他们中午回家吃饭，下午有充足的时间可以玩耍。[27] 哥哥姐姐和年长朋友的告诫故事让孩子们对那个将影响他们一生的机构既期待又恐惧。为了让过渡容易些，父母经常会给像露特 · 布尔文这样焦虑的儿女们一个惊喜礼包，里面装满了糖果和学习用具（图6）。得到抚慰后，新生们会步履沉重地前往令人生畏的学校，小小的背上驮着皮书包。

学生们会遇到形形色色的小学老师，既有和蔼和乐于助人的施教者，也有死板和威严的训诫者。在帝国时代，大部分老师是男性，但到了魏玛共和国，女性老师开始增加，特别是在低年级。大部分老师把精力集中在培养背诵乘法表这样的技能，灌输普鲁士国王名字这样的信息，或者通过讨论诗歌来促进他们的头脑发展。[28] 总体而言，教学方法仍然是直截了当的，强调机械记忆和重复，但也有一些“年轻现代的”老师会尝试更加非正式的先进教育手法。如果
52 孩子走运，他或她可以遇到有兴趣培养他们“热爱学习”的好老师，但也有许多令人讨厌、享受自己权威的课堂暴君。一些学生声称在学校里受苦了，其他许多则“事实上一直很喜欢那里”。[29]

班级规模很大，有四五十个孩子，通常按照性别分班，这导致纪律很难维持，因为要面对那么多心不在焉且活泼好动的孩子。一些有点子的老师会采用新颖的方法，比如扮演历史人物，来抓住学生们的注意力，从而使他们保持兴趣并激发想象。但大部分老师每次都用体罚，相信“不动棒子就教不好孩子”的希腊谚语。埃丽卡·陶

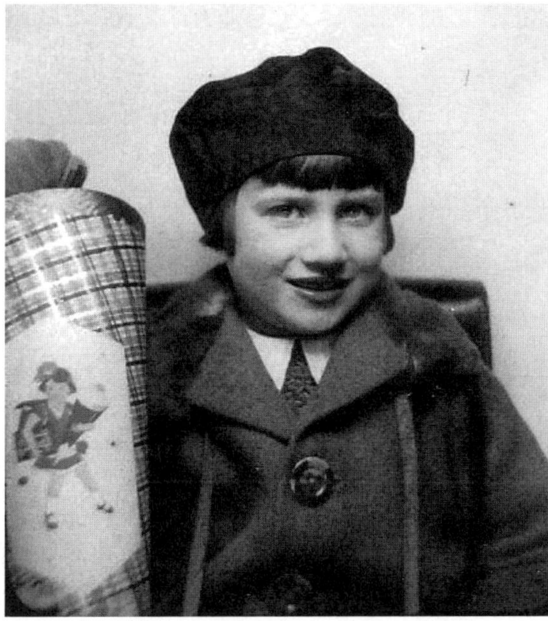

图 6. 害羞的一年级生。来源：露特 · 布尔文，《后来的回响》。

布霍恩记得："男孩们必须弯下腰，屁股被手杖揍上两三下。女孩们必须伸出手掌和手臂，老师会在她们的手和指尖上打两三下。"不过，大部分机构"并非野蛮的体罚学校"，孩子们不守规矩才会被惩罚，因为"纪律和秩序受到强调"。事实上，许多学生成了成功的"医生、律师或科学家"，没有遭受永久的创伤。[30]

关键的学习用具是带木框的黑色写字板，写字用的尖笔，以及用来修改错误的海绵或抹布。"一侧是书写字母的线，一侧是计算用的格子"，埃丽卡 · 陶布霍恩回忆说。孩子们带着写字板上下学要十分小心，因为如果掉了就会摔碎。学习写字之前要先画图形，比如在写字板上画个巨大的复活节彩蛋，表示字母"O"，那是德语"复活节"（Osterei）一词的首字母。算术课要求机械地记忆乘法表，然后全班正着和倒着背诵。[31] 老师会站在教室前面，在大黑板上画图。不过，当他转过身去时，孩子们就会乘机恶作剧，例如抛掷被唾液弄湿的纸团。如果老师有幽默感，他会在学生头上拧湿海绵作为报复。老师还会使用地图和图表，用故事让讲课生动起来。

直到20世纪20年代末，“学校看上去仍然是与政治绝缘的世界”。在普法尔茨行政区长大的汉斯·克维萨记得，“一切稍微与政
53 治相关的东西都被排除在外，教学中不出现任何隐秘或公开的宗教或政治说教”。墙上唯一的人像是老总统兴登堡，地方的学习仅仅关注周边地区的历史和地理。新教地区的大部分老师都是自由派或民主派;在天主教地区,他们支持中央党。但这种去政治化的做法“产生了意想不到的结果：在学校之外，孩子们容易受到愈演愈烈的民族主义风潮的影响”，因为在面对争议问题时，他们缺乏“任何准备或个人判断”。大萧条期间，当政治标语第一次进入孩子们的世界时，“它们表面上采用正常的国家口吻”，诸如对“巨大的体育和科技成就”感到骄傲。[32] 反讽的是，保卫共和国的老师们的中立立场为民族主义煽动留下了方便之门。

在班级共同体内找到一席之地并不总是容易的，如果孩子是从城外转来，或者在其他方面与众不同时，更尤其如此。一个问题是富学生和穷学生之间的“社会分界线”。他们常常按照自己的地位结成团体，不会跨越阶级壁垒。乌尔苏拉·马伦多夫回忆说，有钱的孩子拥有时髦的衣服和零花钱，而较穷的同班同学常常身上邋遢，甚至还有虱子。男孩尤其可能非常残忍，把学校变得“像是一种煎熬”。他们会因为那些被惯坏的小少爷更高雅的谈吐和更好的衣服而向其发难。直到保罗·弗伦策尔鼓起勇气对一个欺负他的大孩子发起反击，将其击倒在地后，“才再没有男孩敢嘲笑或殴打我”。[33] 相反，女孩通常更喜欢结成小团体，因此找到能够坐在一起，从而获得归属感的朋友非常重要。同班同学还会一起胡闹，比如男孩们将折叠梯子从木堆上扔下，或者女孩们坐在书包上从小山上滑下，这会招来严厉的责备。[34]

由于有着共同的兴趣，学校里的交情可能会发展成终生友谊，经受住独裁统治和战争的考验。女孩常常会彼此分享想法和感受。在私立学校里，吉塞拉·格罗图斯遇到了一个犹太裔新教徒家庭的女儿："就这样，我和'小马尔琴'（Marthchen）建立了我第一段亲密的学校友谊，经常和她一起玩。"后来，她与另一位女孩的"知心朋友"关系也持续了一生。男孩们更想要的是一起做事的"伙伴关系"，或者可以让他们崇拜的榜样。犹太少年维尔纳·瓦姆布伦 54
先是与一个"金发、矫健的……街区孩子王"交好，后来又倾慕一个"精神自由者"，那个孩子来自贵族纳粹家庭，"几乎不在乎别人怎么看待他和他的行为"。这种少年友谊跨越社会界限，扩大了孩子们的眼界，在他们的成长中提供了至关重要的帮助。[35]

魏玛共和国期间，大部分男孩和女孩仍被送到单一性别的学校，很早就强化了对性别角色的区分。虽然对小孩子来说，这种区分没有什么影响，但对青少年来说，这被认为把性觉醒的问题阻挡在了课堂之外。一方面，男孩被认为应该坚强，以便成为男人，要无视割伤或擦伤的疼痛，就像谚语所说："德国男孩不哭鼻子"。另一方面，女孩的学业要求没有那么严格，而是在缝纫和烹饪等课上学习未来作为持家者角色所需的技能。讽刺的是，性隔离催生了同性情谊，这在男孩中特别明显，因为他们在运动或其他场合会被彼此的肉体所吸引。由于被分开教育，当学校的隔离无法再使男女各据一方而他们初坠爱河时，理解对方会遇到一些困难。[36]

到了 10 岁时，孩子们要面临一个关键的抉择——四年级后准备接受什么类型的教育。尽管有了细微改革，但父母还是不得不从继承自帝国时代的三级学校体系中做出选择。如果孩子想要从事高级职业，就必须要上筛选非常严格的文理中学（Gymnasium），即以拉丁语、现代语言和科学为本的高中。如果父母想要把孩子培养成商业白领，他们常常会选择不那么有名的实科中学（Realschule），那里采用现代语言教学。如果只想从事蓝领工作，他们的子女会继续读公立学校，一种普通但免费的初中。选择不仅取决于令人害怕的成绩单，也取决于家庭的社会期望和经济资源。卡尔·黑特尔回忆说："身为穷人家的孩子，我没有可能进入文理高中，因为付不起每月 25 帝国马克的学费。" [37]

55 少数足够幸运地进入文理高中的学生带着"些许悸动"走向那些久负盛名的学校。首先，他们必须通过严格的入学考试，包括一篇论文和数学题。然后，他们要面对繁重的课程，课程以拉丁语、希腊语或现代语言为基础，还要加上自然科学课。虽然教学方法经常像教学楼一样古老，但内容遵循的是新人文主义者的古典学研究方式，造就了对古代文化的热情和个人修养的奇特结合，被称为"教化"（Bildung）。许多男孩不堪压力退学了，因为他们无法或不愿应对这些挑战。但像汉斯·陶施这样"记忆力好又能专心听讲"的孩子能够"游刃有余"。[38] 由于文理高中是通往上层阶级未来的大门，因此大部分学生即便怨恨那里的要求，也会默默忍受。女孩通常会上更容易的高中，那里不是为进入大学学习做准备的。

志向不那么远大的孩子常常选择实科中学，那里有更现代的课程，但仍然让他们有机会踏入中产阶级职业生涯。与文理中学的九年学制不同，这类学校只要上六年，随后通常是接受某种白领培训。因为教学以英语、法语和数学为重，许多资产阶级家庭认为那里更加务实，学生能够更直接地明白与职业的相关性。因此，尽管表现不一，既有警告即将挂科的"蓝信"，也有更漂亮的成绩单带来的"快乐惊喜"，但他们更容易达到学科要求。当保罗·弗伦策尔成为班上第二名时，他的父亲马上建议他接受酒店管理的额外训练，但儿子坚决拒绝了。因此，实科中学的出勤通常"没有问题"。[39]

大部分孩子留在了公立中学，一种专注于基本教学的初中。与更高等的学校不同，这类机构只能再提供四年的教育，到 14 岁为止。

那里的课程集中于学习高级德语、练习书法、了解当地情况、做简单的数学题。毕业后，大部分学生会成为某个行当的学徒，同时在职业学校（Berufsschule）接受每周一天的职业培训。魏玛共和国 56
时期，改革为继续教育开了一条缝，特别出色的人可以参加“速成班”。因为学费，家庭通常不会送女儿上文理中学。当继续学习的梦想被否定时，乌尔苏拉·贝伦伯格哭了。不过，通过在自己的行当中表现出实践能力，像卡尔·黑特尔这样更有适应力的人从初级教育中学到的东西让他们足以接受工程师的训练。[40]

这些学校向它们的学生灌输的价值在根本上是含糊的，混合了人文主义情感和民族主义倾向。德语教学通常以经典作品为中心，需要背诵像席勒的《钟之歌》(*Die Glocke*)这样的史诗，或者讨论像歌德的《浮士德》这样的剧作，即便许多学生几乎不懂它们的含义。此外，宗教教育也是常规课程的一部分，根据学校定位的不同，会传播新教、天主教或犹太教的道德规训。与此同时，高中的外语教学不仅打开了通往古典古代的窗口，而且通过阅读莎士比亚和莫里哀的作品，学生们还得以接触到不同的当代文化。不过，当孩子们在国家节日上背诵浪漫主义诗歌或吟唱像《守望莱茵》(“Die Wacht am Rhein”)这样的爱国主义歌曲时，从中可以看到强烈的爱国元素，强调着德意志文化的优越性。[41]

一战失利的有害遗产把这种骄傲变成了有毒的民族主义，使孩子很容易受到极端主义信息的影响。埃娃·施特恩海姆–彼得斯回忆说，年轻人甚至在自己家里也能接触到大战的遗迹。印有外国景物的明信片、“前线来信”、身着军装的家庭成员的照片、英勇奖章，甚至残破的军装，都能唤起英勇斗争的回忆。地理课上，墙上悬挂的地图仍然包含着帝国在“可耻的凡尔赛和谈”后“失去的领土”和前殖民地，在学生心中徐徐灌输怨恨。对于历史，“刀刺在背传说”声称，德军不是在战场上被打败的，而是因为在后方遭到了“十一

月罪犯”的背叛，然后被迫接受了来自外国的“战争罪谎言”。即
57 便温和的社会民主党人呼吁和平的谅解，许多孩子还是在他们的爱
国承诺中“感到无辜受到了冒犯”。[42]

因此，上学对出生在魏玛共和国时期的那些人来说是喜忧参半的。与文学作品中关于学校生活苦不堪言的陈词滥调不同，不少好老师把那段经历变得更加积极，使许多回忆录的作者承认“我喜欢学校，在学校表现很好”。三级体制为孩子们提供了基本的生活技能，让他们中的许多人日后拥有了成功的职业生涯。不过，尽管有进步的老师推动改革，魏玛共和国时期的学校仍然大多是灌输服从思想的威权机构，甚至阻碍了那些“想要成为好学生”的孩子的自由发展。[43]在许多学校，战争失利的遗产把对国家的爱变成了危险的民族主义，扭曲了年轻人的头脑。由于学校很少提供世界性人文主义的伦理基础，导致大部分学生听凭民族社会主义者的诱惑摆布。

街区的诱惑

随着孩子们长大，他们逐渐开始离开自家的安全天地，探索周边的环境。因为当时很少有小学在家附近，即便很小的学生也不得不跋涉前往。他们常常一路闲逛，向商店橱窗里张望，或者呆呆地注视吸引他们注意的狗和鸟。如果迟到了，他们不可避免地遭到责备，被教导准时的重要性。在农村，霍斯特·安德烈发现步行上学是真正的冒险，来自附近农场的“讨厌公鹅”或者像狗那样的“野兽”会吓到他。当中学位于附近的小城时，像埃里克·黑尔默这样大些的孩子不得不乘火车上学（Fahrschüler）。他们在路上可以聊天、做游戏，或者做还没完成的作业。[44]虽然在暴雨或积雪中上学非常让人讨厌，但通勤让这些孩子开始养成一种独立感。

下午，当作业做完或父母正忙时，孩子们会大胆地走进街区，

亲自去发现那里的诸多秘密。在农场，有动物、设施和庄稼可供探 58
索，或者除非有重要的家务要做，也可以去田野、草地和树林里漫步。在城里，首先是毗邻的建筑，最后整个街区都会被探索。比如，在吉森的老城中心，石子路两边有一片“差不多中世纪时期的”半木结构建筑。海因茨 · 舒尔泰斯总是对那些有着诱人味道的五颜六色的小店着迷。他喜欢在市场里闲逛，对中世纪的市政厅啧啧称奇，还会爬上教堂的塔楼俯瞰。这个“童年的小世界”提供了安全感，当有飞机或齐柏林飞艇这样的科技奇迹造访时，它还会激发想象。[45]

对孩子们来说，布雷斯劳这样的大城市或者柏林这样的大都会，不仅有更多令人着迷的消遣，也有更多现实的危险在考验他们的独立性。带着猴子的风琴艺人会经常造访廉租公寓的阴湿院子，演奏哀伤的曲调来换几个钱。无礼的淘气鬼会按响公寓门铃，好让门房追赶他们。那里还有公园可供游玩，游乐场可供探索，周日还有露天音乐会可供参加。到了 12 月，出售香草蛋糕和加料甜酒的圣诞集市非常诱人。新年前夜会放烟花。艺术馆和科技展为孩子提供特
价，那里总有可看的东西。但忧心的母亲会警告女儿“如果有人按 59
铃或敲门，不要开门”，因为乞丐可能是坏人。[46] 当孩子们独处时，他们必须学会不要相信陌生人，以免遭受伤害。

成长还意味着遇见其他成年人，当这些人对孩子表现出真正的同情时，他们能帮助孩子成长。有的相遇是让人高兴的，比如“与邻居家的深厚友谊”。在漫长的冬夜，这种友谊带来了烤苹果或打牌之类的社交活动。也有的更加让人害怕，比如被妈妈派去杂货店买缺少的香料，这意味着要克服害羞和与钱打交道。对格哈德 · 克拉普夫来说，甚至令人畏惧的音乐课也能变成相反的样子：一位好老师“出色地引导［他］走进了制造音乐的世界”，使他深深地爱上了音乐。当埃里克 · 黑尔默遇到一个身为出色鞋匠的邻居时，他被此人“对自己行当的尊敬和对普通人的关心”所打动。[47] 虽然专

制的成年人可能让孩子们心生恐惧，但更积极的接触会带来深厚的友谊，培养他们对外部世界的信任。

通过比较自己和朋友们的处境，孩子们逐渐意识到把他们的家庭区分开的社会阶层差异。特别是在穷人圈子里，生活就是在月底前每天努力用微薄的收入维持基本需求。每当有孩子渴望某种享受时，第一个问题就是“我们有钱”支付吗？甚至在中产阶级家庭，当丈夫把收入都用来买酒，或者妻子在度假前“大肆购买”，购入“一大批夏装”时，财务限制也始终是矛盾的导火索。像汤姆·安格雷斯这样的上层阶级家庭的儿子试图邀请一位不在电话本上的同班同学来家里做客，他意识到了社会差异：那个男孩的父母“很穷，用不起电话”。[48] 虽然他愿意无视阶级界限，但后来生日宴会上的尴尬还是告诉他，这种隔阂太过真实。

成长中的孩子还会与同龄人接触，逐渐把注意力从兄弟姐妹转向同龄群体。这种接触经常源于在学校里的相识，既有道边的即兴
60 游戏，也可能有持续终生的亲密友谊。女孩们会讨论衣服或者咯咯地说笑，她们常常在精美的日记本（Poesiealben）上写下承诺彼此友谊天长地久的诗句。男孩们更喜欢玩闹，他们经常恶作剧，由此缔结了友谊；或者都对科技感兴趣，比如用化学装置做实验。被邀请到朋友家中参加聚会打开了通往不同社会阶层生活方式的大门。如果孩子们在假期随家人前往山区或海边，就像吉塞拉·格罗图斯的假日照片（图 7）中所记录的，他们的视野还能进一步拓展。这种“近乎共生的友谊”为男孩和女孩们带来了课业之外的消遣，在他们受到欺凌时还能提供支持。[49]

尤其令魏玛时期的孩子们难忘的是火车、无线收音机和电影院等代表未来的科技创新。年轻的埃里克·黑尔默非常兴奋地和父亲一起坐有轨电车来到小城另一头的火车站，“我远远地看到火车渐渐驶近，喷出许多蒸汽”，仿佛一头无法阻挡的怪兽。本诺·舍夫

图 7. 在波罗的海度假。来源：吉塞拉 · 格罗图斯，《我的人生》(*Mein Leben*)。

斯基对新买的收音机兴奋不已，这种收音机需要连上天线并组装上一个“小接收器”。等着听见“来自耳机的第一声音乐是巨大的期待和快乐”。作为对他成绩进步的奖励，卡尔 · 黑特尔很高兴“被允许在一个下雨的夏日和母亲一起去电影院”，看一部关于滑雪，名为《白色之梦》(*The White Dream*) 的电影。[50] 这些美妙的经历在成长的头脑中留下了深刻的印记，暗示科技对改善生活条件有着无穷的潜力。

运动也在大孩子的生活中扮演日益重要的角色，提升了个人的骄傲感和团队的凝聚力。教育者通过推动团队运动来强健体魄和教导运动精神。对有的孩子来说，学校体育是真正的考验，只有像汤姆 · 安格雷斯这样的少数人才能够掌握很难的体操练习。游泳课更受欢迎，因为这让他们可以在夏天到池塘、河流或海边嬉戏，尽管不是每个人都能成为像保罗 · 弗伦策尔这样的俱乐部冠军。上层阶级的孩子被要求骑马、打网球或驾驶帆船，尽管有的“一点也不喜

欢骑马”，例如霍斯特·格罗图斯。[51] 下层阶级的男孩会在不正规
61 的操场上踢足球，而不是参加运动俱乐部。大部分家庭会在周末带孩子到周围的乡间郊游，或者在假期去登山，因为这种出游不花什么钱。

对年长些的孩子来说，参加青年团体成了安排自己充足的空闲时间和与同龄人接触的方式。在帝国时代，担心劳动阶层青年变得激进的保守圈子曾经建立过强化爱国主义世界观的组织。在魏玛共和国时期，像埃娃·彼得斯这样的中产阶级女孩加入了“德意志民族”的路易丝王后联合会（Queen Louise League），而她的兄弟们则成为军事民族主义“沙恩霍斯特青年团”（Scharnhorst Youth）的成员。格哈德·克拉普夫和其他虔信青年选择了青年基督教会（Christian Association of Young Men），相当于新教版的基督教青年会（YMCA）。海因茨·舒尔泰斯对从英国舶来的童子军天主教分支感兴趣。这些宗教或政治组织的主要缺陷在于,它们“并非‘真正’的青年团体”，因为“它们并非由青年领袖所领导”，而是由成年人控制。[52]

相反，青年运动（Jugendbewegung）以创造了“青年领导青年”的自治空间而自豪。该运动由柏林的进步教师在 20 世纪初发起，表达了对成年人的广泛反抗，将威廉时代抽烟喝酒的生活风格斥为堕落。20 世纪 20 年代，这种自发组织被称为“志愿军”（Die Freischar），包括青年联盟（Bündische Jugend）各个青年社团组成的松散集体。受到每周聚会（特别是周末旅行）的吸引，保罗·弗伦策尔参加了这一团体，因为它承诺“自主决定的生活”。身着“灰蓝衬衫、黑色领巾和灰色短裤”制服的“志愿军”很有吸引力，因为其成员信仰同志情谊，自诩为自我选择的精英。青年运动体现了对冒险的浪漫追求，包括山野远足、唱民歌和篝火晚会。像威尔·泽尔曼-埃格贝特这样的许多青年受到了它的“决定性影响”。[53]

这些快乐的童年岁月随着1929年10月的大萧条而逐渐画上句号，许多家庭的生存受到了威胁。不久之后，随着短期美国贷款被 62
收回，华尔街的崩溃也波及了中欧。许多德国人的买卖破产，比如马伦多夫家的管道商店。孩子们也感受到影响，因为家庭预算的收紧导致父母发生争执，迫使他们与亲戚一同度假。如果父亲是600万失业者中的一员，那么甚至连食物也会短缺，因为“形势很糟，不可能找到固定工作”。为了补贴家用，母亲可能会去找服装店的工作，或者受雇打扫屋子或洗衣服。当巨大的失业数字让失业保险体系不堪重负时，没有工作的男人被迫行乞，或者“依赖危机和福利慈善”。对失业者来说，结果是“饥寒交迫，日益贫穷，以及无助和郁闷的绝望”。[54]

“经济问题和人的窘困”导致政治激进化，助长了敌对情绪，引发了身体暴力。由于“愤恨狂热的气氛”，一些孩子开始注意到家中激烈的争论，家人有的支持兴登堡总统，有的支持纳粹领袖希特勒，还有的支持坚定的共产党人泰迪·台尔曼（Teddy Thälmann）*。另一些孩子在广播里或街上听到“战斗演说的片段”，以及“有节奏的吟唱，隆隆的跑步声和疯狂的吼叫，有时甚至是警笛声”。在“纳粹冲锋队和共产党的游行和火炬队列经过时”，孩子们“被鼓励呼喊‘希特勒万岁’或‘莫斯科万岁’”。此外，在血腥的“啤酒馆暴动”或街头斗殴中，像“黑红金帝国国旗团”和“红色阵线战士同盟”（Rote Frontkämpferbund）这样的左翼民兵组织同“钢盔团”（Stahlhelm）和纳粹这样的右翼准军事团体发生了冲突。虽然很少能理解这些争斗是为了什么，但许多年轻人对纳粹冲锋队和党卫队的歌曲和行动印象深刻，因为那些是“最响亮和最激进的”。[55]

---

* 即恩斯特·台尔曼(Ernst Thälmann)，德国共产党主席(1925—1933)，泰迪是他的绰号。——编注

这种两极分化还引发了一波丑陋的反犹浪潮，将整个民族的痛苦归咎于犹太人。19 世纪，右翼煽动者曾把宗教歧视变成了半科学形式的种族主义，即使改信基督教也无法摆脱歧视。甚至在像艾克
63 家这样被同化的犹太家庭，孩子们也开始意识到自己和别人有所“不同”，尽管并不很清楚是为什么。当汤姆 · 安格雷斯在柏林转学时，他不得不将自己的宗教信仰登记为“摩西”信徒，从而表明自己属于少数群体。虽然正派的同班同学维持了他们的友谊，但也有人开始跟他过不去：“对我来说，从那时开始的 4 年里，我逐渐被孤立，遭受到不时的敌意和几乎每天的小羞辱（而且有时并不小）。”[56] 这些激进的种族主义者试图破坏一个世纪以来犹太人融入世俗德国文化的努力。

最后的混乱岁月让出生在 20 世纪 20 年代初的魏玛共和国的孩子们政治化，迫使他们选择意识形态的立场。天主教和社会民主党的青年可以坚持之前的信仰，但像弗里茨 · 克莱因这类自由派家庭的子女则因为中产阶级民主党派的崩溃而孤立无援。格哈德 · 克拉普夫这样的新教民族主义者可以团结在兴登堡总统的高大形象背后，将其视作秩序和体面的保障者。但如果父亲是个失业工人，就像汉斯 · 席尔默的父亲一样——“绝望和愤怒”将其变成了共产主义积极分子——他的儿子可能无法理解这种激进主张。让露特 · 布尔文更加吃惊的是，“有一天，父亲穿上了棕色制服，被称为我无法理解的党的同志”。[57] 孩子们还没做好准备，共和国的崩溃就把他们卷入了政治斗争之中。

幸福的童年

魏玛共和国的倒台很大程度上破坏了“童年无忧无虑的气氛”。70 年后，弗兰克 · 艾克回忆说，“随着 1933 年 1 月 30 日希特勒和

纳粹上台，幸福、安定的童年结束了”。12 岁的汤姆 · 安格雷斯起先认为，“哇，这真有意思！”但讲希特勒在总理府团团转寻找“政府方案”的笑话无法表明这一改变的严重性。“第二天，当我走进教室，立刻感到了空气中的紧张。”[58] 现在，犹太人、共产党员和 64
知识分子可以被肆无忌惮地迫害，因为激进右翼控制了警察和法庭。虽然生活对较小的孩子来说大体上和以前一样，但年长些的孩子现在不得不决定如何应对。毫不意外，他们绝大部分都被卷入了宣传大肆鼓吹的对“国家革命”的热情。

自传中声称，相比一战中的苦难和后来的独裁压迫，“希特勒上台前的那些年对我们孩子来说是幸福的”。尽管经历了最初的混乱和最后的经济衰退，但在他们的记忆中，魏玛共和国给予的公民空间让大部分家庭能够为他们的子女提供安定的童年。即便贫穷的劳动阶层为了获得最低限度的食物和住所而苦苦挣扎，他们仍然会把自己的家描绘成安稳的所在，那里充满了挚爱的关系，孩子们可以和平地一起玩耍。虽然学校会用体罚来维护纪律，但那里也会用有效的方式来教授古典作品和科学，让孩子们获得走向成功的工具。此外，街道和街区仍然足够安全，让年轻人可以探索周围的世界。露特 · 魏格尔特证实了这种正面的回忆：“到那时为止，我拥有美好的幼年，没有悲伤和担忧。”[59] 随着纳粹以拯救国家的名义强制推行他们的激进观念，这一切结束了。

只有少部分孩子对第一个德国民主政权的逝去感到遗憾，而且即便是他们也没能理解此事的致命影响。尽管“对政治不感兴趣”，叛逆的吉塞拉 · 格罗图斯仍骄傲地“[自]认为是[她]家中的共和党人”。很少有男孩像汤姆 · 安格雷斯那么有政治意识，他信仰天主教的朋友洛伦茨（Lorenz）“突然立正，行了个希特勒举手礼，高呼‘醒来吧德国，希特勒正在泡咖啡！’”在 1930 年的选举中，这两个年轻人到处“从墙上撕下”支持希特勒当选的“纳粹海报”。

与此同时，他们还给纳粹《攻击报》(*Der Angriff*)的编辑打电话，大声对其爆了粗口。在政治版图的另一端，弗里茨·克莱因“在窗外挂上了黑白红三色旗”，以表明他对帝国的同情。当然，这些年轻人的自发抗议没能阻挡纳粹的浪潮。[60]

65 回头来看，绝大部分魏玛的孩子几乎没有注意到纳粹的夺权，因为他们太小，对政治还不感兴趣。卡尔·黑特尔回忆说：“我们普通人只是从报纸上看到，一个名叫阿道夫·希特勒的德意志民族社会主义工人党领袖被我们年迈的民选总统兴登堡任命为第 21 任总理。”他带着些许自辩的口气解释说：“1932 年我只有 10 岁，对政治就像鱼对飞行那样一无所知。”无独有偶，赫尔穆特·拉什多夫记得，“1933 年，我们经历了所谓的夺权，这将带来前所未有的改变，但很少有人对此感到恐惧。在我们学校的日常生活中，几乎没有什么改变”，除了需要记忆几个新的日期和为纳粹慈善组织筹款。直到后来，大部分年轻人才渐渐开始意识到，“当纳粹掌权时，一段可怕的日子［开始了］”。[61]

许多回忆录作者仍然在努力解释自己对第三帝国诞生的反应。像卡尔·黑特尔这样的一些辩护者反感“他们那代人要对希特勒能够将半个世界卷入不幸负责”的指控，特别是来自二战后出生的“年轻一代”的。相反，他们指责一战的胜利者要为战后缺少太平负责，正是这种缺失导致了像纳粹这样的政治外行掌权。像海因茨·舒尔泰斯这样更具自我批判精神的人则用年龄太小来解释他们为什么会成为共犯：“对我们孩子来说，当时的局面是无法改变的条件，我们完全没有认清其重要性；特别是因为这样，我们这代人理所当然地成长为该死的‘第三帝国’。”[62] 讽刺的是，正是魏玛时代的欢乐童年让这些年轻的德国人大多没能准备好抵挡纳粹的魅惑召唤。

第三章

纳粹的青少年

1933 年 1 月 30 日，当兴登堡总统任命希特勒为总理时，许多民族主义者欢呼雀跃。但左派对纳粹掌权已经隐隐有了不祥的预感。听到这个消息后,6 岁的埃卡·阿斯穆斯 (Eka Assmus) 兴奋地叫道：“现在轮到汉斯叔叔的‘元首’了。”作为党卫队成员，她的亲戚已经在准备火炬游行来庆祝胜利，而一位邻居家的妇女则忙着挂起万字旗。另一位“老战士”如此欣喜若狂，以至于“激动得眼泪夺眶而出。这是新的救世主吗？”但在莱比锡,两位年轻的共产党员“吃惊地看到无穷无尽的纳粹行军队伍”。虽然他们期待有人会呼吁进行暴力抵抗,但“没有人来,什么都没发生”。年轻的犹太人弗兰克·艾克本能地感到，从那天开始，“我的父母无法再保护我。无忧无虑的童年气氛消失了。一切再也不能被认为理所应当”。[1]

随后，大部分德国青年被纳粹化，这并非意外，而是纳粹政策有意为之的结果。希特勒宣称“谁拥有青年人，谁就拥有未来”。他非常重视年轻一代，视之为第三帝国的先锋，因为许多成年人过于顽固不化，无法完全接受纳粹主义。因此，名为“希特勒青年团”的纳粹青年组织成了向年轻人灌输思想和培养下一代纳粹领导人的

重要工具，后者甚至会更加致力于实现这场运动模糊的意识形态目
67 标。希特勒青年团尚武的颂歌迎合了年轻人的理想主义，暗示恢复国家的统一和伟大是年轻人的任务：“前进！前进！吹响闪亮的号角 / 前进！前进！青年无所畏惧 / 德国将会闪耀矗立 / 即便我们牺牲。”[2]

纳粹主义对正经历着从童年到成年的复杂转变的青少年特别有吸引力。在之前的世纪里，这种以坚振礼等宗教仪式为标志的转变是突然发生的：当十几岁的青少年一进入劳动者的世界，他们就被认为是长大了。但到了 20 世纪初，像斯坦利·霍尔（G. Stanley Hall）这样的心理学家和弗兰克·韦德金德（Frank Wedekind）这样的剧作家“发现青春期”是童年和成年之间一个过程性的生命阶段。[3] 在这一转变中，年轻人被认为将构建独立的自我，与父母分离，与同龄人建立新的关系。希特勒青年团满足了所有上述需要，让年轻人拥有了自己的使命，让他们离开家庭，并为他们提供了属于自己年龄群体的伙伴。对战后世代的心理历史分析表明，魏玛时代的孩子很难抗拒这种诱惑。[4]

因此，由前成员所写的数量可观的希特勒青年团相关作品，反映了当事人对纳粹经历根本上的暧昧态度。一方面，其中有不少对希特勒青年团内部快乐和游戏的自辩性描写。德国少女联盟的领袖埃娃·彼得斯承认：“我也被要求、劝说和号召用我的生命来服务一个名为德国的伟大而强大的［理想］。”另一方面，这种错置的理想主义的致命结果后来迫使她“试图解释，究竟是什么使［我］和希特勒青年团一代中的其他许多年轻人陷入‘巨大的骗局’”，相信了纳粹的宣传。由于这种暧昧，回忆文字是矛盾和易变的，既有对欢乐活动的动情回忆，也有回顾时对其灾难性影响的谴责。这种混杂的情感对于露西·曼德尔施塔姆这样的犹太受害者而言尤为强烈，她写道，对于被意识形态打断的青春，“我同时感到怀旧和悲伤”。[5]

德国青年纳粹化的影响既不像纳粹领导人所宣称的那么大，也
不像后来的自辩者所宣称的那么小。由于希特勒青年团在组织上日 68
益一家独大，到了20世纪30年代末，其成员几乎无所不包。家庭、学校和公共宣传的压力迫使大部分年轻人加入，除非他们因为是左派、犹太人或其他“不适合者”而被排除在外。同龄人群体也通过朋友、休闲活动和对成年人的叛逆而发挥了强大的吸引力，许多青少年坚持成为团员，故意无视父母的保留意见。不过，不断重复的口号、准军事训练和无止境的行军同样令一些年轻人反感，他们只是表面服从，但无视其意识形态意旨。虽然掌控了大部分人，但这种强制和压迫也激起了反对，影响了青年团试图实现的目标。露特·魏格尔特回忆说，无论如何回应，“纳粹总是把一切，真的把一切都搞得乱七八糟”。[6]

青年的纳粹化

早在希特勒凭借纳粹运动的迅速发展而掌权之前，对德国年轻人的教条灌输就已经开始了。只要该党仍然被认为处于边缘地位，就只有狂热的民族主义者或种族主义者愿意加入，公务员被普遍禁止成为该党成员。但越来越多像乌尔苏拉·马伦多夫的父亲这样的失业者因为冲锋队或党卫队的同志情谊和在街头冲突中的顽强作风而成为其成员。身着制服的他们“颇为风度翩翩”，从而获得了他们渴望的尊敬。随着1930年和1932年的选举胜利让纳粹党成为最强大的党派，白领机会主义者也开始成群加入，很快在人数上就超过了“老斗士”骨干。此外，公司也对自己的雇员施压，要求他们加入纳粹组织。于是，青少年越来越面临一场充满活力的运动，它承诺将终结大萧条，“带来秩序和稳定”，创造更好的未来。[7]

在许多家庭，纳粹的崛起引发了冲突。对其民族主义信息感

到恐惧的不仅是共产党人和犹太人。在假日聚会上，青睐台尔曼的左派，支持兴登堡的中间派和偏爱希特勒的右派之间爆发了激烈的
69 争执。虽然赫尔穆特·拉什多夫并不完全理解这一切的影响，但他的天主教徒父亲很有远见地预言说："希特勒掌权后会有战争。"在鲍克家，父亲被发现是纳粹党员引发了"家中的激烈争吵"。当鲍克夫人在自家的咖啡店里发现了反犹主义刊物《冲锋报》（*Der Stürmer*）后，"她冲进书房，把报纸砰地扔到桌上，气呼呼地低声说'胡戈，我不想在家里看到这种垃圾'"，提醒丈夫他们多么仰赖犹太人顾客。[8] 面对这种情绪激动的场面，年长些的孩子变得政治化，不得不选择站边。

真正掌权后，纳粹马上赶走魏玛精英，独占了胜利果实。以 1933 年 2 月 27 日的国会纵火案为借口，他们监禁了像英格丽德·博克的叔祖父这样的共产党员，后者在为贫苦的左翼人士筹款时遭到围捕，"被投进集中营里关押"了一年。1933 年 4 月 1 日，纳粹暴徒联合抵制犹太人的买卖，迫使他们关店并赶走顾客。虽然皮货商阿尔贝特·贡珀茨提议"给所有犹太人发护照，让他们离开德国"，但中央协会的怯懦领导者否决了这一想法，唯恐引发更大的怒火。纳粹甚至不尊重他们的民族主义者盟友，比如记者弗里茨·克莱因，此人"在原则上认同政府的改变"。但由于他对过分的热情提出了"诸多疑问"，他们强迫他辞去《德意志汇报》编辑的职务。[9] 这些举动无疑显示，"国家革命"正在制造独裁。

通过坚持一系列共同的仪式，纳粹强制实现了全体支持第三帝国的表象。在日常用语中，人们被要求用"希特勒万岁"（Heil Hitler）替代像"日安"这样无害的致意，以表现出对新政权的支持。批评者只能含糊地抱怨，他们将两种致意一并使用，或者挥动而非伸出手臂。在特别的日子里，每个家庭还被强迫将万字旗挂出窗外，把他们的政治认同公之于众。像舍夫斯基家这样不情愿的人无法完

全逃避这种可恨的仪式，只挂出尽可能小的旗帜。类似地，街区管理员还会进行检查，确保每家每户都订阅了党报《人民观察家报》（*Völkischer Beobachter*），以便了解官方立场。不过，他们无法阻 70
止人们用旧报纸当厕纸。[10] 一些青少年讨厌父母的不情愿，另一些则学会了如何表现出服从的态度。

社会民主党或共产党这些明确的政治对手遭遇了威吓和暴力。只要批评者不发表自己的观点，他们就只会在升职时被无视，或者被调到不那么受欢迎的地方。但如果公开“咒骂和对抗纳粹党”，他们就会“遭到臭名昭著的冲锋队的‘保护性拘留’”，在没有法庭命令的情况下对他们严刑拷打，逼他们招供同党的名字。1933 年夏天的一个清晨，汉斯–哈拉尔德·席尔默的父亲被冲锋队暴徒的吼声惊醒，“穿上衣服，跟我们走”。他不知所措地听从了，结果被带到警察局。“在一栋办公楼的地下室里，[他] 遭到拷打、被剥夺睡眠和挨饿，以此逼他招供”谋划了政变。几天后，他回家时已经“伤痕累累，精疲力竭，精神恍惚了”。[11] 像本诺·舍夫斯基这样的许多青少年被宣传所误导，无法理解为何他们的父母要抵制纳粹的号召。

在学校里，身为纳粹党员的老师（常常身着冲锋队制服）试图向他们的学生灌输民族主义和种族主义思想。汉斯·席尔默这样写道 ：“即使对我们孩子来说，也可以从他们 [的举止上] 认出他们，从顺从的迟钝到粗暴的狂热，不一而足。”他吃惊地看到，“因为是忠诚的老战士和纳粹党员，速记老师这个喜欢吹牛的可笑之人在 1934 年成了校长，[尽管] 他能力相当有限。”有个在战争中失去一条腿的历史老师让汤姆·安格雷斯觉得不适 ：“他不时说些反犹主义的话，与当时上的课完全没有关系。”阿尔贝特·贡珀茨曾经尴尬地看到，“我们那个在领口上缝了颗万字旗纽扣的音乐老师……带着我们班在犹太学生面前……唱纳粹歌曲，其中一首的副歌唱道，

‘当犹太人的血从我们的刀上淌下’”。[12] 这种言语侮辱让犹太学生觉得越来越不安全。

学校系统纳粹化的一个重要部分是对传统课程的改变。席尔默表示，“回头来看，历史课变得党派化，几乎不知不觉地引入了纳
71 粹意识形态”。国家政治课没有像通常那样要求背诵国王和战役的名字，而是试图变得时髦而有趣：“纳粹党计划的关键要点是将德国和各个日耳曼人种的国家重新塑造成大德意志帝国，是希特勒对布尔什维克意识形态的斗争，是国际犹太人–犹太复国主义者世界资本体系将搞乱和主宰欧洲。”在赫尔曼·德布斯的经历中，“元首、民族和祖国等概念每天都被呈现在我们面前”，以便确认“希特勒及其支持者永不犯错的形象”。[13] 面对如此有偏向性的教育，大部分学生会情不自禁地吸收其中的一些意识形态偏见。

灌输的另一个元素是引入像“种族科学”这样的新科目，教授以雅利安人为首的种族等级序列。当一位反犹主义的化学老师试图说明表现型（phenotypes）的区别时，他指着汤姆·安格雷斯说：“这个男孩长着典型的第拿里人（Dinaric）* 的脑袋，就像帝国宣传部部长戈培尔博士那样。”由于他把班上唯一的犹太孩子当成了雅利安种族的代表成员，“大家哄堂大笑起来”。几天后，当他在黑板上写字时，学生们朝他扔干豌豆，把他赶出了教室。他们的班主任，一个纳粹花花公子冲了进来，怒不可遏地指责安格雷斯：“是你，一定是你做了这样的事。”但由于全班都承认是自己在恶作剧，他无可奈何，只能关了全班三小时的禁闭。[14] 虽然种族科学的主张似乎难以让人相信，但其口号加深了偏见。

尽管变得纳粹化，但在训练年轻人上，学校不得不与希特勒青

* 20 世纪初期到中叶，体质人类学家对中欧和东南欧民族中一种主要表现型的称呼。——译注

图 8. 德国少女联盟。来源 : 露特 · 布尔文,《后来的回响》。

年团争夺时间和重要地位。最初，帝国青年日的引入取消了周三下午和周六的课，让学生们可以参加青年团的训练。格哈德 · 克拉普夫后来还记得，由于无休止的行军、远足、体育比赛和募捐活动，学生们几乎没有时间“学习如何正确地读书和计数”。1936 年，要求所有孩子加入青年团的法律规定 :“所有德国青少年必须在家庭和学校之外接受希特勒青年团按照民族社会主义精神开展的身体、思想和道德教育，好让他们为人民和民族共同体服务。”[15] 虽然减少了必需的时间，但该法赋予青年团与家庭和学校同等的权威。老 72
师们不得不苦苦应对扰乱他们上课的傲慢的青年团领袖。露特 · 布尔文参加的德国少女联盟所拍摄的典型户外活动照片展现了快乐的青少年在乡间徜徉的情景（图 8）。

面对宣传的要求，学校管理人员和老师要冒着风险维护教育水准。在埃里克·黑尔默就读的那所布伦瑞克的文理高中，“大部分老师在政治上保持中立，其中一位甚至公然反对新政权”。他无视强制的德国致意方式，而是感情洋溢地用“日安”来向自己的班级问好，用充满想象力的角色表演让他的学生着迷。在位于利希特菲尔德（Lichterfelde）的高中，汤姆·安格雷斯幸运地遇到了一位“正直的德国民族主义”校长，因为此人“公正而平易近人，拥有幽默感”。还有一些老师是骄傲的专家，他们继续教授自己的科目，尽管有时在修辞上会向主流意识形态让步。就连安格雷斯的体育老师，一名
73 坚定的冲锋队队员，也对这位少年的体操技能大为折服，提名他参加了校际比赛。[16] 不过，为了加快扩军，高中课程被缩短了一年。

直接的反对在第三帝国通常是行不通的，因为公开的异见人士会遭到狂热的党徒和卑屈的机会主义者的严厉打压。早在 1933 年春天，犹太人、左派，以及像约阿希姆·费斯特的父亲这样的共和派就已经被从高中教师中清洗出去，开除他们的法律被误导性地称作《恢复专业公务员法》（Law for the Restoration of the Professional Civil Service）。直到很久以后，格哈德·克拉普夫才明白，在他自己的学校里，“朔伊尔曼先生（Herr Scheuermann）因为是犹太人而被开除”。另一些持有异议的老师遭到监视、审查、降职，或者也被解雇。敢于“巧妙地履行自己教学责任”的勇敢老师们不得不披上伪装，以便“中立但有趣地提供官方版本之外的其他视角”，从而激发批判性的思考。由于绝大部分老师都遵从纳粹意识形态，对学生后来的生活而言，“学校的教育并没有提供任何区分人道和不人道行为的标准”。[17]

纳粹在学校里日益强大的影响使犹太学生被孤立，成为侮辱和歧视的对象。直到发现她的同学有一半不过基督教节日，吉塞拉·格罗图斯才意识到在她的女子高中里“有多少犹太学生”。像汤姆·安格雷斯这样的德国爱国者在不得不庆祝国家节日和参加纳粹集会时

感到越来越尴尬，因为在那些场合，犹太人不受欢迎。一位已经留了两级,名叫阿恩特（Arndte）的希特勒青年团成员开始用诸如“德国觉醒！犹太人去死吧！”之类的言语攻击他。但是当汤姆在体育馆的一次攀绳比赛中击败他时，他的影响力下降了很多。尽管“政治形势不好，德国人被分为雅利安人和非雅利安人”，许多同学不再与弗兰克·艾克来往，但一些像沃尔夫冈·施密特（Wolfgang Schmidt）这样的正派青少年仍继续与他保持朋友关系。[18]

面对这种意识形态上的敌意，犹太青年很难想出该如何应对。如果身处一所奉行自由主义的学校，有善良的老师和其他犹太同学为伴，他们可能希望整个纳粹风暴最终将会过去。但许多被排除在 74
外的孩子“在目睹［希特勒青年团］行军时，会问自己的父母，为什么他们不被允许参加”。如果遭到纳粹同情者的身体攻击，他们会像汤姆·安格雷斯那样鼓起勇气，向攻击者反击，从而获得同班同学的尊重。当友谊足够牢固时，就像其中一人与一位希特勒青年团队长的友谊，它可能会在相互尊重的基础上延续下去。但长期来看，犹太青少年在青春期开始后日益觉得自己被孤立。许多人“宁愿靠自己来应对恶意和羞辱”。[19]

反犹主义在学校的升温——不时伴随着诸如“犹太猪”这样的侮辱——导致犹太学生自愿或被迫退学。当埃里克·黑尔默因为一个课堂项目而被发现有位犹太人祖母后，为了保护儿子，黑尔默牧师设法与纳粹外交部部长约阿希姆·冯·里宾特洛甫（Joachim von Ribbentrop）攀上了远亲。一些以自己的血统为傲的犹太青少年对公立学校“非常令人沮丧的”状况感到厌倦，转学去了专门的犹太学校。而像弗兰克·艾克这样足够幸运地拥有财力和人脉的另一些人则决心到国外继续学业：“影响我在校生活的反犹主义手段加强了我移民国外的意愿。”从 1936 年开始，大部分犹太学生都被从公立学校驱逐，最后的那些在 1938 年完成了毕业考试。[20]

除了对在校的非犹太人青少年灌输意识形态，纳粹还展开了一系列全面宣传，称颂“德国的崛起”是国家走向“复兴”的一步。在“波茨坦日”，身着燕尾服的希特勒“在驻军教堂向身着军装的帝国总统鞠躬”，此举表示“爱惹事的纳粹政权已经同普鲁士传统言归于好”。格哈德·鲍克参加了典礼，感到一种迟到的“内心对民族的激动之情”。无独有偶，5 月 1 日“德国劳动节”上的宣言掩盖了对工会的摧毁。在“长长的队列中，不仅有身着制服的党员在
75 游行,还有形形色色的工匠行会在大花车上展示他们的技艺”。此外，在令人印象深刻的新闻短片中，元首和一些追随者“拿起铲子，为帝国高速公路(Reichsautobahnen)的建设破土”。这个场景暗示,“情况正在好起来，很快将不会再有人失业”。[21]

宣传的高潮是 1936 年柏林奥运会的举办，它对年轻人特别有吸引力。纳粹政权欢迎国际青年来到新的奥林匹克体育场，为此暂停了压迫和种族主义行为，以显示“新德国”友善的一面。成千上万像露特·布尔文这样的学生组成了奥林匹克五环和旗帜的图案，开幕式上“人们欢欣鼓舞，热情无限”。“整个世界都欣喜若狂”，因为它想要相信和平与复苏。当美国人回想杰西·欧文斯（Jesse Owens）* 的胜利时，德国人却为赢得奖牌榜首而欢呼雀跃。许多与会的外国记者和运动员“把一个充满活力的德国的好消息带回了祖国，这个德国守纪而有序，爱好和平又勤劳”。此外，才华横溢的导演莱妮·里芬施塔尔（Leni Riefenstahl）——以其 1934 年对纳粹党纽伦堡集会的描绘而闻名——在一部令人印象深刻的纪录片中展现了北欧运动员的身体之美。[22]

更有实际作用的是纳粹将体重不足的城里孩子送到乡下，以便让他们更加健康的政策。即便无人督促，有农村亲戚的家庭也已经

* 美国非裔田径运动员和民权运动领袖，在 1936 年柏林奥运会上夺得 4 枚金牌。——编注

开始把他们的孩子送到祖父母或其他农场上的亲戚那里，好让他们在暑假期间获得更好的空气和更丰富的食物。此外，每年一次，“公共卫生官员会来学校检查所有孩子”，看是否有什么问题可以通过每天喝一瓶牛奶来改善。对更严重的情况，他会建议“把孩子们重新安置到”乡下的集体之家。他们将在那里住上几周，只上最少的课，有充足的娱乐，吃得比家里更加丰盛。虽然少数人最初会想家，很难适应这种集体生活，但大部分人享受这样换个地方，在离家期间体重上升。虽然并不真的需要，赫尔穆特·拉什多夫还是“感激地把这种可能作为礼物收下”。[23]

因此，青少年的纳粹化涉及强迫和认同的矛盾混合。一方面，76
批评者被噤声、政敌遭到迫害、犹太人被从社群驱逐，这些都揭露了第三帝国独裁的一面；另一方面，真实的热情、重燃的骄傲和复归的希望让公众情绪高涨，让纳粹在那些生活改善的人中间变得真正受欢迎。特别是在年轻人中间，这种矛盾的印象造就了“一种难以捉摸的强烈对立情绪的混合体，从孩子般或幼稚的热情［到］厌恶[和]疏离,无所不包”。海因茨·舒尔泰斯还记得纳粹统治初年“近乎精神分裂的情感”，大部分人“很难清楚地区分这些新掌权者明显的成功和可恶的强迫”。[24]

同龄人的压力

德国青少年参与了自己的纳粹化，协助占有了青年运动的遗产。20世纪初这场高中学生反抗运动最初是反对酒精和尼古丁的成人生活改革运动的一部分。1913年在迈斯讷高地（Hohe Meissner）举行的“自由德国青年日”集会上,与会者誓言,“在他们自己的动议下,由他们自己负责，带着深切的诚意”，他们“决心独立地塑造自己的生活。为了这种内心的自由，他们［将］在任何情况下都采取统一行动”。这种对青年独立的强调显示了他们对威廉时代成年人堕落的憎恶，尽管其中也伴随着强烈的民族主义。通过接手郊游、歌唱和篝火晚会这些很有吸引力的活动，纳粹青年歪曲了运动的最初意义，将其变成年轻人对种族主义独裁的支持。[25]

1922 年，希特勒青年团作为成人党派的青年辅助团体成立，是未来党的领导人的来源。在 1926 年吞并了一些竞争团体后，它迅速发展，到 1932 年已经拥有超过 10 万支持者，在纳粹掌权后更是
77 激增至几百万人。青年团分为两个年龄组，“少年团”（Jungvolk）由 10 到 14 岁的男孩组成，“希特勒青年团”本身由 14 到 18 岁的青年组成。除了这个最初全为男孩的团体，还有一直严格与男孩分开的德国少女联盟。随着精明练达的巴尔杜尔·冯·席拉赫（Baldur von Schirach）在 1933 年被任命为全国领导人，希特勒青年团变得更加引人注目，既进行准军事训练，也提供休闲活动。尽管这最终成为所有青少年的必修课，但希特勒青年团认为自己才是未来的精英。[26] 罗尔夫·布尔文（Rolf Bulwin）所在号角队的一幅快照显示了纳粹如何通过参加青年党员集会来灌输思想（图 9）。

通过吸收竞争对手和禁止一切独立协会，希特勒青年团逐渐垄断了全部青年活动。最早被吞并的组织之一是松散的青年运动团体“志愿军”。在 1933 年的五旬节，保罗·弗伦策尔在吕讷堡石楠草原（Lüneburg Heath）举行的全国联欢会上遇到了大约 4 万名同志。当他们听说所有不同的团体都必须合并成一个新的国家联盟（大德意志联盟［Großdeutscher Bund］）时，“年长些的青年人大声抗议”，并扯下了万字旗。尽管来了 10 队警察，还是不能说服愤怒的青少
78 年接受解散他们的团体。但当冲锋队和党卫队小队包围营地时，“即便最勇敢的孩子也不得不向武装包围屈服”。在青年团内部保持某种凝聚力的承诺促使大部分志愿军成员加入。童子军、宗教团体和其他俱乐部一个接一个地卷起自己的旗帜，放弃了他们的独立地位。[27]

图 9. 希特勒青年团集会。来源：露特 · 布尔文，《后来的回响》。

有各种理由可以说服青少年加入希特勒青年团。阿格内斯 · 莫斯曼考虑的只是爱国朗诵、唱民歌和行军的“乐趣”。对埃娃 · 彼得斯来说，填写少女联盟的会员表给了她从家庭和学校独立的“振奋之情”，因为“她想要帮助建设将持续千年的崭新的第三帝国，并承担责任”。当卡尔·黑特尔看着在飘扬的旗帜和隆隆的鼓声中“望不到头的‘少年团’队列迈步前行”时，他觉得自己“被吸引了”，希望“也许能加入”这个充满活力的团体。由于几乎所有同班同学都加入了，霍斯特 · 约翰森也“想要成为‘少年团’的一部分”，试图推翻父母的否决。对保罗 · 弗伦策尔来说，这个决定则是为了显示最低程度的顺从，表明他的家庭并不反对新政权，即便“我的热情非常有限”。[28] 不过，只要能够向其成员灌输思想，希特勒青年团就很少关心动机。

在反纳粹家庭中，孩子们加入希特勒青年团的欲望造成了很多代际间的紧张关系。当本诺 · 舍夫斯基喜欢的一位阿姨送给他一套包括棕色衬衫、肩带和黑色领巾的青年团制服时，“我妈妈对此非常愤怒，把这些东西藏进了箱子”。即使在1937年当他被迫成为其中一员时，他的父母也只允许他最低限度地参与，禁止他参加任何旅行。同样，当汉斯·席尔默看到儿子穿上制服时，他变得怒不可遏，“他禁止我去希特勒青年团。我不能成为成员，[因为]他作为父亲不会允许。就是这样！”年轻的汉斯-哈拉尔德“不明白这一点。其他男孩也穿着这些衣服”，却没有任何问题。虽然他感觉到他的共产主义父亲认为“希特勒是个罪犯”，但这个年轻人却不能理解这种冒犯的严重性。他所想要的只是像他的同龄人一样。[29]

79 在比他们大不了多少的“领导”的率领下，希特勒青年团提供了一批诱人的活动，对10到14岁的孩子特别有吸引力，把“少年团”变成了“特别重要的理念灌输工具”。一个固定活动是每周的俱乐部晚会（Heimabend），“晚会上有综艺节目，还有丰富多彩的战争和胜利宣传”。团体领导通常会展开关于“[纳粹]运动英雄”“国外的日耳曼人”或“族群边界上的民族斗争”的意识形态讨论。但更有意思的是形形色色的游戏，比如警察和强盗，常常会引发打闹。男孩特别喜欢两组游戏者试图夺取对方旗帜的野战游戏（Geländespiele），因为这让他们可以在户外四下奔跑，相互打闹。晚会的最后是激动人心地演唱宣传歌曲，比如“年轻人起来，准备好冲锋！/同志，让我们把旗帜升得更高！”[30]

甚至更加有趣的是穿越乡村的徒步旅行，或者规模更大的有组织野营，这是由青年运动开创的。在周末或假期，团队成员会穿着制服集合，背着装满食物、衣服、毯子和餐具包的沉重背包，徒步前往美丽的湖泊、山间或森林。在那里，他们会搭起帐篷，聚在一起听恐怖故事，唱民歌，或者偷偷跑去竞争对手那里偷旗子。乡间漫步给了他们一种摆脱成年人控制的自由感。在有组织的野营中，许多小队会聚在一起，展开体育竞赛，吹着号角、打着鼓、挥舞着旗帜行军，或者聆听党的领导人讲话，颂扬纳粹的功绩。卡尔·黑特尔记得，徒步穿越祖国的不同地区和在篝火旁唱歌把年轻人团结起来，创造了“一种与我们民族早已逝去的老一辈人真正交融的感觉”，他不是唯一这样想的人。[31]

纳粹受欢迎的另一个原因是通过希特勒青年团或纳粹党辅助组织的成员身份来控制休闲活动。尽管因为身为新教徒而感到不情愿，但格哈德·克拉普夫对纳粹骑兵团的马术障碍赛印象深刻，因为他喜欢马。虽然对政治感到厌倦，但海因茨·舒尔泰斯却被“希特勒青年团空军”所吸引，“因为在这里，我成功地实现了驾驶”真的 80
飞机的梦想。这是一个复杂的过程，包括学习飞行物理学和天气模式等等。年轻人首先搭建模型，合格后再乘滑翔机体验“‘真正的’翱翔”。滑翔机被绳子拉下山，使其最终升空。对青春期的男孩来说，这是激动人心的挑战，即便“飞行”只持续了两三分钟。无独有偶，霍斯特·格罗图斯也非常热衷于加入“希特勒青年团空军”，因为他想要设计飞机。通过对骑马、飞行和划船等活动的垄断，希特勒青年团甚至吸引了本来反对他们的年轻人。[32]

不太受欢迎的是“为德国人民和祖国”服务的任务，希特勒青年团成员必须履行这些任务，以显示他们对民族共同体的参与。总的来说，年轻人认同纳粹意识形态的平等主义诉求，要求平等对待所有“民族共同体”（Volksgemeinschaft）成员，即“有拳头和头脑的工人”。但是，大多数青少年并不真的想要身着制服站在街角上摇晃他们的锡罐，按照“任何人都不能挨饿受冻”的纳粹口号，为给贫困家庭的“冬季援助”（Winter Aid）筹款。同样地，只有在抽象的情况下，当他们不得不在市场广场吞下“大罐子里温热的肥肉汤”时，每周日只吃一份炖蔬菜而不是丰盛的晚餐，把节省下来的钱捐给纳粹人民福利计划的想法才会受到欢迎。[33]

由于希特勒青年团是党的仪式上或有要人来访时特别受欢迎的

观众，成员们总是被迫参加和表现他们的热情。在这种活动开始前几小时，团员将会集合，他们列队游行，在街上站成排，举起右臂，呼喊“胜利万岁！”此类展示的高潮是希特勒的讲话，由电台直播，通过扩音器播放。格哈德·克拉普夫回忆说，元首一开始“字斟句酌，用较低的音调”简述了纳粹运动的历史；然后，他逐渐提高音调和力度，“诉说凡尔赛的不公，情绪渐渐达到最高，令听众疯狂”。随着声音变得嘶哑，他的讲话达到了高潮，誓言将让德国恢复荣光，
81 使年轻人陷入了“无尽的欢腾”。虽然有人讨厌被强迫参加，但许多人“离开时眼睛湿润，仿佛听了一场假日布道”。[34]

希特勒青年团的吸引力还源于它能提供走上领导岗位的机会，让青少年有了不同寻常的行动机会。1938 年，770 万成员需要数以万计的领导者来组织他们的活动。因此，组织任命了外貌俊美、意识形态可靠或者受欢迎的青少年来领导由十几个只比他们年轻几岁的成员组成的小队。致力于年轻人的自我领导常常造就了牢固的情感纽带，因为这些小领袖就是青少年的模范榜样。一旦被选中，这些未来的领导将接受特别课程的训练，学习如何组织每周的集会和准备旅行。埃娃·彼得斯仍然对“当时十四五岁或十五六岁的人组织、负责和完成的一切”啧啧称奇。威廉·科列斯尼克记得，这种领导角色坚定了他的决心：“只有在成为德国少年团的领袖后，我才变得忠于民族社会主义。”[35]

给予年轻人这种自由的理由是把“年轻人神化为”德国未来的保证者。埃娃·彼得斯认为，积极的方面包括在民族共同体中“克服了阶级障碍”，以及通过“血与土”的神话“实现了对朴素、真实和自然的渴望”。对于消极的方面，她罗列了数量多得多的希特勒青年团意识形态造成的灾难性后果：“反自由和反民主的‘领袖和追随者崇拜’”贬低了对人权的尊重。“生存空间观念和种族主义的历史观”否定了理性和科学的世界观。此外，“与启蒙的人文主

义传统的决裂”助长了对强者权利的野蛮浪漫化。最后，“民族主义者夸大了对人民和祖国的感情”，导致了对所谓少数民族和种族的凶残蔑视。[36]

希特勒青年团的手册解释了成员在宣传讨论中应该内化的意识形态信仰。它首先强调了“人的不同”，这使北欧民族比其他任何民族都更加优越，让血统的稀释变得危险：“因此，民族社会主义者首先的反对措施必然是旨在把犹太人从我们人民的文化和经济生 82
活中驱逐。”第二点是扭转人口的下降，恢复与土地的健康接触。第三是重新征服日耳曼部落曾经居住过、受到日耳曼文化影响的领土。“这个事实证明日耳曼民族对这些地区的主张是合理的。”为了应对人口过剩，实现农业和工业的自给自足，帝国的领土必须扩张。[37]尽管在语言上仍然表达得含蓄，但这已经为未来的战争画好了蓝图。

这种模糊的意识形态的核心是“关于元首的浪漫化观念”，希特勒青年团发誓永远效忠元首。在一幅宣传画上，他“骑着骏马，身着骑士盔甲，包着铁甲的拳头握着一面纳粹旗帜”。根据格哈德·克拉普夫的说法，这幅广为流传的图像标示了“一个超自然的英雄，作为忠实的臣属追随他……是每个德国人的‘神圣职责’”。对领袖的这种构想出自希特勒的摄影师海因里希·霍夫曼（Heinrich Hoffmann），它试图满足大众对强人的渴望，这是基于对俾斯麦用“包着铁甲的拳头”推行强权政策的误解。[38]虽然有个德国少女联盟的迷妹激动地表示，“德国的年轻人，希特勒是你们最伟大的导师”，但当霍斯特·格罗图斯亲眼看到元首时，他“有点失望”，因为这位领袖看上去不像是北欧英雄。尽管如此，这种崇拜似乎是马克斯·韦伯的卡里斯玛（charisma）概念的实际应用，该概念强调领导者和追随者之间的非理性情感纽带，要求盲目的服从。[39]

希特勒青年团试图塑造的德国年轻人理想类型，男性是雅利安战士，女性是雅利安种族的母亲。加入青年团时要说这样一句话：“从现在开始，你属于元首！”像汉斯·克维萨这样的领导者明白，“领袖原则”的“一方面是命令和责任，另一方面是服从”。在实践中，这意味着不加质疑地执行上级的命令。希特勒本人要求男青年应该“像灰狗一样迅捷，像制鞋皮革一样坚韧，像克虏伯钢铁一样坚硬”。83 这种意象宣扬，性格和体魄的力量比智力和想象更重要。因此，男孩们自豪地佩带的青年团猎刀上刻有“血与荣誉”的口号。女孩们被这种男性纽带排斥在外，被要求发展出一种“信仰与美”的不同概念。[40] 虽然现实常与这一理想有差距，但此类口号的不断重复为青年人在即将到来的战争中服役做好了准备。

一些乐于加入的年轻人完全被希特勒青年团的宣传和活动所征服。即便是强制募捐和周日炖菜也无法让霍斯特·格罗图斯泄气，因为“他们带着自豪更好地谈论我们德国”。希特勒的成功——诸如通过 1938 年的“合并”征服了奥地利——向他证明，“纳粹的政策是正确的，失业正在快速缓解，‘民族共同体’比阶级战争更好”。与持怀疑态度的母亲不同，年轻的霍斯特觉得“纳粹掌权是好事。他们帮助德国恢复了其应有的伟大。他们是我的国家的领导者”。甚至当听说一位朋友和他的父亲被关进了集中营时，霍斯特也认为那是正确的，评论说：“他们是帝国的敌人，必须使其变得无害。”尽管他对反犹主义暴力的态度有些矛盾，但即使在战争期间，他仍然保持着“无条件的热情”。[41] 这是希特勒青年团想要的那种成员。

与对青年团“幸福时光”的怀旧不同，大部分回忆录对反犹主义保持着奇怪的沉默，暗示这是一个敏感的话题。根据埃娃·彼得斯的说法，明显的“反犹主义在少女联盟中几乎没有产生任何影响，也许只是因为它似乎不言自明”。汉斯·克维萨也声称，作为希特勒青年团的领导人，他很少收到恐犹材料。许多青少年已经将对犹太人的宗教或社会偏见内化为其民族主义教育的一部分。即使一些犹太青年想要加入，他们也会被禁止成为青年团的成员，因为他们是“非德意志人”。希特勒青年团一次又一次地开展反犹行动，例如抵制商店、焚烧左翼书籍或破坏犹太教会堂，尽管有些成员为这种暴力感到难堪。英格丽德·博克回忆说：“在学校和在少女团（Jungmädelbund）的第一年，我已经受到宣传影响，认为犹太人被驱逐出德国是完全正确的。”[42]

许多犹太青年感到被排斥，于是成立了自己的组织，以便团结起来反抗同龄人的迫害。汤姆·安格雷斯和维尔纳·瓦姆布伦认为自己“首先是德国人，只是碰巧宗教信仰是‘犹太教’”，他们加入了“黑旗”（Black Pennant）。该组织源自青年运动，“它的意识形态显然是青年联盟式的（bündisch）、热爱自然、尼采式的（“做你自己”）、冒险（“旅行”）、浪漫主义——营火会，相信［纳粹］最终会下台”。与一群同龄的男孩在一起使年轻的犹太人更容易应付学校里的日常骚扰。在各地冒险旅行和在与希特勒青年团的敌对中结下的同志之情缔造了终生的友谊。但在 1934 年 12 月，这个归化者组织被取缔了。纳粹更倾向于犹太复国主义组织“蓝与白”（Blue-White），该组织主张向以色列地移民，从而让犹太人离开德国。[43] 84

最终，就连一些非犹太教青少年也开始反对强制参加希特勒青年团，因为他们不想接受集体训练。由于希特勒青年团的义务日益军事化，格哈德·克拉普夫“对少年服役的态度从来不积极”。他宁愿练习管风琴，而不是在一位“不太聪明，学习上很懒”的希特勒青年团领导人的指挥下行军。约阿希姆·费斯特始终没有加入青年团，他不介意被惩罚“在校园里进行盲目的锻炼”，因为被迫在尘土中爬行并不能打压他的叛逆精神。像保罗·弗伦策尔这样当了学徒的年轻人已经开始了职业生涯，他们认为希特勒青年团的义务（在战前变成强制性的）完全是浪费时间。海因茨·舒尔泰斯承认，“纳粹的一切都让我感到不安”，因为他不喜欢“这种不断的组织训练和控制”。[44] 特别是一些年龄较大的年轻人，他们开始反感和厌倦纳粹的指手画脚。

为了逃避这种压力，不情愿的青少年发展出了一系列规避策略，特别是如果能得到父母支持的话。虽然希特勒青年团声称有数以百万计的成员，但有一小部分人想方设法根本没有报名，或是没有积极参与。像吉塞拉·格罗图斯那样的一些人从未真正加入，当他
85 们自己的团体被青年团吞并时，他们干脆就消失了。而像海因茨·拉什多夫那样的另一些人则转而加入了政治色彩不那么强烈的团体，诸如帝国殖民联盟（Reich Colonial League）的青年分支。还有些人只是偶尔出席每周的聚会，或者从强制参加的游行中逃走，再也不回来了。当讨厌的青年团领袖前来询问本诺·舍夫斯基的缺席原因时，他怒气冲冲的母亲把他们赶了出去，用他身体不好、没钱或没时间作为借口。格哈德·克拉普夫骄傲地表示，一场争吵后，“我被踢出了希特勒青年团”，结束了他的义务。[45]

归根结底，希特勒青年团非常巧妙地利用了青少年对归属感的需要。身为在布拉格的无国籍乌克兰人，威廉·科列斯尼克决定成为德国人，因为他不想做捷克人或犹太人。他加入了青年体操团体，被希特勒青年团所吸纳，“作为少年团成员（Pimpf），我非常喜欢那里”。不过，“驱使我投入纳粹怀抱的是近乎病态的野心，那是由一个可憎的同班同学获得晋升引起的”，因为他想要成为比对手更好的青年团领袖。露特·布尔文在回忆她的少女团小队时仍然充满了感情，认为那是“一个友善的团体”。与许多前成员一样，她还记得“热情青年们始终微笑和快乐的脸庞，她们身体健美，守纪而迷人，完全相信自己的理想，对未来和元首毫无异议，充满了自信”。这些积极的回忆显示，总体而言，大部分年轻人乐于成为希特勒青年团的成员。[46]

私人空间

不过，除非是纳粹政权的种族主义或意识形态牺牲品，许多年轻人成功地维持了“私人生活”。在无处不在的纳粹化压力和希特勒青年团强制活动的要求下，“许多东西仍然没有受到时事的影响”，从而使追求休闲、完成学业、开始工作或经历初恋成为可能。比如，通过干零活，格哈德 · 克拉普夫攒够钱买了他自己的斯特里克（Stricker）自行车，让他可以探索离家更远的街区。霍斯特 · 安德烈认为，相比学校，“在父亲的地盘打猎更重要”，他骄傲地“打中了我的第一头公鹿”。夏天，霍斯特·格罗图斯划着哥哥的皮划艇“穿过了整个（巴尔德内［Baldeney］）湖”，学会了如何驾驶小船航行。[47] 86
遁入非政治性的追求中让青少年更容易忍受纳粹独裁统治的意识形态要求。

即便在第三帝国，坚振礼或犹太成年礼等宗教仪式也仍然标志着童年的结束和作为一个新生命阶段的青年的开始。无论何种信仰，这种过渡仪式都会遵循一个宗教训导的过程，最后才被允许加入信众。露特 · 布尔文的坚振礼照片展现了一个瘦高的女孩，“穿着一袭黑色长裙，白色褶边的领子，戴着白手套，手捧一束山谷百合”。像格哈德 · 克拉普夫这样的男孩会穿“崭新的蓝色西服，穿长裤，打领带”，“拿一本新的皮革封面的赞美诗集”。在天主教家庭，庆祝活动也遵循类似的模式，同样以家庭盛宴为高潮。阿尔贝特 · 贡珀茨还记得 1934 年他的成人礼，那是一场在犹太教堂举行的仪式，也是一次家人和朋友之间的私人聚会，包括赠送礼物。[48] 对大多数青少年来说，这一仪式还意味着结束基础教育和进入学徒阶段。

那些继续上学的年轻人则始终担心学业失败，在德国的三级体制中，这意味着他们将失去从事专业工作的机会。对于像格哈德·克拉普夫这样成功的学生来说，他要上的那些课“是我所遇到的最好的事情之一”，因为它们为他打下了坚实的古典学基础，通过一些勇敢的老师，他还接触到了“反纳粹思想”。相反，由于成绩不够好，格哈德 · 鲍克不得不转学到一所私立学校，在那里他的表现要好得多。霍斯特 · 安德烈的所有课都不及格，因为他感到无聊和沮丧：“学校让我作呕，甚至打猎也不再有任何乐趣。”不过，被送到波罗的海岸边一所友好但纪律严明的寄宿学校又一次帮助他恢复了元气。然而，卡尔 · 黑特尔放弃了高级班，决定留在小学，以便成为一名学徒。[49]

在初中毕业时获得中等学历（Mittlere Reife）是许多没有能力或决心继续学业的学生的教育目标。在德国的“学历体系”中，这
87 是介于小学和高中之间的中点，仍有机会从事白领职业。目标现实，不那么有志向和经济条件不那么好的家庭经常把他们的孩子送到实科中学或中等学校（Mittelschulen），那里的毕业生只能拿到九年级的文凭。由于“[之前的]学校让她有些苦恼”，吉塞拉 · 格罗图斯“决定在 1936 年获得初中学历后离校”，转到一所压力没那么大的女子高中。类似地，因为遭受反犹主义歧视，汤姆 · 安格雷斯“觉得继续学业没有意义”，决定带着中等文凭离开高中，接受实务训练，准备移民国外。[50]

对于更有天赋和志向的学生来说，他们的目标是令人渴望的学术高中毕业证书（Abitur），这将为专业工作和更高级的职业打开大门。这种毕业考试是 18 世纪末由普鲁士官方设立的，令年轻人心生恐惧，因为很有可能失败。罗伯特·诺伊迈尔“后来经常后悔没有”参加毕业考试，因为“我必须付出巨大的精力和毅力来获得年轻时错过的东西”。海因茨 · 舒尔泰斯则更加幸运：对飞机、留声机和无线电等“技术创新”的兴趣激励他继续学习。最终，“一切都很顺利”，他通过了考试，并以“一种喜悦但不放肆的方式进行了庆祝”。他是幸运的，因为他的“高中毕业考试是和平时代的最后一次”。

对于像弗里茨·克莱因这样后来的参加者来说，考试大打折扣，毕业生马上被送到了前线战场。[51]

结束学业后，年轻人要面临的难事是寻找既符合他们喜好，又能提供训练的职业。虽然经济在改善，但要找到第一份工作仍然非常费力。由于姐姐在一家真空泵工厂担任秘书，罗伯特·诺伊迈尔得以成为焊工学徒。阿尔贝特·贡珀茨的父亲一心准备让孩子移民离开德国，“他认为最好的办法是让我［在一家犹太人的公司］做纺织学徒”，好让他从基础开始学习这一行。1937 年，通过父亲的工作了解到一家当地发电厂有空缺后，卡尔·黑特尔成功通过了招聘考试，开始接受“电力工人”这一新职业的培训。“在我尚不满 88
14 岁的生命中，这是最高兴的时刻之一”，因为这让他的未来有了物质保障。[52]

年轻女性所受的正式教育较少，她们纷纷从事商店或办公室的白领工作，在那里可以与人打交道，而非进行体力劳动。1935 年 6 月，安内利泽·胡贝尔在一家女性时装店的“办公室里开始了商业学徒训练”，店主是一位“严格但品行端正的”犹太商人。在那里，她学会了在上级警觉的目光下记账和速记。露特·魏格尔特家的饭店需要她，她只被允许学了几项更有用的家政技能。由于只有小学文凭，露特·布尔文不得不在 1938 年上了一所“私人商务学校”，在那里学习会计、簿记、速写、打字和商业通信的基础技能：“我甚至意外地喜欢学习。”虽然吉塞拉·格罗图斯读完了高中，但她“没有勇气学医”，满足于接受训练成为“医学技术助理”。[53] 年轻女性喜欢她们职业生涯的第一步，这让她们变得独立且有钱花。

在 20 世纪 30 年代完成学徒训练并不容易：训练需要花费三年时间，而且严格按照签订的合同进行管理。许多年轻人不得不在别人家寄宿，或者待在学徒之家，无论他们在哪里工作。在工作场所，受训者不得不做各种卑微的工作，顺从上级的心血来潮。此外，在手艺上，他们必须从最简单的杂活做起。比如，罗伯特·诺伊迈尔不得不用锉刀处理不同的金属来确定它们的特性，而保罗·弗伦策尔不得不“分拣咖啡豆，站在筛豆机边，烘烤咖啡，把不同的品种组成混合咖啡”。[54] 学徒们还必须每周去一次职业学校学习本行业的系统知识。每周要工作 48 小时，工资微薄。如果受训者偷懒，触怒老板，或者对纳粹政治表达不满，他们马上会被开除。

给学徒生涯正式画上句号的是一场把候选人提拔为熟练工或商业助理的考试。为了准备这场考试，像安内利泽·胡贝尔这样有热
89 情的雇员会去行业学院上夜校，在实践知识之外补充理论内容。像罗伯特·诺伊迈尔这样上进心强的学徒，如果已经掌握了足够技能，甚至可能提前半年参加考试，从而结束他们的职业教育，让“党或青年团［证明］我是一个优秀的民族社会主义者”。像卡尔·黑特尔这样特别熟练的学徒甚至会成为德国劳工阵线（German Labor Front）组织的职业竞赛的骄傲获胜者，完成困难的焊接和电气工作。保罗·弗伦策尔回忆说，与后来的战争时代相比，“我在莱比锡的学徒生涯总体上相当快乐。我几乎没有关注政治”。[55]

通过行业考试意味着打开了通往蓝领或白领职业的大门。像卡尔·黑特尔这样的一些年轻人得以至少暂时地留在同一家公司。而像安内利泽·胡贝尔这样的另一些人则不得不寻找新工作，为此他们必须证明自己是雅利安血统。她在公共医疗保险行业的工作“有趣而繁忙”。第一份真正的工作让他们的头衔变成了“技工”，地位也获得了提升，从前的受训者成了公司的正式成员。更重要的是，他们的报酬从每小时 10 芬尼增加到 50 芬尼，让他们可以购买像连衣裙和西装这样更漂亮的衣服，看上去更像成年人。更多可用的钱还让看电影、听音乐会或周末旅行变得可能。然而，安逸生活的梦想很快遇到了必须履行的纳粹义务的阻挠，比如男性参加国家劳役团或女性的下乡。[56]

青春期的开始使职业生涯的开启变得更加复杂，因为它导致了与家庭的疏离和对权威的普遍反抗。海因茨·舒尔泰斯表示，与纳粹独裁统治的建立“同时发生的是自然给青少年带来的改变，它独立于任何政治制度”。因此，这使得“在家庭、学校和青年团的生活并没有真的更轻松”。对安内利泽·胡贝尔来说，成长的“风暴和压力”意味着意识到父母婚姻的解体，后者造成了无法忍受的场面：“这是我人生中最糟糕的时刻。”在一家军工厂，赫尔穆特·拉什多夫在枯燥的工作期间同上司爆发了冲突。当被批评擅自午休时， 90
他被“这种无礼的话”激怒，顶撞了老板。安内利泽只是不得不从家中搬离，赫尔穆特则被迫志愿参军。[57]

20 世纪 30 年代中期的青少年时光也是魏玛共和国那代人中年纪较长的成员开始对异性感兴趣的时候。其中很多是无害的，比如在柏林的格鲁内瓦尔德（Grunewald）森林，弗兰克·艾克帮助朋友的妹妹罗斯玛丽·施密特（Rosemarie Schmidt）把自行车推上小山。（战后，她将成为他的新娘。）类似地，8 年级班上新来的女孩约翰娜（Johanna）让罗伯特·诺伊迈尔兴奋不已：她“高挑、苗条，有着蓝眼睛和金色长辫——［真正的］日耳曼姑娘”。虽然她难以接近，“完全无视我们男孩”，但她总是知道答案，不会过于热切。“我开始崇拜约翰娜。这是我第一次对女孩感兴趣，”他后来回忆说，“她是我的第一个真爱，注定将永远如此，但我当时还不知道。”[58] 尽管仍然非常天真，但部分此类爱恋将产生持久的影响。

那些年纪稍大，准备自立的年轻人则发展出了更为严肃的恋情。对中产阶级家庭来说，男女分校的孩子们与异性的第一次接触常发生在舞蹈课上。在吉塞拉·格罗图斯的交谊舞会照片（图 10）上，女孩们身着连衣裙，有的还梳着辫子，她们坐在一群男孩身前，后者穿着黑色西服并戴领带，不太自然地微笑着。当保罗·弗伦策尔在莱比锡的棕榈园舞厅练习这些技能时，他邀请一位年轻的女子与

图 10. 舞蹈课。来源：吉塞拉 · 格罗图斯，《我的人生》。

他共舞。“我非常喜欢她，整晚都围着她转”，午夜又送她去坐火车。就这样，“我认识了现在的妻子”，尽管他不得不说服父亲接受一位劳动阶层的新娘。露特 · 魏格尔特与格哈德的童年友谊直接变成了更严肃的恋情。露特 · 布尔文在一次青年团远足期间遇到了后来的丈夫，当时他看到了她的照片，决心打败一个对手。“是的，事情就是这样，罗尔夫胆大包天，我们少女团的所有成员都对他倾心。”[59]

不过，由于纳粹党的独裁控制和即将到来的战争的破坏，这些
91 关系难以发展成熟。在第三帝国，年轻人总是被组织成团队，强调同志情谊的理想。埃娃 · 彼得斯回忆说：“在青年团的服役几乎没有提供与异性接触的机会。”汉斯 · 席尔默记得，青少年们对生活的现实一无所知：“我们‘全然不懂’该做什么或怎么去做。”安内利泽 · 胡贝尔回想起母亲二话不说就给她的第一个追求者一个耳光。后来，当有个年轻军官手捧鲜花请求见她时，她的父母告诉他一年

后再来，在此之前可以通信。“不幸的是，他在战争的头几个月里阵亡了。我对他感到非常伤心，即便这还不是‘真爱’。”[60]因此，纳粹统治的祸害之一便是阻碍了两性的接触深化为亲密关系。

年轻人生活的相对正常事实上巩固了第三帝国，因为尽管有各种宣传压力，他们仍然被允许做出不同回应。回忆录中没有得到充分表现的是对政权真正热情的描绘，特别是在男性中间。但埃娃·彼得斯承认，1936年秋天，她迷恋上了新的少女联盟领袖弗里 92
达（Frieda）。这位新成员“是个18岁的漂亮姑娘，长着闪亮的蓝眼睛”。她发出的为德国献身的号召“也令11岁的我热血沸腾。至少在随后的5年里，她一直都是这样”。类似地，露特·布尔文称自己是个快乐的少女联盟成员，虽然她并没有卷入其中的政治。相反，1938年，罗伯特·诺伊迈尔一开始是被迫加入希特勒青年团的。但最终，“我非常喜欢这种新生活”。玩游戏、野营和唱歌，“这一切都让我很开心。能成为同志团体的一部分和平等者中的一分子令人鼓舞。最后，我也变成了属于它的一员”。[61]

绝大多数不关心政治的年轻人对希特勒超乎寻常的成功印象深刻，只要当局不扰乱他们的私人生活，他们就愿意服从。根据海因茨·舒尔泰斯的说法，“决定性的积极方面在于……一个所有‘民族同志’都能看到的事实，即现在的情况实际上正在变得更好”。回想起来，他称这是“纳粹政权在德国民众中接受程度最高的时期，在国外它说不上真正被人喜爱，但受到尊重”。与此同时，保罗·弗伦策尔清楚地记得，“随着大规模失业的消除，新的社会方案的引入，以及《凡尔赛和约》歧视性条款的废除，大多数人对第三帝国感到相当满意”。当1935年萨尔通过公投回归德国，以及1938年奥地利并入帝国后，乌尔苏拉·马伦多夫“在人群欢呼雀跃的民族主义热情中不能自已”。[62]

不过，越来越多的少数派只是走走过场，采取消极的不合作态度，不断用新的方式来逃避纳粹的要求。在自己参加的青年团体“海外德国人协会”（Association of Germans Abroad）被并入德国少女联盟后，吉塞拉 · 格罗图斯从未考虑过加入联盟，而且她这样做没有受到任何惩罚。像弗里茨 · 克莱因这样的其他成员则越来越讨厌游行示威或为希特勒的胜利喝彩这样的恼人要求，于是“只要可能，[我] 就会以某种借口逃避活动”。结果，希特勒青年团的领导们对强制参加的活动中的“缺席人数”感到沮丧，必须追查有谁缺席。那些拥有正直的老师或来自不认同纳粹的家庭的年轻人能够建
93 立起一个与纳粹独裁统治“相反的人道、理性与和平的世界图景”。在这些圈子里，“人们反对”纳粹统治是不言而喻的。[63]

一些青少年还在“认信教会”（Confessing Church）中找到了对批评态度的支持。1934 年，该教会通过《巴门宣言》（Barmen Declaration）反对德国基督徒对新教的纳粹化。获悉冲锋队领导人在所谓的“罗姆暴动”（Röhm Putsch）中被杀后，格哈德 · 克拉普夫的父亲说：“这里所发生的是谋杀。”他创立了一个由批评时局的牧师组成的网络，加入了新教徒的反对。他的儿子憎恶青年团的训练，徒劳地希望国防军能成为反对纳粹独裁统治的屏障。对残障人士施行安乐死的报道让埃里克 · 黑尔默的父亲感到震惊，他无视盖世太保在教堂的监视，开始发表批判性的布道。为了表明态度，他甚至用纳粹领导人的名字来称呼他的棕色母鸡：“阿道芬”“赫尔明”“小戈培林”等等。当希特勒青年团的一位领导人意外死亡后，他的儿子“没有因死亡动摇”，而是因模仿宗教的“纳粹崇拜的空虚而动摇”。结果，他退出了希特勒青年团。同样地，信奉天主教的约阿希姆·费斯特遵循“即便别人都做——我也不做”的格言。[64]

“不守规矩的青年行为”很少转变成积极的政治抵抗，盖世太保会严厉地压制任何异见的苗头。在科隆，来自共产主义家庭的少年格特鲁德 · 屈勒姆（Gertrud Kühlem）帮助召集了一群年轻的反

叛者，他们戴着雪绒花别针作为标志，这种来自阿尔卑斯山的花象征着他们的自由。这些人伪装成“自然之友”的成员，通过徒步旅行、露营和唱歌来表现他们的独立。他们确信“需要做点什么”来反对“不公正的独裁”，于是在房屋墙壁和货车上写下了口号，比如“你还不厌倦棕色的狗屎吗？”他们行动的高潮是从主火车站的梯子上丢下数百份传单。当盖世太保最终抓住他们时，其中的女性被粗暴殴打以逼供，男子则被送往前线的惩罚性连队。[65]

年轻人对自由的基本渴望也激发了其他形式的文化反对，这些反对由于纳粹的打压而政治化。在一些大城市，喜欢听爵士乐或随着摇摆音乐跳舞的中产阶级青年形成了一种生活方式，反叛干净利 94
落的北欧标准。在遭到禁止后，他们开始反抗第三帝国。在柏林，一群年轻的犹太人和共产主义者在赫伯特·鲍姆（Herbert Baum）的带领下大胆地烧毁了纳粹“苏联天堂”展览的一部分，以抗议反布尔什维克的宣传。在慕尼黑，以索菲·朔尔（Sophie Scholl）为核心的一小群学生在大学礼堂同样分发了传单，谴责凶残的战争和侵犯人权的行为，他们中的大多数人都因此被处决。尽管非常值得钦佩，但这些反抗残暴政权的非凡勇气仍然是孤立的行为，从来没有真正危及纳粹的统治。狂热的希特勒青年团成员憎恶这些异见分子，认为他们是“罪犯、臭名昭著的懒骨头和道德败坏者”。[66]

年轻的犹太人被排除在民族共同体之外，他们越来越多地被从公共区域赶入隔离空间，使他们的生活变得悲惨。作为反犹主义宣传的结果，格哈德·克拉普夫“开始意识到，‘犹太人’与纳粹所称的雅利安人不同”，即使他不想遵守这种区别。同样地，汤姆·安格雷斯也在学校注意到，“我和非犹太同学不同”，但在一个被同化家庭里长大的他“不知道有什么不同，因为没有人向我解释犹太人意味着什么”。从禁止使用公共交通工具到禁止养宠物，日常生活中越来越多的歧视都清楚地表明犹太人不再是德国人，应该移民国外。年仅 15 岁的汤姆用诗意的话表达了他对被驱逐出德国的痛苦：“我们再也看不到正义，只知道镇压。/ 我们的祖国不再爱我们了。”[67]

纳粹独裁可以迫害种族和意识形态上的少数群体，只要它确信能得到大多数成年人的支持和年轻人的热情。“绝大多数德国公民，”卡尔 · 黑特尔解释说，“显然强烈地感觉到，在我们国家，正有一个政府开始着手结束持续了太久的剥削和羞辱。”由于生活条件的改善，“棕色［衬衣］的同志可以指望得到所有被迫支付赔款的人
95 毫无保留的认可，这笔赔款导致他们的生活水准下降到贫困线。”而如果不受认可，总是有盖世太保待命。埃迪特 · 舍夫斯基邻居的儿子表示，“父亲正受到纳粹的监视，因为他不参加政治讨论，也不会用‘希特勒万岁！’来打招呼”。[68] 这种令人畏惧的谣言足以让大多数怀疑者听话。

背叛的感觉

当写到他们以前对民族社会主义的拥护时，像汉斯 · 克维萨这样的大部分作者都会对“我们这代人所受的诱惑”表现出强烈的不满，因为这种诱惑剥夺了他们正常的青春。露特 · 魏格尔特对被纳粹彻底蒙蔽感到愤怒，她也抱怨说：“我们无忧无虑的青春被剥夺了。”露特 · 布尔文试图淡化自己的责任，声称“我们经常像木偶一样被摆弄，部分是因为古老和公认的传统，部分是政治原因或者为了生存”。卡尔 · 黑特尔解释说，“无论是肇事者还是受害者，大多数幸存者最初都想压制”对扭曲他们生活的“反人类暴行和罪恶”令人震惊的记忆。为了解释自己为何参加德国少女联盟，埃娃 · 彼得斯沉思道：“当我想起此事时，［我惊讶于］我们当时有多么理想主义，而且是为了这样的错误理由！”[69] 回顾过去，大多数作者认为自己是被误导的受害者，以便最小化他们自己对第三帝国的贡献。

遭到背叛的集体感受并不完全是错误的，因为许多人的父母和成人榜样也未能抵制元首的诱惑。格哈德·克拉普夫表示，“纳粹成功地鼓动了最优秀的德国人，使他们真正相信那种崇高的伦理使命，即为重新成为一个强大、诚实、忠诚、勤奋和自豪之民族的新目标做出贡献”。这种“民族共同体”的修辞承诺建立一个平等主义的共同体，而经济复苏似乎证明了希特勒是正确的。没完没了的游行和集会展现了团结和力量，因为“纳粹是应用大众心理学的大师”。但“更丢人的是，像［医生费迪南德·］绍尔布鲁赫（Ferdinand Sauerbruch）、［作曲家］理查德·施特劳斯（Richard Strauss）、［作家］伊娜·赛德尔（Ina Seidel），甚至［天主教］枢机福尔哈贝尔（Faulhaber）这样的人都……主动提供了支持，从而影响了不少他 96
们各自的支持者”。[70] 年轻人如何能抵挡这样的气氛？

然而，这些回忆淡化了年轻人中“自我纳粹化”的强烈倾向，那对作者来说是令人难堪的。对年轻人的思想灌输是如此有效，因为它不仅是由成年人，而且是由希特勒青年团领袖提供的，这些人只比他们手下的团员稍大一点。甚至许多不太关心政治的人都对青年团的活力印象深刻，就像罗伯特·诺伊迈尔一样，他们只是想和同龄人在一起。不少青少年相信自己代表着未来，比如汉斯-哈拉尔德·席尔默，他们不顾父母的怀疑，成了希特勒青年团的成员。对于社会的局外人，纳粹的吸引力甚至更大，比如“外国人、无家可归者和私生子”威廉·科列斯尼克：“最重要的是，［纳粹］鼓励所有人向上流动……这大概是最触动我的地方。”最后，“各条战线的压倒性胜利”使人认为，“我们德国人是被选中的民族，在任何方面都是最伟大的，我们在世上扮演着领导角色，我们将赢得世界”。[71]

回忆录显示，由于制裁是致命的，因此需要非凡的洞察力和勇气才能始终远离、拒绝服从或积极抵制第三帝国的扭曲世界。像克莱因家这样的民族主义精英与平民纳粹有很大的“距离”，但“也有相近之处”,因为两者的许多政治目标是重叠的。在民主派家庭中，反对态度更为明确，如果他们是艾克家族那样的犹太人，或者是足够著名的自由派人士，要担心自己的生命，则尤其如此。对像黑尔默家这样亲近“认信教会”的家庭而言，父亲甚至被迫住进精神病院来逃避纳粹的迫害。对共产党和社会民主党圈子而言，盖世太保是如此残暴，以至于抵抗是唯一可能的出路。但是，父母的怀疑并不能自动唤起青少年反对当局，甚至像格哈德·克拉普夫这样有批判精神的青年也感到自己“在席卷一切的热情和挥之不去的怀疑之间左右为难”。[72]

最终，纳粹青年将为他们盲目追随领袖参与毁灭战争和种族灭绝而付出沉重的代价。在民族主义家庭、纳粹化的学校和希特勒青
97 年团思想灌输的共同影响下，大多数人成了纳粹镇压和侵略的顺从工具。阿格内斯·莫斯曼将这场灾难归咎于“对权威的尊重和缺乏批判性思维”。民主党、社会民主党和共产党人都太少了，无法阻止这股棕色浪潮。有的反对者选择了内在移民（inner emigration）来逃避，有的逃到国外，还有的遭到囚禁（经常在集中营）。毕业班的年轻男性中大约有一半死在了战场上。年轻女性不得不忍受轰炸、逃亡和驱逐，或者红军的大规模强奸。通过亲身遭受这些可怕的经历，大部分人才发现他们崇拜的是一个错误的偶像。只有像霍斯特·格罗图斯和埃娃·彼得斯这样的少数作者才愿意直面自己的个人责任，承诺进行积极的忏悔。[73]

第二部分

战时的青年

第四章

男性的暴力

1939 年 9 月 1 日清晨，格哈德·鲍克的父亲冲进他的面包店，宣布说："战争来了。我们已经向波兰进军了！"即使这个令人沮丧的消息并不完全出乎意料，"残酷的事实还是仿佛给了我们一记重击"。对希特勒和平声明的所有幻想一下子化为泡影。烘焙工的领班只能叹着气说："那不是一个黑色星期五吗？！"人们很快意识到，这确实是个不祥的日子。"周日，英国和法国加入了战团，站在波兰一边。这是可怕的双线战争。"与 1914 年 8 月的爱国热潮形成鲜明对比的是，尽管大多数人认为这场新的战争是一场"正义之战"，是为了"德国，我们深爱的家园，我们灿烂伟大的祖国"的未来而战，但这一次"没有旗帜飘扬，没有认可，没有热情"。之前的那场战争牺牲了太多人的生命，重启战端不可能是轻松的事。有些人担心："西面的［防御］墙*能守住吗？"[1]

第二次世界大战的实际经历因年龄、性别和种族的不同而有

* 即齐格菲防线，是德国在二战开始前，在其西部边境地区构筑的对抗法国马其诺防线的筑垒体系，德国人称之为"西墙"。——编注

很大差异。没有一个魏玛青年“知道或可能知道战争意味着什么”。虽然在学校和希特勒青年团的思想灌输中，之前那场战争被描绘成英勇的斗争，但他们的父母在1914年到1918年度日如年的苦难故事削弱了这种热情。对年轻男性来说，战争意味着服兵役，中断他们的事业和浪漫关系，意味着被巧妙的纳粹宣传赋予了爱国意义的战火的考验。对于年轻女性来说，“我们所有的生活都将发生巨大的变化”，包括停电、空袭演习和配给卡，以及在田里或军需品工
102 厂劳动，以弥补男性的缺失。对于第三帝国的政治和种族受害者来说，国际舆论约束的不复存在，让纳粹彻底暴露了他们的残暴。需要对这些相互交织的不同回忆进行单独的分析。[2]

对许多年轻男性来说，这场战争是对敌人、外国妇女和低等种族突然展开的性别暴力。军国主义宣传和无情的基础训练混合起来剥夺了他们的人性顾虑，把他们变成了军事机器中的高效齿轮，毫不怀疑地执行命令。汉斯·克维萨回忆说：“为了成为一名有用的士兵，一个人必须克服他对杀害同类的天生反感。”德国国防军通过将敌对分子非人化来达到这一目的，以便消除同情，同时创造一种“我们对抗他们”的心态。“其次，[士兵]必须压制他同样与生俱来的安全本能……这会使他在绝望的情况下逃避危险。”为了完成这项任务，军队会系统性地打击新兵的意志，灌输“铁的纪律”。这两种态度共同造就了一种凶残的“尚武男性”的概念，它取代了平民版的男子气概，引发了程度前所未有的暴力。[3]

由于放松了道德约束，随之而来的意识形态毁灭战把国防军也牵扯进了战争罪和反人类罪。在战后对高级军官的审判中，因为冷战期间德国需要重整军备，西方在20世纪50年代初放弃了对军人共犯的惩罚。仅仅半个世纪后，左倾的汉堡社会研究学会（Institute for Social Research）通过举办揭发罪行的私人照片展览再次向德国军队提起控诉，这些照片引发了前总理赫尔穆特·施密特等退伍军

官的抗议。[4] 持批评态度的研究人员发现，军方通过协助臭名昭著的党卫队和别动队的警察杀手团参与了大屠杀，这一记录令人震惊。但一些温和的历史学家指出，大多数军队都在忙于作战，对反游击战行动负责的主要是后方的安全部队。[5] 总体而言，自传描述常常支持军队参与了很多暴行和大规模杀戮的说法。 103

上述叙事写于那些戏剧性事件发生半个世纪或更久之后，融合了兴奋的描述和勉强的反思。在目睹了许多戏剧性的情形后，作者们觉得有必要分享他们经常难以置信的经历。但战争的最终失败和对大屠杀敏感性的上升迫使他们质疑了自己先前的行动。因此，英雄叙事是罕见的，缩减为赞美在整体失败的框架内取得的小小胜利。同样，像旅游一样进军巴黎或是在东线与压倒性优势的敌人作战的冒险故事也失去了光彩，因为回过头来看，战争的整个目的似乎是毫无意义的。由于他们“厌恶吹嘘‘英勇表现’”，大多数作者转而讲述了一些生存故事。在这些故事中，主人公凭借卓越的才智或纯粹的运气成功地活了下来。因此，他们的叙述描绘了年轻士兵的经历，也包含了后来对他们的行动后果所做的反思。[6]

备战

从阿道夫·希特勒执政的第一天起，他就为德国参战做起了系统性的准备。1933 年 2 月初，在与军队领导人共进晚餐时，新总理承诺重整军备，以推翻《凡尔赛和约》的限制，“征服东部新的生存空间，无情地实行日耳曼化”。在公开场合，纳粹政府承诺，只要德国被当作平等伙伴对待，就会保持和平。但在暗中，希特勒投入了大量资源，用于开发俯冲轰炸机这样的新式武器，储存必要的弹药，并做好了边防部署。1935 年，柏林还宣布恢复征兵，以训练更多的人力。一年后，当法国占领军离开后，它派遣部队进入莱茵兰的非军事区。虽然轻信的人仍然认为“德国必须为各种紧急情况而武装自己”，但政权反对者得出结论，这些步骤意味着另一场战争。[7]

作为下一次战事中的实际作战者，年轻男性不断接受美化战
104 争的宣传，以便使他们的思想军事化。海因茨·舒尔泰斯回忆了在纳粹对男性青少年的宣传中占据主导的几个主题。首先，老兵对第一次世界大战的描述颂扬了德国英雄的勇敢，比如击落 80 架协约国飞机的“红男爵”曼弗雷德·冯·里希特霍芬（Manfred von Richthofen），或击沉 3 艘英国巡洋舰的潜艇船长奥托·韦迪根（Otto Weddigen）。其次，瑞典地理学家斯文·赫定（Sven Hedin）和第一个到达南极的挪威探索者罗尔德·阿蒙森（Roald Amundsen）等探险家扣人心弦的冒险故事激发了男孩们的想象力。再次，展示梅塞施密特（Messerschmitt）或亨克尔（Heinkel）战斗机这类科技奇迹的展览吸引了对新机器感兴趣的年轻人。最后，像《希特勒青年奎克斯》（*Hitler Youth Quex*）这样赤裸裸的宣传电影赞美了为纳粹事业献身的年轻战士。[8]

希特勒青年团看上去无伤大雅的活动也是一种准军事训练，目的是使男孩们习惯于他们未来作为战士的角色。在他的自传体中
105 篇小说《我在那里》（*I Was There*）中，汉斯·彼得·里希特（Hans Peter Richter）描述了希特勒青年团的一次会议：一名新的团队领导在会上承认，“我认为青年团的任务是为你们即将到来的兵役做好准备”。与青年运动中的自由联合不同，希特勒青年团坚持穿统一的服装，步调一致，向万字旗致敬，并誓死效忠元首。里希特小说中的官员命令说：“我要求服从，服从，无条件的服从。”乡村远足训练了男孩们的定向越野，野营使他们坚强起来，受欢迎的野战游戏实际上模仿了一方对敌另一方的战争游戏。难怪小说中一个持怀疑态度的男孩脱口而出：“你只寻求权力！你要把我们逼上战场！”[9]

1939 年春季的一波空袭演习清楚地表明，“除非奇迹发生，否则很快就会爆发战争”。汉斯 · 克维萨若有所思地表示：“一个明确无误的迹象是，所有大城市里都有飞机炸弹模型展示，作为对已下令采取的保卫措施的宣传。”学校和希特勒青年团组织开始主办关于飞机和炸弹类型的“数不清的信息讲习会”，以便年轻人能够识别来自空中的危险。海因茨 · 舒尔泰斯记得，作为“各种希特勒青年团组织的成员，我们被要求把从公寓楼阁楼上扔到路边的易燃垃圾运走”。这些旨在向民众表明政府关注他们安全的准备工作使战争的可能性看起来更大了。但大多数人通过这样想来安慰自己：“即使元首为了提高德国的伟大地位而冒了相当大的风险，也总是能无须开战就实现目标。”[10]

国家劳役团的义务服务是青年军事化的另一个步骤。最初，以最低工资为社区改善项目付出体力劳动是一种国际理念，旨在让失业的年轻人不再在街头游荡。但从 1935 年开始，纳粹主管劳动事务的康斯坦丁 · 希尔（Konstantin Hierl）将这种自愿承诺变成了对男性的义务要求，以便绕过裁军条款对预备性“准军事训练”的限制。国家劳役团主要由退休士官领导，被征召者穿统一的制服，进行队列训练，住在营房里，需要遵守严格的纪律，等待被招入军队。这项服役要求于 1939 年将征召封范围扩大到女性。这些年轻人的 106
繁重工作包括砍伐树木、修建道路、建造防御阵地，这些部分有用、部分多余的项目旨在锻炼他们的身体和使他们的精神军事化。尽管他们接受的是铁锹而不是冲锋枪训练，但类似罗尔夫 · 布尔文留下的照片（图 11）证明，国家劳役团“越来越变成了为以后服兵役而进行的军事预备训练”。[11]

对于“变态的纳粹领导们”来说，劳役团提供了一个折磨资产阶级家庭青少年的黄金机会。当有特别肮脏的工作要做的时候，士

图 11．国家劳役团。来源：露特·布尔文，《后来的回响》。

官们会大声喊："学生、毕业生和罪犯向前一步！"作为牧师的儿子，格哈德·克拉普夫在打扫厕所等任务上总是"自动的'第一选择'"。由于床铺不合要求，他遭到了一连串的批评，"一个又一个周日，[他被分配到]厨房工作"，剥夺了他在城里自由活动的特权。在"由愚蠢形式训练组成"的毫无意义的"服役"中，汉斯·陶施回忆道："我们的理想主义受到了强烈的压制。"书呆子约阿希姆·费斯特对"[阿尔卑斯山]风景的独特魅力"视而不见，"很快就开始痛恨一切与劳役团有关的事情"。对于一个名叫赫尔穆特的敏感男孩来说，这种卑鄙手法变得如此难以容忍，以至于他逃跑了，结果被抓住，又试图自杀，但最终还是成功逃脱，跑到他在瑞士的叔叔家避难。[12]

完成国家劳役团服役后，下一步是应征入伍。不祥的征兵通知

（Gestellungsbefehl）命令新兵在某个日期向军区报到，以便进行登记。“没有拒绝的借口或可能，”卡尔·黑特尔回忆说，因为“每个人都必须服从这项命令”，这是法定义务。在不存在任何出于良心拒服兵役的相关条款的情况下，即使是反对战争的青年也被迫参军。弗里茨·克莱因指出，不服从会受到严厉的惩罚，“无法反抗这种强迫”。在 1939 年 8 月的最后一周，保罗·弗伦策尔的国家劳役团小组正式改编成军队的“工程营”，被运往波兰边境。同样，海因茨·舒尔泰斯的劳动营被“转移到了西墙，隶属于国防军”。[13] 年龄较小 107
的青少年得以暂缓入伍，而对于 1920 年或更早出生的人来说，劳役团和征兵直接把他们带进了战争。

因为无法想象等待他们的恐怖，数量惊人的年轻人忽视了父母一直以来的警告，自愿服兵役，就像约阿希姆·费斯特那样。纳粹宣传发挥了相当大的作用，强调所有年轻人都应该服兵役的期望。同龄人的压力也鼓舞了像弗里茨·克莱因这样的怀疑者，他们“不想落后于无数同龄人，特别是那些认识和交好的人”。后来，胜利的捷报使当兵听起来像是一次英勇的冒险，新兵们担心战争在他们能够参加之前就结束了。对于憧憬飞行的埃里克·黑尔默来说，“那不可想象”。诉诸男子气概是克服犹豫不决的有力手段。罗伯特·诺伊迈尔担心，“在这场战争结束后，我会被称为‘开小差的’，[人们]会指着我说‘那是个懦夫’”。[14] 因此，甚至连大多数纳粹的反对者也已准备好履行他们的爱国职责。

一些实际原因也促使许多年轻人不等被征召就自告奋勇，以便“使无法逃避的事少一些不愉快”。有些人自愿入伍，比如赫尔穆特·拉什多夫，以逃避家中或工作中的冲突。也有的人，比如汉斯·克维萨，则是为了逃避国家劳役团预备训练的无谓折磨。同样很能打动他们的还有选择自己的服役部队的希望。很少有年轻人愿意在军队里当步兵，吃力地穿过泥沼。“当时，志愿参军者只是因为漂亮的军装或者被飞行吸引才报名参加空军或海军的。”由于空中作战保留了一些早期骑士精神的魅力，像霍斯特·格罗图斯和埃里克·黑尔默这种希特勒青年飞行团的前成员都渴望在闪亮的新飞机上翱翔。[15]不过，由于飞行员训练对身体要求很高，大多数人最后只能失望地从事地面支援工作。

真正的纳粹狂热分子直接志愿加入武装党卫队（Waffen SS），
108 这是最忠诚也最强硬的一支部队。与冲锋队的平民打手相比，身穿黑衫的党卫队更能代表作为当局最好武装力量的精英形象。对于像罗尔夫·布尔文这样狂热的希特勒青年团领袖来说，想要加入这个精英群体完全顺理成章。但由于他还不够大，为了被接受，他不得不“伪造母亲的签名”。同样，对于乌克兰人威廉·科列斯尼克来说，“志愿从戎当然意味着加入武装党卫队”。虽然也是希特勒青年团的领袖，但他不能加入国防军，因为他不是德国公民。但是“武装党卫队接受了每一个人”，事实上，它的25个师中有17个由来自外国的志愿兵组成。科列斯尼克“去那里主要因为它是我们元首的精英护卫”。尽管一位相识党卫队老兵的失明本该让他却步，但科列斯尼克决定，如果要做，他最好就坚持下去。[16]

从军队的身体检查开始，人们感到了失望，这个轻蔑和武断的程序决定了一个不幸新兵的生死存亡。“脱掉衣服！脱下你的裤子！——往这个壶里撒尿”，埃里克·黑尔默在描述一次检查过程时写道，这个过程仿佛把年轻人当作被屠宰的动物对待。接下来的步骤是“听检［肺部］，检查眼睛和耳朵”。然后“弯下腰，把你的屁股扒开！”一位医生抱怨道：“这个人不仅平足，而且有痔疮，靠他我们赢不了战争！要把他分配到哪里？”回答是：“给空军，先生。”主管医生同意：“对那个［目的］来说足够了，［他］已经做好了服役的准备。”被划入“有作战能力”（kriegsverwendungsfähig，kv）类别表明一个年轻人有能力履行他的作战职责，这对他的未来是一个关键决定。[17]战争早期征召的标准很高，优先考虑身体健康、矫健的年轻人，但随着战争后期损失的增加，越来越多条件边缘的新兵被征召，康复后的伤员也被送回前线。

较为幸运的年轻人可以寄望于被判定为身体不合格或者对战事不可或缺而免除服役。尽管女孩们可能会嘲笑患有结核等疾病的男孩，但这些人可以待在家里，在没有生命危险的部门或民事机构中服务。结果，假装得了哮喘或从有同情心的医生那里开证明就成了逃避征兵的一种方法。格茨·费尔（Götz Fehr）的小儿麻痹症对他有利，使他无法参加战斗。然而，当军队迫切需要新的人力时，军医会选择 109
忽视这些情况。另一条逃避路线是被归为“脱不开身”（unabkömmlich，uk），表明征兵对象在后方的工作是赢得战争的关键。由于正准备成为一名电气工程师，卡尔·黑特尔被允许继续他的研究，而他的朋友已经被派到前线。同样，弗里德里希·弗莱萨（Friedrich Flessa）也被他在纽伦堡的工厂以不可或缺为由征用，因为他参与了一种新型冷钢的开发，被证明优于传统的武器生产方法。[18]

入伍后的现实很快让即使最热切的志愿者和新兵也失望了。对于汉斯·克维萨来说，劳役团营房的恶劣条件让他开始怀疑。（“我们就是这样想要打赢战争的吗？”）然后，他们脱下了日常的衣服，剪了头发，穿上制服，任性的平民变成了听话的士兵，必须服从上级的命令。这一成人仪式的高潮是庄严的宣誓典礼。格哈特·塔姆描述了“6名士兵如何握住军刀的冰冷钢刃”，而“旗手恭敬地放下旗杆”。然后，“所有新兵高举右臂”，用低沉的声音庄重地道：“我以上帝的名义发出这神圣的誓言，我将无条件服从德意志民族和人民的领袖，[以及]武装部队的最高指挥官阿道夫·希特勒。作为一名勇敢的士兵，我随时准备为这一誓言冒生命的危险。”尽管他们是在胁迫下宣誓效忠的，但大多数德国士兵认为这一宣誓在道义上是有约束力的。[19]

最初几个星期的基础训练是艰苦的。新入伍者被无情地“扒了一层皮”。霍斯特 · 约翰森回忆说，他那个令人讨厌的中士（德语中称为“Spieβ”），行为不像“连队的母亲”，而是一个虐待狂，享受着他对自己手下的绝对权力。训练的官方目的是让新兵尽快为前线做好准备，但对他们的折磨经常远远超出了这一点。粉碎意志和灌输纪律的一种方法是发布严苛的命令，并惩罚那些没有正确执行的人。部分训练还旨在让集体盖过个人，允许连队对最弱小的成员
110 施行恶作剧。士官们咆哮着宣布命令，用周末外出等激励措施来鼓励遵守命令。但如果有人像弗里茨 · 克莱因那样在当值期间睡着了，那么被推荐参加军官训练的全部希望都将破灭。因此，被人痛恨的基本训练是普鲁士军国主义和纳粹折磨的混合体。[20]

在实践中,“严酷的军事训练”由无休止的“愚蠢而忙碌的工作”组成,用以灌输“服从”的思想。罗伯特·诺伊迈尔回忆了“清扫营房、检查制服和仔细检查房间”的烦恼。当有一张床单不整齐时，中士就会大喊：“真是个猪圈！”并下令清理厕所。在营房的院子里要进行几个小时的单调步操、立正、举枪，以及戴着防毒面具奔跑的训练。真实的野外训练也好不了多少，例如在泥地里爬行、长途跋涉、用罗盘和地图确定方位，以及玩战争游戏。学习了清理武器之后是实弹训练，取得好成绩的人能得到额外的休息时间。格哈德·克拉普夫回忆说，在难得的闲暇时刻，“前线老手”会分享一些能提高生存机会的射击窍门。[21] 大部分军队都会进行这种训练，但在国防军中特别严格，因为那部分士兵接受训练不是为了防御，而是为了进攻。

一旦开始学习特殊技能，应征者会发现训练变得更容易忍受，他们感觉自己像是真正的士兵，而不是自动机器人。弗里茨 · 克莱因很乐意接受执行通信任务的无线电操作员的培训。格哈德 · 鲍克很高兴能学习如何为运输队驾驶大卡车和半履带车，因为“不［必］

步行是非常好的”。同样，赫尔曼·德布斯必须获得驾驶各种机动车辆的驾照，最令他兴奋的是摩托车训练，这要求他离开道路，在废弃采石场的坑壁上来回行驶。为了锻炼未来的伞兵，中长跑世界冠军鲁道夫·哈比希（Rudolf Harbig）驱策着像罗伯特·诺伊迈尔这样的新兵，直到他们瘫倒在地。与“大多单调的训练”不同，格哈德·克拉普夫“真心喜欢骑术课”，那是为了未来的炮兵任务而进行的。虽然第一次骑马时被甩到了地上，但他最终成了一名“相当优秀的骑手”。[22] 任何打破常规训练，提供实战技能的东西都是受欢迎的。

得益于其高新的技术，还有在空中进行绅士般决斗的浪漫气氛， 111
空军成了最受追捧的服役部队。霍斯特·格罗图斯相信“升空一定很美妙”，他先后加入了希特勒青年飞行团和纳粹飞行队，学习如何驾驶滑翔机翱翔。当他终于达到可以加入空军的年龄时，他驾驶普通的机械飞机，通过了所有飞行测试，希望“成为一名战斗机飞行员”。然后，就在他完成了复杂的训练之后，自负的空军耗光了燃油，失去了对天空的控制，使他再也不能实现梦想。其他志愿加入空军的人，如卡尔·黑特尔，则因不符合身体要求，或掌握工程师的特殊技能而被分配担任地面人员的职位。这“很可能把［他们］从英雄式的死亡中拯救出来”，因为飞行员的死亡率非常高。汉斯·克维萨最初是一名无线电操作员，成为战地记者后，他曾几次作为尾炮手上过天。和平主义者埃里克·黑尔默成了夜间拦截机飞行员。[23]

大多数新兵只是接受了无法逃避的兵役，试图尽其所能地活下来。严苛的基本训练很快就驱散了最初胜利激发的对战争的“无条件热情”。据汉斯·克维萨说，把平民变成真正战士的愤世之举“很快驱散了许多年轻士兵从希特勒青年团带进兵营的理想主义热情。”正如格哈德·约阿希姆所说，对战争的公开批评、破坏企图或开小差都被无情地镇压，惩戒措施从拘留几天到长期监禁，或被派往执行特别危险的任务的惩戒营。结果，大多数士兵形成了一种被动的态度，即“接受无法逃避的东西——如果没有办法避免的话”。他们学会了“永远不要引起上级的注意——甚至是积极方面的”。幸运者要么像保罗·弗伦策尔那样找到了文书工作，要么像罗尔夫·布尔文那样受伤，然后被派去执行驻防任务。[24]

年轻的新兵“不喜欢杀戮的想法”，于是用爱国和实用主义理
112 由安抚自己的良心。例如，格哈德·克拉普夫认为，“保护我的家庭和我的故乡——巴赫和歌德的国家——免受布尔什维克的恐怖”比希特勒发动战争的责任更加重要。一旦到了战场上，生存本能就占据了上风，二选一“简单说来就是‘不是你死，便是我亡’”。和平主义者的消极态度很快会让他们中弹。此外，工业化战争使得击倒任何进击的敌人，“即使他们距离只有 30 米远……也要比近距离射击或用刺刀更不带个人感情，因此也就不那么令人反感了”。最后，战友情谊要求采取坚决的行动，因为“在步兵作战中，任何犹豫和/或无动于衷不仅会使你自己陷入危险，还会危及团队中的每一个人”。虽然一些士兵也为纳粹的生存空间而战，但大多数人认为他们是在保卫祖国免受致命的危险。[25]

在战争初期，年轻人的这种身心准备为国防军提供了一个重要优势。被英国战争诗人的诗句或法国人民阵线的反战宣传所触动，西方的许多年轻人都是和平主义者，或者至少是不想死于另一场战争的平民。相比之下，许多年轻的德国人被希特勒青年团灌输了浪漫的军国主义思想，把英勇献身视作为祖国的必要牺牲。此外，约瑟夫·戈培尔为庆祝元首的外交突破和军事胜利所做的宣传活动将战争标榜为恢复被凡尔赛践踏的德国伟大地位的必要手段。与此同时，学校和青年团不断进行身体锻炼，通过准军事训练使青年更加坚强，便于他们转入军队。“相信元首和我们正义事业的胜利”，大多数年轻德国人因此能够并且愿意战斗。[26]

国防军的胜利

最初，一连串的捷报帮助消除了对战争必要性任何剩余的怀疑。在军乐声的前奏中，特别新闻简报打断了国家广播电台的固定节目：“注意，注意，德国国防军最高统帅部宣布”，德国军队征服了敌人 113
的又一个阵地。即便是挑剔的成年人也惊讶于“[展现]各条战线上取得压倒性胜利的新闻影片。所发生的一切与父辈告诉我们的第一次世界大战没有任何关系”，威廉·科列斯尼克说。“一切顺利和精确得难以置信，就像是演习或一次行军训练。”十几岁的男孩们寸步不离家里的收音机，在学校里用大头针在地图上标记德军的推进。甚至许多士兵也不敢相信，他们就是朋友和敌人所认为的“世界上最好和最强大的战斗机器”的一部分。[27]

对波兰胜利的速度和规模增强了纳粹的优越感。由于媒体几周来一直声称“居住在波兰的日耳曼少数族裔受到虐待、殴打甚至杀害”，格哈特·塔姆认为“德国必须采取行动拯救日耳曼同胞”。许多人期望“在大约 9 个月”内取得胜利，威廉·科列斯尼克回忆“这在 18 天里就实现了，那是多么令人印象深刻”。约瑟夫·戈培尔用《圣经》式的语言自鸣得意地说：“在 18 天里，上帝击溃了他们。”
由于 1939 年 8 月的《苏德互不侵犯条约》(Nazi-Soviet Pact)，舆 114
论没有注意到从背后进攻的苏联所起的作用。格哈德·鲍克回忆华沙的毁灭：“波兰——波兰不复存在。斯大林和希特勒瓜分了它。”大多数人相信，“我们德国人真的是被选中的民族，在各方面都是最伟大的，我们注定要在世界上发挥领导作用，并真正做到这一点”。[28]即兴拍摄的照片显示，像罗尔夫·布尔文这样的党卫队学员兴高采烈(图 12)。

1940 年春天和夏天在西线的胜利使“这种错觉甚至变得更加强烈”。虽然对丹麦和挪威的入侵似乎是“一件愚蠢的事”，但它被解

图 12. 得意扬扬的党卫队学员。来源：露特 · 布尔文，《后来的回响》。

释成是“为了在短短几小时内打败英国人”。对法国的胜利更加令人惊叹：它远远超过了第一次世界大战的胜利。威廉 · 科列斯尼克惊叹道：“征服荷兰用了 5 天，比利时用了 12 天，世仇法国用了 49 天，尽管它有马其诺防线。”格哈特 · 塔姆的父亲参与了对法国坚不可摧的防御体系的进攻，“元首想要由此向世界证明，‘对一个德国士兵来说，没有什么是不可能的’”。跟随先头部队进军的汉斯 · 克维萨看到了一个“战败的国家”，一些建筑被摧毁了，战俘排成长列，惊慌失措的平民拼命逃跑。霍斯特 · 格罗图斯指出：“我们对自己的胜利充满热情，为我们的士兵感到自豪，他们是世界上最好的。”[29]

相比之下，人们很难理解对英国空战失败的重要性。爱说豪言壮语的赫尔曼 · 戈林曾承诺，他的空军将“打到英国屈服”。从技术上讲，梅塞施密特 109 型战斗机性能更好，但喷火式战斗机（Spitfire）更灵活，使亨克尔 111 型轰炸机变成了活靶子。虽然德国的“自由猎杀”（free hunt）战术击落了许多英国战机，但从长期来看，雷达的使用、对被击落飞行员的营救、飞机场的靠北位置都被证明更为重要。最初，德国空军对［英国］空军基地、工业基地和供给线的袭击造成了相当大的破坏，但后来为了报复英国的袭击而把目标转向考文垂和伦敦等城市的做法被证明是灾难性的。连带地“用炸弹杀死‘平民’只会激怒一些”飞行员，使其告诉自己“他们只是在以牙还牙”。尽管不断发动攻击，但德国人损失了更多的飞机，而且未能取得入侵所必需的空域控制权。[30] 115

德国国防军最初在陆地上取得成功的主要原因是它迎合了一种新式作战的可能性。作为杀人机器中的一个区区小齿轮，回忆录作者很少用闪电战（Blitzkrieg）这个词来描述对那种致命力量的新颖结合，它使德国军队的战斗力出类拔萃。正如 B. H. 李德·哈特（B. H. Liddell Hart）和夏尔·戴高乐（Charles de Gaulle）等理论家首先提出的那样，大批坦克、俯冲轰炸机和机动大炮的组合突破了敌人的防线，包围了整支军队，切断了他们的通信和补给联系，迫使他们投降。希特勒通过大规模改良装备发展出了像斯图卡（Stuka）这样的武器，令敌人心生恐惧，而对青年的系统军事化则造就了随时准备毫无怨言地使用这些武器的人员。但是，一旦胜利不再继续，像汉斯·克维萨那样的士兵就开始意识到，这正在变成一场“征服和毁灭的战争”，而且结束时间可能会一拖再拖。[31]

在战争的最初几年里，士兵们把德国的损失视作最终胜利的必要代价。对于卷入这场战争的年轻人来说，不可否认的是，即使军事上取得成功，也会造成死亡人数的不断增加。格哈特·塔姆记得，在“1940 年 5 月、6 月和 7 月，我们家乡的报纸上登满了死亡通知。西里西亚失去了它最好的年轻人”。他的父亲被榴弹碎片击中胸部，只是因为他携带了“口袋大小的《新约》”才幸免于难。士兵们往往不提战友的死亡，把自己的生还归功于运气好或受过更好的训练。

在一次连队谈话中，海因茨·舒尔泰斯听到手榴弹飞来的嘶嘶响声，他赶忙趴到地上。“一声轰鸣”后，军士长的大腿被碎片击伤，中尉“头被炸碎，变成了一具尸体”。虽然舒尔泰斯毫发无损，但“这次袭击的毫无征兆使［我］震惊了很长一段时间”。[32]

实战经历混合了兴奋、恐惧和乏味。新兵往往热切地期待着对
116 他们的“战火洗礼”，希望证明他们的勇气。但是当他们看到战友受伤或经过面目全非的尸体时，许多士兵担心自己可能会是下一个。“在此之前，我还没有看过一个死人，我感到震惊，怕得要死”，霍斯特·安德烈回忆道。生存本能让他们想去其他任何地方。“我不止一次对自己说，要是能待在家里就好了。”同样，作为一名尾炮手的汉斯·克维萨陷入了巨大的防空火力网，他“感到一种全新的恐惧”。为了抑制这种恐惧，指挥官们经常发放额外的杜松子酒或甲基苯丙胺类药物。士官向新招募的士兵展示如何在战斗中活下来，而中尉们则带头冲锋，以激励士兵们效仿自己的榜样。[33]这种制度相当有效，只要命令看上去合理，目标能够实现，让士兵觉得进攻是有意义的。在两次行动之间，士兵们也有很长一段时间的无聊，他们通过打牌或写家书来打发时间。

罗伯特·诺伊迈尔称，“所有人都热衷于被当作真正的士兵，保卫祖国，参与‘最终的胜利’”。但首先，他们必须接受实际任务的训练，并在军事基地集合。然后，他们“被装上运兵车，车厢里只有一个炉子和一些稻草”。国防军运兵车要花几天的时间才能到达遥远的目的地，因为它们必须等在道旁，让民用、补给或医院的车队先通过。到达目的地后，部队必须下车步行前往集结地区，在那里被部署到前线，也就是所谓的“主战线”，以便巩固阵地、准备攻势，或抵御敌人的进攻。由于士兵们对战斗的进展知之甚少，他们所能做的就是默默忍受那些他们很少能够明白的命令。[34]

步兵冲锋激发的暴力增强了人们的洞察力，释放了他们的动物

本能。通常情况下，首先是“毁灭性的炮火，敌人的炮火同样猛烈地发起反击”。格哈德·克拉普夫描述说，在这“突然释放的疯狂中，人们机械地向前移动，从一个弹坑跳到另一个弹坑”。炮击使得“地
面坑坑洼洼，空气中充满了人类仇恨那致命且具破坏性的产物，杀 117
人机器的喧嚣让四下里颤抖”。他无视“一朵可爱的蓝色花朵”，“向前行进，时而冲刺，时而开火”。时间似乎静止了。“饥饿、干渴和感觉不复存在，我们跌跌撞撞地不断前进。”最后，当来到一条战壕时，他“被一个可怕的障碍物阻挡住了”，那是由德军和敌军的尸体组成的。来到另一条战壕时，他认出了“德国人，来自不同部队的战友”，他把这些人召集起来，以便实现目标。“现在我们已经夺回了［指定的阵地］，但代价多么高昂！”[35]

当进军停止时，经典的战壕会发展成复杂的防御工事，这些工事能保护战斗人员免受敌人炮火的攻击。通常由托特组织（Organisation Todt）*的奴隶劳工挖掘的德军战壕非常狭窄，大约有1.8米深，为了避免交叉火力，战壕呈锯齿状分布。战壕边有机枪位置，每隔4.6米有冲锋枪的枪架，火力范围相互覆盖。前方观察哨与步兵战壕相连，后者有补给点和集结阵地的支持。至于保护功能，工程人员建造了复杂的掩体，配备有双层床、桌子和柴炉，给人以“舒适和温暖的印象”。格哈德·克拉普夫的掩体是“战壕生活方式的典范”，相当宽敞，“顶部覆盖着双层圆木，上面铺一层厚厚的树枝和泥土”。[36]士兵们在这些避难所里蜷缩在一起躲避恶劣的天气，狼吞虎咽地吃战地厨房的食物，在交战间歇消磨时间。

生存的一个关键是同志情谊，士兵们在生死存亡的情况下靠彼此相互支持。狭窄空间里的生活和战斗创造了一种男性间的纽带，

---

* 由纳粹德国官员弗里兹·托特（Fritz Todt）组织，在战争期间完成了多项工程建设，包括著名的“大西洋壁垒”。——译注

女性很难理解这一点。在由士官领导的队伍中，每个人都依赖其他人的能力。孤独的战士活不了多久。在以中尉为首的排里，为了避免从后方受到攻击，掩护侧翼是必不可少的。在连队里，级别更高的军官通过创造性地解释命令来奠定队伍的基调，从而令他们的部队产生信任。因为开小差、在敌人面前胆怯、和同伴争吵都会造成致命的后果，所以这些倾向被士兵们自己压制住了。受伤的人一旦
118 康复，就自愿回到他们的初级群体，主要原因就是这种团结感。罗伯特·诺伊迈尔回到前线是因为“那里有真正的同志情谊，每个人都为其他人挺身而出”。[37]

德国国防军的上级还会挑选特别英勇和经过战斗考验的士兵接受军官训练。像保罗·弗伦策尔这样的许多列兵都乐于保持低调，因为如果没有人注意到他们，生存机会将大大增加。但是像汉斯·陶施、海因茨·舒尔泰斯和格哈德·克拉普夫这样的爱国年轻人都很高兴被推荐并送到军校。由于受伤，克拉普夫被豁免参加行军训练，“但大部分活动包括武器理论和实践，以及军事法律……战术……军队领导等的课堂教学”。此外，各个部队都有自己额外的专家培训。对于他的炮兵任务，他不得不“温习和/或费尽周折地使自己熟悉对数和其他大量数学知识”，以计算炮弹的飞行路线。当他休假的时候，他的“母亲会为儿子感到非常骄傲，他穿着新军装，看起来很漂亮”。[38]

德国军队的很大一部分并不参加致命的战斗，而是在被占领土上相对舒适地服役。日耳曼族人尤其欢迎国防军士兵，因为他们感激后者从敌对者的控制中解放了自己。根据格哈特·塔姆的说法，“获得解放后，母亲的叔叔和姑妈们证实了戈培尔先生关于波兰人对德国人犯下暴行的故事”，这使他们很高兴被包括在帝国扩大了的边界内。其他民族的人，比如匈牙利人，也很高兴与德国国防军结盟，他们试图让德国人帮助自己对付斯拉夫邻居，想要让离散在外的族

人返回他们的民族国家。由于当地的战斗不那么激烈，而且纳粹更尊重他们的人民，所以占领军当局对西欧和北欧的压迫程度通常比东欧更低，后者将被日耳曼化。[39] 在被占领的国家，不再适合作战的士兵看管着战俘营、供应线和军事基地。

法国是一个特别受欢迎的选择。许多德国人热爱这个国家，或 119
者至少尊重它。据汉斯·克维萨说，胜利者“并不讨厌法国人”，他们在高中时就学过法语，参观过法国极具吸引力的旅游景点。大多数占领者对巴黎因为波兰走廊(Polish Corridor)而参战感到遗憾，只是认为“必须打败它，这样才能消灭英国”。此外，部队在战败者的军事设施内安顿下来，享受着非自愿东道主的美酒和美食，过着相对舒适的生活。虽然他们发现大多数法国人“避免与德国人有任何接触”，但一些对德国国防军印象深刻的当地年轻人热衷于谈论“一个在德国领导下的统一欧洲”。少数年轻女性也愿意与风度翩翩的胜利者调情。保守的维希政权的合作使人们很容易忽视早期民族抵抗的事例。[40]

更好的去处是海峡群岛。与其他职务相比，“住在岛上是……最纯粹的假期”。保罗·弗伦策尔回忆说，为了保护那里的居民，“英国人没有想过轰炸自己的岛屿”。赫尔穆特·拉什多夫对“旅馆、餐厅和休息室”感到惊讶——“我在家里生活得都没这么好”。由于皇家海军不打算进攻，占领军面临的主要挑战是不要太无聊。他们读书、看电影、听钢琴独奏、品尝丰富的龙虾等食物，试图打发时间。虽然需要监督奴隶劳工在这些岛上建筑工事，但仍然有足够的时间开反希特勒的玩笑或举行象棋锦标赛。即使是一位绰号“金色野鸡”、命令拉什多夫在港口站岗的纳粹政治军官的到来也没有破坏气氛。[41] 这种田园诗般的职务只是例外，但它们使士兵们暂时忘记了战争的致命现实。

同样，被送到挪威就像中了彩票。在最初的征服之后，现在已经不再有什么大的战斗了。纳粹的宣传让汉斯 · 克维萨觉得，“德国国防军几乎是在一个友好的国家”，说服这些“北欧人”接受“德
120 国欧洲的必要性”并不是什么难事。一小部分挪威人接受了这一乐观的提议，当地法西斯领袖维德孔 · 吉斯林（Vidkun Quisling）也乐意接受他的从属角色。此外，长期占领还使挪威妇女和德国士兵之间产生了不少浪漫关系，诞下了 9000 多名儿童。但是，当敌人的士兵胆敢出现在剧院里时，大多数人对他们的反应是“冷冰冰的无视”。[42] 尽管官方修辞鼓吹双方的友谊，但德国人的傲慢行为最终促成了一场激烈的抵抗运动，使该国对占领者来说变成一个相当危险的地方。

与此相反，在德国国防军进行过掠夺和执行严格日耳曼化政策的地方，年轻的士兵遭到公开的仇恨。例如，在战前征服波希米亚和摩拉维亚这两个保护国时，日耳曼人和捷克人之间的种族斗争留下了深种的敌意。苏德台区的日耳曼人汉斯 · 陶施回忆道 ：“我的家乡不再属于奥地利，它不想成为捷克的一部分，而是希望加入德意志帝国。”对捷克人的经济剥削和政治压迫激起了根本性的反感，他们把德国的一切都等同于民族社会主义。同样，在波兰总督府，纳粹征服的残暴、在战斗中杀害部分精英，以及无情地虐待被打败的人民，这些都导致了一种厌恶情绪，使得合作变得不受欢迎。一位波兰护士对受伤的保罗 · 弗伦策尔坦承 ：“作为受压迫的 [人民]，我们必须保持安静。但总有一天事情会再次改变的。”[43]

足够令人惊讶的是，这些自传还零星提到了当地的支持者，他们减轻了年轻士兵的战争负担。大多数德国人瞧不起他们的盟友，比如意大利人，他们“什么事都做不好”，因为事实证明他们连阿尔巴尼亚人都打不赢。尽管如此，国防军还是使用了大批当地的助手，把他们编入 HIWIS 小组，HIWIS 是 Hilfswillige（志愿者）一词的缩写。格哈德 · 鲍克指挥 30 名战俘，他们协助他运营一家战

地面包店，为整个连队烤面包。在某些情况下，个体士兵和他们的当地帮手之间发展出了密切的关系，因为后者了解本地的地形。罗伯特·诺伊迈尔直截了当地说，在冬季从东线撤退时，“我的俄国 121
同志救了我的命”。有时，这只是提供食物和住所的农民出乎意料的热情款待，或者是让疲惫士兵恢复精神的年轻妇女鼓励的微笑。[44]

德国国防军采取了一系列措施来维持作战部队的士气。令人惊讶的是，直接的政治灌输在回忆中很少被提及——如果真被提到过的话。在基本训练期间，士兵们必须参加关于战争目的和敌人性质等方面的正式讲座。当轮到格哈德·克拉普夫对“战争是万物之父”这句格言发表意见时，他趁机表示：“除了毁灭，战争肯定不会产出任何东西”——事实上，这种批判性的观点并没有给他带来麻烦。纳粹的政治军官通常是不受欢迎的，因为他们被认为不是真正的战士。大多数士兵参加这场战争并不是为了推动民族社会主义者的目标，而是为了“保卫‘善良的’德国免受残暴的布尔什维克军队的侵扰，后者威胁要把战争带回德国”。即使是在为元首的事业服务，军队“在一定程度上仍然代表着前希特勒时代的爱国理想”。[45]

更有效的是特殊宣传部队的记者们从前线发来的倾向性报道。作为一名战地记者，汉斯·克维萨回忆道：“‘符合意识形态’是理所当然的事情”，因为他的故事必须通过审查。“首先考虑的自然是对德国胜利和成功的‘积极’描述——只要它们存在。”同样不言而喻的是，“我们自己的损失、失败和灾难是不允许报道的”。士兵们只会嘲笑“捏造的捷报”，因为这种粉饰缺乏可信度。随着战争时间的延长，“报道在一定程度上会被‘希望’反映‘战斗的艰难’”，只要这些报道别太现实。由于部队只知道“距离他们近在咫尺的事件”，爱思考的人急于得到任何能使他们对战争情况有全面印象的消息。[46] 因此，许多士兵发展出了在宣传中读出言外之意的能力。

另一种加强战斗精神的方法是提拔和嘉奖表现出非凡勇气的 122

人。由于《凡尔赛和约》将德军人数限制在 10 万以内，德国国防军一直需要军官，因为低级军官面临的风险最大。当汉斯 · 陶施这样的士兵在担任坦克炮手时表现出不同寻常的勇气后，他的指挥官在战场上“通过握手”把他提拔为中士，以接替在战斗中阵亡的人员。但作为军官候选人，他仍然必须完成正式的培训。受伤的士兵经常会得到特殊勋章，以表明他们曾在战斗中受伤。更令人垂涎的是铁十字勋章，这是在反对拿破仑统治的解放战争期间发明的一种勋章。虽然陶施马上被授予了二级铁十字勋章，但格哈德 · 克拉普夫从未获得过这一荣誉，因为一位上级阻挠了授奖。与之相反的是“死亡命令”——那是军官想除掉某个被认为玩忽职守而不受欢迎的士兵时布置的致命任务。[47]

信件和包裹的定期邮寄服务维持了前线和后方之间的情感联系，对鼓舞士气至关重要。基于第一次世界大战的经验，德国国防军投入了可观的资源来确保稳定的运送，因为邮件是活着的标志，能减轻对心爱之人命运的担忧。为了安抚还没有女朋友的年轻士兵，少女联盟要求其成员开始与一名身份未知的士兵通信。一天，埃里克 · 黑尔默收到一封信，信的开头写道 ：“亲爱的匿名收件人，除了你肯定在空军服役之外，我不知道战地邮编的背后藏着什么。”更重要的是新婚夫妇之间的通信，如库尔特（Kurt）和安内利泽·胡贝尔 ：“然而，在我自己也需要安慰的时候给予你安慰，这是一种痛苦的喜悦，因为我与你的分离是如此令人难以忍受。”[48] 尽管审查制度压制了军事信息和政治评论，但这些信件对双方都是情感的生命线。

当前线足够稳定的时候，娱乐是让士兵把注意力从战斗的血腥转开的重要手段。消遣的方式之一是看电影，例如汉斯 · 阿尔伯斯（Hans Albers）扮演的明希豪森男爵（Baron von Münchhausen）的奇

妙冒险,它“让人忘记了战争”*。对于驻地远离家乡的部队来说,广 123
播也是必不可少的。像歌手拉莉 · 安德森（Lale Andersen）演唱的《莉莉玛莲》(“Lili Marleen”）这样的感伤名曲通过许诺重逢触动着人心:“在军营门口的 / 路灯下 / 亲爱的，我记得 / 你曾如何等待。”很少有士兵像飞行员士官鲁迪 · 米勒（Rudi Müller）那样幸运，他击败自己的军官，赢得了巡回演出的流行歌手伊芙琳 · 昆内克（Evelyn Künneke）的青睐，后者最著名的歌曲是《你在黑暗中接吻了吗？》(“Have You Kissed in the Dark？”)。驻扎在后方的部队偶尔也会参加教堂礼拜，牧师们怀着爱国之情为德国的胜利祈祷。[49] 在短假期间，小城的士兵经常会进行军事旅游，对维也纳、巴黎或罗马的文化奇观惊叹不已。

德军还为士兵们的性渴望做出了安排，这种欲望在一个面临死亡威胁的男性团队中更加强烈。许多年轻男子仍然缺乏经验，把自己的幻想引向黄色笑话。当埃里克 · 黑尔默想要与女朋友见面时，他的士官咆哮道:“没有避孕套，就没有自由”，强迫他向战友们讨一个，这让他非常尴尬。在法国，汉斯 · 克维萨被命令使用当地妓女居住的“豪华妓院”（plush bordello）。“尽管每次服务只有 5 分钟,街上还是排起了长队。”他本人的经历并不算有吸引力,“实际上，带我去她房间的那个法国小妞很友好，但很快就‘完事了’”。埃里克 · 黑尔默遇到一个犹太女性，震惊地发现她被迫“在集中营或妓院之间做出选择……！下达这种命令的是什么样的人啊？”[50] 此类设施被认为能减少性病和强奸的可能，代价是把做爱变成一种生物行为。

恢复精神的另一种方法是准予休假，以便离开战斗的暴力，与心爱的人相见。被送到前线之前，格哈德 · 克拉普夫在家中度过了

---

* 电影名称为《吹牛大王历险记》(*Münchhausen*)，于 1943 年上映。——编注

宝贵的几个星期，为即将到来的挑战做好了准备。相比之下，冒着受纪律处分的风险，埃里克·黑尔默在周末偷偷离开部队，与女朋友共度时光。幸运的是，他逃脱了几名狂热党员的谴责。当卡尔·黑
124 特尔获得“5 天的休假”后，他乘坐拥挤不堪的火车回到家乡布雷斯劳，“完全出乎意料地”回来过圣诞节。“尽管如此，或许是因为意外，我们的重聚特别棒。”暂别军事纪律使士兵们能够在和平的环境中享受自由时光，提醒他们是在为了什么东西而战斗。母亲们尤其会抓住这个机会来向她们的儿子倾注爱心，款待吃喝并照顾他们，因为可能再也见不到他们了。[51]

一种更痛苦的逃避战争的方法是受严重到足以被送回家，但又不至于死去的重伤。在侦察敌人的炮兵阵地时，格哈德·克拉普夫“感觉我的左肘受到猛烈的一击——不知何故，我好像扭伤了脚踝，向后摔倒”，因为他“被自动手枪击中了”。他在泥地里脸朝下装死，趁着附近的炮弹爆炸之机爬回部队。在那里，军医切开了他的靴子，检查出他脚踝里有一颗子弹。晚上，他“呻吟不断，辗转反侧”，后来被手推车送到一个集合点，从那里被机动救护车带到分诊站，然后被送往一家战地医院。确认他不是装的后，一名狂热的纳粹医生把他送上回后方的“医疗火车”。在那里，更全面的检查显示他的肘部受到擦伤，但穿过右脚的子弹打碎了他的跟骨。[52] 这是典型的“回家枪伤”（Heimatschuss），需要在家接受治疗。

与前线的临时急救不同，士兵们把在德国军医院的治疗当作真正的解脱。“十分干净、漂亮的白色床单，闻起来很新的毛毯，非常好的垫子……这是多么奢侈啊！”格哈德·克拉普夫这样记得。他觉得护士们很细心，医生们也很称职。“回到德国，在这样一个可爱的地方，还完全没有受到战争的影响，真是一种美妙的感觉。”虽然汉斯·陶施的左脚后跟也受了伤，但他很高兴活了下来：“我又一次逃脱了死亡。”由于一场事故，医生需要对他的左脚进行三

次手术，保罗·弗伦策尔住院了几个月，最终出院时被认定不再适合服兵役。克拉普夫和陶施的康复也花费了很多时间，需要经过长时间的物理治疗和服一定时间的预备役，但最终他们恢复健康，被 125
送回了前线。[53] 因此，不那么重的创伤是回家的车票——至少有一段时间是这样的。

待在家里也可以让年轻男性重新确立他们的浪漫关系。战争的不确定性经常使人们比在和平时期更快修成正果。在经历了又一段恋情后，埃里克·黑尔默找到了他一生的挚爱格蕾特尔（Gretel），并当场说服她做了他的新娘。虽然不是一见钟情，但“感情日深”的卡尔·黑特尔和埃尔纳·卡特维（Erna Katterwe）也决定订婚，因为“他们要面对这场悲惨的战争”。不顾有门第观念的父亲的反对，保罗·弗伦策尔决心与“他的马特尔”，一个充满活力的工人阶级女孩结婚，因为他在战争物资的生产中赚了足够的钱，可以养活一个年轻的家庭。“很高兴找到了彼此”，德国少女联盟的领导人露特·科尔布（Ruth Kolb）和纳粹党卫队士兵罗尔夫·布尔文在一场被称为“婚姻奉献”的世俗纳粹婚礼上喜结连理。他们发誓自己的“结合会忠于彼此和我们的元首”。登记员嘱咐他们“建立一个家庭，生很多孩子”。[54]

随着战争越拖越久，年轻的士兵们逐渐放弃了迅速结束战争的希望，开始怀疑纳粹的宣传。逐渐地，随着战事的延续，收音机——俗称“戈培尔的鼻子”——播放的德国国防军捷报失去了它们的影响力。此外，像“元首的命令——我们将遵循”这样的党的口号听起来越来越空洞，因为不清楚旅程将通向何方。相反，反纳粹的笑话开始在兵营里流传。一个最受欢迎的笑话是：“真正的德国人像希特勒那样一头金发，像戈林那样矫健，像希姆莱一样眼睛明亮，像戈培尔那样身手敏捷。”（这很有趣，因为元首是一头深色头发，空军总司令很胖，党卫队领导人戴着眼镜，而那位宣传负责人有平足。）另一个笑话是，当希特勒的副手令人吃惊地逃到英国后，“丘吉尔问赫斯，‘你就是那个疯子吗？’‘不，先生，’赫斯回答，‘我是他的副手。’”[55] 虽然前线的气氛变得阴郁，但消息不太灵通的公众仍然相信元首和最终的胜利。

尽管战友的死亡人数不断增加，但年轻的士兵们仍在继续战斗。
126 卡尔·黑特尔描绘了在收到来信，得知他哥哥刚刚去世的消息时的震惊。“人们每天都能读到陌生人的英勇牺牲，但当轮到我自己的哥哥时，我不得不认识到，在许多小小的通知背后，都是如山的痛苦和悲伤。”母亲通常比父亲更难接受丧亲之痛，后者常常会为军事牺牲的必要性寻找理由。即使有其他兄弟姐妹在和平时期去世，这次的痛苦也是强烈的，因为汉斯“是我们家族的杰出成员，家庭的全部骄傲都来自他身为一名军官所取得的成就”。同样，1945 年 4 月，埃里克·黑尔默收到一封电报，称“你的兄弟尤斯图斯（Justus）在战斗中丧生”。[56] 这一悲痛的场面在成千上万个家庭中重复上演，但纪念仪式把这些死亡英雄化，称其是为祖国牺牲。

无法改变的失败

1941 年 6 月 22 日，希特勒对俄国的入侵再次改变了战争的性质，这一次是从闪电战变成了缓慢的消耗战。那年春天绕道巴尔干半岛救援墨索里尼是最后一次闪电战，尽管它花费了无法替代的时间、物资和人力。就连认为“那些意大利人连提桶水都不会”的怀疑者也因隆美尔非洲军团的大胆行动而感到放心。但对俄国的进攻则是另一回事。苏联是一个幅员辽阔的国家，人口众多，自然资源丰富。于是，所有的休假都被取消，像海因茨·舒尔泰斯这样的新兵也被召入军中，战争生产被提到更高水平。训练期间的一个早上，舒尔泰斯的士官叫醒部队，传达了一个令人震惊的消息，使部队开

始了解真相 :“对苏联开战了! ” 由于保持互惠中立曾经似乎“是我们伟大元首的天才决定”, 这一声明让士兵们措手不及。但是“现在大家都知道了 : 战争将会持续很长很长时间! ” [57]

对俄战事的最初几个月掩盖了这种不祥的预感。德国国防军以惊人的速度前进。尽管有情报部门的警告, 斯大林还是大吃一惊, 俄国在波兰东部的防御很快就被攻破了。然后, 德国士兵拖着沉重的装备强行推进, 涌入乌克兰和白俄罗斯。“几乎每天都有大捷传来,” 格哈德 · 鲍克回忆说,“在大围剿中, 成千上万的俘虏和大量 127
战争物资落入德军手中。” 日耳曼人、乌克兰人和鞑靼人“把我们当作摆脱布尔什维克主义的解放者来迎接, 邀请我们到他们干净、漂亮的房子里, 用他们仅有的一点东西来款待我们”。据霍斯特 · 格罗图斯称, 新闻纪录片中显示的“瘦弱战俘”的画面,“确认了我们对俄国劣等人的所有预期”。[58] 当国防军兵临莫斯科城下时, 纳粹领导人和追随者误以为战争已经胜利。

苏联的反击很快证明了俄国不会崩溃。它阻止了德军的前进, 使侵略者必须守护自己的所得。赫尔穆特 · 拉什多夫还记得“那个差点让我们淹死在泥里”的潮湿秋天, 因为雨水使土路无法通行。“然后, 冬天不可避免地来临了, 严寒程度让我们无法想象。” 国防军部队对严寒没有做好准备, 气温下降到了零下 50 摄氏度, 迫使他们在靴子里塞上报纸, 穿“两件汗衫、两条内裤、好几件外套, 外面再裹上军装和大衣”。这些令人难以置信的低温导致补给中断, 阻止了坦克的前进, 使金属枪管破裂, 食物冻结。红军以从俄国远东调来的新部队发起进攻, 使用了威力巨大的火箭发射器和不可阻挡的 T-34 坦克。[59] 震惊的德国人被迫从莫斯科郊区撤退, 全凭更西面的拼死努力才稳住阵线。

尽管国防军及其芬兰盟友能够包围列宁格勒, 但事实证明他们无法征服那里。海因茨 · 舒尔泰斯和他的机动防空部队被派去加强德军在城市周围的控制。部队对寒冷感到震惊，即使是一种俗称“冻肉奖章”的特殊勋章也无法减轻这种痛苦。“冬天拯救了苏联。”从防御掩体击落伊尔-2型（Ilyushin 2）这样的战斗机很快变成了家常便饭。但即使是德国俯冲轰炸机持续不断的袭击也未能切断进入该城的最后一条供给线，后者总是在一夜之间就重新修好。希特勒随后做出了一项“极不道德”的决定，即让这座被围困的城市挨饿。
128 “这一不符合战斗精神、极不光彩和相当缺乏胆量的命令的‘成果’是75万大多为平民的受害者。”阻止了最初的进攻后，俄国守城者集结起来发动反击，经过两年的殊死战斗终于冲破了包围。[60]

正当德国国防军在俄国陷入困境时，“爆出了日本人袭击珍珠港的消息”，使战略形势进一步复杂化。几天后，希特勒向美国宣战，把“欧洲战争扩大为一场新的世界大战，现在被称为‘第二次’世界大战”。在格哈德·鲍克看来，“许多敌人——许多荣耀”这样轻蔑的口号是“愚蠢的宣传语！”考虑到华盛顿的人力和工业生产能力，格哈特·塔姆的父亲认为“这一次［希特勒］做得过分了”，“他不知道美国到底有多么强大”。希特勒的错误由于轴心国之间明显缺乏军事协调而更加严重。日本一心想要从西方的殖民地夺取原材料，错过了从后方进攻俄国的机会。虽然这一重大决定的军事后果还需要一段时间才能看清，但持批判态度的人本能地意识到，美国的加入意味着“德国肯定会输掉这场战争”。[61]

俄国的僵局和美国的加入迫使纳粹德国更加系统化地调动自己的人力和物资储备，以弥补其结构上的劣势。结果之一是将征兵对象扩展到较年轻的群体，即出生于1920年代中期的那代人。格哈德·克拉普夫的高中教育被中断，他的同学都提前一年拿到了毕业证书。此外，一些因伤退伍的士兵也被征召和送回东部前线，比如保罗·弗伦策尔。军医逐渐降低了对作战任务的要求，以补充兵源的减少。同时，战争生产的产量增加，以便为长期战事提供必要的坦克和飞机。最后，戈培尔的宣传开始预言，一旦战败，“德国人民将被完全奴役”。士兵们的情绪不是相信胜利，而是变成了“听天由命——很快就只剩下如何生存的问题”。[62]

1942 年夏天，国防军发动了另一次攻击，向高加索地区的油 129
田进发，想要重新夺回在东线的主动权。“我们攻击了向前线进军的苏联部队，碾过了俄国人的炮兵阵地，”汉斯·陶施回忆道，“我们一出现就消失在宽阔的草原上。我们随即开始向敌人进攻，但已不能像一年前那样，向遥远的目标发起大规模行动了。”尽管如此，本诺·舍夫斯基的部队“可以远远地看到 5600 米高的厄尔布鲁士山（Mount Elbrus）”，一些勇敢的登山者已经成功地在上面插了德国旗帜。初秋，德军已经推进到斯大林格勒郊区，那是一个庞大的工业城市，扼守着伏尔加河的渡口。作为整个东南前线的枢纽，它的战略地位意味着国防军一定想征服它，而苏联的守城者则愿意为守住它战斗到最后一人。[63]

在斯大林格勒打响的决定性战斗动摇了德国国防军的信心，扭转了东线战争的势头。短兵相接的巷战抵消了德军在坦克机动性和炮兵火力方面的优势，更有利于使用轻武器和甘愿为祖国牺牲一切的红军的殊死抵抗。除了一小块飞地，进攻者设法扫清了城西的大部分地区,但未能到达河的东侧。1942 年 1 月抵达城郊时,罗伯特·诺伊迈尔发现那里的条件很糟糕。他的许多同志已经在火车站被手榴弹炸死了。然后，他不得不在冰封的土中挖出掩体来保护自己，在吃之前不得不先在口袋中焐热被冻住的食物，还因无法洗澡而长出疥疮。“黎明时分，俄国人从山上冲向我们的阵地”，高喊着可怕的“乌拉，乌拉”。虽然机关枪阻止了他们的进攻，但“我们越来越担心自己无法活着离开了”。[64]

俄国人在周边地区发起的反击决定了战斗的结果。在城市北部，苏联军队“在由虚弱的德军和结盟部队组成的阵线上打穿了一个大洞”，然后向西再向南，从而把整个第六集团军困在了斯大林格勒。
130 尽管希特勒曾誓言“没有人能到达德国士兵去过的地方”，但当冯·曼施坦因（von Manstein）元帅冲破包围的努力失败后，他对陆军元帅保卢斯（Paulus）下达的不得撤退的命令决定了侵略者的命运。尽管如此，一位勇敢的营长还是“下令往米列罗沃（Millerowo）方向突围”。俄国人让士兵过去，然后用坦克碾过德国人、意大利人和罗马尼亚人，杀死了1200人中的900人。突然，诺伊迈尔面前出现了一名手持冲锋枪的苏联士兵。“我们互相看着对方，都没有开枪。我们点了点头，然后分开了。”与15万阵亡和9.1万名被俘的德国人不同，他加入了绝望的撤退，“逃离了斯大林格勒的地狱！！！”[65]

士兵和平民逐渐意识到这次失败“标志着战争的转折点。从那时起，再也不可能获胜了”。格哈特·塔姆记得，“全国都在哀悼，但我们也为自己的战士感到骄傲”。问题是，在这场悲剧之后，“其他毁灭性的消息”接踵而至。当英美军队包围了自负的非洲军团时，“1943年5月，大约25万德国人和意大利人在北非被俘”。7月底，法西斯大委员会以16票对9票通过罢免墨索里尼的决定。9月初，意大利转而站到盟军一边。罗伯特·诺伊迈尔接受了作为伞兵的新培训，他表示“我们附近的意大利军营在夜间遭到突袭”。在进攻罗马的战役中，“我们遇到了有力的抵抗”，但他的小股部队实际上成功地占领了这座城市。更重要的是，在历史上最大规模的坦克战斗中，德军在库尔斯克（Kursk）的进攻遭到失败，德国人浪费了他们新的豹式和虎式坦克，却没有重新夺回主动权。[66]

战局扭转的主要原因之一是红军似乎用之不竭的人力，以及他们愿意承受伤亡。刚来到前线的格哈德·克拉普夫不得不面对俄国步兵的冲锋，“整个地狱都打开了”。进攻开始时，数百门大炮猛烈地轰击了两个多小时，制造了“可怕的噪音”，让大地为之颤抖。

克拉普夫的“胃因此‘扭作一团’”，他“蜷缩在战壕的地上，寻求保护”。他的一个战友“被击中了，左眼挂在眶外”。然后俄国人来了： 131
“他们排成长长的一列前进，以短途冲刺的速度奔跑……高喊着刺耳的‘乌拉’。”德国守军“以冷静瞄准的机关枪和卡宾枪的火力作为回应。但他们不断冲来，第二列、第三列”。幸运的是，克拉普夫卡住的机关枪又能工作了。“俄军的进攻受阻，他们遭受了巨大的损失。我们的损失相对较小。”[67]

国防军失利次数不断增加的另一个原因是盟军用来对付他们的武器占优。起初，德国的斯图卡俯冲轰炸机和通过语音无线电连接的坦克等武器系统已经被证明是有效的，但希特勒被胜利冲昏头脑，停止了进一步的研发。为了迎头赶上，西方盟国发展出了全新的技术，例如雷达，这对敌人的飞机和潜艇造成了巨大的破坏。在东线，事实证明较简单的俄式武器比复杂的德国机器更能适应气候。步兵特别害怕“斯大林管风琴”，即机动火箭发射器，这些火箭发射器虽然不精准，但因为“四散的弹片”而同样致命。类似地，T-34坦克也有“两个独创的优势”。它们的“履带传动装置的宽度”是德式坦克的两倍，这使它们在泥浆里和冰雪上的表现更好，而且“它们是用倾斜角度的钢板建造的”，这被证明很难穿透。德国人疯狂追赶的努力太少也太晚了。[68]

在一场旷日持久的斗争中，甚至更重要的是纳粹德国在战争生产方面的劣势，尽管它拥有被占领国家和盟友的资源。简单地说，在所有重要类别上，比如飞机、大炮、坦克的制造，更别提弹药以及吉普车和卡车的汽油，英美苏大联盟的装备都要优越得多。霍斯特·格罗图斯指出，由于缴获的武器品种各异，“我们的军备普遍很差，相当不平衡”。“我们在人员和物资方面的损失急剧增加，”汉斯·陶施在谈到阻碍时说，“我们没有更多的坦克，无法提供替代的。”同样，根据汉斯·克维萨的说法，经验丰富的飞行员也无

法应付敌人的大批新手。因为缺乏足够的燃料，他们的飞机无法再
132 飞行，也不能修理或更换。由于“不再有足够的拦截机来进行有效的防御”，结果变得“非常清楚：美国人和英国人取得了对‘伟大帝国’的空中优势，而我们却没有”。[69]

自传中的零星评论显示，这场战争在政治上也失败了：德国国防军的挫折使人们对德国的胜利产生了怀疑。为了发动“全面战争”，戈培尔的宣传机器委婉地谈到“缩短阵线”。即使有人仍然相信纳粹的谎言，但看着地图追踪新闻的人会意识到，德国的领土正在急剧缩小。由于“政治气候不再那么强烈地被恐惧感笼罩，有人开始提出公开批评”。同样，人们很难理解“德国占领了匈牙利和罗马尼亚，而匈牙利和罗马尼亚军队还在勇敢地与他们的战友并肩作战”。在被占领国家，合作者开始明显地与国防军保持距离，担心如果德国人输了会对他们造成什么后果。[70] 最后，战败鼓励了当地抵抗力量对国防军补给线发起攻击，这导致了野蛮的报复。

在无休止的撤退中，死亡的威胁对年轻士兵来说变得越来越大。这不再仅仅是偶然的不幸，可以被说成为了伟大事业而付出的必要代价，而是成了一种无处不在的危险。在一封家书中，赫尔曼·德布斯听说一位邻居的两个儿子都“在行动中丧生。汉斯随潜水艇殉难，威利在俄国阵亡。不到两个星期，这个家庭就失去了两个儿子”。此外，“我被告知，我的朋友赫尔曼·黑纳（Hermann Hehner）也死在了俄国”。同样，由于没有抗生素，约阿希姆·费斯特失去了他备受敬仰的哥哥，因为他在东线的一家军事医院得了可怕的“肺部感染”。他的母亲认为他的死是“我们家无法形容的不幸”，她不愿原谅希特勒。越来越多的年轻人相信“这场战争再也打不赢了”。然而，军纪还在维持，士兵们仍在继续战斗。[71]

在战场上，战争性质从迅速征服转变为长期斗争，所引发的暴
133 力行为超过了所有可接受的范围。由于技术的发展，武器已经比第

一次世界大战期间更加致命，造成了比以往更严重的物质破坏，夺去了更多人的生命。在最初的闪电战中，猛烈的进攻仍然集中在突破敌人的防线和包围整个军队。这使得杀戮主要限于军事目标，尽管波兰的战事已经显示出无差别使用武力的苗头。但随着战争转向持久战，暴力也升级了。更多的士兵和越来越多的平民被杀害。此外，战争的意识形态化把敌人描绘得毫无人性，当战争目的不仅是为了胜利，而且是消灭全部人口时，就会发生大规模屠杀。由于愈演愈烈的残暴，士兵们感到“可怕的、残酷的军人生活是一个肮脏、恶臭、血腥的现实”。[72]

暴力不断上升的一个方面是“焦土”战术，这种战术在撤退时受到青睐，为的是让进攻的敌人无法得到潜在的资源。这一政策是由红军首创的，德国国防军在失去对被占领土的控制后也采取了同样做法，以便延缓追击，并令人毛骨悚然地提醒敌人它的力量。格哈德·鲍克描述了从克里米亚撤退时的情况：“对民众来说，撤军是一场灾难。我不想谈细节，只是想说，后卫部队充当了先锋，完成真正的焦土工作。没有什么，完全没有什么东西留给谨慎追击的敌人。”这种毁灭性的方法不仅摧毁了无法携带的军用物资和弹药，而且毁掉了桥梁、铁轨和道路等基础设施。[73]破坏的狂欢吞没了原材料和工厂，以及发电厂和食品库，使平民失去了求生手段。由于其残暴性，这一策略播下了仇恨的种子，激起了报复之心。

旷日持久的战斗的另一个方面是军队逐渐丧失人性。这导致对敌人更加残酷，即使他们已经投降。起初，德国国防军在某种程度上尊重《海牙公约》(Hague Convention)的规则，因为它不希望自己的士兵在被俘后受到不人道的待遇。但随着战争延长，对这 134
种限制的尊重消失了。罗伯特·诺伊迈尔描述道，有个受伤的俄国战俘走在他坦克的正前方，“他被履带绊了一下，被卷到底下压扁。我们从他身上碾过，这让我恶心”。赫尔穆特·拉什多夫回忆：“我旁边的一位同伴举起枪，向一群平民开火。”当他的行为被质疑有罪时，“他只是回答‘这有什么，他们只是俄国人’”。类似地，当“一个举起双手的俄国人出现时……站在我们旁边的一名士兵拿起他的枪，朝那人开了枪”。[74] 这些不再是孤立的事件，而是暴力升级的典型标志。

所谓的反游击战行动尤其消除了士兵和平民之间的区别，助长了战争残暴程度的增加。当格哈德·鲍克渡过布格河（Bug River）时，他“突然听到冲锋枪响”，但宪兵告诉他继续前进：“走开，没什么好看的，只是在枪毙游击队队员！”第二天早上，当他看到“老人、年轻人、女人和孩子的尸体时——他们都被认为是游击队队员吗？”他被“完全吓坏了”。一名军士安慰部队：“在征服尼古拉耶夫（Nikolaev）期间，平民参加了巷战。犹太人也参与其中，为了报复，一些人被赶到一起枪毙。”同样地，在捷克一所学校的一次旅行中，威廉·科列斯尼克看到“一个村庄上空冒出浓烟，并听到引爆炸弹的声音”。虽然他仍然“认为利迪策（Lidice）村的大屠杀是个例”，但他身为武装党卫队成员的父亲承认，“这种暴行在乌克兰和俄国经常发生”。[75]

回忆录作者仅仅暗示了暴力的完整范围，因为对它的形象描绘太令人不安。有个退伍军人在一次口头采访中描述了双方失去人性的过程。当游击队队员截获一列医院火车时，他们把受伤的士兵拖出来，“割掉他们的阳具，将其塞进他们嘴里，还弄瞎他们的眼睛，用刺刀把他们钉在谷仓的门上”。他被“两具红十字会护士”的尸体吓坏了，“她们被割掉了乳房，生殖器也被破坏”。他表示，作为报复，他的部队“包围了一个村庄，开始用曳光弹和燃烧弹射击”。
135 当房子着火，人们逃出来时，“我们将他们成批扫倒在地”。由于愤怒，“这是我少数几次带着决心和信念开火”，直到再也没有人动弹。“老人、女人、孩子、游击队队员。”这场不分青红皂白的杀戮被解释成是对敌人暴行进行的报复。此类坦白非常罕见，尽管同样的行动重演了无数次。[76]

“种族清洗”和“种族灭绝”也使国防军士兵犯下了没有任何军事目的的暴行。没有一个回忆录作者承认自己曾经参与，但他们的文本的确揭示了对纳粹灭绝计划的广泛了解。当格哈德·鲍克试图找点吃的时，他与另一条车道上的家畜运输车有了一次“难忘而可怕的遭遇”：“门锁着，小窗里传出人们求水的哀号：水，水……”当他试图帮助他们时，一名身穿黑色制服的党卫队警卫威胁说：“别给水，你明白吗？……滚开，不然把你也带走！”同样地，埃里克·黑尔默看到过“住着犹太妇女和女孩的军营”，这些人被迫在他的机场工作：“在这里，我们看到了瘦弱的身体，脸比正常人的更大，超大的眼睛乞求我们，‘我饿——我饿！’”爱莫能助的他震惊地听说，在随后的撤退过程中，“他们都被杀害了，被枪打死的”。[77]

1944 年 6 月 6 日，当西方盟国终于在诺曼底登陆后，暴力升级只能推迟德国的战败。“我们这里有 3000 架飞机在行动和投掷炸弹”，罗伯特·诺伊迈尔回忆盟军对大西洋壁垒掩体的猛烈攻击。“我们损失惨重。我的一些同志被［活］埋了。”守军不顾一切地向伞兵射击，制造了“可怕的景象：死掉的美国兵被降落伞挂在树上”。但是卡尔·黑特尔指出，“我们越来越多地看到，我们的轰炸机被敌人的战斗机或防空炮击落”，空中掩护也丧失了。希特勒拒绝动用他的储备来抵抗最初的进攻是一个决定性错误。汉斯·陶施想知道，为什么“西线装备最好的坦克师之一始终没有行动”，直到为时已晚。接近 7 月底时，盟军突围到南线，粉碎了在阿夫朗什（Avranches）的德国守军。[78] 仅仅几个月，整个法国都门户大开。胜利的盟军记录了西部前线战败党卫队的投降（图 13）。 136

盟军登陆的战略影响是惊人的：它把纳粹德国夹进一个不断收紧的老虎钳中，再没有任何机会逃脱。罗伯特·诺伊迈尔回忆道：“鉴

图 13. 投降的党卫队士兵。来源：普鲁士文化财产基金会。

于我们的惨重伤亡、敌人的武器优势和美国人的人力压力，显然我们撑不了多久。”他指出，在部队中，当一些步兵“宁愿被俘，从而对他们来说结束战争”时，纪律开始崩溃。那些像他一样不愿放弃的人则继续冒险向祖国的方向撤退，晚上骑着自行车前行，以躲避不断推进的美国坦克和想要复仇的抵抗运动战士。但是他们没能建立起一条新的防线，巴黎不战而降。城市指挥官迪特里希·冯·肖
137 尔蒂茨（Dietrich von Choltitz）将军违抗命令，因为他“想避免珍贵的文化遗产遭到破坏”。即使党卫队狂热分子也无法阻止前线的溃散，直到部队撤到德国边界。[79]

1944 年 7 月 20 日那次令人惊讶的暗杀企图让士兵变得更加茫然，因为这违反了普鲁士一个根深蒂固的禁忌。午夜过后不久，格拉哈德·克拉普夫“在广播里听到希特勒（声音相当嘶哑地）说，‘一

小群野心勃勃且不负责任，同时又缺乏理智且愚蠢的军官’计划杀死他，但他安然无恙”。像埃里克·黑尔默这样对政权失望的批评人士惊讶于“为什么没能成功？”并开始相信“战争失败了”。相比之下，像格哈特·塔姆这样的纳粹支持者则感到“震惊，纯粹的震惊”，因为士兵们曾亲口向希特勒宣誓效忠。“人们感到困惑，想知道‘他们为什么要试图杀死元首？’”大多数德国人并没有赞扬英勇的抵抗，而是被吓到了。“每一次失败的暗杀企图都会增加希特勒的神秘感。”他看起来永生不朽。直到很久以后，格哈德·克拉普夫才意识到，“德国的命运在那一天已经注定”。[80]

在东线，面对红军的无情进攻——被称为“十次攻势”——德国国防军没有建立有效的防御。俄国人在前线一个有限的区域集结了优势火力和人员，突破了德军的防线，推进许多公里后才停下，然后又从别的地方开始。根据克拉普夫的说法，“可怕的 T-34”之所以有此作为，是因为“那些敏捷的怪物向你移动，径直喷出致命的炮火，在心理上造成了毁灭性的影响”。德国军官只能恳求他们的部队不要在开阔地带遭遇它们，“待在原地，不要爬出战壕逃跑”。相反，他们要把机关枪“对准坦克后面的步兵”。T-34“真的碾过了我们的战壕，向后方驶去”，那里的大炮消灭了它们，打退了步兵的冲锋。[81] 虽然克拉普夫可以松一口气，但从长远来看，这种进攻的一再上演打垮了德国人的精神。

虽然“包含着核心事实”，但大众对“奇迹武器”将带来胜利的希望却成了另一种宣传谎言。1944 年年底，甚至连汉斯·克维萨所属的常规战斗机飞行队也不得不“因缺乏飞机燃料而停飞”。新 138
的梅塞施密特 163 型火箭战斗机是世界上最快的飞机，速度达到每小时 965 公里，它仍然处在测试阶段，会发出“无与伦比的轰鸣”。但这种飞机只能飞行几分钟，而且生产的数量太少，无法重新控制天空。作为第一架喷气式飞机，梅塞施密特 162 型轰炸机的机身是由奴隶工人在北方的一家地下工厂制造的，而发动机是在南方制造的。“但这些机器不［能］被组装起来。运输已停止。”希特勒没有生产防空导弹，而是优先建造了“报复武器”V-1 和 V-2 导弹，它们对伦敦造成了可怕的破坏，但未能扭转战局。[82]

不断“胜利撤退”的令人沮丧的消息逐渐削弱了国防军的士气，尽管许多士兵仍然抱着希望。“确实，从各条战线的大范围和自己驻地内部的小范围来看，不断撤退使人们普遍意识到战争已不可能再打赢。”同样令人沮丧的是，芬兰、罗马尼亚和匈牙利效仿意大利这一榜样，退出了战争或改变了阵营。因此，帝国广播对失败的可怕后果提出警告，“不停呼吁要坚持”。此外，盖世太保、党卫队和宪兵还严厉惩罚失败主义言论，将他们逮捕入狱，或者把关于希特勒无伤大雅的笑话的作者送到前线执行“自杀任务”。当约阿希姆·费斯特说出“对［他］兄弟之死的厌恶”时，他幸运地遇到了一位富有同情心的军官，后者压下了对他的告发，仅仅做了“最后警告”，使他免于被送上军事法庭。[83]

一些气馁的士兵认为战争已经失败，甚至企图投敌。出于爱国的责任感，埃里克·黑尔默拒绝了一名法国抵抗运动成员令人意外的将他送到瑞士安全地带的提议。但是，“更愿意活着”的沃尔夫冈·许贝（Wolfgang Hübbe）利用侦察任务之机“投入自由”，于1944 年 9 月向英国人投降。同样，和平主义者格哈德·约阿希姆也
139 愿意“开小差，以便逃到瑞典，在那里等待战争的结束”。他和一位战友一起离开了自己的部队，躲在他父母的公寓里。但在第三天晚上，他被“盖世太保，开门！”的敲击声和喊叫声惊醒了。被捕后，他因“完全与军人身份不符的行为”而被判入军事监狱 9 个月。他没有气馁，又试了一次，这一次是在 1945 年 1 月朝红军方向行进。他躲在一个波兰农场里，眼睁睁看着党卫队射杀了另一名士兵，但最终他还是逃到了俄军阵线，对方友好地说着“停下”（stoi）和“希

特勒完蛋了”（Gitler kaput!）接纳了他。[84]

尽管前景越来越暗淡，但大多数士兵都认为自己是在保卫德国的存亡，所以一直战斗到惨痛的结局。德国国防军严苛的纪律使装病成了一件生死攸关的事情：绰号“警犬”（Kettenhunde）的臭名昭著的宪兵们常常不提问就开枪。越来越年轻的新兵们被误导的狂热也起了一定作用。当有位中士告诉一群穿着过大制服的防空部队男孩“回家去，战争不是孩子们的游乐场”时，他们轻描淡写地回答说：“爷爷，现在我们要教你如何打败敌人。”此外，关于俄国人暴行的恐怖故事并不需要编造，因为戈培尔所说的“如果允许红军进入德国，就会发生在德国的男人和女人身上，特别是女人身上的事真的”发生在了东普鲁士的内梅斯多夫（Nemmersdorf）。因此，格哈德·克拉普夫感到了“阻止俄国人进入德国的真正决心”。最后，还有对自己生死与共的部队的“团结感和同志情谊”。[85]

尽管如此，1945 年保卫帝国的最后努力还是没能成功，因为德国国防军正从内部瓦解。戈培尔仍然“承诺最终的胜利，因为现在罗斯福总统已经去世”，声称奇迹武器将拯救德国。但是在多条战线上，由于盟军的空袭已经破坏了运输网络，军队补给不济。在人力方面，“德国国防军正在使出最后的招数”，征召此前被豁免的人、希特勒青年团成员和年纪较大的人，不经训练就把他们投入战斗。
在没有飞机可飞的情况下，尽管缺乏适当的指导、领导和装备，像 140
霍斯特·格罗图斯这样的空军飞行员也被转为步兵，用来堵住前线的漏洞。由于不现实的命令，军纪也在崩溃。当被命令“浪费”他的部队时，格哈德·克拉普夫鼓起勇气反驳了一位将军。幸运的是，他得到了一位少校的支持，后者废除了命令。[86] 由于损失无法再弥补，最高指挥部调动的是只存在于纸面上的军队。

就连用民兵——在宣传术语中被称为“人民冲锋队”（Volkssturm）——来阻止盟军前进的最后尝试也徒劳无功。作为预备役部队的指挥官，党卫队领导人海因里希·希姆莱征召了所有16至60岁的男性，命令他们为保卫德国战斗“直到最后一人”。但实际上，民兵组织看起来非常可悲，没有什么军事价值。除了老旧的冲锋枪和一些反坦克火箭筒，“人民冲锋队”没有武器。除臂章外，他们也没有显示其战斗人员身份的制服。此外，它是由退伍军人指挥的，他们不再适合战斗，也几乎没有受过执行任务的训练。为了阻止敌人的装甲车，他们挖了反坦克壕沟，竖起了砾石路障，并在桥下放置了炸药。但实际上，这些没有经验的孩子和祖父们没有取得什么成就：他们当中的狂热分子被杀死，怀疑者偷偷溜回了家。[87] 如果抵抗，他们只会加速摧毁自己的家乡。

在帝国的末日，许多士兵开始远离战斗，考虑失败后的逃命。霍斯特·约翰森回忆道：“在许多地方，秩序、服从和权威开始瓦解，为个人的求生手段提供了越来越多的机会。”埃里克·黑尔默的兄弟阵亡后，一位仁慈的上司命令他“休假回家，因为无论如何战争都失败了”。当有个19岁的少年“自己用冲锋枪弄伤了左手”时，一名善良的军官只是训斥了他，然后派他去执行后方任务，而不是把他枪毙。几天后，克拉普夫偶遇一个上尉，此人手里拿着手枪，“准备开枪自杀”，以光荣的方式接受失败。虽然阻止了自杀，但克拉普夫无法阻止自己部队的解体。随着纪律的迅速瓦解和俄国进攻者的紧追不舍，士兵们疯狂地逃跑。“现在每个人都是为了自己！”[88]

141 在西部战线，一些仍然完整的国防军部队进行了强硬的抵抗，而其他支离破碎的部队则准备投降。在阻止“市场花园行动”（Operation Market Garden）在许特根森林（Hürtgen Forest）中作战或在突出部战役（Battle of the Bulge）中发动攻击时，德国军队拼命想要保卫自己的国土。罗伯特·诺伊迈尔在荷兰带领一群15至17岁缺乏经验的男孩时，十多人中有10人很快阵亡。一旦美国先遣部队在雷马根（Remagen）设法越过被毁了一半的桥，而英国军队从更北面跨过莱茵河，西部的防御系统就被攻破了。1945 年 4 月 1 日，埃娃 · 彼得斯见证了“两支美国军队……在鲁尔盆地合围了 B 集团军”。当这个工业心脏沦陷后，它的指挥官，陆军元帅瓦尔特 · 莫德尔（Walter Model）自杀了。越来越多的城市无视希姆莱的命令，在窗户上挂上白色的床单表示投降。[89] 因此，西方盟国以比预期更快的速度向易北河进发。

在东线，战斗甚至更加激烈，因为红军正在变本加厉地报复德国国防军在俄国犯下的暴行。由于希特勒拒绝撤军，大批德军仍被困在波罗的海沿岸的库尔兰（Courland）和东普鲁士不断缩小的桥头堡中。在西里西亚，格哈特 · 塔姆受命从医疗列车上搬下伤员，车上载有“受伤严重的年轻人，身上有弹孔，四肢被炸飞了”，而道路上挤满了无穷无尽的难民。红军绕过“要塞城市”，越过维斯图拉河（Vistula River）后的“步行包围圈”，迅速向奥得河进发。“现在，祖国的一切希望都破灭了！”4 月，在塞洛高地（Seelow Heights）战役中，衣衫褴褛的守军既无法阻止苏军渡河，也无法阻止柏林被包围。4 月 30 日，广播宣布，元首“已经在总理府他的指挥部里去世”。赫尔曼 · 德布斯指出：“我不记得这一消息引发了任何特别的悲痛或沮丧。”[90]

威廉 · 霍迈尔在一张潦草的字条上生动地描述了试图保卫东普
鲁士的“最后时光”。由于担心即将到来的战斗，他思考了与对他
“秋毫无犯”的俄国人交战的荒谬。早上 6 点，德国的大炮开始轰 142
鸣。大地震动，空气燃烧。霍迈尔冲上前去，到达“一条战壕，敌人的防线已被攻破”。“必须占领一座小农场，这是命令。”猛然间“出现了密集的机关枪火力”，一名俄国士兵突然站起，但被打死了。这时，敌人的火箭发射器开动了，首先射得太长，然后又太短，但最终击中了他的队伍：“爆裂的榴弹，呼喊……4 个人变成了无法辨认的血泊。”幸存者们在“对死亡的恐惧”的推动下向回跑……“每

个人都想活下去”。突然，“他的腿上感觉热乎乎的。中弹了。‘该死’”。霍迈尔蹦跳着逃命，但他的下肢脱了力。他只能装死，恳求打扫战场的俄国人把他当作“同志”对待。他们喊着“快走”(dawai)，命令他动起来，他想着“一切都结束了”——但只是被俘虏了。[91]

4月，东部战线崩溃了，国防军浩浩荡荡地向西败退，以避免被红军俘虏。由于“悲哀地认定，一切都完了”，有个军士要求马上撤退，从而“在俄国人之前撤回德国”。格哈德·克拉普夫注意到有传言说，“邓尼茨（Doenitz）元帅……发布命令，要求东部战线的所有部队撤退”,以便“[与美国人]组成共同对抗苏联的战线”。希特勒死后，一位指挥官告诉他的部队“个人可以选择退伍”或继续作战。“我们与命运的赛跑就是这样开始的，结果已经注定，尽管我们并不知道。”一些狂热的党卫队军官仍然试图组织新的“作战团体”，而议员们则威胁要“射杀任何逃跑的混蛋”。但是，没有什么可以阻止“大批杂乱无章的”绝望士兵,他们“扔掉自己的武器，扯下他们的徽章”。这是“真正拿破仑规模的溃败”。[92]

随后的投降在某种程度上有点虎头蛇尾，因为它是在不同战线上陆续发生的。在意大利，一名营长在5月7日上午召集他的部队宣布:“我们的元首阿道夫·希特勒已经去世，意大利前线已经投降。每个士兵都被免除了职责。”在西线，随着单个部队被制服，战火逐渐平息，正式投降在一天后举行。约阿希姆·费斯特记得他遇到
143 了一位吃惊的美军士兵，后者用冲锋枪指着他，命令他举手投降。在东线，“德国国防军已经向压倒性的敌军投降”的消息多花了一两天的时间才传到沮丧的军队那里。在大多数情况下，像格哈德·克拉普夫或霍斯特·格罗图斯这样的撤退士兵会遇到俄国巡逻队，后者大喊“战争结束了！你们有手表吗？”(Voina kaput! Urr yest?)他们的上级解释说:“这意味着投降，我们只能等待。”[93]

战争的结束引发了迷茫的情绪，既有对战败的沮丧，也有对生

存的喜悦。由于无法承受失利的耻辱，一些军官选择自杀而不是被俘。像卡尔·黑特尔这样的许多普通士兵也感到沮丧，因为“我们最终惨痛地输掉了战争，失去了家园、财产和在历史面前要求正义的权利”。相比之下，汉斯·克维萨“既不沮丧也不绝望”，因为他的脑子里既“不再有‘德国’，当然也不再有元首。他只想熬过接下去的日子，然后回家”。像埃里克·黑尔默这样持怀疑态度的人对投降“几乎目瞪口呆”，不明白以前所有的牺牲现在还有什么意义。“与此同时，我们感到眼前一片空虚。会发生什么事？我们该怎么办？”但一家西部酒吧里的女招待安慰沮丧的年轻人说：“孩子们，战争结束了，对我们所有人都结束了！”她敦促那些忧心忡忡的士兵们喝一杯：“干杯，孩子们！你们活下来了！”[94]

狂热的纳粹和爱国的德国人之间的致命联盟曾经让战争得以继续，在最后 6 个月里造成的死亡比之前所有时间都要多。尽管战争行将结束，但狂热的希特勒青年团和德国少女联盟的成员们仍然愿意为之牺牲自己。1945 年 3 月，尽管心中产生了怀疑，霍斯特·格罗图斯还是在日记中写道：“我们相信自己的胜利，相信我们的元首，几天前他刚预言今年会有决定性转折。”像格哈特·塔姆这样的人则“已经失去了对杂志和新闻影片中巧妙描绘的战争魅力和英雄行为的所有幻想。战争没有什么美妙之处，只有撕心裂肺的悲伤，看着年轻的男男女女走进自己的地狱”。[95] 大多数年轻士兵愿意坚持
战斗，无论他们相信什么，这使他们陷入一场无法逃脱的生存斗争。 144
最后，因为这种被误导了的爱国奉献，太多人付出了生命的代价。

战争记忆

这些德国人关于第二次世界大战的叙述，写作于 1945 年之后半个多世纪或更久，有一种特别的叙事形式。彻底的战败基本上杜

绝了对战争经历的胜利描绘所特有的英雄口吻。人们仍然对最初令人兴奋的胜利回忆感到自豪，但最终失败的无法避免使其黯然失色。战争中期的许多描绘将战斗视为一种令人兴奋的冒险，一个肮脏而危险的世界，需要男性的坚韧不拔和英勇行为。战争的最后阶段则通常被描述为一个生存故事，充满了守军的英勇、战死的朋友和奇迹般的逃脱。这一视角的典型代表是汉斯·克维萨关于“白色死神之境的新年”（New Year in the Realm of White Death）的记述。在这个扣人心弦的故事中，一架飞机在挪威被击落，两名飞行员在深深的积雪中挣扎，意识到他们“必须为自己的生命奋战”。飞机失事 6 天后，受伤的中士被他前去求援的战友救了出来。[96]

这些回忆把战争描绘成充斥着男性暴力的世界，以大屠杀和大规模死亡为中心。它们把基础训练描述为系统化的开始，通过灌输严格的纪律提供了必要的武器技能，压制了道德顾虑。因此，埃里克·黑尔默将铁十字称为铁十字架：“和平时代的基本禁忌——不得杀戮——在战争中成为一种义务。”许多作者讲述了这种被压抑的紧张是如何通过对“敌人”的凶残攻击来释放的，这让国防军部队在战争的前半期特别有杀伤力。根据“不是他死，就是我亡”的境况逻辑，需要比敌人抢先一步，他们抛弃了潜在的伦理担忧。最后，他们承认，在战争的后半期，随着全面轰炸和坦克攻击开始，这种破坏性力量将反噬它的德国发起者。在这样一场意识形态的歼灭战中，最初被集中起来的暴力最终冲破了所有法律和工具的限制。[97]

145 自传的作者将他们的存活归因于多种因素，从“运气很好”到身处安全地带的经历。由于战斗大多有一些距离，因此随机概率起了很大的作用：右边或左边的许多人被杀了，而自传作者不知怎地却幸免于难。与刚入伍的战友不同，罗伯特·诺伊迈尔认为熟悉作战条件很重要，因为如果明智地利用现有的掩护，不冒不必要的风险，就能在一定程度上降低死亡的可能性。此外，像保罗·弗伦策尔那样在前线后面担任车辆调配场主管助理显然会提高存活的机率，除非被游击队队员射杀。讽刺的是，像弗里茨·克莱因那样受点小伤也很划算：治愈需要在家进行长时间的康复，或者被完全免除作战职责。然而，令人惊讶的是，许多康复者自愿回到前线。[98]

这些回顾表明，即将到来的战败和对德国罪行的认识使士兵们逐渐开始质疑希特勒发动战争的目的。当战火烧到帝国时，纳粹的宣传失去了最后一点可信度，“完全的恐惧和绝望蔓延开来，导致日常生活和活动停止”。剥削奴隶劳工、血腥镇压游击队、对犹太人的种族迫害这些令人不安的印象无法再被忽视，德国人行动的正当性遭到了道德质疑。弗里茨·克莱因回忆说，爱国青年慢慢意识到，他们“自愿或不自愿地参加了一场规模难以置信的罪恶战争”。赫尔曼·德布斯记得：“我逐渐意识到，‘我们的元首’滥用了我们。无论如何，我们再也不相信他是绝对正确的了。”当一些狂热分子继续坚持他们的民族主义信仰时，许多士兵开始与一个破产政权的“该死骗局”划清界限。[99]

甚至在杀戮结束之前，那些制造和遭受了如此之多悲痛的士兵
的脑海中就浮现出了战争应受谴责这一永恒的教训。“为什么我们
还在继续？”埃里克·黑尔默记得他曾这样问自己。“说出这种无
意义感，呼吁‘停止这场战争’难道没有必要吗！？”无论政治倾 146
向如何，会思考的德国人从灾难性的失败和破坏中都得出了同样的
结论。战争的可怕结局坚定了格哈德·克拉普夫“那个来之不易的
信念，即圣奥古斯丁［或］托马斯·阿奎那所说的‘好战争’的概念，
和尼采［对战争的哲学英雄化］一样荒谬”。“战争和发动战争是邪
恶的，就是这样。”因此，正是凶残和罪恶的战争中令人震惊的经历
把大多数德国人变成了战后的和平主义者。千年帝国“是一场傲慢、
平庸和残暴的练习。对于被它伤害的人来说，它的失败令人如释
重负”。[100]

第五章

女性的挣扎

1945 年 3 月 27 日，鸣响的警报提醒帕德博恩市，盟军轰炸机队正在逼近。20 岁的埃娃·彼得斯蜷缩在她的防空洞里，经历了“震耳欲聋的轰鸣声和炸弹爆炸的撞击声……以及”灯光熄灭后“无法穿透的黑暗，鼻子和肺里都是令人窒息的白垩粉尘”，“石块落在头上和肩膀上”。“整个地窖都像飓风中的船一样摇摇晃晃的。”与其说是害怕被活埋，不如说她是对“那些从高空投下炸弹，谋杀不构成军事威胁的妇女和儿童”的飞行员感到愤怒。轰炸结束后，她 3 岁的弟弟问道：“我们现在都死了吗？”火焰风暴在地表肆虐，冲天的火焰很快吞噬了她家和城市的大部分地区。“数以百计的人遭遇了可怕的死亡，主要是妇女和儿童。”[1] 这种可怕的轰炸袭击场面被共同经历了成千上万次，是女性在战争中的典型体验。

由于这种恐怖，许多评论者最初认为妇女只是好战的第三帝国的受害者。从古代起，妇女就被迫在战争中忍受男性的掠夺，在战斗中支持战士，或被当作胜利的奖赏。此外，纳粹运动本身就发端于第一次世界大战期间战壕中的男性友谊，以及魏玛共和国时期穿制服的民兵，这让从元首开始的整个领导层都有一种厌女倾向。因

此，将妇女局限于“孩子—厨房—教堂”这样的陈词滥调让凯特·米
148 利特（Kate Millett）、贝蒂·弗里丹（Betty Friedan）和阿莉塞·施瓦策尔（Alice Schwarzer）等女权主义者感到恼火，她们谴责纳粹的母亲崇拜是一种父权制阴谋，目的是让她们处于弱势地位。根据历史学家吉塞拉·博克（Gisela Bock）的说法，“德国妇女是纳粹政策的作用对象，而不是实施者”。[2] 这种观点很容易把母性与生育主义同民族社会主义一起归为人的解放的主要敌人，讽刺地免除了女性的大部分责任。

更新的研究否定了女性这种被动的形象，强调妇女在纳粹独裁统治中发挥了积极得多的作用。虽然在纳粹成员中比例偏低，但她们为该党提供了几乎一半的选票。在一些辅助机构，例如国家社会主义人民福利（Nazi People's Welfare, NSV）*，妇女是领导者，将母亲角色从家庭扩展到整个社会。“我们在德国少女联盟中多么快乐”的怀旧描绘也表明，希特勒青年团在少女中很受欢迎，诸如在农村“乡训年”（Landjahr）期间帮助农民这样的服役被认为是令人兴奋的，因为它们让年轻妇女摆脱了家庭的控制。[3] 在一场奇特的底层解放（subaltern emancipation）中，相当数量的成年妇女通过她们的专业工作帮助维持了这个政权。军事辅助机构、集中营警卫和党卫队新娘中的骨干女性作恶者，在参与纳粹的犯罪行为时也犯下了骇人听闻的暴行。[4]

也许性别观点将有助于解决这场关于女性在第三帝国所扮演的矛盾角色的意识形态争论。关于军事暴力的新研究提出了“尚武男性气概”（martial masculinity）的概念，用来描述纳粹党和德国国防军强迫男性接受的理想男性士兵形象。对女性军队辅助人员或军

---

* 国家社会主义人民福利为纳粹党的福利组织，德文为 Nationalsozialistische Volkswohlfahrt，故缩写为 NSV。——编注

需品工厂劳动者工作经历的研究表明，需要有一个类似的概念，诸如“民族女性”（volkish feminity），用以调和母亲式的修辞和女性在第三帝国的施事角色。[5] 由于全面战争模糊了平民和战斗人员之间的界限，妇女成了后方的中坚力量，通过完成传统的家庭任务和
参与经济动员做出积极的贡献。[6] 因此，她们面临着两种差距越来 149
越大的角色期待：一边是作为妻子和母亲，被认为要负责维持家庭的运转；另一边是为国服务中真实的战时责任。

普通妇女的证词说明了与纳粹独裁统治的勾结如何最终使她们成为受害者。在战前的岁月里，一方面是政府的限制性厌女主义，另一方面是通过响应当局号召获得职业晋升机会，妇女们面临二者之间矛盾的斗争。一定程度上被希特勒保持国内士气的政策所蒙蔽，在战争的最初阶段，当德国国防军的胜利开启了称霸的宏伟前景时，德国妇女压倒性地支持这场战斗。但是，在战败日益临近的第二阶段，她们被卷入恐怖的轰炸，从东部逃亡和被驱逐，以及被红军士兵的大规模强奸。不仅绝育的对象、抵抗组织的成员、犹太妇女和斯拉夫奴隶劳工，就连普通德国妇女也遭受了纳粹黩武和种族主义的可怕后果。[7] 因此，她们后来的回忆显示了一种与男性的幻灭相似的独特经历。

厌女主义的体制

在和平时期，纳粹对待妇女的态度奇怪地混合了种族主义恐惧和民族理想。社会达尔文主义认为，国家的力量立基于不断增长的人口，于是忧心忡忡的希特勒试图通过鼓励妇女生育更多孩子来扭转德国出生率的下降。同时，纳粹恶毒的种族主义认为，应对“反社会”和“有基因缺陷的女性”进行绝育，并防止“低等种族”的成员污染雅利安人的血统。[8] 从文化角度讲，纳粹领导人憎恶魏玛

共和国时期“新女性”堕落的城市生活方式，认为那是对她们生物职责的背叛。相反，他们更喜欢世纪之交的生活改革运动的纲要，该运动提倡一种“自然”和“健康”的外表，不使用化妆品。[9] 作
150 为下一代的母亲，妇女们还被认为是大肆吹嘘的“民族共同体”的监护人，她们将创造一个真正的民族共同体。

一场借助通俗诗歌形式的过火赞美活动试图从母性的角度重新塑造德国女性的形象。在写给未出生孩子的颂歌中，特奥·舍勒（Theo Scheller）赞美了“名叫德国的永远的母亲”，称其为成长中的生命未来的归宿。一位被认为是女性，使用北欧笔名弗里格（Frigga）的诗人以一种民族主义的方式赞扬了出生的奇迹：“我们需要母亲在子宫中孕育 / 一个仿佛是铁矿石炼成的强硬种族 / 他们没有奴性和恐惧的怀疑 / 而是勇敢地攀登以前从未到达的新高度。”这种煽情的韵诗用宗教的语言赞美希特勒把大家从物资匮乏和外国奴役中拯救出来。同样，一个孩子在诗中说：“向你致敬，希特勒 / 你是并将是我最好的朋友。”安妮 · 玛丽 · 克彭（Anne Marie Koeppen）更高调地赞美女性，她写道：“你承载着荣誉、纯洁和光明。/ 你的美德使德国变得伟大。/ 你是人民的面庞。/ 未来睡在你的子宫里。”因此，许多年轻妇女希望“在妻子和母亲的生活［中］获得完满”。[10]

在实际操作中，新的纳粹政权推动了妇女回归家庭，以减少大萧条期间男性户主的失业。具体地说，这意味着逆转魏玛共和国的一些职业进步，当时年轻妇女已经开始从事女售货员或秘书等白领职业。在决定中学教育时，像雷娜特 · 芬克这样的女孩被分流到非学术道路上，为她们成为家庭主妇做好准备。在大学里，一项旨在缓解学术道路过于拥挤的新规定为渴望成为专业人士的年轻男性保留了空间，而只留给女性 10% 的配额。在公共服务方面，1933 年以前已经制定了一项法律禁止雇用已婚妇女——如果她的丈夫已经担任政府工作，哪怕只是高中教职。[11] 虽然这些限制在 30 年代

后期达到充分就业后逐渐被取消，但最初对妇女的工作能力起了遏制作用。

附属与自信之间同样的矛盾使纳粹党的女性辅助团体“民族社会主义妇女联盟”（NS Frauenschaft）获得了活力。作为“阿道夫·希特勒的卫士”，妇女联盟的“主要职责是并永远是向德国妇女灌输民族社会主义”。在拒绝“民主和自由主义的国际妇女运动错误道路”的同时，妇女联盟的原则一方面赞扬“养育整个民族这一身体和精神任务”，另一方面又赞同对未婚妇女进行“培训和职业融合”。在不质疑该党厌女主义特质的情况下，妇女联盟致力于让“大量女性适应纳粹意识形态并被纳入公共生活”。因此，妇女联盟控制了广泛的福利服务，为被认为是雅利安族的妇女提供职业机会。[12] 与此同时，它通过确保“反社会的”妇女不会生育、犹太男子不会与非犹太人德国妇女生儿育女来维持社会安定。 151

对于青春期的女孩来说，第三帝国提供的活动范围之广令人吃惊。德国少女联盟是一个充满吸引力的组织，在那里她们可以展翅翱翔。“相比之前的世代，在早年作为少女联盟成员的岁月里，女孩们可以在自己家庭的边界外享受更加自由和更少限制的现代生活。”乌尔苏拉·马伦多夫深情地回忆，她们“可以和自己的团队一起去参加集会，在她们的‘独立世界’里进行体育比赛，事实上她们很享受大部分男孩们喜欢的活动”。少女联盟尤其为中下和下层阶级的女孩提供了领导能力培训和晋升的机会，让她们承担了前所未有的责任。年纪稍大些的少女接受了“保健、育儿、家务技能和自我提高方面的培训，为生儿育女、家庭生活和夫妻相处做好准备”。[13] 尽管带有这种母性主义的色彩，参加希特勒青年团还是给了许多女孩一种独立和得到认可的新感受。

参加纳粹青年团体的代价是被灌输民族主义和种族主义思想，并为战争做准备。雷娜特·芬克在家里经常觉得孤独，在学校里被

152 人取笑。年满10岁时，她很高兴能够加入少女联盟："在这个新集体里，我感觉很安全。"她喜欢每周的聚会和活动，并且迷恋她的女领导，后者用"德国女孩要善良、忠实和真诚"这样的原则激励她。她们在节日宣誓仪式上许诺，"我们想要清澈的眼睛和充满活力的双手"，这句话"直接打动了［她］的心"。但意识形态培训否定人文主义价值观，而穿着制服、列队行军、听演讲和挥舞旗帜则效法了男性青少年的军事化。虽然雷娜特对吞并和"解放"苏台德区表示欢迎，但看到1938年11月大屠杀的肆意破坏时，她还是对反犹主义的正当性产生了怀疑，尤其是一个女友指出，毕竟"犹太人也是人"。[14]

尽管如此，少女联盟在处理其成员性别意识觉醒的问题上仍有分歧。由于中产阶级母亲不希望让女儿了解生理变化，乌尔苏拉·马伦多夫对她开始来月经感到痛苦。来自农场的厨娘只是嘲笑她天真，警告说："当你的男朋友操你的时候，你可能会怀孕。"于是，"肮脏和不被接受的感觉毒害了［她的］少年和青年时期"。她在德国少女联盟的领导提供了"纳粹式交媾和受孕"的"事实信息"，但这没有什么帮助。她首先指出，"你会乐于为元首生很多孩子，这就是为什么你必须保持自己的纯洁"。对肉体行为的解释相当可怕："当你未来的丈夫让你成为母亲时，他会把他的阳具插进你的身体，就像一把剑插进它的剑鞘，他的精子会在你的肚子里让卵子受孕。"这种"暴力而淫秽的比喻"让十几岁的乌尔苏拉感到震惊。[15]

不过，对许多女青少年来说，"新的女性理想在当时看来是非常进步的"。纳粹领导人利用了年轻人的理想主义、他们克服阶级壁垒的希望，以及对真实经验的探求。当埃娃·彼得斯使用"荣誉、忠诚、勇敢的同志情谊、自由、集体、家庭、斗争、死亡、旗帜、英雄主义、鲜血、土壤、信仰、责任、人民、祖国、元首和追随者"等神奇的词汇时，她的"身体和灵魂都被触动"。作为特殊的"文

化载体”，女性被赋予的任务是保存民歌和民族习俗、传统工艺和 153
农民服饰，同时把它们传给自己的孩子。对于年龄大些的青少年，少女联盟成立了一个名为“信仰与美”的高级团体，旨在帮助青少年通过音乐和体操成长为完整的女性。虽然该组织最终是为了让女孩做好当母亲的准备，但这些活动试图在此过程中开辟一个属于女性的世界，这使人们在回忆中留下的“绝大部分是快乐的感觉”。[16]

寻求精神寄托的女孩并不认为宗教是一种选择，因为少女联盟的宣传贬低传统信仰。最激进的纳粹分子加入了一种新异教信仰，它回归北欧神话，用世俗的成人仪式取代教会的婚礼和洗礼仪式。雷娜特·芬克从小没有接触过宗教，但她乐于了解德国基督徒（German Christians）的情况，这个新教团体认为“清除基督教信仰中的犹太影响是一项神圣的职责”。对她来说，这一信仰是可以接受的，因为那是“没有犹太人的基督教”。反过来，纳粹声称，以信仰为理由而拒绝接受第三帝国的认信教会是“一群片面、傲慢和狭隘的人”。当她的朋友们去参加坚振礼时，雷娜特却参加了纳粹的“青年奉献”活动，并发誓说“我相信德国，并为之战斗”。在来自信仰宗教的家庭的年轻女性中，像埃迪特·舍夫斯基这样属于某个新教派别的被证明对这种非宗教诉求并不感冒。[17]

在家庭和学校里，女孩比同龄男孩享有的自由更少。母亲们对她们看管得更严。在没有佣人的家庭里，不用说，她们要负责照顾自己的弟弟妹妹，即使她们的年龄堪堪够照顾自己。此外，在大多数普通家庭，女孩必须帮助她们的母亲准备食物、购物和打理花园等。虽然父母愿意为儿子的教育投资，但他们认为女儿的教育不那么重要。尽管乌尔苏拉·马伦多夫成绩优异且有学术志向，但她还是被迫留在小学，因为“你不应该比你［更喜欢当学徒］的兄弟接
受更好的教育”。同样，乌尔苏拉·贝伦伯格的父母也没有信守将 154
她送到商业学校的承诺。几十年后，她充满感慨地谈到对女性的限

制："从很早的时候，我就学会了将就。"[18]

贫家女孩的消遣之一是"儿童下乡"（Kinderlandverschickung）项目，该项目通过把城市儿童送到农村来使他们更加健康。国家社会主义人民福利等福利组织挑选有需要的城市男孩和女孩运送到私人家庭或营地，让他们享受 4 周至 6 周新鲜的农村空气、体育活动和更丰富的食物。一些从未离家的女孩与思乡病做着斗争，但友好的接待家庭和新朋友很快就驱散了她们的羞怯。作为一个工人阶级的女孩，埃丽卡·陶布霍恩两次被送走，第一次被送到一个私人家庭，后来又和十几个同伴一起被送到营地。另一个柏林女孩，埃迪特·舍夫斯基则有幸被安排到波罗的海沿岸，在那里她"在海滩上跑来跑去，寻找琥珀"。充足的食物和度假气氛通常都能达到想要的效果。"娱乐对我们大家都有好处，"陶布霍恩回忆道，她还补充说，"我胖了 10 磅。"[19]

对于小学毕业生，少女联盟启动了乡训年计划，这种为期一年的志愿工作旨在帮助有民族争议地区的农民缓解劳动力不足。露特·布尔文和其他 80 个女孩一起去了荷兰边境的一个营地，在那里，她在"屋子、花园和马厩里，在洗衣房……厨房和地里"做杂活。她不介意思想灌输，喜欢与植物和动物打交道的工作，尽管"铁的纪律"令人痛苦。像罗瑞·瓦尔布这样的其他年轻女性也在农场工作，在那里，她们"了解和认识到农业工作的艰辛和重要性"。1938 年，这项义务变为强制性的，成了女性版的国家劳役团，以便帮助有许多孩子的农村或城市家庭。吉塞拉·格罗图斯和一位军医官的家人住在一起，学会了如何照顾婴儿。露特·布尔文被送到巴伐利亚的一家农场，在那里她必须学会如何倾倒粪便而又不掉到粪堆上。虽然这项工作很艰苦，但她渐渐喜欢上了它，因为那为她赢得了尊重。[20]她的私人快照显示，城市女孩应付农村的工作并不容易（图 14）。

纳粹规定的这些义务使得对小学毕业后就结束教育的女孩进行

图 14．女性的农场劳动。来源：露特 · 布尔文，《后来的回响》。

职业培训变得更加复杂。有的父母试图引导女儿从事白领工作，但 155
当乌尔苏拉 · 马伦多夫的母亲建议她成为一名美容师时，她却步了。露特 · 布尔文运气更好：她被允许在柏林的一家私人学校接受培训，在那里她真的“喜欢上了学习”速记、打字和其他商业技能。安内利泽 · 胡贝尔甚至更加幸运：她最初在一家犹太人的公司里记账，那家公司最后被雅利安化。为了有一个更安定的未来，她随后申请了普福尔茨海姆（Pforzheim）公共卫生保险办公室的“首席秘书”职位。证明自己是雅利安血统后，她得到了这份工作，发现它“既有趣，又内容多样”。埃丽卡 · 陶布霍恩就没那么幸运了，一个不愿配合的劳动部门官员只让她接受了裁缝培训。这类决定受个人倾向和权宜方便的影响，显示出女性职业选择的有限。[21]

职业培训和第一份工作让青少年得以离家，给予他们独立，让他们逐渐跨入成年。包括星期六在内，工作日长达 10 小时的劳动意味着几乎没有闲暇时间，但提供了一点可供消遣的收入。为了逃避母亲的暴躁脾气，安内利泽·胡贝尔经常和她的女友们在周日徒步旅行，享受大自然，“唱着快乐的歌”。如果在支付日常开支后还
156 有余钱，她们偶尔会去看电影。她们渴望的东西越来越多，包括歌剧作品或舞台剧。后来，她们和纳粹的“力量来自快乐”（Strength through Joy）组织在巴伐利亚的基姆湖（Chiemsee）第一次度假。安内利泽由此与阿尔卑斯山有了接触，那里“成了［她的］挚爱”。露特·布尔文更喜欢柏林这个大都市的热闹，她每天从动物园站漫步到陶恩齐恩大街（Tauentzienstrasse），“穿过熙熙攘攘的生活，这正是十多岁的少年所喜欢的”。[22]

不可避免地，变得更加独立也让她们与异性有了第一次浪漫接触，其中的大多数暂时是无害的。希特勒青年团宣扬“纯洁而干净的同志情谊”，同时让其成员保持足够的忙碌，以防止出现情感上的纠葛。因此，罗瑞·瓦尔布在舞会期间萌动的对男孩的兴趣并没有导致任何结果。对于雷娜特·芬克来说，一边是她对少女联盟的奉献，一边是她对一个批评第三帝国的男孩的兴趣，舞蹈课带来了两者的冲突。当一个年轻人送安内利泽·胡贝尔回家时，她警惕的母亲打了那人一记耳光，把两人的关系扼杀在萌芽状态。但安内利泽并不太难过，因为“这对［她］还不是什么严重的事情”。在柯尼希斯贝格担任辅助职务时，露特·魏格尔特只能通过信件与她在军队中的格哈德交流。当一位英俊的希特勒青年团领导看到露特·布尔文的照片时，他坚持要求同另一对恋人一起约会，开始了一段最终走向战时婚姻的长期关系。[23]

许多年轻女性把她们的崇拜转移到希特勒身上，用“歇斯底里的狂喜”回应他的魅力。1933 年 10 月，德国少女联盟的领导罗瑞·瓦尔布在她的日记中难掩兴奋地说：“我见到了我们的元首！”在一次集会中，“他站在车里，举着右臂，他是如此严肃，如此强壮，

如此伟大”。这位被幸福冲昏头脑的纳粹女孩表示：“这是我 14 岁生命中最美丽、最感人、最有力量的时刻。”几年后，持怀疑态度的安内利泽 · 胡贝尔描绘了类似的反应：当希特勒乘着一辆敞篷汽车沿着街道驶来时，“所有人都向他伸出了手”。令她惊讶的是，元首突然越过其他人的头顶，向她伸出了手：“他的眼睛对我施加了可怕的力量，我不由自主地把我的手伸向他。”当一位年轻的军官描述同样的吸引力时，乌尔苏拉 · 马伦多夫“被希特勒的眼睛能产生如此强大的影响这种想法迷住了”。[24] 许多女孩子的日记都流露 157
出对一个同时是父亲、情人和救世主的形象的狂热追捧。

对民族社会主义的这种陶醉强大到足以打消任何对德国犹太人施加暴力的顾忌。时年 9 岁的乌尔苏拉·马伦多夫在 1938 年 11 月“水晶之夜”的反犹主义暴乱中受到“尖叫、打砸和玻璃破碎声”的惊吓。“我看到和听到我们 [西里西亚的] 小城发生的事情，被吓坏了，尽管我不能完全理解它的意义。”当她询问摧毁商店和针对邻居的暴力行为时，母亲回答说：“再也不许你问这个问题。”当少女联盟领导埃娃 · 彼得斯在她的家乡帕德博恩看到燃烧的犹太教堂时，“对亵渎和毁坏圣所一点也不感到愤慨”。相反，公众的不满更多集中在混乱的过程上，而不是对犹太人的迫害。当女朋友询问他关于暴乱的问题时，希特勒青年团的领导罗尔夫 · 布尔文承认，他曾被命令参加对一家犹太孤儿院的突袭。但是他被孩子们的恐惧深深触动，于是“直接溜走了”。[25]

纳粹生物政治学的优生计划对许多妇女来说似乎是明智的，只要不涉及她们自己的家庭。一位典型的少女联盟领导人喜欢强调“国家和种族卫生”的必要性，寻求通过预防措施保持政治体的健康。根据 1933 年的遗传病法，“如果家族中频繁出现精神疾病或身体残疾”，他们“应当被绝育或不结婚”。这些人“对他们自己、他们的家庭和国家都是一种负担”。因此，纳粹医生认为，结束他们的痛苦是一种善举。“这就是安乐死，即仁慈地杀人的意义。”只有当大规模绝育和安乐死的实际操作涉及他们认识的人时，无动于衷的人才会意识到其丧失人性的影响。虽然雷娜特·芬克对她的嫂子因小儿麻痹症而坐轮椅感到震惊，但她明白后者仍能焕发出内心的光芒。不过，埃娃·彼得斯足够狂热，拒绝了克莱门斯·冯·加伦主教（Bishop Clemens von Galen）关于不要谋杀无助人类的警告。[26]

158 在战前的岁月里，即使不关心政治的妇女也确信，对非犹太德国人来说，情况终于有了改善。在身为冲锋队成员的父亲和妇女联盟成员的母亲的影响下，雷娜特·芬克总结了公众情绪的变化：“因为元首在这里，于是有了‘工作和面包’”，结束了大萧条的危机。“因为元首在这里，‘和平与秩序’回来了”，克服了魏玛共和国的混乱。“因为元首在这里，‘头和心，城市和农村被坚实的纽带联系起来’”，创造了一个真正的人民共同体。“因为元首在这里，有许多孩子的母亲不再被鄙视而是被尊敬，”获得了母亲十字勋章，而不是被要求支付孩子的抚养费。“因为元首在这里，我们又有地位了！”德国受到了其他国家的尊重。像罗瑞·瓦尔布这样的德国少女联盟成员尤其相信在元首的领导下会有更好的未来。乌尔苏拉·马伦多夫回忆道：“我为‘被解放的人民’的欢腾，为参加党集会的人群的追捧所陶醉。”[27]

罗瑞·瓦尔布为高中作业所写的9篇文章证明，纳粹在帮助年轻女性为即将到来的战争做好准备上取得了令人惊讶的成功。它们一开始无伤大雅地要求城市和乡村之间相互理解，但她对圣女贞德的讨论已经变成了对元首恢复国家荣誉的赞美。她对艺术角色的看法完全遵循人民路线，在写到空袭防御时，她令人惊讶地预见了大规模轰炸的恐怖。她认为飞机是“最危险的战争武器”，预言“妇女、儿童、老人和那些无法战斗的人”将在家中被消灭。对于人性与荣誉的冲突，她提到了尼伯龙根传奇中的哈根（Hagen）这个阴暗的角色，甚至为此人谋杀齐格弗里德（Siegfried）辩护。她总结说："元首身上体现了德国人民的意志和力量。"[28] 正是对战争的英雄化和对希特勒领导的盲目信赖导致了灾难。

后方的挑战

战争的爆发从根本上将青年男性与女性的经历区分开来。当前者被国防军征召并送到前线时，后者留在后方，为身处危险中的爱 159
人感到担心。由于"几乎不知道［战斗中］发生了什么"，她们只能通过"令人着迷的特别新闻简报"间接地了解不断变化的战势。她们的爱国热情几乎找不到出路，因为少女对军队没有任何用处。由于她们最初远离真实的战斗，"战争的事件仍然是遥远的和抽象的"。尽管如此，"我们所有的生活都将发生根本性的改变"，露特·布尔文回忆道。"还没有人明白这一点，但局势使我们每天都更清楚这意味着什么。"[29] 尽管希特勒试图保护后方，但很快就可以看到，在一场旷日持久的毁灭战争中，妇女将承担必不可少的责任。

与男性的战斗冒险相比，继续打理日常家务对于爱国的年轻女性来说似乎令人失望。埃娃·彼得斯觉得，"战争期间"留给女孩们做的事要"枯燥、单调和不清晰得多"。完成学校布置的家庭作业似乎不如各种少女联盟的服务计划有趣。此外，她们"不得不经常在家里帮忙"，帮工作的母亲做杂务，或者照看弟弟妹妹，比起真正的战斗，这些显得单调。起初，宗教坚振礼和中产阶级舞蹈课等惯常的仪式与和平时期相比并没有改变。但小学毕业生现在不得不在战争经济中找工作，而其他年轻女性对于在这样一个英雄时代留在大学学习的特权有着复杂的感情。此外，另一个挑战是找到合适的年轻男性，最好是穿制服的，以便去看电影或享受跳舞的乐趣。年轻女性一步步在纳粹的战争中越陷越深。[30]

对于许多年轻女性来说，关注战事的发展变得“比单调的日常职责更有趣，更令人兴奋”。保卫祖国重新点燃了“战壕里的同志情谊”，甚至把以前对纳粹党持怀疑态度的人团结到民族事业中来。“3 周后，学校复课，波兰被打败了。”雷娜特 · 芬克回忆道，“对于这场迅速的胜利，重新征服但泽走廊和解放日耳曼人，我们欢欣
160 鼓舞。”据埃娃 · 彼得斯说，广播里接二连三地传来特别胜利公告，新闻纪录片中播放着国防军部队进军的难忘镜头，这些很快就把她最初的怀疑变成了“习以为常、自信和令人安心的保证：‘德国士兵是无敌的’”。对于女学生来说，在家里的地图上追踪前线的移动非常有趣。“3 年来，一场场的闪电战赢得了一次次闪电般的胜利。”许多女孩子被胜利陶醉，“为身为德国人和生活在如此伟大的时代而自豪”。[31]

然而，为防御空袭所做的准备削弱了这种“持续的兴奋感”，因为它表明平民也可能被卷入真实的战斗。尽管元首曾承诺，任何敌机都无法向德国城市投掷炸弹，但英国皇家空军很快就证明，这是徒劳的夸耀。城市中建起了作为庇护所的大型混凝土掩体，而在私人住宅中，地下室被加固以抵御冲击。“全体人民被迫参加防空演习，我们学会了如何［用沙子］灭火和对付燃烧弹”，露特 · 布尔文回忆说。“公寓的主人必须确保所有窗户都装有黑色的百叶窗，”因为在黄昏后，“不能让一丝光线漏到外面。”此外，“汽车前灯上被加了黑色的盖子，只留下很小的缝隙”。虽然这些准备工作只让人觉得麻烦，但它们清楚地表明，女性将无法置身事外。[32]

战争另一个令人不快的后果是实行配给制，这使家庭主妇的购物变得复杂，造成了令人恼火的排队。为了保证人们平等地获得稀缺商品，1939 年推出了配给券，规定一个人可以获得多少食物、衣服或汽油。露特 · 布尔文回忆道：“最初有些食物是定量配给的，比如黄油、肉和面包，后来所有东西都变成了这样。”这些限制导

致城市的物资短缺，迫使人们依靠他们的农村亲戚，或者用花园来种土豆或蔬菜。此外，服装也要凭证销售，因为生产出的大多数布料都被用于缝制制服。于是，人们开始缝补自己的衣服，聪明的裁缝还会把旧衣服改成新的款式。像乌尔苏拉·马伦多夫这样的少女联盟女孩也忙着“收集草药和可回收的东西——废铁、破布、骨头 161
和纸张——用来为军队制造枪支、制服和医疗用品”。[33] 由于缺乏足够的原材料，纳粹德国不得不重复利用它所有的东西。

当 1941 年冬季对俄国的进攻陷入困境时，妇女们开始面临一项新的任务：为军人提供暖和的衣服。“每个人都捐了，无论她是不是忠于元首。”雷娜特·芬克回忆道，“每个人都想帮助冻僵的士兵。”乌尔苏拉·马伦多夫挨家挨户“从家人、邻居或朋友那里为我们在俄国的士兵收集羊毛衣物”。在每周一次的团队会议上，“我们织了成山的手套”和袜子。在假期，少女们还烤了饼干，并把几百个包裹“寄给不知名的德国士兵”，让孤独的年轻人高兴起来。随着同盟国轰炸的加强，她们有了另一项离家更近的差事。现在，少女们开始“为爆炸受害者搜罗儿童衣物和家庭用具”。虽然还不清楚这些物品是否“曾被送到部队或空袭目标”，但这份努力对收集者产生了积极的影响，其中一位表示，“我觉得我们是在为战事提供帮助”。[34]

因为大部分田间劳力都在前线，少女联盟还期望它的成员能“帮助采收”。因此，乌尔苏拉·马伦多夫去叔叔的庄园劳动的请求“理所当然地被接受了”。她几乎不知道，在漫长的日子里，她必须和成年妇女一起进行艰苦的体力劳动。十几岁的男孩被允许驾驶拖拉机，而她必须“捆好麦子并把它们叠放在一起晾干”。她不习惯这种辛苦，“精疲力竭，不由自主地哭了起来”。她厌恶“德国妇女露骨的黄段子和粗俗的说笑”。但是“所有的工人都痛恨工头”，此人毫不留情地驱使他的工人，大喊“快来乖乖地干活，你们这些该死的婊子！”这一充满挑战的经历与希特勒青年团宣传的贴近土地的健康乡村生活相去甚远。只有在夏末吃了一口自己烤的面包和拿到“一大笔钱”时，整个锻炼似乎才是值得的。[35]

162 德国女性也得到外国劳工的帮助，这些人有的签了合同，有的则是被强迫，在家中和田里协助她们。1942 年春，一个甚至还不到 16 岁，名叫索尼娅 · 科列斯尼克的乌克兰农村女孩被持自动手枪的人粗暴地绑架。她被塞进一辆运牛车里，先是被运到维也纳郊区。不会说德语的索尼娅非常无助，她被剥光衣服，接受除虱，财物也被偷走了。到达巴伐利亚后，她被一位丈夫在前线的农场主妻子征用。索尼娅吃不惯德国食物，她在给成堆的土豆削皮和在农场里四处帮忙时“经常痛哭”。她被诬告与一名德国农场工人私通，差点被杀，就像有个年轻的波兰男子因为与德国妇女上床而被绞死一样。幸运的是，农场主的妻子为她“挺身而出”，向她提供不错的食物，几乎把她当作家庭一员来对待。因为关于乌克兰大屠杀的消息令人沮丧，索尼娅最终决定留在德国。[36]

少女联盟的一些领导人还志愿参加了“东方服役”(Osteinsatz)，在波兰西部瓦尔特高（Warthegau）地区的日耳曼化过程中向定居者提供支持。根据纳粹的信条，过度拥挤的“德国需要生存空间。元首现在为我们赢得了它。东方在招手！”1943 年夏天，雷娜特·芬克参与了这一将被征服的领土转变为德国土地的“崇高使命”。当地的波兰农民被驱逐，以便为来自比萨拉比亚（Bessarabia）和沃里尼亚（Volhynia）的德国移民腾出地方。当她被分配给的农妇“卧病在床”时，13 岁的雷娜特不得不料理家务，甚至不得不“杀了一只鸭子，拔毛并切开”。她对定居者的肮脏感到震惊，因为他们还保留着“中世纪的卫生观念”，于是她开始清理农庄。她用膝盖顶了一名当地纳粹农民领袖的腹股沟，才得以逃过被强奸的命运。但她确实因为一个波兰男孩没有看管好母牛而打了他。[37] 她感到羞愧，意识到自己种下了仇恨。

年龄较大、已经上完学的姑娘们不得不接手那些找不到男人来做的工作。“我们这些可怜的女性必须取代整个男性社会。这带来了一堆额外的工作”，克里斯特尔·拜尔曼致信她在前线的兄弟时这样写道。露特·布尔文足够幸运地在一家重要的公司找到职位，163
该公司制造“用木头生产煤气的机器，以代替汽油”。通过了困难的招聘考试后，埃迪特·舍夫斯基成功地在一家邮政银行的柏林总部找到了一份记账工作，因为她对数字很在行。当几乎整座办公楼都被炸弹炸毁，而她在防空洞中勉强逃生后，她转到了中央电话局。在那里，她成了“接线员小姐”，负责操作长途电话的接线板。战争即将结束时，埃娃·彼得斯停止学业，成了一名电车售票员，为她的制服和地位感到自豪。“埃娃因为技术、运动和个人原因而热爱自己的‘职业’。”[38]

护理受伤士兵是女性的另一种战时职业。随着德国伤亡人数的增加，它变得更加重要。在接受“医疗技术助理”的培训后，吉塞拉·格罗图斯被分配到柏林一家“脑损伤军事医院”，在那里她“每天都会接触到战争的血腥印记”。乌尔苏拉·马伦多夫响应红十字会对西里西亚实习护士助手的招募，在那里她学会了“在每个能想象得到的身体部位缠上绷带……如何测量体温……［以及］如何进行皮下注射”。与身上散发着“屎、尿和刺鼻汗液”气味的士兵打交道的现实比她想象的要可怕得多，因为“他们就像和她［一起］上学的男孩子”。她习惯了看到“胳膊和腿上充满脓液的伤口”。但爱莫能助地看着人们死去是很难的，即使有的吹嘘自己曾犯下过暴行。[39] 一张典型的照片显示了红十字会护士为一名受伤的士兵包扎的图景（图 15）。

纳粹当局还鼓励十多岁的女孩与单身士兵通信，以培养浪漫关系。乌尔苏拉·贝伦伯格“在战争期间发展了一段笔友关系。约阿

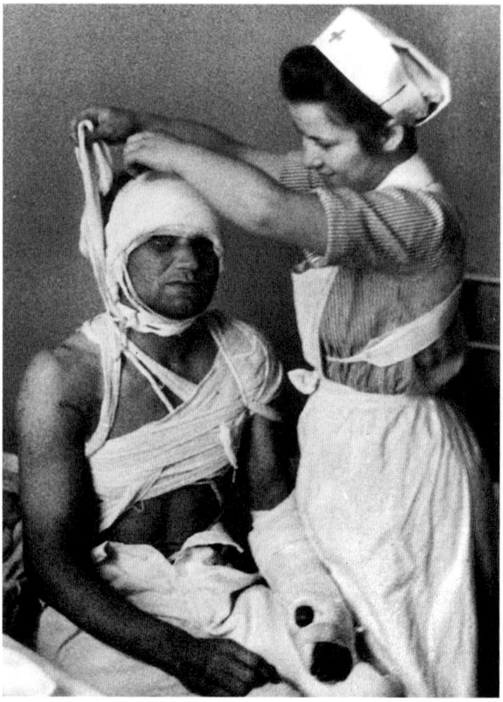

图 15. 护士在为受伤士兵包扎。来源：普鲁士文化财产基金会。

希姆和我经常给对方写信。我们走得很近，好像已经认识很久了，却从来没有见过面”。在混乱的最后阶段，她收到了一封信，信中发誓说“我们的元首是不会把我们留在困境中的”，但之后就再也没有约阿希姆的消息了。通过一个朋友，安内利泽 · 胡贝尔遇到了
164 库尔特，后者是一名热爱弹钢琴而且嗓音很好的年轻士兵。两人相识后开始了亲密的书信往来，甚至得到军队检查员的赞赏。“我不知道他怎么做到几乎每天写信的，有时［甚至］是在最糟糕的情况下，但我相信这给了他坚持下去的力量。”她回忆道。由于两人都“生性浪漫”，他们坠入了爱河，使库尔特在因投降主义被监禁时有了支持。[40] 这种书信纽带对于维持双方的士气至关重要。

年轻女性与异性的社交生活仅限于男孩们回家与亲友相聚的宝

贵休假期间。即使是胆小的乌尔苏拉 · 贝伦伯格，内心“也第一次燃起了对异性的爱慕之情”。她迷上了哥哥的朋友，他是一名“风度翩翩的空军士兵”。两人会一起出去散步，当他用胳膊搂住她的肩膀时，她非常高兴。同样，当库尔特要求再次见面时，安内利泽·胡贝尔也很高兴，因为她发现对方和自己志趣相投，也对音乐和文学 165
感兴趣。当库尔特因伤休养时，他们花了好几个小时一起游览斯特拉斯堡（Strasbourg）的中世纪景致。在圣诞节，他送出一首诗，里面有“爱我吧，就像我爱你”这样的暗示性句子。露特 · 布尔文在她的罗尔夫来访时变得更加大胆，无视“不要做任何愚蠢的事！”的警告。[41] 尽管婚前性行为整体上仍然不受赞同，但生存的不确定性加快了修成正果的速度。

这种关系不可避免地让人们走向婚姻，而婚姻在某种程度上受制于战局。罗尔夫和露特 · 布尔文很幸运：受伤后的罗尔夫被派驻布拉格，而露特的父亲允许她结婚，尽管她还未成年。1943 年 1 月 4 日，他们在一个“令人印象深刻的仪式”上举行了世俗婚礼，由军长发表讲话，但没有家人在场。同样，几个月后，安内利泽和库尔特 · 胡贝尔在双方亲戚的陪伴下在维也纳订婚。“那是一段美好、快乐的时光，最后我们在 1943 年 7 月 24 日结婚了。”新娘甚至设法用布鲁塞尔蕾丝缝制了她的裙子。夫妇俩乘坐马车前往教堂，仪式被“美妙的音乐所环绕”。但到了 8 月，新婚丈夫再次被派往前线，将他们的关系变成了充满热情的长信。弄到必要的白色连衣裙后，露特 · 魏格尔特于 1944 年 1 月 4 日嫁给了她的格哈德，尽管他感染了伤寒。[42]

后来，这些结合带来了孩子，他们的出生代表了险恶环境下生命的延续。安内利泽 · 胡贝尔的孕期因丈夫在行动中失踪这个令人震惊的消息而变得艰难。但在 1944 年 5 月，她生下了孩子，并且“很高兴地把一个健康的男孩抱在［她的］怀里”。两天后，安然生还的库尔特突然站在她的床边：他终于获得了育儿假。一家人庆祝了洗礼，新父母“度过了幸福的几天”，然后父亲不得不再次让年轻的母亲独自应付一切。布尔文家更加幸运，露特受到孩子祖母和外祖母的悉心照顾。1944 年 11 月，她生下一个小女孩，起名布里吉特。
166 她的丈夫并没有因为不是男孩而失望，因为那个孩子“如此甜美”。然后，骄傲的父母会推着婴儿车在布拉格的街道上穿行，直到罗尔夫也在帝国最后的徒劳挣扎中返回战场。在 1945 年 7 月的崩溃中，露特 · 魏格尔特生下了她的长子赖纳（Reiner）。[43]

然而，许多战时婚姻因为丈夫过早的死亡而夭折，造成“无尽的痛苦和悲伤”。在报纸上，死亡通知成倍增加，因为越来越多的士兵在前线阵亡。越来越多的妇女穿着黑色的丧服，突然看似无缘无故地哭了起来。“现在到处都是黑色的，因为时代是残酷的，充满了危险。”1944 年 9 月，库尔特向他的妻子安内利泽描述了他的不祥预感。一封干巴巴格式的来信摧毁了她的幸福：“不幸的是，我不得不向您传达一个悲伤的消息，您亲爱的丈夫，步兵库尔特·胡贝尔，于 9 月 17 日为元首、人民和祖国牺牲了。敌人的手榴弹过早地结束了他的生命。”年轻的母亲因为“命运沉重的打击”而摇摇欲坠。她现在已经加入数十万失去亲人的妻子的行列，成为“战争遗孀”，将不得不独自抚养她的儿子。罗瑞 · 瓦尔布重复了纳粹的陈词滥调，对许多同学的死评论说：“死去的总是最勇敢、最大胆、最英勇的人——最好的人。”[44]

更幸运的年轻女性如果参加了对敌方领土的占领的话，实际上可能会从战争中获利。在战争初期，罗瑞 · 瓦尔布被派往“保护国”波希米亚和摩拉维亚，为一个日耳曼农民家庭服务。她觉得第一次“遇到外国人”并了解他们对胜利殖民者的怨恨是很有趣的。后来，露特 · 布尔文搬到布拉格，以便不再与她的党卫队丈夫两地分居。由于住房稀缺，她加入了警察部队，很高兴被分配到“她自己的第一间公寓，设施齐全”，尽管那只是一间学生宿舍。最后，她搬到了一个更好的地方，很高兴“如果认识正确的人，这里仍然可以搞到很多东西”，尽管与捷克人的接触可能会带来糟糕的后果。“一般说来，内梅基人（德国人）在保护国比在第三帝国过得更好。”渐渐地，她也意识到当地民众“诅咒占领者，憎恨他们，希望他们下地狱”。[45]

对人力的需求让年轻女性承担了本来留给男性的责任，从而甚 167
至帮助她们克服阶级障碍和推进职业发展。莉泽洛特 · S.（Liselotte S.）出生在一个相当贫困的家庭，虽然她很想学习，但还是没能接受教育，甚至无法加入德国少女联盟。父亲死于肺结核后，她不得不为一个强奸并剥削她的农民打理家务。但在火车站看到招聘广告后，她向站长提出了申请。最初她只被雇来打扫卫生。几周后，站长意识到她是一个“聪明的女人”，给她分配了各种白领工作。于是，她学会了如何卖票、寄送行李，甚至派发货运火车。她逐渐成长为一名身穿制服,责任越来越大的“铁路助理”。只有“通过战争，我才得以走出来，能够学到一些东西”，否则她就没有机会了。但在空袭和政治压迫下，那仍然是一个可怕的时代：“我仿佛生活在梦中。”[46]

国防军不断增加的伤亡导致越来越多的年轻女性参军，超越了性别主义的角色划分。大约有 140 万女性在行政、通讯、防空或护理部门服役，有些甚至在战斗中使用防空炮。23 岁的天主教徒丽塔 · H.（Rita H.）于 1945 年 1 月应征入伍，以便解放男性让他们参加前线战事。由于个子很小，她被分配到的军服尺码过大。丽塔担任电话接线员，帮助传达军事信息。尽管作为国防军一员的她只有准军人身份，但也必须参加行军和立正，并佩带武器进行自卫训练。一位朋友说，有个女孩在一次轰炸中擅离职守，结果遭到军事法庭审判，很快被枪毙。但丽塔高兴地接受了焚烧罪证文件这一最后的任务，因为这标志着“一个不信神的政府的垮台”。幸运的是，军事助理们只需脱下军服就可以再次成为平民。[47]

为纳粹效劳的另一种形式是“生命之泉”（Lebensborn）计划中“给元首一个孩子”的愿望，该计划由党卫队组织。为了减小出
168 生率下降的影响，海因里希·希姆莱发起了一项优生实验，要求雅利安男性让种族纯洁的女性怀孕，生下更优质的婴儿。准妈妈们（其中许多是未婚的）被允许在特殊的家庭中匿名分娩，她们的孩子在那里得到照顾，直到被收养，最好是进入一个党卫队家庭。该计划还扩展到占领区，国防军士兵与当地人生孩子，被认为是雅利安血统的儿童也被从他们在东方的母亲身边带走。在实践中，这个精心设计的计划在很大程度上失败了，因为它只在德国制造出大约 8000 个婴儿，在挪威大约是 1.2 万个，后者因其北欧人种而成为首选地点。战争接近尾声时，母亲和护士对这些“再也没人要的”孩子的无视让乌尔苏拉·马伦多夫感到震惊。[48]

支持纳粹政权的一种更流行的方式是向秘密警察告发持不同政见者。由于盖世太保到 1941 年也只有大约 1.5 万名成员，它不得不依靠街区管理员或嫉妒的邻居自愿提供纳粹反对者的信息。作为一个著名的左派，乌尔苏拉·贝伦伯格的父亲先是被禁止出售他烤的面包。当这没能使他沉默时，他被指责为犹太人。他的母亲此前一直拒绝透露她双胞胎私生子的父亲，为了救儿子，她巧妙地把一名已故水手说成儿子的雅利安人父亲。同样地，雷娜特·芬克听到有传言说，她镇上的一些年轻人被拘留了。“是抗议的学生。他们发放传单，在房屋墙上涂写”，内容是关于元首的谎言与和平倡议。其中一个已经进了监狱。“一位女同学［遵循自己的政治信念］告发了他。”由于灵魂“被狂热所蒙蔽”，雷娜特情不自禁地钦佩这个告密者。[49]

一小群女性狂热分子甚至成了死亡机器的一部分，在集中营担

任臭名昭著的警卫。虽然在某种程度上被笼罩在神秘中，但集中营被认为是“好逸恶劳者”的改造机构。纳粹家庭对它们表示赞同，因为那里的囚犯“被认为是共产主义者。这些人被抓起来是因为他们反对元首”。像玛丽安娜·布施这样的纳粹专业人士作为辅助人员被派去奥斯维辛，负责给德国看守的孩子们上课。大约 3700 名 169
隶属于党卫队的女警卫直接在集中营担任监察，负责女性囚犯。幸存者露特·埃利亚斯回忆说，“最坏的是女党卫队”，她们“年轻而残暴”，会殴打囚犯和偷她们的东西。她们的残忍似乎比男性的兽行更令人震惊，因为那和女性的温柔形象格格不入。其中最臭名昭著的是嫁给了集中营指挥官的伊尔莎·科赫（Ilse Koch），即所谓的“布痕瓦尔德女巫”。她虐待囚犯，并与其他狱警有婚外情。[50]

狂热的女性是死亡机器不可分割的一部分，她们常常不尊重最简单的人性要求。例如，1941 年，被间谍出卖的奥地利抵抗组织成员安东尼娅·布鲁哈（Antonia Bruha）受到盖世太保的审问。在采访中，年轻的母亲抱着她的孩子。但是当她的审讯者准备让她签署认罪书时，一个女社工“把孩子从我手中夺走了！她跑向门口，我想追，但两个党卫队成员挥舞着左轮手枪阻止了我。孩子哭了”。布鲁哈崩溃了。一旦他们把她单独关押，她知道孩子会死的。一年后，她被送到拉文斯布吕克（Ravensbrück）女子集中营，与一些难友结下了友谊。安东尼娅和一个叫赫拉（Hella）的“漂亮”荷兰小女孩交上了朋友，担任她的监护人，帮助她活了下来——直到她们的看守把她送到贝尔根-贝尔森（Bergen-Belsen），并在那里将其杀害。安东尼娅“永远不能理解杀害儿童的目的是什么，但［她］由此认识到，纳粹什么都不在乎，哪怕是杀害婴儿”。[51]

尽管许多迹象显示了纳粹独裁统治的压迫性，但大多数年轻女性无视这些证据，继续支持这个残暴的政权。乌尔苏拉·马伦多夫回忆说，一位朋友的父亲因为投降主义而被送往集中营，“因为有人向盖世太保举报了他”。他“到处宣称，经过斯大林格勒战役，失败不可避免”。虽然“大人们说他被严刑拷打，但［他们］不愿谈论这件事”。同样，乌尔苏拉·贝伦伯格的父亲从一家养老院报告说，“不断有新的人被送来，几天后就死了”。很明显，有什么可
170 怕的事情正在发生，但没有人站出来反对它。“犹太人的商店已不复存在”，因为“犹太人店主都被运走了。没有人知道去了哪里”。但当雷娜特·芬克看到长长一排佩戴黄星的可怜人时，一位朋友告诉她，“他们现在要去波兰了。在那里他们都会被杀掉”。在她的脑中，怜悯与内疚展开了斗争。[52]

由于对政治缺乏兴趣，很少有年轻女性抵制第三帝国。总体而言，当局的批评者和政权的支持者“是两个不同的少数派”。“大多数人都是中间派，不关心政治，而且相当顺从，至多只会摇摇头。”一些家庭为了不让公众注意到他们对政权的厌恶，干脆陷入沉默。另一些人则会说取笑纳粹领导人的笑话，用讽刺来掩饰他们对粗俗的党卫队的不满，尽管如果被错误的人听到，这种批评也可能会让他们入狱。少女联盟的空洞要求和僵化的政党纪律甚至在其青少年成员中引发了一些不服从。但是像雷娜特·芬克这样的狂热分子很少遇到“不遗余力地反对民族社会主义”的年轻人。[53] 而少数年轻女性，例如格特鲁德·科赫，则足够勇敢地与叛逆的“雪绒花海盗”* 一起公开进行反抗。

源源不断的捷报增强了女性的信心，让她们相信德国最终一定会赢得这场战争。在日记中密切关注战事发展的罗瑞·瓦尔布注意到，战胜波兰后出现了“难以置信的喜悦和热情”。她补充说：“作为一个德国人真是太棒了。”在渴望有一位男性朋友可以敞开心扉

* 雪绒花海盗（Edelweiss Pirate）是纳粹德国一个松散的青年组织，1930 年代末期为回应希特勒青年团的严格管理而成立，成员主要是 14—17 岁的青年。——编注

的同时，她确信“我们……必能打赢这场战争！”她对元首的伟大不吝溢美之词：“他已经证明了自己的政治天才，但他在军事上也毫不逊色。”虽然是个知识分子，但她接受了纳粹关于婚姻和母亲的理想。只有不断增加的年轻人伤亡数字和猛烈的轰炸袭击才逐渐向她揭示了“战争的残酷”。尽管如此，她“仍然相信胜利，胜利将是而且必须是我们的，因为我们想活下去！”[54] 即使战争的后果变得益发真实，但在最初的三年里，大多数年轻女性仍然坚持认为德国最终会取得胜利。

战败的恐惧

当德国在斯大林格勒和北非被打败后，随着战局的转折，后方 171
女性的情绪在 1943 年年初逐渐变得悲观。关于“压缩拉得太长的战线”或“战略撤退”的特别军事公告再也掩盖不了国防军占领地区正在缩小的事实。休假的士兵也报告说，他们正与敌军的优势力量进行殊死的防御战。乌尔苏拉 · 马伦多夫回忆道：“我们不再记录关于我们军队命运的战争日记。”此外，为了掩盖战局反转，“不久，欧洲地图就从我们的课堂上消失了”。而为了鼓舞士气，老师“把重点集中在早期的历史英雄事迹上”。结果，她“很快就彻底失去了兴趣，[她的] 世界变得越来越窄”。罗瑞 · 瓦尔布同样表示：“最好完全不要谈论战争。人们再也看不到任何似乎能通向终点的道路。”对她来说，战争已经从一场激动人心的冒险变成了“来自上天的惩罚”。[55]

随着日常生活的逐渐恶化，年轻女性开始感受到全面战争带来的越来越大的压力。尽管农场使用了外国奴隶劳工，但配给制导致了短缺，造成购物者排起长队，以及用消费品交换食品。真正的咖啡被一种味道很糟糕，名为“麦芽咖啡”（Muckefuck）的烘焙谷物替代品所取代，普通的黑面包变成了难以消化的方形“士兵面包”（Kommissbrot），其中掺入了磨碎的树皮。由于军事行动的优先权，火车变得不准点和过度拥挤，使出行令人恼火，长途旅行还需要特别的优先通行证。1944 年秋天，因为“需要人力”，雷娜特·芬克“不知道哪天就会被学校赶走”。对贝蒂娜·费尔来说，提早毕业意味着为增加军需品工厂的额外劳动力而不断降低知识水平的标准。[56]难怪人群中的抱怨越来越多，而此前一直保持沉默的纳粹批评者也开始更加公开地发表意见。

当胜利的希望破灭，战争成为“永久状态”时，纳粹领导加强
172 了巩固后方的努力。宣传部长约瑟夫·戈培尔在广播里尖叫道：“希特勒和我们的科学家将会获胜，只要我们的国家勇敢地坚持下去！”为了呼吁为战争节约能源，“在学校、市政府办公室、银行和其他公共场所”张贴的海报“警告不要偷煤（Kohlenklau）”。为了确保民族共同体的所有成员平等地受苦，另一场运动开始打击发战争财的人：“以某种借口囤积食物供应或获取配给卡将被视为重罪。”一项类似的行动试图压制谣言，阻止失败的消息传播。“另一个火车、有轨电车和公交车上的标牌上写着‘注意：敌人在监听’。”任何被发现收听外国广播（如 BBC）的人都将受到入狱的威胁。而“诋毁希特勒是罪大恶极的”。[57]惩罚措施表明，纳粹正开始失去控制。

到 1943 年年初，对人力储备的“总动员”也征召女性为战争服务。劳动部门负责人弗里茨·绍克尔（Fritz Sauckel）呼吁所有尚未就业的“男男女女应征保卫帝国”。他的命令针对的是 17 岁到 45 岁之间没有孩子的妇女，引起了“巨大的骚动”。埃尔泽·W.（Else W.）回忆说，她在没有足够食物的情况下“不得不［在军需工厂］辛勤地工作”。她与奴隶劳工并肩制作“坦克榴弹的引爆线。我们必须穿着蓝色工服和木鞋工作”。雷娜特·芬克被派到巴伐利亚乡村劳动，那里的条件很糟糕，她的制服不合身，食物也很差，但是

她“感到前所未有的自由”，因为逃离了吵架的父母。她在做“男人的工作”，很高兴能为战争做出贡献。随着男性的离去，剩下的女性“肩负起战争生产、铁路、邮局、行政管理或农业的全部重担”。[58]

女性疯狂地想让自己不去关注战争的残酷现实，这一点同样表明，尽管声称要“坚持”，但怀疑正在开始增长。一种受欢迎的娱乐形式是去看电影，欣赏像宝拉 · 韦斯理（Paula Wessely）或埃米尔 · 雅宁斯（Emil Jannings）这样的明星。为了回应公众的意愿，戈培尔让电影制作从《犹太人苏斯》（*Jud Süss*）这样的宣传片转向 173 浪漫喜剧，以让女性观众通过幻想的生活忘记自己在战时的挣扎。虽然厌恶身边仅有的那些男性的性别歧视，罗瑞 · 瓦尔布还是会去参加学生聚会，享受“跳舞、接吻、欢笑、吃喝和交谈”，并调一点情。乌尔苏拉 · 马伦多夫还是个十几岁的孩子，她不喜欢母亲与军官们喧闹的庆祝活动：“他们打牌，有时跳舞，总是喝很多酒。”与日俱增的愤世嫉俗使笑话变得粗俗，情绪变得伤感：“孩子们，享受这场战争，和平将是可怕的。”[59]

到了 1943 年，盟军轰炸袭击的增加把战争带到了后方妇女的面前，使她们的生命直接处于危险之中。当广播宣布敌机正在飞来后，警笛的鸣叫和防空炮的轰鸣声确认了它们即将到来，人们冲向防空洞，寻求脆弱的保护。起初，邻居们挤在私人地下室里看起来像是一场游戏，但当炸弹越来越近时，它很快就变成致命的。在克雷菲尔德（Krefeld）的一个公共掩体中，丽塔 · H. 看到男人在抽烟、喝着烈酒，而女人则编织毛衣来对抗恐惧。孩子和老人躺了一地，试图入睡。她描述说：“我有一种进入肮脏和混乱的地下世界的感觉。”在柏林，莉泽洛特 · G.（Liselotte G.）在日记中记录，两个半月的时间内有过 30 次空袭警报。这些空袭打断了睡眠，在平民中引发恐惧，使生活变得悲惨。[60] 但是，与盟军希望减弱德国人士气的预期相反，这些袭击只会增强他们坚持下去的意志。

当防空炮和空军拦截机都无法阻止轰炸时，人们试图通过撤退到安全地区来逃离地狱。在许多家庭，例如雅劳施（Jarausch）一家，母亲和婴儿会被从马格德堡（Magdeburg）这样的工业目标城市转移到巴伐利亚乡下的朋友家，在那里他们可以得到更好的食物，也更有可能保证安全。国家社会主义人民福利还扩大了“儿童下乡”计划的规模，将整个班级和他们的老师一起送到偏远地区。埃迪特·舍夫斯基和她的妹妹一起被转移到远离轰炸范围的上西里西
174 亚。她的寄宿家庭把她们照顾得很好。她们还要零星地上课，但这两个女孩仍然享受着不受母亲监督的自由。虽然食物匮乏，缺乏隐私，还有一些想家，但英格丽德·博克仍然深情地记得被送往波希米亚以及波罗的海沿岸的情景。[61] 尽管城市地区失去了许多非必要人口，但这种大规模的疏散将人员损失降至最低。

1943 年 5 月 31 日的一次典型袭击摧毁了位于德国西部一条河谷中的工业城市伍珀塔尔（Wuppertal）。埃丽卡·陶布霍恩还记得她的父亲如何给她看夜空中犹如圣诞树一样的东西——标出轰炸目标的照明弹。当第一批炸弹落下时，“我们从衣柜里抓起衣服，冲进地下室”。灯光熄灭，邻居们也来了，“几乎都穿着睡衣”。陶布霍恩蜷缩在父亲的大衣下，躲在角落里。“炸弹继续落下，地下室的门被冲击波撞开。一大片灰尘飘了进来。妈妈心脏病发作，爸爸只好在黑暗中照顾她。”然后，吓坏了的室友们撞破毗邻地下室的门，打开了一个紧急出口。“我们很幸运，没有炸弹落在我们的房子上”，只有院子被燃烧弹击中，他们用水浇灭了它。但在整栋楼里，“窗户被高气压冲击碎了，窗帘着了火”。[62] 幸运的是，这些人都得以逃生。

故意用磷火弹制造火焰风暴来杀伤平民的策略的结果，是整个伍珀塔尔市中心很快陷入了火海。当附近建筑物的大火威胁到她家时，埃丽卡·陶布霍恩不得不从房子里跑出来。隔壁，“一个瘫痪

的女人在呼号。她被活活烧死，因为整个房子都着了火。”她的母亲领着受惊的孩子——陶布霍恩抓着“周日烤肉和[她的]木偶”——来到一个开阔的广场，她们在那里度过了一个备受折磨的夜晚。但是她婶婶的房子被烧毁了。红十字会试图帮助受害者，向他们提供了三明治。在她叔叔曾经住过的街道上，她“只看到左右两侧的碎石”。在一个写着居住者姓名的大牌子上，有人字迹潦草地问道：“你在哪里？”但是在这些狭窄的小巷里，没有人能活着逃脱。她差点被一具尸体绊倒，“看起来像一块烧焦的人形木头”。年长些的少女 175
联盟姑娘们随后不得不拯救可能挽回的财产。[63]

经过一轮密集轰炸，各大城市看起来就像没有人可以继续生活的荒原。雷娜特·芬克担心她的家乡乌尔姆，当一封电报宣布“父母安康，买卖被毁”时，她很高兴。在休假期间，她看到“位于城市边缘的父母家的房子仍然矗立着”，她的父亲正试图修补屋顶上的洞。“我们用木板和纸板把破碎的窗户钉上”，很高兴活了下来。但第二天早上，他们“挣扎着穿过市中心冒烟的废墟。街道完全无法通行”。四下里仍然昏暗，“因为烟雾和尘埃云挡住了光线”。但是“最可怕的是恶臭。它闻起来就像把肉烧焦的味道放大了上千倍”。因为瓦砾下可能会有幸存者，“到处都是戴着头罩的人，面无表情地挥动铲子”。在被毁的家庭商店里，他们找到一个壶嘴损坏的“白色小咖啡罐”。这位少女联盟领导人“以罕见的清晰程度记录了恐惧”，但她仍然不想放弃自己的纳粹信仰。私人照片中望不到头的废墟形象地展示了柏林受破坏的程度（图 16）。[64]

空袭制造了新一批的轰炸受害者，相比逃过一劫更加幸运的邻居，他们失去了一切。只要可能，被惊呆了的地狱幸存者就会把他们的家庭成员和抢救出的寥寥无几的财物集中起来，然后走向更安全的农村，希望得到朋友或亲戚的收留。一位昔日的仆人邀请埃娃·彼得斯到她家来：“请到我们这里来，即使你一无所有。我们

图 16. 被毁的柏林。来源：肯波夫斯基收藏的照片。

将与你分享一切。”留在受损建筑中的那些人不得不埋葬许多死者，清理街道上的瓦砾，并修复自己的公寓，以在风吹雨打中有片瓦遮身。如果房子已毁，他们就会被临时安置到有足够空间但讨厌新来者的陌生人那里。即使是像罗瑞·瓦尔布这样的纳粹支持者也意识到，战火已经烧到了家里。“恐怖袭击变得出人意料地可怕……每一次袭击都有无数的人死亡，无可替代的文化价值观正在被摧毁。”[65]

176 持续的空袭也逐渐让年轻女性们明白，战时经济正在走向停滞，因为新的破坏已经无法修复了。铁轨、道岔和桥梁的破坏扰乱了交通运输，特别是当无处不在的“低空飞机”（Tiefflieger）向火车射击时。由于不能继续交付原材料，战争生产停滞不前，新的奇迹武器没有用到前线。乌尔苏拉 · 贝伦伯格指出 ：“来自柏林的信件抱怨食物供应不再充足，我们的亲戚正在挨饿。”随着配额不断缩减， 177 只有那些在农村有朋友的人才能指望获得足够的食物。此外，在 1944—1945 年的寒冷冬季，由于采矿产量下降和煤炭分配不再公平，城市居民挨了冻。埃娃·彼得斯注意到，当初“广大民众的热情支持”被“同样稳定的、宿命论的、绝望的决心所取代”。[66]

在纳粹化的女孩中间，有人企图在 1944 年 7 月 20 日刺杀希特勒的惊人消息引发了“混杂的情感”，既有恐惧，也有解脱。“邪恶的军官，卑鄙的叛徒企图暗杀我们的元首，”雷娜特·芬克表示，“但‘他’这个最伟大的德国人毫发无损。罪犯已经被抓获。”在少女联盟的升旗仪式上，她发自内心地对手下的成员谈起“忠诚和对胜利的坚定信念”。同样，埃娃 · 彼得斯对“[希特勒] 从危险中逃脱”感到如释重负 ：相比其他任何时刻，她“深爱和崇拜的元首现在似乎更不可替代”。抵抗者的阴谋非但没有加剧人们对毫无意义的战争的怨恨，反而常常适得其反，因为对一些人来说，希特勒象征着希望。“德国人民又一次最终与那位他们为之忘却自我的人紧密地团结在一起。”彼得斯回忆说，她重新下定决心，“保卫人民、家园和祖国，为存在或虚无，生或死展开最后的斗争”。[67]

尽管面对军事败退和“可怕的空袭”，忠诚的年轻女性仍然坚持对民族社会主义事业的信念。“不幸始于斯大林格勒”，罗瑞 · 瓦尔布写道，她承认了一连串的失败，包括“俄国人在东线不可阻挡的前进”和英美侵略者的胜利。“我们都在问，未来会带来什么？？？德国不能亡——但人们看不到出路。[盟军] 的优势是压倒性的。”由于不断被逆转，“我永恒的乐观和信念现在几乎完全消失了”。尽管无可辩驳的证据表明，失败是不可避免的，但这些纳粹化的年轻女性拒绝接受显而易见的结论，即她们是在为错误的目标服务。埃娃 · 彼得斯对最初的机会主义者现在“小心翼翼地保持距离”感到

178 厌恶。雷娜特·芬克信奉“尽责和尽忠”到底，她甚至报考了一所纳粹领导学院。当她心烦意乱的父亲问道：“难道你看不出一切都结束了吗？”她只能结结巴巴地说：“我——不——知道。”[68]

前线和后方战事的吃紧也压制了对第三帝国真正受害者的任何同情。当雷娜特·芬克看到，因为与一名法国战俘偷情，“有个女人被绑在颈手枷上，头发被剪掉并遭人吐口水”时，她的母亲表示：“这是战争，必须采取严厉的措施。敌人正在无情地试图摧毁我们。”与农场的奴隶劳工或囚犯坐在同一张桌子边让芬克很不舒服，即便她已经意识到他们只是和她自己一样的人。当她的哥哥维尔纳“恐惧而不安”地从东线归来时，她感到震惊。哥哥告诉她说，铁轨“被饥饿的妇女和儿童包围了”，他们大喊，“面包请，面包请！”[原文如此]。她不会忘记早些时候在一队被驱逐出境的人中看到一位犹太同学令人难忘的眼睛，因为“从此[她]明白了”。她想知道为什么另一位在东线“有过可怕经历”的朋友被送进了精神病院。[69]但对自己生命的担忧往往超过对人的同情心。

1944—1945年的冬天，情况变得“令人恐惧，战争正在接近[德意志帝国的]边界”。“战斗变得越来越残酷。前线败退了，”乌尔苏拉·贝伦伯格回忆道，“城市遭到轰炸。在我们村子里可以看到斯德丁方向的火光。”当红军攻占东普鲁士并向奥得河进发时，美国人正在进攻亚琛（Aachen）并试图渡过莱茵河。虽然逃跑的士兵预示着即将战败，但既没有“官方警告”，也没有任何“平民疏散计划”。马伦多夫家和其他家庭不得不自己决定何时“打包我们的物品”，因为随着敌人的推进，西里西亚已“不再安全”。关键问题变成了“什么时候轮到我们逃走？”如果走得太早，可能会失去所有财产；但如果留守原地，可能就再也出不去了。当军方将一些人员撤退到后方时，许多平民一直等到为时已晚。[70]

179 特别是在东部阵线的后方，关于俄国人暴行的传言像野火一样传播开来，纳粹的宣传部门煽风点火，试图利用对被报复的恐惧来发动军队进行殊死防御。当国防军夺回东普鲁士的内梅斯多夫村时，“我们的士兵发现了被强奸和肢解的妇女、儿童和老人的尸体”。他们被不分青红皂白地屠杀了。根据乌尔苏拉 · 马伦多夫的说法，戈培尔充分利用了这场大屠杀，他在广播讲话中尖叫道:“我的同胞们，如果你们投降，那就是等待你们的东西！我们永远不会投降。你们一定要战斗到最后一滴血！”一家战地医院里受伤的士兵们知道，红军是在报复国防军以前犯下的暴行：“当我们中的一个人被游击队的子弹击中时，我们必须杀光整个村子——老人、妇女，甚至孩子”，特别是犹太人。[71] 因为德国人不能指望即将到来的征服者会心怀仁慈，他们只能寄希望于逃往西方来躲避报复。

在战争的最后几周里，纳粹党地方领导人的懦弱逃跑让那些试图坚持纳粹信仰的年轻女性们幻灭了。“当俄国人突进时，”一名士兵向志愿护士解释道，“你必须知道如何［使用冲锋枪和反坦克枪］保护自己。”另一天早上，一位少女联盟高层领导命令她们去战斗：“你们可能会英勇地死去……你们可能会被俘虏……他们会把你们带去西伯利亚，但记住你们是骄傲的德国女孩。保持你们的纯洁。”但第二天，这名纳粹官员走了，抛下了她心慌意乱的队员们。当女友抱怨说“大人物们逃去了西方，让我们这些孩子收拾烂摊子”时，乌尔苏拉 · 马伦多夫终于明白，“我们的‘领导者’正在抛弃我们”。这种成年人的背叛激怒了她，当希特勒亲手结束了自己的生命时，她“彻底迷惑和糊涂了”。出于绝望，她甚至与其他少女联盟的领导一起签署了自杀协议，但幸运的是没有付诸实施，因为她意识到“我想活着！”[72]

随着战线的逼近，恐慌在被遗弃的平民中蔓延开来。首先逃跑的是波罗的海的德国人和东普鲁士人，他们被迫抛下了自己的家园、牲畜和财产。在像伊萨 · 冯 · 德 · 戈尔茨（Isa von der Goltz）伯 180

爵夫人这样的贵族妇女或坚定农民的带领下，整个村庄的人都向西撤退，来到位于帝国腹地的安全地带。从1944年年末开始，乌尔苏拉·马伦多夫就开始目睹这种徒步迁徙，“马车上高高地堆放着行李箱、床上用品、干草捆，还有老人和孩子。人们在逃难，他们浑身泥泞、面色铁青、沉默不语，车轮在雪上嘎吱作响”。道路拥挤不堪，马车一辆紧挨着一辆行驶，而路中央被留给军用车辆。最初，纠察、国家社会主义人民福利或红十字会试图在夜间提供庇护所和食物，以抵御冬天的严寒。但一开始还有点秩序的人流很快就完全陷入了混乱。士兵和平民都急于逃脱一个每小时都在进一步收缩的陷阱。露特·魏格尔特回忆说：“我只想躲起来，什么都看不见，听不到，感觉不到。”[73]

在东部城市，与朋友或家人在一起的女性越来越多地无视对“仓皇出逃的禁令”，乘坐最后一班火车、军用卡车或任何能让她们逃离即将到来的红军的交通工具离开。1945年2月1日，沮丧的雅各比娜·维托拉“开始了穿越弗里舍哈弗湖（Frische Haff）*冰面的跋涉”，在寒冷中步行30公里，前往但泽的一个难民营。许多驾着马车的农民因为冰层破裂而被淹死，一些难民被苏联飞机击中，而婴儿和老人则“死于严寒或筋疲力尽”。但是雅各比娜和一个朋友很幸运地遇到了几个水手，他们邀请两人上船。经过整晚的狂欢，船长居然允许她们留在这艘小军舰上，把她们安然无恙地送到基尔（Kiel）。虽然为失去家园感到难过，但她还是乘火车去了哈默尔恩。在那里，她的父母看到她还活着，欣喜若狂。相比之下，其他许多挤满了难民的船只被俄国潜艇击沉，比如军队运输船“威廉·古斯特洛夫号”（*Wilhelm Gustloff*），一下子造成多达9000人丧生。[74]

西里西亚人收到了更多警告，他们已经能够看到来自更东方的

* 今维斯图拉潟湖。——编注

大批难民。当俄国人的攻势暂时停止时，一些人选择留下来，其他人撤退到山里的安全地点。由于丈夫在附近作战，露特·魏格尔特不知道何去何从：“就这么走吗？抛弃家园？”英格·林道尔（Inge Lindauer）的家人决定在 1945 年 2 月乘坐红十字会的火车，途经 181
图林根州逃往奥地利–巴伐利亚边境。到了 3 月份，对布拉格的第一次轰炸行动让露特·布尔文明白，她必须和襁褓中的布里吉特一起逃亡。“我们的房子没有被击中，但是我们终于觉醒了！”通过仍在运转的邮政服务，她先期送走了部分财物，并获得了旅行许可。但仍在运行的几列火车过于拥挤，以至于她不得不挤过挂在车门口的人才能上车。她和孩子被挤散，听到了孩子的哭声。后来孩子被从窗户提了进来，她设法找回了女儿，最终来到鲁多尔施塔特（Rudolstadt）的姑妈家。[75] 在逃亡途中，受惊的难民目睹了无法形容的场面，既有无情的利己主义，也有无私的帮助。

肆虐的恐惧甚至蔓延到德国西部地区，迫使年轻女性考虑如何应对美国人的到来。在阿尔蔡，罗瑞·瓦尔布焦虑不安地帮助她工作的军用牙科诊所收拾打包，却不知道它将迁往何处。3 月下旬，她在日记中写道：“敌人入侵了我们亲爱的祖国，我逃跑了。”一位忧心忡忡的药剂师警告她不要留下来，因为“美国人也许没有那么残忍，但你不应该有任何好的期待”。虽然“不知道该怎么办”，但罗瑞还是把她的东西装进背包，离开心烦意乱的母亲，骑自行车去了位于更后方的一个村庄，那里住着她的一个女友。尽管遇到了爆胎和低空扫射的飞机，她还是骑行了 230 公里，沿路遇到了来自曼海姆（Mannheim）的悲伤难民，直到最后到达埃宾根（Ebingen）。在那里，她“受到了如此亲切和温暖的接待，让她感觉几乎像在家一样”。[76] 战争接近尾声时，可能有一半的德国人都在迁徙，试图找到一个安全的地方。

那些太晚离开东普鲁士、波美拉尼亚或西里西亚的年轻女性最终被前进中的红军追上。乌尔苏拉 · 贝伦伯格从未忘记，当父亲已经把东西装上马车后，当地纳粹领导人用手枪威胁他留下马匹。“我们都绝望了。”但突然间，乌克兰奴隶劳工带着一支队伍出现了，他们都得以驶入森林躲藏起来。他们在防水布下面紧紧地依偎在一起，因为晚上太冷了。“可怕的恐惧使我们都无法动弹。我哭了好
182 几个小时。”第二天，外国人示意“战线已经过去了”：他们活了下来，可以回到村子里去了。同样地，乌尔苏拉 · 马伦多夫和其他护士一起夹在士兵和平民的混乱中逃亡，“每个人都在逃命”。在一个混乱的夜晚，“俄国人在苏台德山区追上了我们”，但她安然无恙，踏上了回家的危险之路。[77] 多达 100 万名其他妇女和儿童就没有这么幸运了，她们在撤离东方的大规模逃难中丧生。

女性对红军的部分恐惧被谣言和宣传放大，集中在担心德国士兵的命运，因为最后的战斗是如此暴力。由于没有听到在行动中失踪的儿子的任何消息，一位忧心忡忡的母亲一直希望他可能还活着。雅各比娜 · 维托拉在 1946 年收到一张明信片，证明她的丈夫生活在苏联战俘营，这让她大大松了一口气。亲人担心在回家路上脱下军装的士兵会被发现并被送往西伯利亚。乌尔苏拉 · 贝伦伯格回忆了像她父亲这样的平民是如何也被抓捕的 ：“俄国人正在把这些人带走。爸爸来不及穿鞋就被人从面包店里抓走。”她的母亲不知所措地说 ：“爸爸走了，现在我也要死了。没有丈夫，我活不下去。”她拒绝进食，躺在床上，几天后就去世了。[78] 红军的残暴超出了合理的安全考虑，在德国人的记忆中留下了持久的怨恨。

女性关心的另一个方面是她们的财产会怎么样。由于“我们的敌人一直被描绘成野蛮人，”英格丽德 · 博克回忆道，“我们把最宝贵的东西埋在地下。”当然，希特勒的照片、纳粹的徽章，以及其他任何可能把人同第三帝国牵扯起来的东西都被丢弃了。乌尔苏拉 · 贝伦伯格回忆说，当骑马的俄国士兵威胁要向德国妇女开枪时，

他们“看起来令人生畏”。“衣柜和抽屉被扯开，钞票和文件被撕碎，贵重物品被带走。”同样，乌尔苏拉·马伦多夫描绘说，在她逃亡的途中，“时不时……有俄国士兵冲出队伍，向难民索要手表或珠宝”。有一次，“当那人把第10块或第11块手表推到手臂上的时候”，她甚至笑了起来，“他也对我们咧嘴笑了笑”。[79]除了掠夺这一军人们由来已久的欲望外，还有很多无端的破坏，也许是出于对大多数 183
德国家庭生活水平优越的怨恨。

女性最大的焦虑是，当性饥渴和醉醺醺的俄国士兵为国防军对俄国妇女做过的事来寻求报复时，她们如何使自己的身体不受侵犯。重要的是逃避可怕的命令“女人，过来！”以免被尖叫着拖到树林里。德国女性想出了绝望的策略来逃避这不可避免的灾难。一些足够年幼的青少年“穿得像个男孩”。其他女人穿破烂的衣服，用灰烬弄脏自己的脸，在身上涂抹鲜血，或者抱着哭闹的孩子，好让自己失去吸引力。在被一名乌克兰奴隶劳工从第一次强奸企图中救出后，乌尔苏拉·贝伦伯格躲到自家的阁楼里。乌尔苏拉·马伦多夫和一位女友仍然在西里西亚一列常驻的医疗火车上担任护士，她们“爬进橱柜底下”，受伤的士兵就躺在他们面前。“整个晚上，我们都听到女人的哭喊，男人的咒骂，孩子的尖叫，车门被不断打开又关闭。”[80]靠着这样的巧计，她安然无恙地逃脱了。

对于不那么幸运的女孩来说，被强奸的经历是如此可怕，以至于这种震惊会一直铭刻在她们心上，“整整一生”。母亲死后，乌尔苏拉·贝伦伯格不再试图躲藏。几天后，一个“蒙古人走进房间”，抓住她，拖着她一起走。当她试图跑向墓地时，对方把她推到了一个满是垃圾和油的车库里。“他用自动手枪指着我的头，把衣服从我身上扯了下来。我感到痛苦、厌恶和恐惧，与男人的第一次接触就遭遇了暴行。我月经来得很多，腿上都是血。”事后，她“一个人躺在那里，只有一个想法和愿望，就是能够去死”。但即使经历了这种难以忍受的痛苦，“我心中却产生了反抗力。我又开始活了过来”。多达 200 万妇女有同样的可怕经历，其中包括埃迪特 · 舍夫斯基，她为了拯救其他母亲和儿童而牺牲了自己。“给我带来的心理创痛是无法修复的。”这种侵犯造成的耻辱是如此之大，以至于成为一种禁忌，使准确的统计变得不可能。[81]

184 年轻女性以不同的方式应对这种痛苦的经历，有的自杀，也有的不当回事。由于人们对“这种性行为”的普遍无知，最困难的部分是在陌生士兵的欲望面前“无能为力的感觉”，以及失去对自己身体的控制。一名受害者回忆道，当抵抗是不可能的时候，“我干脆让它发生在我身上”。求生方式之一是让自己与无法阻止的东西保持距离：“这不是你自己，这只是身体，可怜的身体！你离得很远，很远。”上流社会的女性对自己的纯洁发展出了理想化的版本，她们大多认为强奸是一种深重的侮辱，是对她们荣誉的玷污，将永远玷污她们。下层阶级的女性在面对不可避免的事情时更加现实，认为她们被侵犯仅仅是“战争创伤”。女性的团结常常能提供帮助，无论是互相保护，还是分担可怕的经历。虽然一些女性结束了自己的生命，但绝大多数人找到了继续生活的勇气，因为她们感到孩子或父母需要自己。[82]

作为一种集体的性别命运，1945 年春夏红军的大规模强奸是系统性产物，目的是报复“[德国人]在他们的土地上所做的事”。虽然作为胜利者的西方士兵也强奸了战败国的妇女，但在苏联的案例中，这种行为显然过于频繁，很大程度上得到了上级的纵容。[83]只有一些像列夫 · 科佩列夫（Lev Kopelev）这样的正派军官才会出于同情心而试图阻止这种做法。像玛尔塔 · 希勒斯（Marta Hillers）扣人心弦的记述《柏林的女人》（*A Woman in Berlin*）这样的日记作品显示了这种性暴力狂热的特殊性。由于纪律的崩溃，士兵把各个年龄段的女性都当作强奸对象，从没到青春期的女孩到年迈的祖母。在大量伏特加的刺激下，他们对女性的凌辱不止一次，而是反复多次、成群结队。他们经常使用身体暴力，甚至杀死无助的受害者。如果被侵犯的女性活下来，她们不得不担心怀孕，寻求土方或愿意帮助堕胎的医生。许多德国男人无力阻止暴行，反而责怪自己的女人，使这种耻辱雪上加霜。[84]

甚至在战斗结束之前，第三帝国就已经在混乱中解体，因为纳粹失去了对自己人民的控制。最初，东部难民的到来和轰炸后的清 185
理行动被沿途纠察或国家社会主义人民福利的妇女“组织得很好”。但是，当纳粹的官员自顾逃命时，甚至在这些城市被征服之前，那里的公共秩序就已经消失了。同样，“凡是挂白旗的人都要绞死”这种毫无意义的命令也不能阻止勇敢的市长或个别房主表现出投降的意愿。甚至宪兵“吊死所有试图逃跑的男人和男孩”的做法也未能阻止个别士兵或整个部队为了被美国人俘虏而逃向西方。与此同时，为了报复之前受到的折磨，一些饥饿的奴隶劳工开始造反和四处施暴。甚至连德国平民也开始抢劫食品店和军用仓库。“目之所及，到处都是疯狂和徒劳。”当西里西亚被波兰人占领时，露特·魏格尔特叹息道：“我相信我们失败了。”[85]

纳粹秩序的崩溃使生存成为个人的挑战，帮助年轻女性从社会限制中解放出来。当公共权威崩溃时，她们不得不对自己负责，依靠家庭联系或无论多么短暂的友谊来互相帮助。女孩和年轻妇女开始疯狂地设法确保获得食物和住所，以及逃避敌人的掳掠。无视禁止开小差的命令，为国家劳役团工作的阿格内斯·莫斯曼干脆跑回了家。不顾母亲的反对，罗瑞·瓦尔布与一位女友离家前往施瓦本阿尔卑斯山区的一个偏僻村庄避难。母亲不愿离开激怒了乌尔苏拉·马伦多夫，她依靠为受伤士兵服务所提供的保障，跟随自己的军医院向西进入波希米亚。雷娜特·芬克拒绝接受纳粹帝国分崩离析的说法，离家逃到一位少女联盟领导人那里，后者建议她“回家”

照顾她的母亲。“你必须活下去。已经有太多人死去了。”[86]

对于纳粹化的青年来说，理想的破灭相当令人震惊，因为这需要他们承认自己追随了错误的偶像。像克里斯特尔 · 拜尔曼这样的温和派大多只是松了一口气：“我们没有欢呼。我们哭了。轰炸已
186 经停止。对我们来说，战争已经结束了。”但是，像罗瑞 · 瓦尔布这样的民族主义者觉得，“很难相信为这场战争所做的无数牺牲都是徒劳的”。她认为投降虽然必要，“却是非常可耻和羞辱的”。像埃娃 · 彼得斯这样的纳粹忠实信徒对机会主义者如何“试图从正以前所未有的速度快速驶向灾难的火车上跳下”感到震惊。她不得不面对兄弟们的死亡，痛苦地表示：“解放？——是的，把我从热爱和珍视的一切东西中解放出来。”同样，少女联盟领导人雷娜特 · 芬克顽固地坚持她的信仰：“我看到末日已经到来，这将是可怕的和不可想象的。但我想要坚持我说过的一切。即使是现在，我也属于元首。”[87]

尽管如此，“巨大的民族灾难”仍然对女性支持纳粹主义的做法提出了令人不安的疑问，并引发了旷日持久的自我反省。乌尔苏拉 · 马伦多夫承认：“在战争最后的日子里，随着我对纳粹领导们感到幻灭，我在希特勒青年团领导层中学到的很多东西开始消逝。”埃娃 · 彼得斯仍然对再教育感到不满，哀叹“‘政治启蒙’的无限愚蠢和愤世嫉俗的虚伪”。但彻底的失败和纳粹的累累罪行让罗瑞 · 瓦尔布意识到，“所有的信念，所有的牺牲都是徒劳的”。她一次又一次听到：“我们一定积累了巨大的罪恶，特别是党卫队一定做了可耻的事情，我们甚至不知道他们犯下了什么暴行。”这种未经删减的信息促使雷娜特 · 芬克有了“一种可怕的认识：我忠诚地试图留在心里的一切都变成了悔恨和羞愧”。当第三帝国崩溃时，一场痛苦的自我反省开始了。[88]

同谋的代价

女性作者对她们在第三帝国中扮演的角色含糊其词，因为她们试图调和自己早期对纳粹的热情和后来的幻灭。对奥斯维辛之前的纯真青春的怀旧让人想起许多正面的回忆。但做出诚实的描述也迫使她们承认“我们大多数人，无论男孩或女孩，都曾‘全心全意’地参与过”纳粹的统治。只有“在战争经历的压力下，才开始了祛魅和反思的过程”，当德国的全部罪行被曝光后，这个过程加速了。187
“直面［她们的］合作行为”引发了一场相当痛苦的自我反省，将早先幼稚的自我与后来的批判性自我进行了比较。克里斯特尔·拜尔曼、雷娜特·芬克、乌尔苏拉·马伦多夫、埃娃·彼得斯和罗瑞·瓦尔布都以各自的方式受到“愤怒、悲伤、羞愧和懊悔”的困扰，促使她们在自传中展开探索。[89] 因此，她们写下了撕裂的文本，正面的记忆与负面的结果在其中密不可分地联系在一起。

总体而言，这些自传显示，女性拥有不同于男性，但同样充满考验的战争经历。只要德国国防军还在获胜，许多人就遵循传统的模式，照顾家庭、应付物资短缺和维持后方生活。与此同时，为了应对与男性的分离，她们给士兵们写信和寄包裹，以保持他们的士气。但当战事升级为全面战争且伤亡增加后，她们开始更加积极地支持战争：在军需工厂辛勤工作，与农场的奴隶劳工一起种植粮食，担任国防军助理、高射炮助手或医院护士等军事辅助角色。阿格内斯·莫斯曼为自己在一家防空炮工厂工作辩解说，那只是“自卫”。特别是对军队的 50 万、防空组织的 50 万和护理部门的 40 万女性来说，战争动员为她们开启了晋升和脱离家庭的道路。在庶民解放中，妇女对维持战事进行的战时生产做出了重要贡献。[90]

这些个人的回忆也表明，民族社会主义得到了比战后所承认的更多的支持。像埃迪特·舍夫斯基这样虔信宗教的年轻人或者像埃丽卡·陶布霍恩这样来自工人阶级的青少年与纳粹保持着距离，“有时还会反对希特勒”。但像英格丽德·博克这样不关心政治的大多数女性仍正常上学、参加职业培训或从事战争生产，努力过着正常的生活，不经意间因为自己的行为维持了政权的稳定。而像吉塞拉·格罗图斯这样更加公开的民族主义者个体则愿意作为护士为四面楚歌的祖国服务，将爱国工作视为自己的战时职责。最热心的是
188 像埃娃·彼得斯这样的少女联盟领导人，她为德国的胜利喝彩，认为对犹太人的迫害是正当的，拥护纳粹在东方的帝国主义。诚然，这类“对希特勒和大德意志帝国怀有不可动摇信仰”的狂热分子仍然是少数，但正是她们对民族女性理念的热情拥护迫使她们不热心的同龄人维持了战时生产。[91]

因为这种同谋行为，出生在魏玛时代的年轻女性付出了可怕的代价，导致她们自己的生活、家庭、城市和国家被毁灭。起初，遭受苦难的只有犹太人、共产主义者和其他受迫害对象。国防军增加的死亡仅限于男性，比如这些女性的父亲、兄弟或爱侣，他们亲手杀过敌人。但随着转向全面战争，女性自己也成了密集轰炸的目标，有 60 万到 80 万平民因此丧生，其中大部分都是女性。同样，对“俄国人要来了”的恐慌使得约 1200 万人绝望地逃离东部纳粹控制地区和德国省份，这又导致或许 100 万人丧生，其中大部分同样是女性。胜利方的士兵——大部分是红军——犯下了多达 200 万起强奸，对象都是女性。[92] 尽管女性死亡总数低于男性，但这些牺牲的规模仍然大得惊人，在集体记忆中留下了血腥的印记。

在这样的可怕经历之后，难怪很多年轻女性构建了受害者叙事来解释她们的苦难。大多数人专注于自己在“逃亡、饥饿、驱逐、强奸、失去家园［和］与家人分离”中的痛苦，只是“抱怨、呻吟、诅咒和为自己感到难过”。像莉泽洛特·S. 这样单纯的人声称，恐惧“像命运一样降临到我们身上，至少对于像我这样的女孩来说如

此”。而像罗瑞·瓦尔布这样更老练的观察者则谴责俄国人和其他敌人犯下了“抢劫，可能还有谋杀”的暴行，同时指责英国和美国人的“轰炸恐怖”。失望的纳粹支持者，例如露特·布尔文，也认为党的领导人应该对她们的痛苦负责：“我们被背叛了……被孤零零地留在了我们的不幸中。”只有少数清醒的观察者“认识到［她们］ 189
曾忠于邪恶”。雷娜特·芬克对彻底的战败感到震惊，承认自己也要对这场灾难负责，她写道：“为了寻求安慰，我让自己被一个巨大的谎言俘虏了。”[93] 这种洞见推广到其他人需要几十年的时间。

第六章

受害者的苦难

火车一刻不停地向东行驶。拥挤的牲口车厢里，囚犯们挤作一团，被令人作呕的恶臭熏得喘不过气来。当火车停下时，党卫队士兵拉开了门，咆哮着命令“出去”“快点”。乌克兰犹太人安娜·弗伦克尔跌跌撞撞地走下斜坡，意识到她被带到了奥斯维辛集中营，“一个死亡营”，在那里“只有万分之一的人还能活着！”她在电栅栏之间行进，经过“一堆烧焦的尸体”，决心竭尽所能地活下去。“看到的东西让我如此恐惧，以至于我再没有力气感到震惊了。”一名年长些的囚犯解释说，从火化间冒出的浓烟表明，“所有今天抵达的犹太人都已被立即带到那里”。然后，弗伦克尔被脱光衣服，剪掉头发，手臂上被刺了一个数字。但因为她年轻健康，所以在挑选过程中幸存下来。1944 年 4 月这幕抵达地狱的画面被重复了几千次，展现了终极的迫害。[1]

最初，这种集中营针对的不是犹太人，而是第三帝国的潜在反对者。根据弗里茨·斯特恩的说法，“人们太容易忘记，民族社会主义的第一个受害者是它的国内政敌，那些曾经战斗过，并在过去的选举中有时还击败过纳粹的勇敢的人”。1933 年掌权后，冲锋队逮捕了数千名反法西斯主义者，大大超出了普通监狱的容纳能力。
191 因此，冲锋队在达豪（Dachau）和奥拉宁堡（Oranienburg）等城镇附近的工厂或田野建立了临时拘留中心，以便将左派分子从公共生活中清除，并通过暴行施加恐吓，让他们默许纳粹的统治。在公开场合，集中营被描绘成再教育的设施，旨在通过纪律和艰苦劳动来教育囚犯尊重新秩序。[2] 最终，党卫队接管了控制权，将受害者圈子扩大到反社会者、同性恋者、辛提人和罗姆人，以及其他被排除在国家共同体之外的人。但最终，纳粹制度无法无天的恐怖主要集中在了犹太人身上。

对犹太人的迫害是一个复杂的过程，因为它涉及在语言学和法律上对他们与非犹太德国人做出复杂的区分，以及将他们的混合身份重新认定为完全的犹太人。即使在受到迫害时，共产党人也仍然是德国人，但是当犹太人被剥夺德国身份时，他们只剩下了宗教或种族身份。被排除在国家共同体之外是一种令人震惊的侮辱，特别是对于成功被世俗化和同化的家庭而言，例如弗勒利希家和斯特恩家，他们觉得自己符合“德国人”一词的全部含义。此外，接二连三的法令剥夺了他们的生计，而被取消公民身份使老一代人不知所措。突然之间，他们被迫找回许多人知之甚少或几乎不关心的犹太根源，获得新的自我形象，以便在一个被隔离的社会中生活。对于年轻一代来说，这种重新发现经常会开启犹太复国主义承诺的激动人心的过程，但对他们的父母来说，这威胁到了他们一生的情感所系。[3]

记忆的政治在声称自己是受害者的各个群体之间制造了一种奇怪的竞争。在东德，大多数第三帝国的反法西斯主义异见者被认为是“法西斯主义受害者”，这样才能把他们变成共产主义的英雄。在相邻国家，奴隶劳工、种族清洗的难民和战争死难者都是民族殉难故事的榜样。随着对大屠杀的感性认知变得更广泛，犹太人在受迫害群体中占据了首位，因为只有他们是被彻底歼灭的目标，甚至无视为战争生产服务的扭曲逻辑。[4] 足够令人惊讶的是，德国士兵和平民也开始强调自己在前线和后方受的苦难，声称自己是纳粹领
导层的受害者。由于批判性记忆坚持受纳粹迫害者的优先地位，德 192
国人常见回忆中对受害者身份的强调造成了一种令人不安的冲突，抹除了因果差异。[5]

对抗这种混淆的一种方法是更仔细地观察政治对手或种族受害者讲述的故事，这些故事描绘了无法言说的恐怖和强烈的痛苦。幸存者记录了他们的生活如何在纳粹的施压下分崩离析，以及关于移民无休止的争论，直到再也来不及逃脱。被关进党卫队监狱或集中营的人讲述了他们为生存而进行的绝望斗争，许多卑鄙残忍的行为与少数善意之举形成了鲜明的对比。他们的叙述代表了被施压者扼杀的未能发出的声音，但对那些死去的人，则只提供了间接且有失偏颇的理解。这些自传还讲述了地下反法西斯组织、俘虏和盟军英勇的抵抗行动，这些行动最终打败了第三帝国。由于自传中承载的情感，露特·克吕格建议说，需要以批判性的同情来阅读这些证言："无论是传统的宽恕还是殉难者崇拜"都不能真正解释其中记录的可怕经历。[6]

纳粹的迫害

对希特勒来说，"打击马克思主义"既是重振文化的意识形态目标，又是巩固权力的现实需要。从一开始，纳粹运动就谴责马克思主义对文化传统的腐化影响，谴责布尔什维克夺取了俄国政权。此外，当大萧条期间失业工人将社会革命视为他们过上更好生活的唯一希望时，他把激进的共产党视作政治对手。在街上和啤酒馆里，希特勒青年团和冲锋队与共产党青年团和红色旅为控制公共空间而

发生争执，他们一边高呼希特勒或斯大林的名字，一边殴打甚至杀死他们的敌人。1933 年 2 月 27 日，纳粹领导人指责一名荷兰共产党员对国会大厦纵火，他们趁机以维护秩序为借口，监禁了大多数共产党和一些社会民主党的领导人，以及一些资产阶级民主派。只有靠镇压左派，纳粹的统治才能稳固。[7]

193 此后，反抗希特勒的工人阶级青年和知识分子别无选择，只能在地下继续斗争。为了继续下去，他们开始采取“隐蔽的阶级斗争形式”，组建秘密小组，并采用代号。在秘密会议上，反法西斯青年学习马克思主义经典，对“革命预言”展开热烈辩论。他们伪装成青年运动的普通成员，在乡村徒步旅行，讨论纳粹对公共生活侵扰不可阻挡的扩张，表达对纳粹党领导的失望，并坚定了他们对苏联作为更美好未来的灯塔的信念。像海因茨 · 策格尔这样更大胆的人则用偷藏的印刷机印制传单，在工厂墙上涂写反纳粹口号，例如“希特勒意味着战争”和“共产主义万岁”。为了保持勇气，他们把对被镇压的愤怒转化为“用一切手段进行抵抗的坚定决心”。[8]

这种“非法活动”的业余性质使得盖世太保很容易逮捕参与其中的社会主义青年。刚满 18 岁的策格尔被他的母亲叫醒，大喊“警察来了”。和他的几十个朋友一样，他被带到莱比锡警察监狱，遭到审讯和殴打，被咒骂是“赤猪……我们会揍扁你的”。他几乎没能认出他的组长库尔特·伦格(Kurt Lenge),因为后者的“牙齿断了，眼睛肿了,脸上青一块紫一块”。在他与其他囚犯的几次接触中,“我们互相支持，坚持不屈服”。几个月后，茨维考（Zwickau）非法法庭判处这 70 名左右的年轻共产党人长期监禁。由于年轻，策格尔只被判在包岑(Bautzen)臭名昭著的“黄色痛苦”监狱中服刑 9 个月，从事将布拆成线的劳动。作为“死硬分子”，他没有得到任何特权，但他为坚持自己的信念而自豪。成千上万其他年轻的社会主义者，包括青年领袖埃里克 · 昂纳克（Erich Honecker），也经历了同样的命运。[9]

对于国内的反对者，纳粹建造了臭名昭著的集中营——这是大规模监狱的委婉说法——比如在文化城市魏玛外的布痕瓦尔德集中营。这个集中营建于 20 世纪 30 年代末，由党卫队骷髅师按照愤世嫉俗的口号“无论对错，都是我的国家”进行管理。根据社会主义者莫里茨 · 察恩维策（Moritz Zahnwitzer）的说法，这个集中营关押着“政治犯、罪犯、基督复临安息日会成员”，后来又加入了反 194
社会者，最后是犹太人。“给人的第一个整体印象是，德国的腹地正在建立一座城市，那里的囚犯必须从事奴隶劳动。”为了给党卫队建造兵营，囚犯们在采石场工作：“劳动很辛苦，食物不足，饥饿如影随形。”只要有一点点借口，狱警就会以工作太慢，试图逃跑，或者只是为了好玩而杀害犯人。一个著名的受害者是新教牧师保罗 · 施奈德（Paul Schneider），他因宗教信仰而被单独监禁了 16 个月。虽然声称是对囚犯进行“再教育”，但事实上党卫队试图通过残忍施虐的方式“消灭纳粹制度的反对者”。[10] 希特勒对反犹主义甚至更加狂热，但在说服民众采取激进措施时必须更加谨慎。诚然，骨干分子认同尤利乌斯 · 施特莱歇尔（Julius Streicher）在《冲锋报》上的性漫画“政治色情”中所表达的狂热。但是，即使对犹太人有一些共同的社会偏见，大多数人更专注于克服大萧条的后果或扭转军事失败，而不是对德国人民的“种族净化”。此外，许多德国人认识他们自己认定的“正派犹太人”，认为这些人是例外，视其为称职的医生、律师和银行家等。虽然宣传压力逐渐说服大多数非犹太人切断他们与犹太朋友的私人联系，但少数勇敢的反法西斯主义者依然维持着这种关系。[11] 与对压制共产主义的广泛认可相比，需要更多时间才能说服大多数德国人接受迫害犹太人的必要。

部分困难源于在融入方面的巨大成功，这使许多犹太人与他们的非犹太人邻居难以区分。只有在柏林的军械库区工作，身着长袍、留着侧边发辫、说意第绪语方言的东欧新移民才接近反犹主义的刻板印象。许多有名望的家族，像贡珀茨家，都是“信仰犹太教的德国人”，他们遵守自己的正统宗教，但对在第一次世界大战期间服役感到自豪。其他不那么虔诚的人，如安格雷斯家族，有时会前往
195 改革派犹太会堂，将德国和犹太人的节日习俗混合起来，有时还会选择非犹太人的配偶，不会特别关注自己和现在的“雅利安”朋友之间的文化差异。像斯特恩家这样甚至更世俗化的人完全过着德国人的生活，对种族差异只有模糊的回忆。用彼得·盖伊的话来说，根据职业、身份、行为和通婚情况判断，“他们是德国人”。[12]

直到 1933 年，德国犹太人的防御策略都足够有效，暗示挥之不去的偏见将在未来被克服。在地方层面，参与公共慈善活动为他们在非犹太人社群赢得了许多好感。在国家层面，德国 50 万犹太人中的大多数把票投给了支持解放和法律平等的自由民主党（Free Democratic Party, FDP）和社会民主党。犹太老兵——经常戴着铁十字勋章——聚集在全国犹太前线士兵联盟中。这是一个民族主义组织，旨在强调他们在第一次世界大战中不成比例的牺牲。更温和的犹太人属于德国犹太信仰公民中央协会，该协会的名字表明，其 6 万成员认为自己既是犹太人又是德国人。最后，越来越多的年轻一代追随了犹太复国主义的号角，但没有真正前往巴勒斯坦。这一系列强大的组织意味着他们在德国的未来是安全的。[13]

因此，纳粹对犹太企业的抵制、对公务员的清洗，以及对高等教育的限制都是可怕的意外。1933 年 4 月 1 日，政府宣布“犹太人拥有的所有买卖都必须在这一天关门歇业”。照片显示，身穿制服的冲锋队男子质问：“难道你不知道这是一家犹太商店吗？”试图借此来劝阻购物者。（图 17）一周后，纳粹政权以“重塑公务员队伍”为借口，清洗了担任公职的左派和犹太人，只有参加过第一次世界大战的老兵除外。这种禁令甚至延伸到私人执业的律师身上，它摧

图 17. 冲锋队抵制一家犹太人的商店。来源：普鲁士文化财产基金会。

毁了专业人士的生计，标志着德国人不会再与犹太人做生意。与此同时，政府宣布，为了减轻大学的过度拥挤，犹太人接受学术培训的机会将被限制在 1% 以下，等于他们在人口中的比例，从而让他们无法 196
接受高等教育。虽然对这些严厉的措施感到震惊，但中央协会的领导人还是决定仅仅寄希望于风暴将会平息，就像过去经常发生的那样。[14]

冲锋队的残暴和国家的无法无天引发了第一波逃往奥地利和其他可能欢迎说德语者的邻国的浪潮。假如不想像社会民主党人库尔特 · 舒马赫（Kurt Schumacher）那样最终被"保护性拘留"的话，著名的纳粹反对者们别无选择，只能逃往国外，尤其如果他们既是犹太人又是左派的话。就连萨穆埃尔 · 凯尔（Samuel Keil）这样的普通犹太人也决定逃往维也纳，因为警察不再能保证他在德国的安

197 全。有一天，一群穿着棕色衬衫的人冲进他的仓库，“开始把一箱箱鸡蛋推下储存架”，觉得这种破坏很好笑。当拿着铁十字勋章的老兵职员抗议时，他们扯下了“他脖子上的勋章”，还强迫他拖地。杰克·凯尔回忆起他父亲的屈辱：“我以前从未见过男人哭泣。”像斯特恩家这样条件更好的家庭也觉得“不安，决心移民”。但在发现法国的就业前景尚不明朗后，他们决定留下来。[15]

当他们的父母为重大决定而苦费思量时，青少年在犹太青年团体中寻求庇护，这在很大程度上仿照了德国青年运动的模式。长得像雅利安人的英格博格·黑希特加入了“德国犹太人徒步旅行团同志会”，在北德的荒野中漫游，直到“我们美丽的联盟在 1936 年被禁止”。身材矮小的汤姆·安格雷斯成了男孩俱乐部“黑色小队”（Black Platoon）的热心成员，该俱乐部认为自己同时是爱国的德国人和虔诚的犹太人。“终于，我加入了一群和我年龄相仿的男孩，因此可以更好地应对日常在学校的不愉快。”像露西·曼德尔施塔姆这样更加虔诚的犹太人“对犹太复国主义青年运动感兴趣，加入了蓝白组织”。在那里，她唱“希伯来歌曲，跳霍拉舞，学习以色列的知识”。深受“国家犹太农耕浪漫主义”的影响，格奥尔格·伊格斯崇拜基布兹。[16] 在日益恶劣的环境中，这些青年团体提供了安慰和友谊。

1935 年的《纽伦堡法案》（Nuremberg Laws）“将犹太人和非雅利安人排除在德国公民身份之外”，带来了“又一次冲击”，因为他们将犹太人降为“国家臣民”的地位。法案以种族主义的语言禁止犹太人和非犹太人之间的婚姻和婚外性行为，并禁止犹太家庭雇用 45 岁以下的雅利安女仆。此外，《帝国公民法》（Reich Citizen Law）剥夺了犹太人作为公民的权利，使他们在官方的卑鄙手段面前无能为力，“把他们赶出了德国的国家共同体”。从此，像获得护照或在政府部门工作这样的任何官方行为都要求证明拥有上溯到祖父母的雅利安血统。（这催生了检查教堂记录的新产业。）这种新的区别也产生了一类“混合种族”的人，他们拥有四分之三、一半或 198
四分之一的犹太血统，就像英格博格 · 黑希特或贝蒂娜 · 费尔那样，他们的生存变得越来越危险。[17] 犹太人一个世纪以来的解放进程一下子化为乌有。

由于这种残酷的排斥，德国犹太人不得不重新确立他们的犹太意识，开始寻找他们的传统中被淹没的一面。彼得 · 盖伊直言不讳地表示，完全身不由己地，“我们突然变成了犹太人”。同样，弗里茨 · 斯特恩也说，“我开始觉得自己不是德国人”，但并没有真正明白自己现在需要成为什么人。格奥尔格 · 伊格斯在谈到自己的身份转变时也表示 :“我越来越认为自己是犹太人，而不是德国人。”与奥地利合并后，露特 · 克吕格说 :“当我对奥地利本就不坚定的信仰开始动摇时，我在自我防御中变成了犹太人。”她甚至将自己的昵称从甜蜜的“苏西”改为“合适的犹太名字”，采用了圣经中的“Ruth”。汤姆 · 安格雷斯不确定犹太人的身份除了宗教信仰之外还有什么意义，他把自己失落的痛苦写成了诗句 :“我们曾经是这片土地的儿子 / 现在呢？我们遭遇悲哀，如此的悲哀。/ 我们只知道恨，只知道痛苦 / 但仍然如此爱德国。”[18]

为了不陷入自我厌恶，大多数犹太青年采取了使他们更容易在不断增加的第三帝国的压力下生存下来的应对策略。由于在法令和行为上被与雅利安同龄人隔绝，他们被迫在不断缩小的可用空间中构建隔离的生活。一个重要的策略是专注于自己的家庭。根据彼得 · 盖伊的说法，“我的父母仅仅是在那里，就是避难所，是秩序和理性的孤岛”。保持理智的另一种机制是培养可以在自己家里进行的爱好，例如收听外国电台，贪婪地阅读，或者集邮。观看体育比赛也是一个选择，因为人们可以为美国短跑运动员杰西 · 欧文斯战胜纳粹运动员，或拳击手“泽西 · 乔”沃尔科特

(“Jersey Joe” Walcott）击败德国重量级冠军马克斯·施梅林（Max Schmeling）而欢呼。像格奥尔格·伊格斯那样还在上学的青少年可以上单独的犹太学校，或者像汤姆·安格雷斯一样，通过学习如何做实际的农活来为以后的移民做准备。[19]

199 当《纽伦堡法案》导致未来的前景黯淡后，犹太家庭讨论的主要话题“不是宗教——而是移民”。离开德国似乎充满了风险，因为纳粹法律规定，去外国就必须放弃自己的经济保障、社会地位和文化资本。汤姆·安格雷斯回忆道：“我们等待着，试图调整，希望纳粹会改变他们对犹太人的看法，平时仍然进行我们的日常活动。”只要生意仍然过得去，似乎就没有必要把一切都抛弃。“爸爸不愿意带妻子和孩子去外国，在那里他的未来是不确定的。”但是，一旦“犹太人在德国的情况恶化到”使移民成为必要，家庭“就会被鼓励去探索所有可能的途径”。作为过渡策略，瓦姆布伦夫妇把他们的生意搬到了邻近的荷兰，而艾克夫妇则把他们的儿子送到了英国的寄宿学校。[20]

即使已经做出移民的决定，实施时仍然会遇到很多障碍。纳粹政策的矛盾性质既想要把犹太人赶出去，但同时又想从他们的离开中获利，这使得犹太人获取出境证件变得复杂。合法移民不得不打折出售他们的买卖，留下几乎所有的财产，为他们的资产支付高昂的帝国离境税（Reich Flight Tax），同时人均只被允许持有价值 10 个帝国马克的外币。与此同时，潜在接收国不愿向仍然受大萧条影响的过度拥挤的劳动力市场增加更多贫困人口，这使得进入安全避风港变得很难。在许多国家，领事馆官员本身就是不愿意让犹太人入境的反犹主义者。获得入境签证需要财务担保人和在有限的配额中获得一席之地。[21] 因此，完成必要的文书工作需要大量的时间和决心。

在疯狂寻找出路的同时，犹太家庭试图在缩小的空间里继续生活，这使逃亡变得更加迫切。像弗勒利希家这样的同化犹太人认为，“我们是德国人。控制了国家的匪徒不是德国人——我们才是”。有时，这种对“更好的德国”的认同因为与勇敢的非犹太人的接触而得到加强，比如乐于助人的教师伊丽莎白·弗吕格（Elisabeth 200
Flügge）证明，“在纳粹德国有些许体面留存，甚至有无声的反抗”。彼得·盖伊回忆道：“对于成千上万像我的父母这样的德国犹太人来说，无论他们必须多么警惕压在自己身上的敌对气氛，某种程度的距离似乎仍是可行的，甚至是适当的。”虽然对纳粹的暴行反感，但许多犹太人认为希特勒的威胁“完全不可行”，只是“对未来行为的不可靠指南。事实上不可信”。[22] 因此，他们试图继续过某种程度上正常的生活，同时准备离开。

一旦被正规学校开除，年轻人就会寻求获得实用技能，这些技能可能有助于他们在纳粹德国之外的新生活。一个基本的策略是学习英语或法语，以便能够在国外交流。像伊姆加德·米勒这样的青少年开始学习打字、速记、缝纫或烹饪，结合了商业和家务能力。为了获得一份工作，阿尔贝特·贡珀茨成了一家纺织企业的实习生，这在美国被证明是相当有用的。在富有魅力的老兵库尔特·邦迪（Kurt Bondy）教授的领导下，西里西亚格罗斯布雷森的犹太移民培训农场试图为定居巴勒斯坦一事提供知识。1936 年搬到那里后，汤姆·安格雷斯学习了木工和野外考察等技能，同时体验了一种强烈的“共同体意识”，并吸收了受益终生的“伦理和文化价值”。而另一个包括维尔玛·阿贝勒斯-伊格斯（Wilma Abeles-Iggers）在内的来自波希米亚的大家庭，通过申请农业定居获得了加拿大签证。[23]

在“雅利安化”的委婉说法下愈演愈烈的商业掠夺破坏了犹太人生活的物质基础，从而加快了移民准备工作。律师被迫解除与非犹太人客户的合作关系，只允许担任犹太客户的法律顾问。同样，医生失去了他们的保险特权，并被限制只能诊治犹太患者，尽管一些非犹太人不愿意放弃他们信任的医学权威。从 1938 年开始，商人也被迫将其企业的合法控制权移交给非犹太合伙人，经常以远低
201 于市场价的价格出售自己的股份。当成功的布雷斯劳实业家恩斯特·什未林（Ernst Schwerin）被一位忠诚的会计师警告说，盖世太保即将逮捕他时，他连夜逃到了国外，尽管财政部没有发现他有任何违规行为。厌倦了冲锋队的不断骚扰，盖尔森基兴成功的毛皮商人莱奥·贡珀茨（Leo Gompertz）也决定止损和清算他的买卖，以便逃离第三帝国。[24]

到了 30 年代末期，更大规模的纳粹镇压把犹太移民的涓涓细流变成了名副其实的洪流。当被告知“爸爸已经决定和家人一起离开德国”时，汤姆·安格雷斯不想抛弃格罗斯布雷森。但足智多谋的父亲将他的全部财产——10 万帝国马克偷偷送出境，而他的儿子也在荷兰边境逃过了盖世太保的检查，尽管持有的是犹太护照。1938 年 9 月，一位病人的丈夫埃德加·冯·策巴尼少校（Major Edgar von Zerbony）敲响了弗里茨·斯特恩父亲的门。“他敦促我们立即离开”，因为他的战友们“告诉他，希特勒决心摧毁捷克斯洛伐克”，这将使我们无法逃脱。由于最后找到了一位保证人，并为获得美国签证支付了 3500 美元，恐惧的斯特恩一家得以立即飞往阿姆斯特丹，乘船前往纽约。几个星期后，伊格斯一家也同样乘火车逃到了荷兰。[25] 看到墙上的字迹后，所有能这么做的犹太人现在都匆匆忙忙地逃走了。

1938 年 3 月，德奥合并将对犹太人的迫害扩展到奥地利，增加了 20 多万新的受害者。露西·曼德尔施塔姆回忆说，当“满载穿着棕色衬衫的纳粹冲锋队的卡车在街头巡游”，庆祝与德国的团圆时，她的“整个世界都崩溃了，一切都改变了”，“我美丽的维也纳突然变成了一个吓人又可怕的地方”。杰克·凯尔记得和父母坐在他们昏暗的公寓里，听着“阿道夫·希特勒的尖叫、咆哮、嘶哑但

奇特迷人的声音”时“那种可怕的感觉”。穿着纳粹制服的人高喊“胜利万岁”和“犹太人滚出去”，清楚表明“在德国已经发生了一段时间的事情一夜之间就来到了”奥地利。由阿道夫·艾希曼（Adolf Eichmann）实施的帝国反犹主义措施的迅速扩大明确表明，犹太人已经“再次成为暴力和怒火的对象”。由于肆虐的种族主义，“奥地利的纳粹甚至比 1933 年的德国同志更加恶毒”。[26]

更大的震惊发生在 1938 年 11 月 9 日，由于商店窗户被砸碎， 202
那天被称为“水晶之夜”（Kristallnacht）*。莱奥·贡珀茨在盖尔森基兴经历了这场暴乱。它“被认为是由‘德国人民沸腾的灵魂’引起的”，起因是巴黎一名年轻外交官被谋杀，“但实际上它是由戈培尔和戈林组织的，并由冲锋队执行”。首先，愤怒的人群点燃了犹太会堂。消防车赶到了，但“只是为了保护附近的建筑物”。然后，暴徒闯入商店，抢劫贵重商品，毁坏内部设施。最后，“传来可怕的敲门声”，冲锋队闯入公寓：“他们先是搜查隐藏的武器，然后把我带到了”警察总部，但警察拒绝阻止骚乱。露西·曼德尔施塔姆的父亲被送到集中营，在那里他“被殴打和挨饿，[还有] 许多人死亡”。贡珀茨被命令以微薄的价格出售他的房子，并“尽快移民国外”。这种恐吓和暴行的目的是吓唬犹太人立即离开这个国家。[27]

“水晶之夜”在犹太人社群中引起恐慌，将移民从一个选择变成了生存的必需。甚至像彼得·弗勒利希的父亲这样的爱国者也下定决心“竭尽所能地让我们三个远离德国的噩梦，无论多么不合法”。各个家庭疯狂地寻找担保人、写信、包围领事馆，想要获得安全避风港的入境签证。弗勒利希家最终获得了出境许可，比原计划提前两周坐上了前往古巴的轮船。这救了他们的命，因为他们原来要搭乘的“圣路易斯号”（*St. Louis*）不幸返航，导致许多乘客死去。办

* 又作“碎玻璃之夜”。——编注

完手续后，贡珀茨把他的孩子们提前送到荷兰，并设法与他们会合，然后乘船去了美国。汉娜 · 马伦斯（Hanna Marlens）和她的家人准备没有那么充分，而是利用她父亲的捷克国籍“秘密”离开维也纳，“没有向任何人道别”。在这种生死攸关的情况下，需要运气、毅力和胆量的结合才能组织好全家的逃亡。[28]

在匆忙的逃离中，邻国扮演了至关重要的角色，成为最终可能达到安全地方的中转站。由于缺乏对犹太人的同情，瑞士只充当了
203 中转路线，而捷克斯洛伐克在被纳粹控制后不再提供逃亡通道。就连波兰也拒绝更新居住在德国的犹太人的护照，这使得无国籍的凯尔一家通过比利时逃亡变得更加艰难。尽管有国内的失业问题，法国还是更加热情友好，但它迫使像马伦斯一家这样的难民创办“独立的商业企业”来谋生。英国仍然设置限制，它只偏爱孩子和潜在的家庭服务人员。荷兰则更开放：它为维尔纳·瓦姆布伦提供了庇护，直到他的美国入境文件送达；它还允许汤姆 · 安格雷斯为格罗斯布雷森的团队安排过境，并让他的母亲和兄弟可以偷偷活下来。古巴成为最受欢迎的难民避难所，因为从那里，像弗勒利希这样的人有望最终前往不太欢迎难民的美国。[29]

非犹太人朋友或官员为犹太人逃亡偶尔提供的帮助尤其令人印象深刻，因为这需要勇气去无视纳粹的法令。当露西 · 曼德尔施塔姆的父亲被囚禁在集中营时，一位后来成为党卫队军官的同学给他带来了食物和消息。弗勒利希一家的好朋友埃米尔 · 布塞（Emil Busse）在“水晶之夜”期间把他们藏了起来，并在他们离开时设法将他们的珠宝、银器和邮票收藏偷偷运出国。同样，一群忠诚的熟人帮助老兵埃里克·阿伦费尔德（Erich Alenfeld）逃过牢狱之灾，一名邮政工作人员在英格博格 · 黑希特躲藏在施瓦本乡下时没有泄露她的身份。凯尔一家得以逃脱要感谢一名卢森堡边防卫兵的视而不见，一名友好的比利时人提供避难所，以及另一名令人惊讶的党

卫队成员提供的援助。一位大胆的航空公司官员帮助维尔纳·瓦姆布伦在从柏林起飞的最后几架飞机之一上弄到了一个座位，这位“好德国人冒了一些（可能性不大——这是 1941 年）风险，帮助一个年轻犹太人到了安全的地方”。[30]

不幸的是，大约三分之一的德国犹太人要么不想，要么无法离开，因此陷入了大屠杀。特别是参加过一战的较年长男性，他们不愿意离开，因为他们对德国感情深厚。许多犹太人“属于那些相信［纳粹］不会长久，一切都会恢复正常的幼稚的大多数”。那些与雅利安配偶缔结了“有特权的跨种族婚姻”的人，“思想上是基督徒， 204
但情感上是犹太人”。为了孩子的缘故，他们也想要“捍卫自己作为德国人的地位”。其他人，比如露特·克吕格的家人，只有能力把她的父亲送到安全的地方，而她的母亲“筹措不到”所需的离境税，因为“她的财产被扣押了，银行账户被冻结了”。同样，曼德尔施塔姆一家也无法离开，因为父亲去上海的签证被证明是一个骗局，他又一次被关进了集中营。[31] 对于每一个侥幸脱逃的暖人故事，都还有其他许多悲剧性的失败。

对于那些足够幸运能够逃离的人来说，与欧洲的告别是“短暂但情绪激动的”，两种不同的感情相互争斗。虽然受迫害的经历在彼得·弗勒利希心中灌输了对德国人“不加分别的仇恨”，但来到古巴却引发了“深深的抑郁”，纳粹柏林的“险恶阴影”跟随他流亡海外。与“正在向自己曾经珍视的一切告别”的父亲不同，弗里茨·斯特恩“没有遗憾，只感到快乐”。他从一个让他无法呼吸的压抑制度下逃脱了。因为“希特勒和纳粹不让我们做德国人，”汤姆·安格雷斯的父亲表示，“德国不再是我们的祖国。”但他的儿子想要“坚持［他］盲目的德国爱国主义”，感到“难以置信的悲伤”。[32] 尽管逃亡提供了一条生路，但难民们意识到，想在一无所有的情况下，想在一个语言和文化都不同的新国家把握未来，需要艰苦的奋斗。

大规模谋杀

第二次世界大战的爆发极大地恶化了纳粹受害者的处境：国际约束不复存在，反对者面临叛国罪指控。对苏联发动攻击后，德国幸存的共产党员加大了他们秘密“煽动”的力度。但是“纳粹已经将恐怖制度化。刑讯者、法官、刽子手和典狱长只是在同一恐怖系统内行使不同的职能”。抵抗者面临残酷的镇压和任意监禁，被虚假的审判判处死刑。1942 年 3 月，为了以“组织叛国集团”的罪名审问富有魅力的领导人赫伯特 · 博霍夫（Herbert Bochow），盖世
205 太保逮捕了约 50 名莱比锡的共产党员。在作秀审判中，被告预言法西斯分子有朝一日会被指控“残暴、[发起] 帝国主义征服战争和奴役全人类”，但这种勇气只会加速对他的处决。他的同谋海因茨 · 策格尔被判入狱服刑数年，在那里他受到了虐待，并不得不从事战争生产。[33]

对于有部分犹太血统的德国人来说，这场战争带来了新的不确定性，因为第三帝国的逐渐极端化威胁到了他们模糊的种族身份。由于妻子有一半犹太血统，贝蒂娜 · 费尔的医生父亲经历了“一连串私下和公开的羞辱”，尽管他无私地帮助自己的病人。需要人力的国防军通常允许来自这种通婚家庭的儿子在军中效力。然而，获得过勋章的老兵埃里克 · 阿伦费尔德的申请被拒绝，因为他是完全的犹太人。即使这些丈夫与雅利安妻子缔结了“特权婚姻”，他们仍然会失去工作，不得不作为犹太人而捐献财产。此外，随着犹太人开始被驱逐到波兰，他们面临着被关进隔离区的前景。与此同时，英格博格 · 黑希特的离婚父母被指控“混种”，因为他们在正式分手后仍然保持着性接触。即使嫁给了一个非犹太士兵，黑希特夫人和她的小女儿仍然面临持续的不确定。为了扩大迫害范围，纳粹官僚发明了一个新概念“有效犹太人”（Geltungsjuden），即认同犹太

文化的混血儿，他们将被视为常规犹太人。[34]

尽管希姆莱直到 1941 年 10 月才下达禁令，但由于经由敌对国家逃生的路线被切断，战争也关闭了更多人移民的大门。在犹太人移民中央办公室接管后，纳粹实施了新的移民税，使没有钱的难民无力前往像洪都拉斯和上海这样的避难目的地。同时，德国国防军的胜利困住了那些只迁移到邻国（如法国或荷兰）的犹太人，因为相比新来的难民，当地政府更多地在保护长期居住的犹太公民不被党卫队及其当地帮凶驱逐出境。在东线，红军根据《苏德互不侵犯条约》推进，使一些幸运的个人从波兰逃到了苏联，例如露西·曼德尔施塔姆的父亲。在那里，如果逃得足够远，离开了德国军队的 206
控制范围，他们将是安全的。在西线，只有少量难民设法进入了西班牙或葡萄牙，搭上了前往安全地带的船只。[35] 虽然一些绝望的逃亡仍在继续，但总体上，大规模的外逃停止了。

对于那些留在纳粹控制的欧洲的犹太人来说，战争还将要求他们佩戴黄星这个“耻辱的标志”。对波兰的征服使党卫队领导人赖因哈德·海德里希（Reinhard Heydrich）坚持要求该国所有犹太人都在公共场合佩戴这个标志，这一做法在 1941 年扩展到被征服的俄国领土。当犹太人的护照被加盖“J”来表示他们的身份后，大卫之星也被引入了第三帝国，任何拒绝遵守的人都会受到严厉的惩罚。这个规定进一步把犹太人和可能愿意维持与他们的关系的非犹太人邻居隔离开来，因为如果被发现，后者将被指控“亲犹太人”。英格博格·黑希特还记得被告发的恐惧。“当一个‘黄星佩戴者’来拜访我们时，他试图掩盖和隐藏那东西，因为这样的访问是被禁止的行为之一。”露特·克吕格回忆维也纳的公共面貌发生了什么改变：“我们到处都会遇到戴这种黄星的人。”一位路过的犹太妇女讽刺地称赞她的母亲说：“这很配你的罩衫。”[36]

1939 年秋天的波兰战役是走向系统性大规模屠杀的第一步。纳粹领导人不仅想要打败邻国，而且要获得生存空间。快速征服引发了一波暴力浪潮，以报复 9 月在布龙贝格（Bromberg）* 的“血腥星期日”期间波兰人对日耳曼族人真实或想象的复仇。但平民枪击事件也是出于种族清洗计划的动机，目的是改变民族斗争的平衡，将西普鲁士和上西里西亚在《凡尔赛和约》中失去的领土重新日耳曼化。在“知识分子行动”中，机动的党卫队别动队和国防军正规部队杀害了约 6 万名平民，以便消除未来波兰人抵抗的任何可能性。犹太人也被卷入了这场大屠杀，一项名为“子弹大屠杀”的灭绝政策就此开始实施。在帝国本土，露西 · 曼德尔施塔姆和她的家人一
207 直收到“不可靠的谣言。我们听说了隔离区和营地，但不知道情况到底有多糟糕，至少我们不想知道”。[37]

对于仍然留在德国的犹太人来说，随着德国国防军的每一次胜利，他们的生活状况都会恶化。纳粹领导人失去了一切克制。伊雷妮 · 阿伦费尔德记得：“套索逐月收紧，掠夺越来越公开。”凭着狂热的创造力，纳粹官僚们想出了一系列让犹太人的生活变得悲惨的琐细规定：犹太人被禁止乘坐公共交通工具或看电影。他们的电话和宠物都被夺走了。他们的购物被限定在特殊商店，时间只有一小时，不能再购买肉、鸡蛋或牛奶。即使失去了固定工作，他们也不得不支付政府以各种名目收取的越来越多的钱，这导致他们失去财产，变得一贫如洗。最终，他们甚至被赶出了自己的公寓和家，被迫一起住在隔离的犹太人房子里。继续生活需要一种被动的英雄主义。“生活中有些事情你不能改变，只能忍受。”[38]

推迟迫在眉睫的驱逐出境的一种方法是成为战争或犹太人社群中不可或缺的人。1941 年春天，奥地利人露西 · 曼德尔施塔姆“是被征召到德国工作的 50 个女孩之一”。她们被派去收割芦笋。这是

---

* 今波兰比得哥什（Bydgoszcz）。——编注

一项繁重的劳动，因为必须手工切割土壤中的茎。同样，来自哈雷的一位著名律师的女儿伊姆加德 · 米勒被派往东部帮助从事农业工作，取代了被派往前线的士兵。在卷烟纸厂或军需品厂工作很无聊，但“随着我们的食品配额越来越少”，在黑市上买东西时，一张工资支票就派上用场了。露西 · 曼德尔施塔姆的母亲在一家盲人服务机构工作。露特·克吕格的母亲在一家有食物和暖气的犹太医院“得到了一个护士助理和理疗师的职位”。但是“最终事情变得没有希望了”。尽管付出了所有这些努力，克吕格一家还是“在 1942 年 9 月乘坐‘伤员运输专列’与差不多是最后一批犹太人一起被驱逐出维也纳”。[39]

更大胆的人试图潜入地下，将计就计地挫败纳粹。当阿姨告诉安娜 · 弗伦克尔，她在贝乌热茨（Bełżec）差点就遇害时，这位 16 208
岁的女孩决定用她的“雅利安人”脸、蓝色的眼睛、金色的辫子、农民的衣服和围巾伪装成乌克兰人。当地一位牧师给了她一个死去的基督徒的出生证书，她借用了安娜 · 奥西莫克（Anna Osimok）的身份。她的家人想到了让她“自愿去德国工作”的妙计，以便逃过在隔离区的死亡。在十字吊坠的保护下，她和一位朋友一起踏上了前往帝国的长途火车之旅，但她心里非常惶恐。“我觉得自己正在进入一场战争，需要坚强、谨慎、灵活和钢铁般的神经作为武器。”最后，“奥西莫克”被分配到奥地利的施泰因凯勒（Steinkeller）庄园，那里的女主人喜欢她，因为她彬彬有礼，又会说德语。但“我有一段时间很难接受自己不得不照顾一个党卫队军官的孩子”，那是她的死敌。[40]

最后，弗伦克尔再也装不下去了。与纳贾（Nadja）的友谊支持了她，后者是来自她所在地区的另一名犹太女孩，同样假扮成乌克兰基督徒。但是当她最终试图离开党卫队的庄园，寻找别的雇主时，引起了秘密警察的注意，他们从她的家乡伦贝格（Lemberg）

获得了关于她真实身份的信息。1943 年末，她被盖世太保逮捕，遭到残酷的审讯，逼她承认自己的真名。但是，尽管面对监狱里的可怕条件和被殴打的威胁，她仍然坚持自己的乌克兰伪装，告诉自己“不要屈服，你的头还在肩膀上，还没有失去一切”。在监狱里度过了痛苦的 63 天后，她被释放了，警察承认，“如果你不是乌克兰人，那就是一个伟大的女演员”。但她的解脱并没有持续多久，因为在 1944 年 4 月，新的证据让她再次被捕，并被送往所谓的劳动营，结果是奥斯维辛集中营。[41]

相比之下，凭着勇气和运气，玛丽 · 雅洛维茨 · 西蒙真的成功地在柏林非法生存下来，成为大约 1700 名藏入地下的“潜水艇”之一。作为一个勇敢而美丽的 21 岁女孩,她决心逃脱被驱逐的命运,决心“为了生存,我将尽我所能”。当盖世太保来带走她时,她跑开了,
209 撕掉了自己的黄星，在反纳粹的朋友家避难，后者向她提供了假身份证。但她为自己的勇敢付出了昂贵的代价。她的保护者的丈夫趁妻子不在的时候要求和她同床，结果她被迫堕胎。为了躲避持续不断的告发威胁，她成了一个疯狂的纳粹商人的情妇。后来，她和一个荷兰人一起生活了两年，得到一个亲纳粹的女人的保护，这个女人扮演了让人爱恨交加的母亲替身角色。当梦寐以求的德国战败最终到来时，她被一名俄国士兵强奸了。因此，西蒙仅仅为了活下去就付出了高昂的代价。[42]

特莱西恩施塔特是一座有点不寻常的集中营，纳粹用它向外国人证明，集中营的条件是可以接受的。它“是一个奇怪而令人困惑的地方”，这座前奥地利卫戍小镇“按原本的规划只能容纳几千人”，但现在的人数“至少是 10 倍”。营地看起来像一个普通的隔离区，是为那些可以相对自由地四处走动的较年长的犹太人设计的。这里有“商店，出售从我们行李中偷来的物品；有咖啡馆，那里每天中午有管弦乐团演奏；还有一座图书馆”。此外，莱奥 · 贝克（Leo

Baeck）拉比可以向着迷的年轻人解释犹太传统。但是“在外表的背后有难以置信的苦难”。囚犯没有钱。人们普遍挨饿。痢疾或斑疹伤寒等疾病肆虐。虽然露西·曼德尔施塔姆在那里爱上了一个捷克男人，但她的婚姻却因丈夫被送往奥斯维辛集中营的毒气室而夭折。露特·克吕格既为犹太人有机会提出自我主张感到高兴，又憎恨这个集中营作为“候宰栏”的中转功能。[43]

邪恶的Oswiecim集中营——以其德语名称“奥斯维辛”为人所知——围绕一片前奥地利军事区而建，是一个甚至更加致命的地方。它实际上由三片不同的营地组成：关押波兰人、政治犯、同性恋者和罪犯的大本营（Stammlager），毗邻大本营而专用于杀害犹太人的比克瑙（Birkenau），以及强迫被关押者为德国公司劳动的一系列卫星营地。党卫队成员约阿希姆·贝斯曼被派到那里处理外汇事务，觉得那里的电栅栏、木头营房和大门误导性的承诺“工作使人自由”相当令人压抑。“成群结队，穿着蓝白色条纹麻布的疲倦囚犯们蹒跚地前去工作。”他“毫不怀疑，那些不能工作的犹太人 210
被杀了”，因为根据简单的逻辑，“犹太人是要为第一次和第二次世界大战负责的敌人”。同样，被派去教导守卫和德裔儿童的教师玛丽安娜·布施也被告知，“每周都会新来更多囚犯，但人数始终保持不变”。[44]

来到奥斯维辛的十足恐怖就已经在幸存者的记忆中留下了烙印。虽然有一些人死去，但运畜车上的饥饿、口渴和恶臭只是非人化的预备步骤。“当火车停下，车门打开时，各种恐怖景象扑面而来。”刺眼的灯光、喊叫的警卫和狂吠的狗制造了“恐怖和混乱”。与母亲分离后，露西·曼德尔施塔姆只记得零星的景象，比如“赤身裸体地淋浴”，然后“身着条纹衣服，脚上穿着木鞋”，以及“在胳膊上文了一个数字”，最终走进一个大营房里。虽然“我饿了，我害怕”，但她试图把周围可怕的环境从她的脑海中赶走。“我不知道我是怎么做到的，不可能忽略焚烧的气味和血红的天空，但我不想考虑死亡。”12 岁的露特 · 克吕格同样坚持她的生存意志：“我不会死在这里，当然不会是我。”[45]

决定生死的过程被称为“挑选”。一名党卫队警卫描述了这一例行公事：当一辆运输车抵达坡道时，运输员安抚“人们，他们将进入一个劳动营，但必须接受检查和清理”。按照性别分开后，犹太人被“分成能走路的和要坐车前往营地的”。实际上，“前一类人真的进了劳动营，而其他人却将被灭绝”。虽然有些人明白他们会被毒气杀死，“但从来没有人试图越狱或反抗。[纳粹的]欺骗做得非常好”。通过第一轮测试的那些人随后将再次接受检查。露西 · 曼德尔施塔姆记得，“在所有人面前赤身裸体地列队行进是最丢脸的
211 经历”，她被迫与母亲分开。生病的和虚弱的、14 岁以下的孩子和 40 岁以上的成年人继续被淘汰。露特 · 克吕格非常幸运，有一个犯人告诉她在检查官面前谎报年龄。简单的一句“我 15 岁”救了她的命。[46]

因为对无助的平民进行大规模枪击甚至对执行人员来说都很困难（图 18），所以党卫队在奥斯维辛开发了一种半自动的杀戮程序。党卫队成员约阿希姆 · 贝斯曼的证词清楚无疑地描述了大屠杀的真相。在一次夜间警报中，他目睹许多犹太人被迫进入一个类似地堡的建筑。“一名中士戴上防毒面具”，走向一个通风口。他“打开手
212 上的一个罐子，把里面的东西倒进开口”。里面的哭喊声立刻变得更大了，“因为罐中的粉末通过地堡里的氧气变成了致命的毒气”。过了一会儿，喊声减弱，然后完全停止了。然后，士官通过一个窥视孔观察，以确定毒气的效果。“地堡里的犹太人都死了。”在回家的路上，贝斯曼路过焚烧被抬出的尸体的火坑，那些尸体在热浪中似乎又活了过来。当玛丽安娜 · 布施老师意识到自己在空气中看到的白灰是来自火葬炉的“人类骨灰”时，她“深感震惊和恐惧”。[47]

对于通过挑选的囚犯来说，“名为奥斯维辛的真正恐怖”才刚

图 18. 德国士兵在枪杀一对母子。
来源：普鲁士文化财产基金会。

刚开始，因为集中营本身就是一种缓慢而又注定的死亡。露西·曼德尔施塔姆难以忍受睡在满是虱子、人满为患的床铺上。“每天一顿的食物是稀如水的汤，上面漂着一些烂菜叶”，这导致了偷窃和挨饿。露特·克吕格发现她的口渴几乎更严重了，她的身体满是溃疡，因为没有水可以清洗。不卫生的厕所也会导致大量腹泻，迫使人们排起长队，等待轮到自己排便。特别累人的是早上、晚上或半夜没完没了的点名，以清点囚犯的人数。此外，卡波，即管理监狱的囚犯，经常是残忍的罪犯，他们殴打陌生人，偏袒自己的支持者。因此，许多囚犯沦为所谓的“穆斯林人”（Muselmänner），“失去了在集中营生存的动力的人”。在这个“敌对的星球”上，只有无理由的互助行为才能使囚犯的精神保持振作。[48]

若能罕见地结合运气和坚强，在这些可怕的条件下生存是有可能的。囚犯一开始必须年轻强壮，并且只在集中营里待上有限的时间，因为健康状况在营地内很快就会衰退。得到特殊任务有助于让一个人活下来。伊姆加德·米勒被送到洗衣房，在那里她可以让自己保持干净，然后又转到厨房，那里的食物稍微好一点，最终她被送到集中营管理部门，在那里相对舒适地保管囚犯的记录。露西·曼
213 德尔施塔姆被派往农场工作，挖反坦克壕沟。露特·克吕格被迫在森林中的卫星营地里从事繁重的劳动。在医务室碰到有爱心的护士可以加快康复速度，帮助躲过另一轮挑选。无论是与其他囚犯结下情谊，还是分享食物或谈论国防军即将失败等善意举动，都能让希望重燃。[49] 虽然大多数囚犯很快屈服，但少数幸运的囚犯本能地做出了正确决定，成功保住了性命。

非人道的行为在对无助囚犯进行的医学实验中达到了顶峰，这违反了希波克拉底誓言。它们的始作俑者约瑟夫·门格勒（Josef Mengele）博士被称为“死亡天使”，是“人形的怪物”。他的职责之一是在大本营中进行“挑选”，在那里决定“面部僵硬”的裸体囚犯们的命运。奥斯维辛充斥着关于他的海拔、寒冷、双胞胎、药物和其他试验的传言，这些试验给它们不幸的受害者带来了难以想象的痛苦、伤害和死亡。当即将临盆的露特·埃利亚斯被送到医务室时，她非常恐惧，那里是“他的领地”。一个助产士帮她生下孩子，门格勒禁止她给孩子喂奶，以便确定没有食物的情况下婴儿能活多长时间。这位新妈妈因为奶水不通而发烧，也因为无法帮助哭泣的宝宝而绝望。最后，一位捷克医生怜悯她，将一支吗啡注射针塞进她的手中，恳求她说：“露特，你还年轻，你必须活下去。”心烦意乱的她“做了这件事。是的，我杀了自己的孩子。是的，门格勒医生让我成了一个弑婴者”。[50] 但这样做救了她自己的命。

积极抵抗的尝试也重振了囚犯的精神，他们的英雄主义表明，人不必屈服。露特·埃利亚斯参加了一场“思想抵抗”，通过讨论

和听音乐等行为保持头脑的活力。露特·克吕格甚至展开了阻碍德国战争生产的小规模破坏活动。安娜·弗伦克尔希望一位名叫马拉（Malah）的比利时妇女——她藏在一个空石灰桶里，偷偷逃离营地——能够逃脱，“到处传播关于奥斯维辛的可怕真相”。但当逃亡者在捷克边境被抓获，即将被绞死时，她割开静脉，用血淋淋的手打了指挥官，呐喊道：“你这个杀人犯！审判的日子快到了！到那时， 214
你要为每一滴血付出代价！”几个星期后，突然传来了巨大的爆炸声，囚犯们想：“现在火葬炉本身起火了。”一位勇敢的犹太工作人员在栅栏上炸了一个洞，好让 15 个年轻人逃脱。不幸的是，他们中的 13 人被抓获并处决，只留下了对红军能够尽快解放营地的希望。[51]

对于德国看守来说，在奥斯维辛集中营服役要比在狱中服刑好得多，但仍然是如此艰苦，以致一些人不得不靠大剂量的酒精来淹没他们的不安。根据贝斯曼的说法，“营地的日子是一种相当普通的生活，就像在德国的一个小资产阶级城镇那样”。法本集团（IG Farben）富裕的工厂人员组成了他们自己的社会，民事行政人员也是这样。党卫队成员“住在离城镇只有几公里远的营地里”。他们在栅栏外有自己的宿舍，自己的商店和“一个大自助餐厅，[他们]在那里吃晚饭，也可以购物”。为了保持士气，那里有一个舞台，可以举行表演和放电影。桑拿也很受欢迎，运动场同样如此。每个星期天都有营地乐队演奏进行曲和轻歌剧曲子。从理论上讲，党卫队卫兵应该“正确而非暴力地行事”，但“在大本营区域内没有任何违法行为”的辩护之词肯定是一种为保全面子的夸大。[52]

因为接受过银行员工的训练，党卫队成员约阿希姆·贝斯曼参与了对犹太人的掠夺，而且是以令人恐惧的效率进行。每当有运输车辆到达时，“大量的犹太人财产被堆积在空旷的地方：衣服、手表、珠宝、鞋子和眼镜等等”。安娜·弗伦克尔受命对这些东西进行分类，并“用衣服打包后”送往德国。贵重物品经过党卫队的珠宝商检查后被放入密封的箱子中。贝斯曼一丝不苟地登记偷来的美元、英镑和马克，惊讶地发现收集到的钱“包含了世界上所有能想得到的货币，而且数额很大！”当收集到足够的钱币和钞票后，一辆特别的武装运输车会将其装上车，把它们和贵重物品一起运到柏林的党卫队经济与管理部（Main Economic and Administrative Office），然
215 后再从那里转交给帝国银行。[53] 纳粹用这些掠夺来的东西奖励他们自己的精英，强迫犹太人为自己的毁灭买单。

作为一名教师，玛丽安娜·布施与死亡机器只有一次间接的接触。1943 年 9 月，这位年轻老师被分配到奥斯维辛的文理高中。出于冒险的想法，她接受了。在那里，她要向党卫队、实业家和日耳曼族居民的孩子教授英语和历史等高中课程。第一天上课，从学生们那里听到的话就令她感到震惊：“今天早上有这么多人乘运畜车到达，在坡道边下车。”她的六年级学生知道“这个叫作‘挑选’的残酷过程”，她不知道如何安慰他们。虽然她有权进入大本营的图书馆，但死亡集中营比克瑙仍然是禁区。她拒绝与其他人分享她对大屠杀不断加深的了解，这样既不会“玷污领导层的形象，也不会削弱战斗精神”。布施写道：“与被证明是不人道的罪行如此近距离地相处，这在我的良心上产生了一种持续的压力。”[54] 但她承认，她更同情党卫队，而不是它的受害者。

为了“接受难以置信的东西就是当时的事实”，行凶者提出了精心设计的辩解。一位同事恳求：“我必须离开。我是一个社会民主党人，讨厌这个小镇。”与之相反，玛丽安娜·布施“知道，强硬是为了我们的安全所必须付出的代价”。因此，她认为自己在奥斯维辛的时光是“面对巨大身体和精神压力的最艰难的情况下对毅力的考验”。同样，“党卫队成员相信，他们是‘忠诚者中的最忠诚者’”，只有他们可以被委派“这个肮脏至极的工作”。为了让自己的良心沉默，约阿希姆·贝斯曼解释说，“世界犹太人”是主要敌人，

他们甚至愿意利用共产主义“来获得对全球的统治”。当前的战争是“关乎德国人民生死存亡的战斗”。毛特豪森（Mauthausen）的党卫队看守F.W.对孙女声称，他是“被迫服从的”。[55]这些行凶者和同谋很难解释，为什么责任感和致命的民族主义会误导他们参与种族主义暴行。

随着前线的逼近，德国对被征服领土和营地秩序的控制开始瓦解。囚犯们每天仰望天空，寻找盟军的飞机，还分享关于德国国防军战败的传言，结果却对解放要花这么长时间感到失望。在党卫队关闭一个卫星营地时，露西·曼德尔施塔姆从带她去施图特霍夫（Stutthof）的卡车上跳下。这救了她的命：再也没人见到同行的其他人。“相比以前，营地里的情况现在完全不同了”，那里不再那么拥挤和残酷，尽管食物依然很少。“在最后的几天里，德国人变得非常紧张，不太注意我们。”甚至狂热的纳粹分子也开始意识到，“战争不可能再取得胜利，形势变得越来越危险”。玛丽安娜·布施的学校停课后，她自愿做护士的助手，在休假期间回到奥斯维辛去救她的孩子们。绝望的囚犯“只希望［抓捕者］不会在最后一刻杀了我们”。[56] 216

集中营囚犯难以言说的苦难以严寒中的“死亡行军”告终，此举是为了不让推进中的红军找到大规模谋杀的证据。1945年1月18日，一批批囚犯离开了奥斯维辛，“由德国人构思、建造和管理的地狱之门关闭了”。玛丽安娜·布施看到“可怜的人们摇摇晃晃地向前走”，“用最后的能量拖着自己前行，佝偻、虚弱、消瘦，面无人色，眼眶和脸颊都凹陷了”，就连她也对此感到震惊。在这位德国老师看来，他们“仿佛灰色的幽灵，像鬼魂一样透明，甚至他们的破旧衣服也变得像他们凹陷的脸一样死气沉沉”。在身后，她听到党卫队卫兵射杀那些跟不上或试图逃跑的人的枪声。多年后，就连布施也承认，“我从来没有见过这样一幅苦难和残酷无情的画面”。囚犯们正艰难地走向火车站，在可怕的行军中幸存下来的人被送往其他集中营，例如帝国境内的拉文斯布吕克。[57]

第三帝国的解体为勇敢的犹太青年提供了逃亡的机会，他们化身德国难民，从俄国人那里逃跑。2月初，露特·克吕格说服她的母亲和姐姐躲在马厩里，逃过了死亡行军。“自由意味着［逃离］”
217 党卫队卫兵，享受他们“最基本的生活，因为这是它第一次真正属于我们”。他们加入了向西长途跋涉的队伍，向农民乞讨食物，向国家社会主义人民福利寻求庇护所，在一位友好警察的帮助下通过了检查站——他们甚至说服了牧师给他们签发假文件。与此同时，露西·曼德尔施塔姆本能地躲在一棵树后，加入了一群意大利奴隶劳工，用自己流利的德语帮助他们逃脱。“这很难解释，但我感觉自己像是两个不同的人，一个是为了生存而不得不隐藏身份的犹太女孩，另一个是德国难民。”她在一家医院忍受了斑疹伤寒的折磨，后来登上一艘船，抵达了弗伦斯堡（Flensburg）的安全地带。[58]

另一些犹太青年不愿意逃离死亡行军，而是被盟军解救。伊尔莎·波拉克拒绝脱离她的队伍，表示“不，我不想被射死。我会去我应该去的地方”。一天晚上，她那一群从施图特霍夫来的人被关进了一个谷仓，“极度担心”他们都会被烧死。但当门打开后，反而是“俄国坦克出现在棚子前面”，当党卫队卫兵出来时，被射死的是他们。波拉克既震惊，又长出了一口气，此后几个月里都无法说话。安娜·弗伦克尔被迫离开拉文斯布吕克，搬到另一个集中营，在那里，“可怕的饥饿折磨着我们”。最后，5月5日那天没有清晨点名，反倒是一片奇怪的寂静。“然后，女人们开始推窗户的栏杆”，撞开了门。大家兴奋地喊道：“我们被解放了——自由了——出去！”但是英国士兵不愿进入营地，害怕从囚犯那里感染斑疹伤寒。露特·埃利亚斯留在她的营地，带领一群人来到美军的阵地，一位军官用“祝你平安，我也是犹太人”（Shalom Aleichem, I am also a

Yid）欢迎了她。[59]

期盼已久的解放既令人振奋，又让人失望。露特·曼德尔施塔姆“是世界上最幸福的人，但我不得不藏起心情——因为周围的德国人都在哭泣，不知道他们如今会遭受什么”。安娜·弗伦克尔“没有忍住，泪水不断从脸上流下”。她意识到这一刻“不像我曾几千次想象的那样”。被解放“留下了一种难以描述的空虚的感觉”。饥饿的囚犯先冲进了食品库，狼吞虎咽地吃着他们曾被拒绝给予的东 218
西，经常因此而生病。许多幸存者不得不应对斑疹伤寒等疾病，需要精心护理才能康复。雪上加霜的是，许多被俄国士兵解放的年轻女性随后又遭到了他们的侵犯。除了所有这些实际问题之外，关于他们战后身份的心理问题也开始浮现：他们是谁，家乡在哪里，想要如何生活？[60]

被解放的集中营中成堆的尸体和骨瘦如柴的人这些可怕的证据使德国人很难否认他们参与了大规模谋杀。当玛丽安娜·布施告诉父亲“奥斯维辛集中营的悲惨和恐怖”时，他大声喊道：“那不是真的，不可能是那样！”并要求她不得告诉任何人，因为“那可能会让你丧命”。战争结束时，当“一群集中营战俘列队”穿过巴伐利亚的一个小镇时，露特·克吕格注意到大部分德国人都把目光移开，不想看到他们不愿意承认的事情。在讽刺的角色颠倒中，惊慌失措的行凶者和同谋现在关心的是他们自己如何在第三帝国失败后生存：“这就是崩溃！在没有希望的时候，看起来就是这样的。”盟军指挥官对纳粹暴行的严重程度感到震惊，他们强迫当地民众参观像布痕瓦尔德这样的集中营，并用影片记录了他们的反应。回顾往事，贝斯曼承认，他“压制了今天觉得难以解释的一切”。[61]

自传表明，与辩护者承认的相比，更多普通德国人参与了大屠杀，但同时也比一些批评家声称的要少。大屠杀的核心是党卫队、别动队、德国国防军和民族辅助机构中的直接行凶者，他们得到了无情的官僚组织者的帮助，并得到了种族理论家的鼓励。聚集在他们周围的是警察和铁路工作人员中的间接推动者，这些人围捕受害者，并将其运送到东方。支持这些人的既有为种族灭绝辩护的纳粹狂热分子，也有准备从除掉犹太人中获利的肆无忌惮的机会主义者。尽管如此，最大的群体还是由普通德国人组成，他们目睹了迫害却
219 没有进行干预，还通过协助战争生产尽了职。唯一的例外是一小部分不受纳粹呼吁影响或持反法西斯信念的人，其中一些人积极地参与了抵抗。因此，几乎所有德国人都在某种程度上牵扯其中，尽管许多人仍然声称没有直接伤害任何人。[62]

与法西斯作战

当帝国的大部分受害者沮丧地屈服于他们的命运时，少数勇敢的人积极与希特勒作战，为击败纳粹做出了贡献。像恩斯特·罗伊特（Ernst Reuter）这样的政治反对者和著名的魏玛政客流亡布拉格、巴黎或伦敦，在国外继续进行斗争。在第三帝国内部，像埃里克·昂纳克这样的左派成员发起了一场颠覆运动，而克劳斯·申克·冯·施陶芬贝格（Claus Schenk von Stauffenberg）等一些军官和精英成员在 1944 年 7 月曾试图推翻纳粹的独裁统治。对于像海因茨·迈尔施泰因这样的犹太人来说，关键的目标是在地下生存和逃往巴勒斯坦，以挫败希姆莱的灭绝计划。一些成功及时移民的人随后参与了反法西斯宣传，而像汤姆·安格雷斯那样的另一些人实际上加入了盟军，赌上了自己的生命。[63] 由于纳粹反对者是例外而非主流，在普通德国人的自传中很难找到他们的抵抗活动的痕迹。

反对纳粹斗争的一个重要元素是流亡作家的批判性宣传，它们与第三帝国的捍卫者传播到海外的正面形象截然不同。BBC 的德语节目提供了没有被戈培尔的宣传机器污染的新闻，被那些批评纳粹

的人热切地收听。这类信息的一个来源是非犹太人律师和记者雷蒙德·普雷策尔（Raimund Pretzel），他在 1939 年被迫移民到英国，因为他的犹太妻子即将生产。（根据《纽伦堡法案》，这构成了“种族玷污”。）掌握了英语并使用笔名塞巴斯蒂安·哈夫纳（Sebastian Haffner）之后，他于 1941 年出版了《论德国之双重性格》（*Germany: Jekyll and Hyde*）一书。该书基于他自己的负面经历，对纳粹做了猛烈抨击。他呼吁“在不谴责整个国家的情况下对希特勒进行一切可能的抵抗”，这引起了许多持怀疑态度的德国人的共鸣，即使这些揭露在很大程度上忽视了犹太人的命运。[64]

220

因为盖世太保对任何有传播和抵抗意味的东西都进行了严格的打压，政治移民向德国人传播他们的反对信息变得更加困难。像海因茨·策格尔这样的共产党人对纳粹发难的迅速感到惊讶，那导致他们的地下组织一次又一次被破坏，使得来自莫斯科共产国际的消息很少到达党员手中。社会民主党领导层逃往布拉格，在那里成立了一个流亡社会民主党（SOPADE），试图建立一个通讯网络来报道工人阶级的情绪。但是这两个左翼党派在人民阵线上的合作来得太晚了，由于希特勒显而易见的成功，他们发动无产阶级起义的希望继续落空。因此，为了避免被逮捕，像维利·勃兰特（Willy Brandt）这样的青年积极分子被迫逃离这个国家，在流亡地挪威继续展开斗争。由于没有这样的组织，资产阶级政治家只能选择“内在移民”，等待情况的好转。[65]

因此，共产主义和犹太青年反对独裁统治的内部抵抗企图注定要失败。作为一个受迫害的共产主义者的女儿，格特鲁德·科赫“不能只看着［战争和不公］而无动于衷”。在科隆，她发现了一群志同道合的“雪绒花海盗”，他们相信“没有什么比遇到希特勒更不幸了”。他们一起徒步旅行，决定制作反纳粹的传单，印上“让我们最终摆脱棕衣人”的口号。被发现在火车站分发传单后，他们受到了残酷的惩罚。在柏林，年轻的犹太人赫伯特 · 鲍姆是西门子一家工厂的被强迫劳动者，他聚集了一群同样批评纳粹压迫的犹太人和共产党员朋友，并就如何实现社会主义未来展开辩论。1942 年 5 月，该团体在约瑟夫 · 戈培尔准备的针对苏联的反共和反犹主义宣
221 传展览上放火。但是盖世太保很快抓住了这些异见人士，在任何反对力量发展壮大之前就消灭了它。[66]

真正的政治和军事抵抗由精英发起，在生死攸关的战争中，这被大多数德国人视作叛国。即使在希特勒仍然成功时，保守派圈子也不喜欢他粗鲁的风格，像参谋长路德维希 · 贝克（Ludwig Beck）这样的一些将领就对即将到来的战争感到担心。当战局在 1942 年逆转后，仅仅开纳粹的玩笑或者批评令人讨厌的政策已经不够了。有人呼吁采取行动。一个由公民、外交官、士兵、牧师和工会领袖组成的圈子聚集在莱比锡市市长卡尔 · 格德勒（Carl Goerdeler）周围，决心推翻纳粹独裁统治。这些人受到隐约可见的失败和关于东线反犹、反斯拉夫暴行报道的激励，想要恢复德国的荣誉。不幸的是，军官们在 1944 年 7 月 20 日的谋划失败了，就像之前的几次尝试一样：放置在希特勒东方指挥部的炸弹没有杀死他。即使抵抗运动的政治思想有些专制，但这些男人和女人愿意冒着生命危险恢复人道价值观的意愿仍然令人尊敬。[67]

确信民众会支持严厉的惩罚，纳粹对政变者发动了史无前例的暴力报复。包括克劳斯 · 冯 · 施陶芬贝格、亨宁 · 冯 · 特雷斯科（Henning von Treskow）和汉斯 · 奥斯特（Hans Oster）在内的军方领导者很快在柏林班德勒街（Bendlerstrasse）的陆军总部被枪毙。盖世太保随后开始追捕支持政变的政治网络，其中既有影子内阁的成员，也有仅仅是同情政变发动者的人。迫害还扩展到这些人的家庭成员和其他几乎没有参与的人身上，例如后来成为电视记者的维布克 · 布鲁恩斯（Wibke Bruhns）的父亲。作为人民法庭的检察

长，纳粹狂热分子罗兰·弗赖斯勒（Roland Freisler）借机大做文章，指责反抗者背叛了他们对元首的誓言。杀戮狂欢一直持续到 1945 年 4 月，就连新教神学家迪特里希 · 潘霍华（Dietrich Bonhöffer）这样正直的人也被杀害。[68] 随着数以百计的政权反对者遇害和数以千计的其他人被监禁，这场清洗让普鲁士-德国的精英阶层元气大伤，并影响了战后重建。

更成功的是一些个人的努力，他们通过非法途径逃到对他们而 222
言安全的国家，躲过了纳粹的杀戮。逃脱需要非凡的勇气、行动能力和支持网络。1920 年出生于哥廷根的机械师学徒海因茨 · 耶胡达 · 迈尔施泰因于 1938 年被关入达豪。几个月后他被释放，随即逃到荷兰，在那里的一个犹太人农业劳动营工作，为移民做准备。但随着 1942 年纳粹的搜捕，他的处境变得过于危险。他拿着假文件，以荷兰劳工的身份志愿在鲁尔盆地参加战争生产。被盖世太保发现后，他非法回到了被占领的荷兰，然后拿着伪造的国防军档案开始在法国为托特组织工作，希望能前往西班牙。第一次尝试失败后，迈尔施泰因短暂地加入了法国抵抗运动。1944 年 3 月，他和一群同志付出巨大的努力，终于成功翻越了白雪皑皑的比利牛斯山脉。"展现在他面前的是自由和通往以色列之地的道路。"[69]

对于那些有幸逃脱纳粹魔爪的犹太人来说，下一个挑战是找到可以永久生活的地方，从而完成他们的冒险之旅。如果像马伦斯家一样仅仅去了法国这样的邻国，他们还必须设法获得签证，前往党卫队无法控制的地方。一个受欢迎的过渡点是古巴，弗勒利希家在那里焦虑地等待了几年，直到他们获准进入美国。另一个避风港是英国，它将难民配额增加到了 5.5 万人，希望他们会像格哈德 · 魏因贝格（Gerhard Weinberg）家一样，只是过境前往北美。所有持德国护照的人都会被羁押，无论是不是艾克夫妇那样的犹太人。英国借此明确表示，它更愿意只做一个临时的目的地。一些难民不得不远行到上海，以便找到一个安全的避风港，可以从那里前往以色列地。他们被迫“前往遥远的异国世界，以逃避犹太人的可怕命运”，家人“天各一方”。[70]

作为对德国的过去一种象征性的拒斥，许多难民还改了名字，以便更好地融入他们的新家园。一位接受了格奥尔格·伊格尔斯海
223 默（Georg Igersheimer）和他 8 岁妹妹的远亲将他们的姓氏英语化为伊格斯（Iggers），让其听起来不那么像是德国人和犹太人。尽管他最初对这种身份的改变感到愤怒，但最终还是接受了，因为这使得与美国当局打交道变得更加容易。同样，彼得·弗勒利希的一个堂兄弟把姓氏改成了盖伊，因为前者“很难拼写，几乎无法发音”。此外，“他想代表自己未来的国家尽可能明确地告别他的出生国”。因此，他成了彼得·盖伊，因为他“最大的愿望是成为一个优秀的美国人”。面对移民官的时候，经过一番思考，维尔纳·卡尔·安格雷斯决定放弃他的中间名，变成“汤姆”，这“听起来更像是新的我”。[71]

但摆脱德国出身并非易事。被驱逐的经历继续困扰着他们，特别是那些当初已经完全融入德国的世俗犹太人。孩子们很快就适应了，成年人却发现他们的口音、穿衣风格和行为暴露了自己。许多前往美国、希望维持他们生活方式的难民聚居在移民区，比如曼哈顿的华盛顿高地，俗称“第四帝国”。与土生土长的美国人不同，新来者仍然关注欧洲的事件，热切留意新闻，并寄出信件，直到再没有回复。虽然一些青少年认为移民是一次令人兴奋的冒险，但像彼得·盖伊这样更加适应德国文化的人则感到被排斥的痛苦，“从我的皮肤里挑出”柏林的碎片，“仿佛我曾在碎玻璃中打过滚”。他们至多像弗里茨·斯特恩一样过着“双重生活：德国的过去，挥之不去，永远令人不安；美国的现在，近在眼前，不确定，但永远充满希望”。[72]

所有难民的关键困难在于他们被迫抛下了自己的资源，因此必须在有限的条件下建立新的生活。阿尔贝特 · 贡珀茨回忆说 ：“自然，我们所有人都非常高兴来到这个美妙的国家，在那里我们立即感受到了身为一个自由的人意味着什么。”为了不依赖慈善机构或亲戚，“我们都不得不立即找到工作来养活自己”。但对于曾经雇用助手或仆人的中产阶级专业人士或商人来说，在陌生的环境中找到工作是困难的。此外，英语不流利使寻找报酬丰厚的工作变得令人 224
沮丧。一贫如洗的难民被迫接受移民社区低工资的卑微工作，再一次从底层做起。唯一的安慰是活了下来，因为就像贡珀茨的情况，“外公外婆和他们的许多兄弟姐妹后来被纳粹驱逐出境，在灭绝营中被杀害”。[73]

对于大多数犹太家庭来说，移民意味着社会地位的下降，父亲们很少能够维持他们以前的社会地位。在人满为患的学术就业市场上，只有像阿尔伯特 · 爱因斯坦这样的知名学者才能在援助委员会的帮助下获得职位。相比之下，像弗里茨 · 斯特恩的父亲那样的医生不得不努力学习，以重新获得行医执照，即使他们已经成功地行医了几十年。律师们必须学习全新的法规和金融体系，在此之前，他们只能像格哈德 · 魏因贝格的父亲那样从事较低级的工作，担任会计师的助理，或者像埃里克 · 艾克那样彻底转行，成为一名受欢迎的历史学家。如果来的时候没有资本，像莱奥 · 贡珀茨或盖伊的父亲这样的商人就不得不从流动推销员干起，或者像在金属加工厂工作的老伊格斯那样接受一个较低的职位。面对这样的困难，维尔纳 · 瓦姆布伦的父亲“用实验室的氰化物自杀了——显然是由于对［他的］工作状况感到绝望，不能从事他认为自己应该做的工作”。[74]

足够令人惊讶的是，女性被证明能够更好地面对地位的丧失，而且能维持全家的生计，即使她们以前从未工作过。还在纳粹德国时，露西 · 曼德尔施塔姆的“母亲就成了一家之主；要是没有她，我们就会挨饿”。在纽约，弗里茨·斯特恩“更有活力且更加乐观”的母亲“寻找并逐渐找到了指导孩子的工作，还向几所私立学校介绍了她教授算术的方法”。埃里克·艾克的妻子“接手并经营着一家寄宿公寓”。格奥尔格·伊格斯的母亲“为新来的人提供餐饮和房间”。阿尔贝特·贡珀茨回忆道：“我母亲马上就找到了在家缝制晚宴包的工作（尽管她事实上从来没有做过这样的工作），按件支付报酬。”为了能有食物摆上餐桌，另一些从前上流社会的女性只
225 能从事清洁和洗涤工作。[75] 难民妇女与其他流亡者、移民朋友和新认识的美国人建立了社会关系。

不用说，年龄较大的青少年也必须工作，以便为家庭微薄的预算做出贡献。与格罗斯布雷森的朋友们一起横渡大西洋后，汤姆·安格雷斯在弗吉尼亚州的海德农场干农活，这项工作一开始“愉快而有趣，有时甚至是令人激动的”。在拿到奖学金上大学之前，维尔纳·瓦姆布伦不得不在他姐姐位于纽约州北部的农场上帮工。阿尔贝特·贡珀茨最初在熟食店当跑腿，最终幸运地在他的老本行，一家女帽供应商那里找到了工作，周薪 12 美元。“我赚的一切都用来支持家用，我很高兴能帮上忙。”彼得·盖伊不得不从丹佛的高中辍学，最初在帝国帽子公司（Imperial Cap Company）担任运货员，后来升任白领工作，成为“一家杂志批发分销商的职员”。相比之下，他苦苦挣扎的父亲从未成功。“希特勒打垮了他。”[76]

如果他们想上大学，年纪较小的青少年首先必须完成他们在德国被中断的学业。很少有人像弗朗茨（更名为弗兰克）·艾克一样幸运，他在 1936 年获得了圣保罗中学的奖学金，那是英国的一所精英中学。格奥尔格·伊格斯的家人更希望他接受职业培训，但他不愿这样，而是在弗吉尼亚州上高中时就选择了学术道路。他的优异表现为他赢得了一个犹太组织提供的无息贷款，让他得以进入里士满大学（University of Richmond）。由于在德国受过出色的训练，

弗里茨 · 斯特恩在纽约一所私立高中就读时跳过了高二，后来又进入由尼古拉斯·默里·巴特勒（Nicholas Murray Butler）领导的“小规模且仅限男性入学的哥伦比亚大学本科生部”。尽管彼得 · 盖伊中断了学业，但后来还是从东部高中毕业，于 1943 年获得“丹佛大学的全额奖学金”。[77] 通过打开新文化的大门，这种训练加快了年轻难民的美国化。

在这些学校中，年轻的犹太男性对纳粹德国采取了强硬的立场，为盟军的作战欢呼。彼得 · 盖伊回忆道：“在整个战争期间，我对德国和德国人的仇恨一直这样高涨”，并出于“对复仇的强烈渴望” 226
而为轰炸辩护。弗兰克 · 艾克在写给伦敦《泰晤士报》的一封信中呼吁理解难民的困境：“在维护西方文明的斗争中，如果有必要，我们将牺牲自己的生命，因为我们记得自己挚爱的人遭受的非人苦难。”尽管如此，“对外国人的恐慌、畏惧、怀疑和普遍的不信任”，再加上“一定程度的反犹主义”，促使英国在马恩岛（Isle of Man）上关押了 3 万人。偷袭珍珠港把弗里茨 · 斯特恩变成了一个“敌对国家的外国人”，尽管他“继续评述或谈论时事”，警告美国人吸取“失败民主的教训”。像格奥尔格 · 伊格斯一样，他听到了关于迫害犹太人的传言，但他当时觉得大屠杀难以置信。[78]

面对“可悲和愚蠢”的关押与服兵役之间的选择，弗兰克 · 艾克志愿加入皇家陆军。但怀疑的阴影让他只能服役于工兵部队，并于 1940 年至 1942 年间在英国从事繁重的体力劳动。经过艰苦的游说，他在接下来的两年里转入教育部队，试图通过向持怀疑态度的士兵解释“英国人［斗争］的方式和目的”来鼓舞士气。这些宣传讲座引发了关于民主的意义、共产主义的吸引力、纳粹暴行故事的真实性等方面的激烈讨论。直到 1944 年的夏天，艾克才有机会利用自己的语言和文化技能，通过无线电监控器、战俘审讯、BBC 广播和旨在“削弱德国士气”的加来士兵电台（Soldatensender

Calais）的德语节目发动心理战。他还帮助制作了传单，劝说国防军士兵投降和结束战争。

在美军中，阿尔贝特·贡珀茨有着更典型的军事生涯，尽管他很幸运地没有经历长时间的作战。这位青年志愿者于1942年12月入伍，被划为翻译，"因为我懂德语"。第一次"和来自各阶层的土生土长的美国人生活在一起，我感觉自己像一个真正的美国人"。美国极其丰富的资源给他留下了深刻的印象，他于1943年5月入籍，
227 正式公民身份的获得则要推迟到光荣退伍时。他在得克萨斯州胡德堡（Fort Hood）有过审问国防军俘虏的经验，于1944年3月被送到英国，参加了诺曼底登陆。（"对我们来说，幸运的是，我们的军队和盟友那时已经建立了坚实的滩头阵地。"）然后，他被从一个战俘营转移到另一个战俘营，对德国囚犯得到的温和待遇感到恼火。虽然他自告奋勇地请求在突出部战役中上前线工作，但却被派往巴黎，以便为占领军政府的成立做准备。[79]

对于汤姆·安格雷斯来说，服兵役甚至更加艰难，因为他的农场与世隔绝，这意味着他几乎不会说英语。1941年5月宣誓就职后，他在米德堡（Fort Meade）接受了基本训练，在那里他感到相当孤独，但得到了一些战友的庇护。虽然身材相当矮小，但他仍然留在步兵中。汤姆因为是犹太人而受到骚扰，直到被召到里奇堡（Fort Ritchie），接受作为囚犯审讯员的培训。他后来回忆道："我很快就知道，军事情报训练远不如我想象的那么机密，也没有那么高明。"尽管如此，他还是遇到了一些令人印象深刻的知识分子，包括斯特凡·海姆（Stefan Heym）和恩斯特·克拉默（Ernst Cramer），了解了德国地面部队和武装党卫队的组织结构，这样战俘就无法掩饰他们的部队或军衔了。汤姆成为美国公民，并被擢升为中士，于1944年1月被送到英国。他和另外三个德国犹太人一起组成了第82空降师的审讯队，为登陆做好了准备。[80]一张引人注目的照片（图

图 19.　胜利的犹太人士兵。来源：汤姆 · 安格雷斯，《见证风暴》（*Witness to the Storm*）。

19）显示了安格雷斯作为刚毅的美军伞兵的新身份。

在诺曼底登陆中，安格雷斯跳出一架刚刚被击中的，正以闪避动作离开预定目标的 C-47。他在夜空中滑翔，躲避曳光弹，最后降落在一棵苹果树上。但是他的战友们在哪里呢？在 9 天的时间里，他帮助召集了分散的伞兵，白天躲在田里，晚上用蹩脚的法语乞讨食物。几次侥幸脱险后，一个农民把 50 名美国士兵出卖给了德国人。后者包围了他们，逼迫他们投降。汤姆被弹片划伤，被送到一家军医院。在盘问中，情报人员注意到他的名字是维尔纳，问他是否有德国血统。他不愿告诉对方自己说德语，是犹太人，而是声称他的 228
祖父在 19 世纪就移民了。总体而言，他受到了体面的对待，因为正如俘虏他的人告诉他的那样："今天你我们的俘虏，明天，我们你的俘虏！［原文如此］"[81] 经过仿佛遥遥无期的 12 天，他被释放了，并被派去管理以前俘虏他的人。

在战争的最后，安格雷斯甚至帮助解放了一座集中营——这是一次非常令人震惊的经历。市场花园行动和阿登战役让他身经百战，他目睹了国防军的崩溃，通过同情而不是威逼从德国俘虏那里获得信息。但当他在 1945 年 5 月初发现诺因加默（Neuengamme）集中营的卫星营地沃伯林（Wöbbelin）时，感到“完全不知所措”。党卫队的警卫已经逃跑，“留下快饿死的囚犯自生自灭”。汤姆尚不
229 清楚纳粹大屠杀的规模，腐烂尸体的恶臭让他作呕，他几乎不敢相信自己所看到的：“洗衣房里，尸体像木柴一样堆在一起”，有些已经腐烂了。他命令德国士兵清理现场，体面地埋葬死者，并帮助那些还活着的俘虏康复。为了反驳当地民众的严词否认，他强迫邻近城镇的“所有成年人”和“一些被俘的德国军官”见证了葬礼。[82]

当年轻的犹太男性穿着盟军制服回到故乡时，他们的感情中既有胜利的复仇，又有人性的同情。一方面，阿尔贝特·贡珀茨回忆道：“我非常得意地驾驶着美军的吉普车”，“看到曾经美丽的城镇和村庄被摧毁”，以及许多德国人的“痛苦和惨状”；另一方面，弗兰克·艾克对汉堡被毁后的“完全混乱”感到震惊：“感觉不到任何幸灾乐祸”，因为“数百万无辜的人在这个过程中遭受了苦难”。但让他高兴的是，“神圣的正义已经惩罚了那些犯下大规模反人类罪行的人”。他们的反应很大程度上取决于亲戚和朋友是否还活着。当汤姆·安格雷斯发现他的母亲和两个兄弟在荷兰秘密幸存下来时，他欣喜若狂。“当我们找到母亲时，她哭得像个孩子。”但是像露西·曼德尔施塔姆一样，太多的幸存者只能哀悼他们的逝者。[83]

由于他们对语言和文化的了解，来自德国的犹太难民在最初的占领中扮演了重要的角色。“曾经作为‘劣等种族的次等人’而被迫离开德国”，安格雷斯享受着权力的逆转，认为这是“具有象征意义的胜利”。他在战俘营的最后一项任务是区分“绵羊”和“山羊”，查明“那些个人是自愿加入武装党卫队……还是仅仅被分配到”那里。阿尔贝特·贡珀茨受令与其他十几名军官和士兵一起“管理柏

林的策伦多夫（Zehlendorf）区”，并征用了反情报部门负责人卡纳里斯上将(Admiral Canaris)舒适的别墅。作为信息控制部门的成员，弗兰克 · 艾克帮助建立了战后最早的汉堡广播站，并发布了“英国 230
陆军为德国平民制作的第一份新闻宣传单”。为了对付谣言，他还肩负着一项重要的任务，即为在德国北部重建民主媒体招募记者。[84]

由于纳粹的种族主义受害者认同他们新找到的庇护者，因此只有政治流亡者愿意在战后回到自己的故乡。尽管弗兰克 · 艾克同情战败者，但他宣称：“我再也不会称自己为德国人了。”像汤姆 · 安格雷斯这样更愤慨的人“比以往任何时候都更相信德意志民族散发着恶臭”，因为他们“像狗一样屈服”于胜利的同盟国。像阿尔贝特·贡珀茨那样的许多士兵想要继续他们的平民生活，只是等着积累足够多的兵役分，以便被送回美国。同样，集中营的少数幸存者希望尽可能远离折磨他们的人，有的像安娜 · 弗伦克尔那样去了以色列，有的像露特 · 克吕格那样等待美国签证。只有维利 · 勃兰特和塞巴斯蒂安 · 哈夫纳这样的政治难民才会冒险回来建设一个更好的德国。不过，尽管融入了新的国家，但与昔日故乡的情感纽带仍然让他们处于流亡中：“对于这么多难民来说，你可以让我们离开德国，但不能让我们忘记它。”[85]

纳粹的受害者远不只是被动的靶子，他们为击败第三帝国所做的贡献被低估了。这个国家内部存在着不赞同戈培尔的宣传的圈子，使人们对另一种选择保持了微弱的希望，而像托马斯 · 曼或阿尔伯特 · 爱因斯坦这样的国际公众名人也证明了存在一个反法西斯的德国。在年轻一代中，异议群体为那些不想与政权合作的人提供了一些鼓励，而年轻的流亡者把纳粹侵略的危险和种族主义独裁的罪恶本质告诉了他们在国外新遇到的同龄人。在德国以外，一些受过教育的青少年参加了公开辩论，在公共论坛上攻击帝国的辩护者。最后，一些共产党人加入了红军，许多犹太流亡者也穿上了英美两国的军装作战，他们参加了战斗，还用自己的文化专长和信念帮助军事情报部门。

受害者的多样性

231 对大屠杀的记忆引发了人们从英雄崇拜向受害者心态的转变，第二次世界大战的自传体回忆深受这种转变的影响。最初，无畏的抵抗组织成员是毋庸置疑的英雄，他们冒着生命危险与法西斯做斗争。毕竟，他们与野蛮主义作战，理想化地寻求在战后创造一个更好的民主或社会主义世界。此外，他们曾被系统地追捕，被捕后遭遇了盖世太保的酷刑或被党卫队处决。他们不仅通过自己坚定不移的示范做出了有象征意义的声明，而且通过破坏国防军的供给线做出了实际的贡献。尽管他们的勇气令人钦佩，但因为参加了战后的清洗或支持右翼的民族主义政治，他们的道德光环变得大为黯淡。此外，一些人因为以坚决的反法西斯主义为借口，建立剥夺人权的独裁统治而声名狼藉。[86] 因此，他们的英雄主义逐渐变得不那么受人尊敬。

有些令人惊讶的是，在公众记忆中扮演恶棍角色的德国士兵也声称自己是第三帝国的受害者。首先，他们相信自己是在为祖国进行一场英勇的战斗，以便扭转第一次世界大战的失败和可耻的和约。官方对“前线阵亡者”的哀悼信和报纸上对为国家做出崇高牺牲者的赞美都沿袭了男性对人民和祖国尽责的传统范式。虽然对父母、妻子或朋友来说，失去亲人可能是痛苦的，但这种死亡具有一种可以安慰他们的伟大意义。但是，随着牺牲人数变得巨大，战局转向不利，以及在东方的暴行不断被曝光，这种传统的看法失效了。德国士兵没有成为英雄，反而将自己视为被自大狂元首和纳粹独裁统治出卖的受害者。[87] 因为他们的英雄主义已变得毫无意义，只能声称自己受骗牺牲。

与男性行凶者相比，德国女性似乎更有资格获得受害者身份。她们的回忆充满了苦难。这样的主张也符合女权主义的观点，即认 232
为女性一般都是男性暴行的受害者，无论具体的情况如何。此外，在战争期间，正是女性被困在防空洞里，被战胜国的敌人强奸，或者被迫在零下的气温里逃亡。即使在战后重建期间，也出现了“女性的时刻”，是她们将剩余的家人团结在一起，确保他们在饥饿和寒冷中生存下去。虽然很吸引人，但这种刻板印象忽略了年轻女性对纳粹的普遍热情——许多人受到误导，志愿为军需厂工作，或者为东方的日耳曼化服务。由于自身的共谋，勇于自我批评的女性最终开始质疑她们在第三帝国的角色，并承认她们的很大一部分痛苦是咎由自取。[88]

然而，犹太人的叙事仍然是对受害最有说服力的描绘，因为它们的作者是大屠杀中大规模谋杀的主要目标。虽然纳粹的种族清洗也对斯拉夫人施加了暴行，死亡机器也吞噬了波兰知识分子、同性恋者、辛提人和罗姆人，但希特勒只针对犹太人进行了彻底的灭绝。他们的自传讲述了不同但相关的苦难故事。一个幸运的版本描绘了第三帝国愈演愈烈的歧视和迫害，这迫使他们移民，需要在安全的庇护所获得新的身份。另一个则讲述了在集中营的险恶旋涡中，如何靠运气或本能战胜一切困难生存下来的故事，为纳粹的非人行径提供了无可辩驳的证据。还有一类讲述了抵抗者的历险，其作者潜入地下，加入反法西斯团体，或克服难以置信的困难从被德国占领的欧洲逃脱。这类叙事的情感冲击是如此强烈，以至于人们在回忆纳粹暴行时首先就会想到这些受害者。[89]

尽管如此，出于以下几个原因，将承认受害者身份的大屠杀记忆之争作为要求赔偿的依据，仍然是有问题的。比较不同群体苦难程度的尝试常常会抹杀其背后的原因，而把抵抗运动战士、国防

军士兵、纳粹妇女和大屠杀对象的回忆视作各自单独发展也忽略了它们本质上的关联。虽然两者都遭受了痛苦，但自作自受的行凶者
233 和受其压迫的受害者之间的区别对于进行历史理解仍然是至关重要的。这就是为什么赫尔穆特·科尔在柏林新岗哨纪念馆（Neue Wache Memorial）的落成仪式上说“献给战争和暴政的受害者”会引起这样的公众抗议。然而，认为犹太人的苦难独一无二的想法也有问题，因为它淡化了其他经历迫害和战争的群体的痛苦。因此，关于种族清洗和大规模谋杀的普遍教训是，只有全面禁止种族灭绝和重申人权，才能最终为它们的受害者伸张正义。[90]

第三部分

战后的成年

第七章

作为全新开始的战败

1945 年夏天，在释放前的审讯中，马丁 · 西格焦虑地面对一位英国少校，后者介绍自己是波兰犹太人。德国战俘犹豫了片刻，但随后承认他是来自东普鲁士拉斯滕堡（Rastenburg）*的一名空军军官候选人。少校问："阿道夫 · 希特勒不是在那里待过吗？" 接着又问道："你也是希特勒青年团的领袖吧？" 西格克服越来越大的恐惧，表示"任何相对聪明和运动能力较强的人都会自动成为希特勒青年团的领导，无须过问本人"。令他惊讶的是，军官猛地起身敬礼，以示对他的尊重。"在你的将近 100 名同志中，你是第一个承认自己是希特勒青年团领导的人。"然后，提问者不再针对他个人，继续说道："如果德国想重新开始，德国人就必须面对他们的过去，不管他们在那段时间的行为如何。" 西格被军官的人性征服了："波兰犹太人向我展示了一条通往新开端的道路——没有仇恨、指责或威胁。" [1]

退伍士兵这才逐渐意识到"真的输了战争"的全部含义。为了

---

* 今波兰肯琴（Kętrzyn）。——编注

回到父亲的房子，埃里克·黑尔默穿过一片名副其实的荒漠："事实上，在目力所及的范围，碎石，碎石，还是碎石，以及像幽灵一样伸向天空的废墟。"在一座被摧毁的房子的地下室墙上，他发现了一条信息："威利，我们还活着，和埃尔泽一起生活。"在寻找大路时，黑尔默遇到了一名悲伤的妇女，后者可怜巴巴地问她的儿子有没有幸存下来："你看到保罗了吗？"黑尔默劝她要有耐心，他
238 想知道："有多少保罗永远不会回来了？"看到满载碎石瓦砾的卡车，他不禁想："有可能处理掉所有废墟吗？"以及"需要多长时间，新的生命才会从废墟中长出来？"[2] 大多数城市的彻底破坏威胁了那些经历过战争的人的生存。德国人现在面临着饥饿、寒冷和痛苦，就像他们之前带给别人的。

几乎比对肉体的挑战更严重的是，战败导致的政治迷失造成了心理上的困境。对所有人来说，未来似乎都没有希望。"我们这些年轻人尤其糟糕，因为我们没有受过训练，也没有职业。"马丁·西格想："在一个四分五裂的德国，我们还有什么前景？对我来说，只留下一片空虚的过去就像是幽灵"，没有人愿意谈论它。像卡尔·黑特尔这样的民族主义者痛苦地抱怨说，在多年的胜利后，"我们输掉了战争和一切，家园、财产和对历史正义的主张"。在囚犯营里，俘虏们努力想要理解失败的原因，试图坚持错误信仰的顽固纳粹分子与愿意承认德国罪行的新生民主派发生了斗殴。"雄心勃勃的计划和梦想最终换来了"囚禁，赫尔曼·德布斯回忆道。"至少现在知道，我们被希特勒和他的同伙背叛和出卖了。"[3]

彻底的失败打断了人生轨迹，改变了生活模式，在几乎所有战后叙事中制造了巨大的断层。这并不意味着 1945 年构成了一个"零点"，因为这种辩护的说法显示了一种幻觉——为创造新的开始而抛弃负面的过去。这也不意味着更新的与之相反的观点，即纳粹在很大程度上得到了延续，因为这种观点低估了个人生命受到的巨大

扰乱。相反，为了在一个由胜利者的惩罚性政策主导的世界中生存，战败者必须找到新的顺从策略来获得他们想要的东西。在占领军的统治下，作为昔日主宰的民族共同体转变为一个失败的共同体，被共同的罪恶感和苦难团结在一起。此外，第三帝国的崩溃颠覆了社会等级制度，前纳粹成员失去了他们的特权，以前的受害者有权决定他们的命运。[4] 因此，1944 年至 1948 年德国的崩溃和战后的混 239
乱从根本上改变了社会地位，改写了许多人的生活计划。

对于魏玛时代的孩子们来说，1945 年的“大动荡”最终提供了“成为真正的成年人的机会”。在前线作战、在防空洞里缩成一团、在集中营里受苦，通过目睹大规模的屠杀和死亡，这一切造就了一种扭曲的成熟，青少年提前长大了。但是纳粹的战争也推迟了他们完成学业、开启职业和建立家庭的时间，所有这些都被认为是正常发展的一部分。由于支持希特勒的征服和暴行，大多数父母失去了作为指路人的权威：父亲被纳粹主义污染，母亲为日常事务而过度操劳。战争结束时，当轮到持怀疑态度的年轻人自己负责重建时，他们有许多东西要学。马丁 · 西格还记得这种经历的影响：“18 岁时，我完全长大了，独自为我的生活负责。所有塑造未来的计划、决定和尝试现在都掌握在我的手中。” [5]

失败的滋味

德国投降后，“人们开始感受到输掉一场战争意味着什么，”阿格内斯 · 莫斯曼回忆道，“艰难和悲苦只会增加。”意识形态宣传和军事命令已经放松了对文明的约束——只是现在德国人发现自己变成了残暴行为的受害者。遵循不要任何俘虏的口号，国防军罪行和平民暴行造成的仇恨和报复引发了对试图投降的士兵的自发杀戮。同时，纳粹行凶者和普通德国人混为一体，这鼓励了针对非战斗人员的暴力行为。马丁 · 希格的母亲“被强奸，在公寓遭到洗劫后上吊自杀”。约阿希姆 · 费斯特垂头丧气的祖父干脆放弃了：“死因应该是［对活着］万念俱灰。”[6] 虽然正式战斗的结束让人松了一口气，但向和平时期的过渡对士兵和平民来说都充满了危险。

240 在国防军的崩溃过程中，年轻的士兵拼命试图避免在最后的战斗中被杀或被胜利者俘虏。如果驻扎在离家很近的地方，他们可以指望逃过射杀逃兵的宪兵和推进中的敌军，后者更关注的是军事目标而不是抓俘虏。当 16 岁的高射炮手马丁 · 格赖芬哈根听说军官们密谋回归私人生活时，他也脱掉军装，“决定结束战争”。穿上短裤和彩色的衬衫，这位看起来无害的青少年径直走回了家。约阿希姆·费斯特的弟弟温弗里德在收到征召文件后躲了起来，成功地“逃脱了一小段时间”。当盖世太保抓住他，并把他押送往更安全的监狱时，他突然从斜坡上跳下逃跑，并躲过了搜查队。[7] 另一些更年长的士兵也脱下军装，放下武器，撕碎他们的服役记录，以便重新成为平民。

241 即使被正式俘虏后，一些国防军士兵也能设法从混乱的临时战俘营中逃脱。由于担心遭到报复，党卫队军官罗尔夫 · 布尔文无视“自愿前往”波希米亚北部“收容点”的命令。被俄军巡逻卡车的灯光拦下后，他跳到暗处，在一连串的谷仓里藏身。布尔文晚上赶路，在 10 天的时间里避开了所有检查站。他挣扎着向图林根的鲁多尔施塔特进发。凭借非凡的运气和胆量，他藏起苏联战俘证，最终真的回到了妻子身边（图 20）。当面包师格哈德 · 鲍克意识到自己注定要成为俄国的奴隶劳工时，尽管他喜欢抓住他的苏联人，但同样决定“我必须离开这里”。在一场暴雨中，他借着前往黑市的机会，在柏林从他们的卡车上跳下，溜进地道，然后大摇大摆地走回了自己家。在父亲的一个朋友家里躲了一段时间后，他受雇于美国军队，从而取得了获得食物和住房所必需的文件。[8]

图 20．俄国的德军战俘身份文件。来源：露特 · 布尔文，《后来的回响》。

然而，绝大多数国防军士兵在最后的战斗中或德国投降后成了战俘。在保卫横跨莱茵河的雷马根桥时，约阿希姆 · 费斯特“几乎撞上了一名美国大兵，后者正拿着上了膛的冲锋枪，并立即开始大喊：‘举起手来！赶快！举起手来，小子！’”费斯特大吃一惊，乖乖地放下武器，成了囚徒。同样，卡尔 · 黑特尔“突然遇到大约 10 个老美［美国士兵］，他们手持准备好［射击］的自动手枪”。利用对方愣神的工夫，他马上按照美军传单的指示高喊：“不要开昌 *，我们投降”［原文如此］，从而没有受伤。与之相反，5 月 7 日，霍斯特 · 安德烈的指挥官向他的部队宣布，在意大利的国防军投降了，并解释说：“每个士兵都被解除了职责，可以试着回家。但是那些

* 原文将开枪的 shoot 拼成了 shut。——译注

留下来的人必须和其他人一起前往美军的战俘营。”回乡路途漫漫，又和战友情谊深厚的他们别无选择，只能冒险成为战俘。[9]

大多数德国士兵愿意前往美军的战俘营，希望得到更好的待遇，
242 更快获释。在东线，大批迁移者试图前往易北河边，那里是美军占领区的边界。为了穿越冰冷的河水，马丁·西格造了一个小木筏。木筏倾覆了，但是几个黑人士兵把他拖到岸上，他们的篝火让他苏醒过来——这是一个令人惊讶的人性举动。而卡尔·黑特尔等人在美军战俘营里的处境就不那么好了，他们失去了手表，睡在泥泞地面上的帐篷里，只能得到极少的食物。一名带着普法尔茨口音的美国中尉冲费斯特喊道：“你们这些纳粹蠢货将不得不习惯这样的事实，你们现在对任何事情都没有发言权。”霍斯特·安德烈体验过各种经历，从松懈的关押到无情的囚禁，后者由一心想要复仇的犹太军官管理。[10] 莱茵河草地战俘营中一些骇人听闻的情况仅仅是美国军队没有准备好处理多达200万战俘的结果。

尽管如此，根据许多证词，被美国人关押是运气最好的，那里的待遇不那么残忍。新俘虏要接受汤姆·安格雷斯这样的美国情报军官的盘问——他们自己也是难民——然后检查他们是否为党卫队成员。（希姆莱的卫队受到了更严厉的处置。）像卡尔·黑特尔这样的德国国防军战俘对俘虏他们的人的不正式、松散的纪律、良好的健康状况和充足的补给感到震惊。他很难理解，这样心慈手软的“美国佬”是如何打败久经沙场的国防军士兵的，他将他们的胜利归因于优越的资源。当战俘被转移到固定的营地后，大多数人都很高兴，因为他们吃得好，住得体面，还可以参加体育比赛。当改造讲座和军营杂志宣扬批判第三帝国的观点时，一些拒不悔改的人开始为“希特勒的伟大”辩护，而另一些人则谴责这场“愚蠢的战争”。[11] 当约阿希姆·费斯特在法国逃跑后被重新抓住时，他被关在笼子里6周的惩罚相对还算轻的。

英国的战俘营同样可以接受，因为那里对战俘的处置并不无当，尽管资源不那么丰富。霍斯特·安德烈描绘了在意大利快乐的战俘营生活，其中“所有机构，例如厨房、服装供应处和鞋匠铺都由德国囚犯经营”。为了摆脱无聊，这些看守较松的囚犯们会打牌、下棋和踢足球。战俘甚至被允许前往海滩与意大利农民交往。尽管住 243
在帐篷里，但他们拥有“全部便利设施、一个剧场和电影院”，甚至还有“一所大学，被俘的德国教授在那里上课”。相比之下，在德国北部，“可怕的饥饿伴随着英国人而来”。由于逃跑的战俘会被枪杀，马丁·西格志愿从事农业劳动，因此获得释放。埃里克·黑尔默假装是化学家，拿到了获准离开的文件，而霍斯特·安德烈让自己的心律不齐加剧，以便能够以医疗原因获释。罗伯特·诺伊迈尔则通过更改参军记录和从战俘火车上跳下逃出了一个条件恶劣的英国战俘营。[12]

被法国人监禁的生活则更加艰苦，因为这个被摧毁的国家更穷，对德国人的敌意因此也更大。“作为它所宣称的战争公认的主要受害者，法国需要廉价的奴隶劳工来重建这个人力不足的国家。”战后大约有 200 万士兵在那里被囚禁了几年，作为其中的一员，卡尔·黑特尔憎恶普瓦捷（Poitiers）的战俘营。他写道：“卫生条件令人无法接受，完全缺乏饮用水，我们吃不饱，食物量远远低于最低生存标准，而且生活在一个几乎处于亚热带温度下的拥挤不堪的帐篷城市里，这让我们吃了很多苦头。”为了对抗抑郁，他在营地管理部门填写表格，并上了一位专业数学家的课。后来在拉帕利斯（La Pallice），他抓住机会志愿担任技术绘图员，帮助绘制了法国海军修复的德国 U-510 潜艇的“一系列线路图”。虽然这份工作改善了他的状况，提高了他的工程技能水平，但他仍然对被关了这么长时间感到痛苦。[13]

被俄国人俘虏的德国国防军士兵会受到残酷的对待，这促使他们一有机会就逃跑。眼科医生君特·格罗斯遭到搜身，被强迫埋葬尸体，还不得不眼睁睁地看着女人被“残暴地拖进树林里强奸”。“我们听到她们的呼喊和呼救，但爱莫能助。”在即将被送往苏联时，他留在一家废弃的工厂里，然后忍着脚疼走了三个星期，渡过了几条河，躲过了巡逻，最终回到他在吉森的家。同样，在前往俄国的
244 途中，卡车司机保罗·弗伦策尔用刀子和铁钩撬开了运畜车上的一块烂木板，打开车门跳下了火车。抵达特兰西瓦尼亚后，他向匈牙利农民乞讨食物、衣服，并获得了一些建议，然后设法走了两千多公里。他假扮成牧羊人骗过俄军巡逻队，还逃过了美军的新一轮抓捕，最后回到他在东德的家乡。[14]

让被关押在苏联变得更加致命的是，那里的生活水平更低，对纳粹暴行的怨恨也更强烈，战俘的生命不值钱。格哈德·克拉普夫在波希米亚被俘，最初被带到奥斯维辛，具有讽刺意味的是，国防军士兵就被关在那里。他觉得“失去最基本的行动自由是监禁最令人讨厌的方面”。作为一名受伤的军官，他最初的处境还不错，但很快就被安排在矿井里挖煤，在填不饱肚子的情况下以惊人的斯达汉诺夫式（Stakhanovite）* 速度干活。克拉普夫先后被送到一系列不同的集中营，经历了“痛苦的生存模式：饥饿—无聊—饥饿—疲惫—饥饿—回国的希望逐渐消失”等等。只有他的基督教信仰和对音乐的热爱才使他活了下来，直到被监禁三年后，他才偶然被选中顶替一个被拒绝的党卫队成员的回乡配额，当时他的体重只剩下了 90 磅。[15]

尽管有许多“不受限制的仇恨”，但仍有一些囚犯非常幸运地经历了非凡的人性时刻。空军新兵霍斯特·格罗图斯在东线被俘，并被转移到苏联的高尔基市（Gorkij）†。饱受缺少食物和水的折磨，

* 斯达汉诺夫运动是苏联实行第二个五年计划期间在全国范围内展开的社会主义劳动竞赛运动。——编注

† 今俄罗斯下诺夫哥罗德（Nizhniy Novgorod）。——编注

他对“普遍的忽视”感到恐惧，那导致俄国人沦为无精打采的机器人。从驳船上卸完货后，他还要在一个油罐厂铺设电缆和分拣废金属。苏联指挥官搜刮了收益，把给囚犯的食物转手倒卖。战俘的状况迅速恶化，许多人饿死了。在从一列货运火车上卸货时，格罗图斯的鞋子被一根铁轨夹住了，一节车厢从他的脚踝上碾了过去。血止住后，一位自己也失去了一条腿的苏联医生给这个年轻人的两只脚截了肢，安慰他说：“你不应该伤心。你将能够重新走路。”多亏 245
了几名护士随后的护理，他才熬过了一系列其他疾病，开始为看到“德国暴行的遗迹”感到羞愧。[16]

长期囚禁期间的一条生命线是与家里的通信，这让战俘和家人放心，他们的亲人还活着。民用邮政系统的崩溃，轰炸和逃亡造成的地址变化，以及禁止囚犯写信的命令，这些都使夫妻在战争结束时对彼此的命运一无所知。即便内容平平无奇，但当卡尔·黑特尔在“经过充满不确定性的一年后收到来自德国的第一条生还消息”时，他还是欣喜若狂，这重新燃起了他对最终回家的微弱希望。1946 年 3 月，霍斯特·安德烈同样经历了“我终生难忘的一天”。收到的邮件让他放心，父母和兄弟姐妹“从波美拉尼亚的逃亡中幸存”。绝望地期待平安消息的雅各比娜·维托拉也欣喜若狂，因为她收到了未婚夫威廉·霍迈尔（她后来嫁给了他）寄来的第一张预先印好的战俘明信片：“我可能哭着跳起了舞。”[17]

由于战俘营的恶劣条件，苏联人的反法西斯宣传普遍收效甚微。许多囚犯对俄国的幅员辽阔和承受苦难的能力印象深刻，甚至愿意听鼓动者解释马克思–列宁主义的经典，或阅读像弗里德里希·沃尔夫（Friedrich Wolf）这样的左翼作家作品。逃兵格哈德·约阿希姆很高兴“我们的战争结束了”，德国被从法西斯主义手中解放出来，他“感到一个新的、不一样的世界的气息，这也激励我们转向……一个公正社会的梦想”。但是，绝大多数思乡的囚犯拒绝了自由德国民族委员会（National Committee for a Free Germany）的说教，而是专注于他们食物的匮乏和每天的生存状况，同时希望能很快被释放。由于无法获得关于世界的可靠消息，而只能听到关于德国命运的谣言，大多数战俘拒绝接受“看似中立的反法西斯主义”。汉斯·克维萨回忆说，苏联“争取我们公开支持共产主义”的努力通常以失败告终。[18]

被囚禁的时间越长，想要设法逃脱的渴望就越强，即使失败会带来严厉的惩罚。因为这个国家的面积，语言的差异，以及对旅行
246 的控制，使得逃离俄国战俘营几乎是不可能的。离开法国的战俘营似乎更加容易，但需要大量的后勤准备。当卡尔·黑特尔未能争取到获释时，他认定“走出这种痛苦的最后一条路就是逃跑”。通过出售潜艇模型和为镇上的自助餐厅购买食物，他攒下了 16000 法郎，购买了平民的衣服，并通过一名战友的女朋友买到了车票和米其林地图。他下定决心“不惜一切风险”，于 1947 年 12 月 17 日潜逃，乘夜班火车前往巴黎，然后买了一张前往萨尔边境的车票。他悄悄地徒步穿越边境，来到一个朋友家，后者向他提供了释放文件。凭着这份假文件，他继续前行，在圣诞节时找到了他在苏占区的妻子。[19]

为了加快合法释放，每个战俘都设法让他们的囚禁提前结束。战胜者使用正面标准（例如对重建技能的需求）来释放囚犯，用负面标准（例如参与暴行）来延迟释放。俄国人则使用健康测试，营地医生会捏裸体战俘的臀部，根据剩余的肌肉量把他们分成 4 个等级。接近死亡的那些被留下来，因为他们无法承受旅行；那些太虚弱而不能承受沉重劳动的人将第一个被送回家。赫尔穆特·拉什多夫通过摇动稻草床垫引发哮喘来获得出狱就医的机会。但是较为强壮和年轻的人会被留下来“从事收割，修理街道和铁路”，或者在矿井里工作。威廉·霍迈尔试图讨好共产党战俘营的当权者来获得释放，而迪特尔·舍恩哈尔斯则用伪造的南斯拉夫身份逃过了被美

军囚禁。[20]

最后被释放的囚犯中有平民和士兵，他们是因为身为纳粹首脑分子或党卫队成员而被关押的。在西部的拘留营和东部所谓的特别营（Spezlager）中，数十万人因为他们的行为而受到严密的审查。格哈德 · 鲍克的父亲由于“母亲公寓的租户告发”而被捕，因为他很早就加入了纳粹党，曾在市议会为纳粹党工作，并领导过HAGO（纳粹的工匠、贸易和商业组织）的地方分会。他被投入英 247
国人的军事监狱，直到 1948 年才获释。同样，党卫队成员罗尔夫·布尔文勉强逃脱了例行筛查，趁着英国军官的一时疏忽，从“待检查”的队伍跑到了“已检查”的。但由于身为纳粹党和党卫队成员，并曾在波兰指挥一个安置营，他的岳父遭到了逮捕。虽然家人可以探望他，但在“没有人指控他”的情况下，他还是花了很长时间才被释放。[21]

经过这么多年的战争和囚禁，归来的战俘经历了催人泪下的团聚，看到彼此还活着的家人时流下了快乐的眼泪。为了减轻正面的冲击，克拉普夫从车站打电话给他不敢相信的父亲，问道：“牧师，你知道是谁在和你说话吗？……是格哈德，你的儿子。”当罗尔夫·布尔文不宣而至地走进来时，年轻的妻子露特惊呆了：“我坐在那里，好像被冻住了，几乎不想相信。”结果，“我们沉浸在幸福中，小厨房里的每个人都目中含泪”。赫尔穆特 · 拉什多夫回忆道：“我无法用语言来表达这个周日的重聚喜悦，因为我的父母已经一年多没有我的消息了，他们一直担心会失去我，就像失去我的兄弟恩斯特一样。”霍斯特·安德烈的父母看到穿着破旧伞兵制服的他时非常震惊，他的“妈妈高兴得哭了”，因为他回来了，而“我自己也几乎说不出话来”。只有约阿希姆 · 费斯特注意到他的父母苍老了。[22]

虽然很高兴活了下来，但归来的战俘感到震惊，因为在他们离开期间，这个国家已经发生了根本性的变化。“柏林让我大吃一惊，”

费斯特回忆道，“除了一片延伸到地平线的灰褐色废墟，什么也看不见。”即便被释放了，退役士兵也不得不接受占领军的统治，后者的控制使他们的生活变得复杂。不管人们有什么看法，都必须服从贴在墙上的法令。此外，占领区的划分迫使埃里克·黑尔默必须穿过数百个令人紧张的边境哨所才能拜访他在东部的父母，同时又
248 在西部完成高中学业和学习神学。由于东普鲁士现在归俄国和波兰管理，像霍斯特·安德烈这样的许多前战俘变得无家可归。他震惊地发现6个逃难的家人挤在某座西德庄园的一个小房间里。[23]

虽然回家是一件“美妙的事情”，但满身创伤且“心理崩溃”的战俘的重新融入是一个漫长的过程。痛痛快快地洗个澡和烧掉所有衣服以去除虱子和臭虫是令人愉快的第一步。更复杂的是吃适量的食物来恢复健康，因为饥饿带来的渴望经常导致人们因暴饮暴食而生病。格哈德·克拉普夫甚至受不了睡在床上这种“舒适的奢侈”，而是躺到了地上。“诚然，我一开始对再次适应文明社会的美好生活感到很不自在。”克服反复出现的战争或监禁噩梦需要更长的时间。承认恐惧被认为不符合“男子气概”，经常得不到治疗。然后，人们会谈论如何补上错失的经验，平民只对战俘的苦难表现出有限的兴趣，许多事情不会被提及。最后，如果女朋友决定开始新的生活，还必须要克服分手的失望。[24]

获得正确的文件是下一个挑战。在实行定量配给的被占领土地上生活，需要一系列加盖官方印章的许可。对于埃里克·黑尔默来说，“‘自由’的第一天实际上是不自由的，因为需要从一个地方跑到另一个地方”。最重要的是合法释放的证明。罗尔夫·布尔文用土豆制成的假印戳制作了自己的证明，也有人用学生偷来的空白表格。然后，前战俘要带着这份文件前往当地的市长办公室申请“居留证”，使他或她有权留在某个城镇。这份许可让他们能够得到一张令人垂涎的配给卡，这是从商店购买食物所必需的，没有它就无

法生存。他还需要获得住房分配资格，因为许多住宅已被摧毁。当一个官员问卡尔·黑特尔，为什么他和两个没有血缘关系的女性生活在一起时，他干脆决定立刻和他的女朋友结婚。[25]

准备好文件后，返家的战俘可能会体验几天短暂的自由，不必 249
马上负起责任。霍斯特·约翰森回忆说，终于“我们感觉摆脱了”多年来纳粹的压迫，而监禁的结束让“我们逐渐找回了自己”。“但这是一个多么大的错误！”虽然他既不是战犯，也不是政治犯，但在试图恢复之前的工作时，他还是被苏联当局征调参加“奴役劳动”。“现在，共产党人异想天开地任命一名前农场工人担任市长，又一次实施了强制和压迫。”约翰森首先被命令拆除魏森费尔斯（Weissenfels）第二条铁轨的“所有架空电线”；然后，他又被派去拆卸一处露天褐煤矿的大型挖掘机。虽然重建任务需要人力是可以理解的，但拆除东德的工业设备并将其运往苏联，这很难让那些试图重建它们的工人对俄国人有好感。[26]

为了让餐桌上有食物，归国士兵不得不寻找临时工作，不再坚持重操以前的职业。“拆除行动和缺乏原材料让经济状况很糟糕”，他们曾经工作过的许多公司被迫停业。因此，保罗·弗伦策尔别无选择，只能在他父亲的火车站餐厅里当服务员，更像是一个“家仆和勤杂工”，而非训练有素的商人。那些没有完成教育就去打仗的年轻人日子更不好过。埃里克·黑尔默很高兴能找到工作，决定“去铁路上”从事维修工人的体力劳动。他的理由是“如果想要生存，我们就必须帮助重建”这个国家。赫尔曼·德布斯有幸被莱茵河上的一艘拖船重新雇用，但这项工作现在很危险，因为河中满是沉船和断裂桥梁的碎块。即使是海因茨·舒尔泰斯这样想上大学的归来者，也必须把从事“有助于德国重建的工作”作为入学条件。[27]

有时候，纳粹的过往会影响求职者，毁掉他们最好的计划。为了隐藏自己的党卫队成员身份，罗尔夫·布尔文从手臂上割掉了会

暴露他身份的血型文身，留下了一道伤疤。在一位朋友的建议下，
250 他受雇于图林根州小镇柯尼希塞（Königsee）当地的警察部队，同时隐瞒了他之前的活动。一切似乎都很顺利，直到他突然被要求向市长汇报。这位官员刚刚得到消息，罗尔夫曾是希特勒青年团领导人和党卫队成员，因此不能再容忍他待在俄国占领区的部队中。他告诉布尔文："说实话，我是共产主义者，但首先是德国人，"并警告他，"你有三天时间"去西部。布尔文夫妇和他们的女儿手忙脚乱地徒步穿越占领区边界，在弗里德兰（Friedland）中转营做了登记，然后前往露特的父亲所在的策勒（Celle）。安稳生活的梦想破灭后，他们不得不住在马厩的一头，布尔文重新开始当拖拉机司机，为一家树苗圃工作。[28]

留下的平民和回家的士兵都必须接受他们在第三帝国政治参与状况的审查。在回家途中，埃里克·黑尔默不得不填写一份关于他的隶属关系的很长的调查问卷，由于他的反法西斯态度，他毫不费力地填完了。有了对"盖世太保和希特勒保镖的野蛮纳粹行为和阴谋"的告发的帮助，美国人"甚至在老纳粹分子从前的办公室、学校和政府机构追捕他们"。霍斯特·约翰森回忆说，在俄占区，"突然出现了一批认为自己的时代已经到来的老共产党人"。"现在轮到他们把纳粹时期的人列为共犯或行凶者了。"在苏联情报部门的帮助下，"新一轮逮捕和秘密拘留开始了"。因此，纽伦堡审判的死刑判决仍然颇具争议性："是谁给了胜利者像神一样审判的权力？他们自己也在毫无顾忌地杀人。"[29]

先是在战俘营，然后是在家里，一个集体自我反省的过程开始了，试图为纳粹的灾难找到解释。不思悔改的民族主义者常常指责盟国和抵抗运动的成员，重新提到"资本家、世界犹太人或共产主义者"这些"老旧的敌人形象"。许多军官认为希特勒的傲慢和无能要为战略错误负责，将失败归因于他"不切实际"地向全球开战。

渐渐地，像马丁·西格这样的少数人“意识到有一个人和他的帮凶一起让半个世界被火焰、毁灭和死亡所吞噬，以其对意识形态和强 251
大力量的信仰造成了全球的灾难”。但对于大多数战败的德国人来说，迈出下一步并承认自己参与了纳粹的罪行，在心理上非常困难，即使这最终“无法逃避”。像汉斯-哈拉尔德·席尔默所做的那样，声称“我们对用毒气室和火葬炉杀害了450万或600万犹太人的特殊灭绝营一无所知”，更容易让良心平静。[30]

对于德国人来说，根据他们的年龄和性别，以及纯粹的运气，战争是在很不相同的时间结束的。1944年10月，第一批被解放的平民是亚琛的居民。其余的人又等了半年，才通过1945年5月的投降结束了最后的战斗。德国国防军的投降产生了大约1000万战俘，他们被逐步释放，最后的生还者直到1955年才离开俄国。在漫长的囚禁期间，卡尔·黑特尔苦涩地抱怨道：“每当我听到许多年轻人已经回家或从未离开，我就怒不可遏，心中升腾起怒火，对不公的命运感到怨恨。”他代表许多绝望的战俘继续说道：“我们冒着生命危险，受到被监禁的待遇，而其他人却在家里大摇大摆，尽情享受生活，也许还嘲笑我们。”虽然长期的囚禁对于纳粹的赎罪和重建被毁的国家是必要的，但它摧残了战俘的身体和精神，也使许多德国人难以面对自己的责任。[31]

女性时刻

陷入战后混乱的第三帝国是“女性时刻”，因为她们必须清理男性同胞留下的烂摊子。不仅有几百万年轻男性作为德国国防军战死，还有数以百万计的其他人沦为战俘而无法回家。在此之前，在废墟中或逃难中保证日常生存的挑战主要落在了女性的肩上。这种新的责任有时会让女性变得更强大。约阿希姆·费斯特的姐姐

说：“父亲不在的一年半里，我们多愁善感的母亲变成了一个充满
252 干劲的人”，完全抛下了她的优雅。“她二话不说接管了大楼，向居住者发出指示，在黑市上展开艰难的谈判，还坐在市郊火车的车顶上前往乡下，带回一把土豆、一个卷心菜或一纸袋皱巴巴的冬季苹果。”[32]“瓦砾女人”的流行形象描绘了这种令人惊讶的力量，显示出女性曾被父权主义的强硬措施所压制的行动能力。

1945 年，在与占领军打交道时，女性既有优势，也有劣势。盟军害怕男性“狼人”游击队的抵抗，但女性被认为不会构成任何安全威胁。因为她们主要关注私人领域，也不会抗议胜利者拆除工业设施之类的政策。由于她们的相互支持的网络仍然是个人的，因此躲过了盟军对公共生活的控制。但许多关于强奸的故事不全是复仇主义者的捏造，特别因为它们还提到了法国和美国士兵的性掠夺行为。此外，当胜利者的军队闯入家中抢夺贵重物品，或仅仅为了好玩而破坏家具时，女性是无助的。尤其令人恼火的是占领军在他们的房子里住宿。在与俄国士兵打交道时，乌尔苏拉·贝伦伯格发现“快乐和痛苦总是各占一半”。[33] 因此，一切都取决于如何处理胜利者和失败者之间的性别关系。

在西部占领区，最初禁止士兵和德国姑娘交往的命令很快就失效了，因为双方都渴望有人做伴。为了与战败的敌人保持距离，美军曾禁止与德国妇女发展关系，用名为《薇罗妮卡，谢谢》（“Veronika Dankeschön”）的漫画将她们描绘成性病的源头。但随着数以千计的男女青年寻求消遣，大兵和女孩很快找到了规避禁令的方法。这类恋情的发展部分是由于物质原因——胜利者会提供咖啡、巧克力和香烟——部分是出于对彼此的真挚感情。作为一拨请愿的结果，军方于 1946 年 12 月取消了对“德国新娘”的禁令，允
253 许士兵结婚并将他们的配偶带回美国。由于种族隔离，黑人士兵和白人女孩之间的结合需要获得美国军官的许可，但由于种族主义的

原因，申请经常遭到拒绝。归来的战俘也憎恨这些与美国人交往的女性，称她们为“美国佬的妓女”。[34]

相比之下，在苏联占领区，胜利者和战败者之间的关系一直很紧张。特别是在最初被美国人占领的地区，红军的到来引发了“巨大的怨恨和对掠夺的持续恐惧”，这很难带来友好的互动。除了预料中的掠夺珠宝、手表、相机和自行车之外，“当地居民还一直担心和恐惧红军士兵野蛮攻击妇女和女孩”。霍斯特·约翰森回忆道：“当永远喝不够的他们找到酒时，最好及时离开。”个别俄国士兵可能是善良又多愁善感的，就像乌尔苏拉·贝伦伯格在与名叫萨沙和尼古拉的和蔼可亲的年轻人交好时所发现的。但总体而言，他们喜怒无常，情绪在慷慨和残忍之间摇摆不定。在某些情况下，获得解放的波兰人或捷克人的行为甚至更加残酷，因此具有讽刺意味的是，被骚扰的妇女有时会请求俄国官方提供保护。[35]

在分配给俄国和波兰政府的东部领土上，权力关系突然颠倒了：从前的仆人变成了新的主人，试图抹去从前归德国人所有的一切迹象。返回的难民变成了“自己土地上的陌生人”。像埃丽卡·朔尔茨–奥伊勒（Erika Scholz-Eule）和她的妹妹特劳德尔（Traudel）这样的西里西亚人庆幸自己还活着，他们“不想离开，不仅为了自己，也是为了德国”。但在被逐出家门、失去工作和被剥夺公民身份后，他们只能作为新的下层阶级继续待下去。随着越来越多流离失所的波兰人一天天从东边抵达，乌尔苏拉·贝伦伯格注意到，“德国农民现在不得不在他们继承了几代人的农场里当劳工和奴仆”。以前的居民不顾一切地想要坚持下去，包括在地里做苦力、做石匠等。他们现在知道了在外国统治下、在“完全无法无天的状态下”生活意味着什么。[36]

尽管付出了努力，但从长远来看，战败的德国人无法阻止他们 254
被系统性地驱逐出自己的故乡。当一个喝醉的波兰人开始脱她的衣服，想要强奸她时，17 岁的乌尔苏拉 · 贝伦伯格“在那一刻决定逃走”。她用麻袋缝制背包，说服不情愿的父亲弄来所需的出境许可。由于他们“几乎不能随身携带”除食物以外的任何东西，“无可取代的贵重物品被留了下来。我父母辛勤劳动建立起来的一切都没有了”。在去车站的路上，父亲把一个袋子放在头上，以免看到他正在失去的东西。在下一个城镇，他们找到了“德国人离开”东普鲁士的交通工具，结果却被塞进运牲畜的车。他们在长途旅行中蜷缩在没有供暖的车厢里，“充满了恐惧”。当另一辆车在停留期间被洗劫时，他们听到了哭喊声。在斯德丁，被驱逐者匆匆乘火车西行，所有人都只有一个想法：“离开，得救。”[37] 一张这样的照片显示，被驱逐者出现在以前运送犹太人的同一种运畜车上（图 21）。

同样，在波兰的统治下，在西里西亚作为“影子存在”的德国人也无法继续在此生活下去。占领者希望为本国公民清空土地，他们被斯大林从更东面驱逐。由于除了流言没有其他消息，剩下的德国人不知道根据《波茨坦协定》，他们将以“有序和人道的方式”被转移到西部。但他们确实注意到，经过不断的羞辱和饥饿，“复仇已是常态”。16 岁的乌尔苏拉 · 马伦多夫仍然穿得像个男孩，刚刚从伤寒中恢复过来。她幸运地找到了助理护士的工作，这提供了允许她留下来的官方文件。在农村的长途跋涉中，她帮忙将医疗用品分发给躲避波兰民兵的贫困德国人。虽然已经学会了一些波兰语，但她仍无法避免在 1946 年夏天被驱逐。斯切林的所有德国人都被装进一列原本空着的货运列车，然后被送往西部。即使在那时，马伦多夫就“清楚地知道：我们再也不会回来了”。[38]

波兰对留下的德国人的政策是矛盾的：华沙想要清空西里西亚，
255 为来自东方的定居者腾出空间，但又禁止有技能的专家离开。在混乱的过渡阶段，以佩戴白色臂章为标志的德国人失去了他们的财产、房子、食物和工作。“我们被系统性地剥夺了任何生存的可能

图 21. 被从西里西亚驱逐。版权：格哈德·格洛恩菲尔德（Gerhard Gronefeld）/德国历史博物馆。

性。”1946 年 5 月，露特·魏格尔特的家人最终设法加入了乘坐运畜车前往西方的被驱逐者行列，以便“以德国人的身份在德国生活”。他们首先进入弗里德兰的中转营，然后被暂时安置在下萨克森州。露特自己留了下来，因为作为煤矿工人，她的姻亲和从战俘营归来的丈夫被认为是必不可少的工人，所以他们被禁止离开。因为“我们被困住了”，他们决定通过学习波兰语和靠音乐交朋友来“与新的占领者打交道”。情况逐渐改善。后来，到了 1957 年，他们获得了作为“后期遣返者”（Spätaussiedler）离开的许可。魏格尔特在谈到当时的情况时表示：“一方面，我们很高兴终于能够离开；另一方面，很明显我们已经失去了自己的家园，再也找不回来了。”[39]

苏台德地区的日耳曼人面临着捷克人的歧视，最终也被驱逐 256
出境。只要对农民的劳动仍有需求，他们就被允许进行收获，但此后，“村里开始了大规模的驱逐”。23 岁的前战俘汉斯·陶施被逮捕、监禁和殴打，并且没有明显理由地被指控为“纳粹猪”。因为这样的民族主义报复，“我和我的亲人都很清楚，在目前的情况下，留在家里不仅不可想象，而且是危险的”。没有等到正式驱逐，陶施家就把他们的一些财产通过巡逻兵较少的边界转移到了弗兰肯（Franconia）。1945 年 12 月 8 日，他们拿到了官方许可证，带着除了两把被没收的小提琴之外的其他财产前往巴伐利亚。陶施的父母心烦意乱，“回头后顾，他们的眼里含着泪水；他们再也见不到自己的家乡了”。穿越边境“意味着我生命中的一次休止，开启了对我的未来具有决定意义的发展”。[40] 虽然捷克人遭受的苦难比波兰人少，但他们的报复心甚至更强。

即使到达德国后，对被驱逐者的考验也远未结束。接收他们的社区憎恨他们，认为他们消耗了本就稀缺的资源。从火车上下来后，他们被送往弗里德兰等地的安置设施，进行除虱和登记，并得以进食。如果有亲戚，他们就被鼓励马上去投亲；如果没有，就被送进难民营，在那里可以勉强生存。克里斯特尔·格罗舍克不得不从一个雇主转到另一个，以逃避讨厌的求欢要求。当乌尔苏拉·马伦多夫来到代尔门霍斯特（Delmenhorst）外一个废弃的飞机场时，她没有足够的食物，也没有保暖办法。通过向开明的教育部长玛丽·伊丽莎白·吕德斯（Marie Elisabeth Lüders）请求，她才被不来梅（Bremen）的一所高中录取。更令人恼火的是当地人的“不信任”,他们把新来者当作“无家可归的乞丐和流浪汉”。感觉受到怨恨，属于不同的教派，而且“像教堂里的老鼠一样贫穷”，这些都无法帮助难民接受他们的流离失所。但是努力融入的坚定决心逐渐为他们赢得了尊重。[41]

在被摧毁的城市里，重建工作是从清理废墟开始的。这项工作
257 很大程度上是女性在不借助机械的情况下完成的。被去纳粹化法庭列为随大流者（Mitläufer）的男性纳粹分子通常被判处清扫街道，

以此作为一种社区服务的形式。根据英格丽德·博克的说法，每个想在“不来梅工作或上学的人或学生”都必须出示“志愿劳动证书”才能被接纳。“我们都照办了，没有抱怨，因为我们很高兴战争结束了。”但战后的照片显示，主要是穿着短裤、粗糙的衬衫、靴子和头巾的女性把瓦砾铲到卡车上。埃丽卡·陶布霍恩回忆道：“许多女性从砖头上凿下灰泥，以便在重建中再次使用。”[42] 为了应对劳动力短缺的情况，此时的女性还接手了曾经主要由男性担任的其他工作，如烘焙面包和驾驶有轨电车。

由于食物供应不足，许多城里的德国人在战后的最初几年饿了肚子。在战争的尾声阶段，粮食产量直线下降，而农业领土的丧失和交通工具的缺乏阻碍了分配。罗伯特·诺伊迈尔回忆道：“饥饿是我们每天的伴侣。我们所想的一切只围绕着吃。”由于低效和在性别上偏向体力劳动者，配给制度只提供了每日最低营养需求的一半左右。这危及了所有人，尤其是老人和婴儿。大部分烹饪工作都是由母亲们完成的，她们扩充了传统的食谱，命令年龄较大的孩子采集任何可以食用的东西——野生浆果、蘑菇、路旁树上的水果和蒲公英叶。霍斯特·约翰森回忆说，他捡拾收割后剩下的麦粒，因为可以将它们磨成面粉。另一些家庭利用他们的花园种植土豆、绿叶蔬菜和甜菜，以补充微薄的配给。尽管如此，乌尔苏拉·贝伦伯格回忆道，“饥饿经常在晚上折磨我，使我无法入睡”。[43]

获得比配给卡更多的食物的一种方法是到农村地区，用贵重物品与友好的农民交换食物。这种寻找食物的方法被称为“仓鼠法”，因为那种啮齿动物有收集和囤积食物的习惯。埃里克·黑尔默记得，“从城市开出的火车常常拥挤到令人绝望，背着包的人像葡萄一样挂在车厢上”，这些人都是为了“到农村交换或购买东西，以改善他们的营养”。饥肠辘辘的城里人拿出钱或珍贵的财物，诸如家用银器、珠宝和瓷器，希望农民愿意放弃一些火腿、香肠、鸡蛋或土豆。 258

另一个策略是到农场找到某个失散很久的叔叔，说服他分一些剩余的食物。像费尔斯（Fehrs）这样在美国有亲戚或朋友的幸运家庭，也会收到作为人道主义救济的食物包裹，可以暂时缓解他们的饥饿。[44] 这种不对等的交易类似于乞讨，而女孩和妇女特别擅长唤起同情和在回家路上躲避执法者。

饥饿的城市居民还用其他不太合法的方法来获得一些吃的东西，比如抢劫商店或黑市交易。当国防军仓库在混乱的崩溃中被打开时，当地人忙着抢劫物资，无论是鞋子还是罐头。为了规避定量配给的限制，他们经常在火车站附近涌现的黑市上交换这些偷来的商品。占领军主要对相机或纳粹纪念品之类的战利品感兴趣，愿意用咖啡、尼龙或烟草等军人福利商店的商品来交换。埃里克·黑尔默用煤块换了黄油或巧克力。在这种偷偷进行的交易中，香烟取代了贬值的帝国马克，让不吸烟者可以把“好彩牌香烟”或本土种植的烟草换成食物。但黑市是危险的，在盟军突袭中“被发现携带香烟”会被判刑入狱。[45] 尽管如此，交易仍然势头不减地继续。

应对严寒是另一个考验，因为燃料供应不足，而且 1946—1947 年的冬天是整个 20 世纪最寒冷的冬天之一。矿工们在挨饿，煤炭产量下降，铁路遭破坏而阻碍了运输。此外，许多房子的窗户和取暖炉都坏了。“当我早上睁开眼睛的时候，整面墙壁和天花板都被冰晶覆盖着。”英格丽德·博克还记得那个无法取暖的冬天。“我们不能洗东西，因为罐子和桶里的水都冻住了。”包括乌尔苏拉·贝伦伯格在内的一些人会去公园和森林砍伐树木或挖掘树桩，以作为燃料。甚至像埃迪特·舍夫斯基的母亲这样年纪较大的女性也会爬上缓慢移动的运煤列车，把一块块煤扔到铁轨边。甚至天主教枢机弗
259 林斯（Frings）也赦免了这种“组织”，只要人们是试图“得到某些急需物品”。乌尔苏拉·马伦多夫受够了打战的牙齿、冻得发紫的手和酸痛的骨头，她喜欢美国人为所有学生提供的“热腾腾的午饭”。[46]

能否获得御寒的衣服构成了另一个挑战，因为一文不值的钱什么都买不到。即使没有被占领军掠夺，战前的物品也已经用旧，“鞋子不是变得太小，就是穿破了”。像英格丽德·博克这样的女性再次成为即兴利用的能手，因为她“用我们的旗帜缝制了一条裙子”。此外，“旧马毯变成了外套”，而从被炸毁的房子中抢救出来的窗帘则变成了另一条连衣裙。“男人的军服被染了色，这样就再也认不出本来的军灰色了。”这种需求让埃丽卡·陶布霍恩有了一个新的职业：“因为布料很少，我去了一所缝纫学校，待了7年。”在那里，她“学会了把两条太紧或不再漂亮的连衣裙改成一条的技能”。乌尔苏拉·马伦多夫的母亲也靠做裁缝过活，尽管她的顾客经常不得不用食物而不是钱来支付。[47]

由于大约一半的住房被毁，加上难民的到来，居住条件很拥挤。这对女性的影响尤其严重。格特鲁德·科赫的公寓被毁了，她很高兴在一个废弃的地下室找到了栖身之所。另一些女性在花棚和阁楼之类的地方凑合着生活。像乌尔苏拉·贝伦伯格这样的被驱逐者不得不与5个人共用一个没有供暖、屋顶漏水的房间，试图“和平相处”。露特·布尔文很高兴从马厩搬到劳动军营房里一个带炉子的大些的房间，尽管他们的家具只有一张桌子、几把椅子和一张床。虽然与虱子和臭虫的持续斗争令人恼火，但他们能在园子里的一小块地上种植烟草，而其他邻居则饲养鸡或兔子来补充食物。[48]由于稀缺的住房采用官僚方式管理，陌生人经常被分配同住一个房间，很少有自己的隐私。

妇女还带头将在战争和第三帝国崩溃期间失散的家庭成员重新
聚集在一起。邮政服务的崩溃意味着信件只能由朋友们传送，他们 260
不得不面对不准点的火车和无法通行的道路，艰难地在被破坏的交通系统中穿行。对于埃迪特·舍夫斯基来说，“安内利泽来的那一天”仍然令人难忘。埃迪特的妹妹被留在了乡下，在那里她多次被俄国士兵强奸。英格丽德·博克回忆说，一位朋友每天都去火车站，希望能找到失踪的弟弟，因为“明斯特拉格（Munsterlager）是英国战俘的释放点”。几年后，当他出现时，这个20岁的年轻人“头发白了，几乎一句话也不说”。对于不计其数的纳粹种族主义受害者，比如露特·埃利亚斯，找出哪些家庭成员可能还活着是很重要的,即使“我们不再有家了”。阿伦费尔德一家珍视来自亲戚的消息，“我们还活着，我们逃脱了纳粹的恐怖”，尽管他们也提到了红军带来的“新的痛苦”。[49]

那些带着孩子、失去昔日家园的战争寡妇要面对上述所有磨难。绝望的洛特·弗里特（Lotte Wriedt）在给一位女性朋友的信中描述了她看似不可能的挑战：由于丈夫的死还没有得到清楚的确认，她希望他有一天还会出现，但如果不能，她需要法律证据证明他已经去世，这样她才有资格获得给寡妇的微薄补助。由于要照顾4个年幼的孩子，她几乎没有时间去找报酬好的工作，于是只能依赖亲朋好友的私人资助。母亲和孩子们经常挨饿，只能吃甜菜或采蘑菇，捡拾田里剩下的麦粒，或者野苹果。“为什么我们没有都死了？为什么我们注定要独自在没有父亲的情况下生活？不，我不知道我能否处理这个问题。我的神经崩溃了。”她沮丧地说：“没人能帮我。我想像动物一样哭泣，但这无济于事。”[50]她只是为了孩子才挣扎着活下去。

战后的第一个圣诞节是一次情感的过山车，恢复和平所带来的宽慰交织着对战争损失的痛苦和对不确定未来的恐惧。乌尔苏拉·贝伦伯格当时仍然身处波兰统治下的东普鲁士，认为这是一个没有留下回忆的“悲伤的节日”。尽管伊雷妮·阿伦费尔德的母亲“对圣诞节完全不感兴趣”，但全家人还是在家里“怀着对即将到来的欧
261 洲的希望，用多种语言”读了耶稣降生的故事。马丁·西格过了一个甚至更加感人的圣诞节，因为一位女老师邀请了一群“无家可归

的单身士兵”，他们不想在那天晚上“带着压抑的思绪独处”。“一棵小云杉装点了房间。蜡烛点亮着，小盘子上放着几块曲奇”，因为谁都没钱提供更多。“尽管如此，她热情友好地为我们布置好了餐桌，就像在旧时的伯利恒一样。”即使西格尚无法领会圣诞节故事中的宗教信息，但女性分享人性温暖的这类努力还是鼓励着人们继续前进。[51]

维持良好的家庭关系对女性来说很难，因为许多幸存下来的男性因战争而受创，不适合做伴侣。即使从战俘营回来后，老兵们也常常沉默寡言，只和以前的战友分享他们的故事。如果事先预见了紧张关系，像露特·布尔文父母这样的结合往往会失败，而像约翰森一家这样的长期分居则有可能导致“婚姻有朝一日破裂”。然而，如果像乌尔苏拉·贝伦伯格那样几乎成年的孩子对新的关系提出反对，表示“我们不想要任何异父/母的兄弟姐妹”，那么在战后的混乱中寻找伴侣是很难的。她发现和继母一起生活很难受，因为新来者会偏爱自己的孩子。像埃丽卡·陶布霍恩的母亲那样，一些战争遗孀甚至在报纸上登广告，结果却对现身的追求者感到失望。更为成功的是缓慢发展的关系，比如安内利泽和保罗·胡贝尔之间的关系，他们于 1953 年结婚了。[52]

为了弥补错过的东西，年轻的成年人一头扎进了他们负担得起的那些快乐中。在夏天，随非正式团体游泳和远足是很受欢迎的消遣。英格丽德·博克愿意排几个小时的队去看电影，尽管放到一半时可能会停电。她的朋友们试图自己加工蒸馏酒，因为商店里卖的烈酒贵得离谱。霍斯特·约翰森口琴吹得非常好，以至于共产主义青年团邀请他为舞蹈伴奏，让他获得了娱乐、伙伴和一些钱。当赫尔曼·德布斯最终克服害羞前去跳舞时，他惊讶地发现，因为性别 262
比例不平衡，适婚年龄的女性差不多是男性的两倍，“女人和女孩几乎都扑向了在场的少数男性”。当有人给她 20 马克，想和她有一夜情时，埃丽卡·陶布霍恩拿着钱跑了："我从来都不理解那些会出卖自己一晚上的女人和女孩。"[53]

即使许多年轻人只想消遣，但对伴侣的渴望还是把这种相遇变成了爱情。当格哈德·鲍克大胆地亲吻了迷人的女演员克里斯特尔时，电影约会变得严肃起来："这是一场伟大爱情的开始，它不得不经受许多考验。"完全是为了追求快乐，埃丽卡·陶布霍恩拒绝了如此多的求婚者，以至于母亲确信她永远不会结婚。但是在另一场表演退场时，她"直直地盯着一个年轻人的脸。他看着我笑了，我也报以微笑"。她对阿尔弗雷德一见钟情，很快就和他结婚了，因为他们"彼此理解"。同样，在一次舞会上，赫尔曼·德布斯遇到了一位名叫伊尔莎的活泼的金发女郎，和她很谈得来。尽管他的拖船上缺少最基本的必需品，"我们还是很开心。我们拥有彼此——并对此感到满意"。在一次茶会上，吉塞拉和霍斯特·格罗图斯以更传统的方式被介绍给对方，他们发现彼此拥有共同的基本价值观，于是也结婚了。[54]

战后混乱时期的婚姻是对更美好的未来下注，是一种乐观的标志，人们认为如果是共同而不是独自面对，生活将变得更好。当埃里克·黑尔默宣布他打算与格蕾特尔结婚时，他未来的岳母警告说："孩子们，你们什么都没有，没有工作前景，更不用说公寓、家具或瓷器了。"但他们并不气馁："真的，我们相信一切都会好起来，即使我们周围的世界仍然到处是碎片和瓦砾。"随后的婚礼是一个具有讽刺意味的混合体，既有对"美好的社会主义婚姻"的祝愿，也有基督徒对爱的力量的誓言。即使是穿越边境时抓住他们的俄国卫兵也一连几天用大量伏特加庆祝他们的婚姻！同样，当心爱的同学约翰娜接受他的求婚时，罗伯特·诺伊迈尔成了"最幸福的人"。在战争和监禁迫使卡尔和埃尔娜·黑特尔等了 5 年后，他们最终得以在 1948 年的一场令人印象深刻的仪式上喜结连理。[55]

在战争后期和战后，生孩子是对生活的一种更强烈的肯定。安内利泽·胡贝尔于 1944 年 5 月生下了儿子沃尔夫冈，在孩子不可避免地生病期间，她非常努力地为其提供足够的食物和药物。作为战争遗孀，她必须同时工作和照顾孩子。但是“快乐的孩子给了我很多喜悦，让我的生活有了目标”。露特·布尔文在 1944 年 11 月生下了女儿布里吉特，但在逃往西部的混乱中，婴儿拒绝进食。直到她在燕麦片里加了糖后，婴儿才开始再次进食，变得足够强壮，能够抵抗感染。虽然露特再次怀孕时很沮丧，但她这样鼓励自己：“活着的人都是中了彩票，我们还年轻。”当她的儿子曼弗雷德于 1946 年 7 月出生时，他们设法又喂饱了一口人。许多失去父母的孩子情况更加糟糕，不得不生活在红十字会或教堂的孤儿院里。[56] 263

尽管在寻找浪漫关系，但为了谋生和获得更大的独立，年轻女性继续在家里以外的地方工作。对于像埃丽卡·陶布霍恩这样没有受过多少教育但有实用技能的人来说，只要有足够的薪水，做裁缝就能够养家糊口。其他更有抱负的人则回到了学校，比如乌尔苏拉·贝伦伯格，她这样做是为了从被剥削的助手升任幼儿园教师的正式职位。像埃尔纳·卡特维这样的另一些人则有幸被当地市长征召担任“新教师”，因为纳粹教官被解雇，现在需要人来充实学校，尽管他们缺乏正式的训练。吉塞拉·格罗图斯已经获得了学位，发现自己作为一名医疗技术助理很受欢迎。她离开了家乡，因为“想要独立和自力更生”。因为诊所急需训练有素的员工，她要工作很长时间，“工作让我完全没有空闲”。[57]

凭借在应对混乱时的果断，德国妇女赢得了许多民众的赞誉，即使后来回归家庭生活使她们在法律上无法得到完全的平等。当被比作“《圣经》中的坚强女人”时，约阿希姆·费斯特的母亲愤怒地驳斥了这种描述，抗议说：“我还是宁愿……坐在钢琴前”。相反，
在不来梅美国之家（Bremen American House）所做的一场女权主 264

义演讲中，乌尔苏拉·马伦多夫坚称："我妈妈也工作——事实上我也一样。我从不打算停止这样做。我想要有职业。"她继续说，"我无法想象依赖丈夫来赚取家庭收入。"如果男人可能像她父亲一样死去，那么自给自足是很重要的。由于女性令人印象深刻的力量，两德的宪法都承诺男女平等。但由于许多妇女在控制了战后的混乱局面后想要回归传统家庭主妇的角色，而男性政治家在修订过程中拖拖拉拉，东德和西德都花了几十年的时间才为实现这一理想而改革了家庭法律。[58]

重建生活

德国人的生活一年年地恢复正常——尽管是在一直持续到 1949 年的四强占领军统治的新形势下。自传没有界定看似正常的生活的内涵，而是在描述这一过程时提到平民生活恢复了稳定和具可预测性。对于苦苦挣扎的人们来说，"找到一条回归和平，回归生活正常化的道路"，意味着有足够的食物可吃，有住房可以躲避风吹雨打，有工作可以谋生。但是随着 1945 年 6 月主权被中止，德国人成了盟国管制理事会（Allied Control Council）的受托管者。他们失去了处置自己国内事务的权力，被迫服从占领者的命令。从预防第三次世界大战和惩罚纳粹罪行到"开始重建和恢复民主"，占领政策的缓慢逆转为失败者提供了重新开始的空间。"不管怎样，时代逐渐变得正常，"露特·布尔文回忆道，"在一条长长的隧道尽头，慢慢又出现了光芒。"[59] 因此，她的全家福显示了重新燃起的乐观（图 22）。

占领军统治的一个令人头痛的后果是德国领土被划分为 4 个区域，每个胜利国都控制着自己的领地。虽然《波茨坦协定》制定了
265 "去军事化、去纳粹化和去卡特尔化"的共同政策，但这些目标的落实存在分歧，导致各个区域逐渐呈现出控制国的特征。此外，这

图 22. 生活在营房里。来源：露特·布尔文，《后来的回响》。

种划分还制造了新的边界，由各个胜利者负责监管，需要官方通行证才能出入。对于像克罗默尔（Krohmer）一家这样来自东部的难民来说，管制是令人恼火的障碍。许可证很难取得，他们需要雇用一个走私者来帮自己过境。由于埃里克·黑尔默的妻子和父母生活在“铁幕”的两边，他“最终跨越边界超过 300 次”。[60] 因为这些障碍阻碍了复苏，美国最终推动在西部废除它们。

另一个障碍是去纳粹化的过程，它试图革除重要的纳粹分子，惩罚他们的恶行。在苏占区，苏联人对名誉扫地的德国精英进行集体清洗，试图“消除旧时资本主义影响”；而在西部，有人试图借助一份 131 个项目的调查问卷确定个人的罪责。像约阿希姆·费斯特的父亲这样可靠的反法西斯分子和格特鲁德·科赫的共产主义者母 266

亲这样的纳粹受害者被任命为去纳粹法庭的负责人，该法庭调查各种纳粹组织的成员身份，并评估其实际行为。突然之间，像律师埃里克·阿伦费尔德这样为数不多的幸存犹太人被请愿者包围，要求他们提供一种被称为“帕西尔清洁剂”（Persilschein，得名于一种洗衣剂）的公证书，以证明后者的清白。虽然认同纽伦堡审判的判决，但老费斯特觉得“对希特勒时代设立特别法庭……很有问题”，他表示，生活过于复杂，无从判别。最终只有最高级别的纳粹才被判刑，而大多数共犯只是支付了罚金。[61]

虽然很不完美，但纳粹的被罢黜使坚定的反法西斯主义者和资产阶级民主人士被任命领导重建。由于与共产主义地下组织的关系，汉斯–哈拉尔德·席尔默的父亲被任命为静谧的小城沃尔芬比特尔的市议会成员。在回科隆之前，格特鲁德·科赫的母亲在施瓦本阿尔卑斯山的一个小村子担任了几个星期的村长。美国人实际上已经准备了一份可靠的反纳粹和非纳粹专家“白名单”，可以把这些职务交给他们。为英军政府工作的弗兰克·艾克很高兴地发现，他的朋友施密特兄弟的父亲幸存了下来，此人“作为德意志银行的董事，有着广泛而丰富的实业经验，而在生活伦理观上深受基督教影响”。虽然苏联没有让施密特博士承担任何重要任务，但他与西德战后第一任总理康拉德·阿登纳（Konrad Adenauer）的圈子关系密切。同样，贝蒂娜·费尔的父亲被任命为鲁尔地区埃森市的公共卫生官员，因为他曾由于自己有一半犹太人血统的妻子而受到纳粹的歧视。[62]

这种权力关系的逆转引发了一波机会主义风潮，纳粹合作者改弦易辙，转而拥护占领军的意识形态。与胜利者培养良好的关系可以防止失去工作，并有可能接管受到检举的邻居的财产。约阿希姆·费斯特的父亲震惊地看到，“这个国家突然充满了一直‘反对他们自己’的人。他不想参与其中。”霍斯特·约翰森对“迅速不

再想成为纳粹的纳粹分子”感到惊骇。在偷听到的谈话中，昔日元 267
首的狂热支持者让他恶心，他们“遗憾地声称从来没有想过战争及其后果，是被迫入党的，没有伤害过任何人”。汉斯·陶施也同样“惊讶于大量军官现在面不改色地表示，自己憎恶和讨厌那种在战争年代曾激励他们做出最大牺牲和取得最大成就的制度和意识形态”。[63]

重建遭到严重破坏的国家是一项艰巨的任务，需要一系列无穷无尽的小步骤来逐步恢复秩序的平衡。当地政府组织了瓦砾清理工作，像柏林这类城市的周边堆积着名副其实的如山废墟。城市当局还试图修复自来水总水管和恢复电网，以便能够洗涤、烹饪和取暖。甚至在战争结束之前，普通公民就已经开始修理他们被炸坏的屋顶，用钉子把窗户钉住，直到能获得新的玻璃。随着马匹的死亡和农机燃料的耗尽，饥饿的城市人不得不志愿挖掘土豆等作物，以换取一小部分供他们自己食用。工人们搜索被摧毁的工厂，寻找任何可能用于恢复生产的工具或原材料，而铁路和公路工作人员则在修复铁轨和公路，以便恢复交通。在无数个人和集体的积极努力下，奇迹般的重建（Wiederaufbau）最终开始了。[64]

在对“如山的重建工作”的描述中，经常被遗忘的是通过重振德国的价值观和制度而同时进行的“思想重建”过程。两大基督教会中的少数派都顶住了纳粹的压力。它们的代言人，如汉斯·利耶（Hanns Lilje）主教，为幻想破灭的退伍军人提供了精神指引，帮助正在寻找道德指南针的他们区分了积极的爱国主义和破坏性的民族主义。尽管由于与纳粹合作而不那么光彩，但德国的大学同样依靠一批拒不妥协的教授提供了思想指引，例如柏林的弗里德里希·迈内克（Friedrich Meinecke）和海德堡的阿尔弗雷德·韦伯（Alfred
Weber），他们试图为老兵的“精神饥饿”提供食粮。在弗兰克·艾 268
克等移民的帮助下，占领当局还重建了作为民主公共空间的特许媒体，不受纳粹谎言和歪曲事实的影响。埃里克·黑尔默对《布伦瑞克新闻报》(*Braunschweiger Nachrichten*)的出现感到高兴，因为那是一个可靠的新闻来源，是“迈向正常化的第一步”。[65]

对于魏玛一代中更年轻的成员来说，正常化的另一部分是完成被纳粹的反智主义和战时人力需求所打断的学业。现在，当局为试图在一两年内补上落下课业的退伍军人开设了专门的补习课程。坐在课桌前背拉丁语动词对于像埃里克·黑尔默这样曾经是德国国防军军官的年轻人来说并不容易。科技和自然科学专业的学生必须重新学习数学、物理和化学的基础知识，即使他们和卡尔·黑特尔一样已经在军队中练习过这些技能。然而，尽管教室被毁、课本不足、老师缺乏培训，但恢复学业总体上被证明是“一段快乐的时光”。乌尔苏拉·贝伦伯格和其他年轻人“满怀热情地去上学：没有什么比被允许学习更让人高兴了”。[66]

通过困难的大学预科考试后，许多年轻人终于能投入大学的学习了。对于战后第一代大学生来说，这不是在联谊活动上痛饮狂欢的浪漫学生生活，而是一场与饥饿、寒冷和设施不足的痛苦斗争。为了学习获得法律学位所需的复杂法规，年纪较大的退伍军人，例如财务官汉斯·施特克勒(Hanns Stekeler)，不得不“非常努力地学习”。罗伯特·诺伊迈尔记得，只有“坚持不懈的决心和良好的同窗情谊才能帮助我们渡过难关”。尽管条件恶劣，这些学生还是被“重新出发的感觉”激励着走向更美好的未来。他们决心不再重蹈长辈的覆辙。像埃里克·黑尔默这样的未来神学家希望“捍卫福音的真理和自由”。甚至像海因茨·舒尔泰斯这样的工程师也希望帮助社会“用知识废墟的无用材料建立一个未来的民主国家”。[67]

269 完成培训最终让魏玛的孩子们得以从临时工作晋升到固定职业。即使没有适当的学校证书，一些机智聪颖、精力充沛的年轻人也想办法成了像格哈德·鲍克那样的记者，或者像罗尔夫·布尔文这样的流动推销员。那些完成学徒训练并通过了必要测试的人，可以成为像安内利泽·胡贝尔那样的秘书，像英格丽德·博克那样的裁缝，或者像霍斯特·约翰森那样的技术员。如果接受过额外的专业培训，他们还可能会从事护林员（安德烈·霍斯特）、教师（乌尔苏拉·贝伦伯格）、船长（赫尔曼·德布斯）或银行雇员（保罗·弗伦策尔）的职业。只有在完成大学学业后，埃里克·黑尔默和马丁·西格才能成为神学家，霍斯特·格罗图斯、罗伯特·诺伊迈尔或海因茨·舒尔泰斯才能成为工程师。[68] 虽然他们的专业发展被耽误了很久，但这些年轻男女表现出的追赶意愿令人印象深刻。

正常化的另一个维度是与现代文化的相遇，这让他们产生了自我反省的动力，得以接受自己的可怕经历。乌尔苏拉·马伦多夫回忆说：“在我的一生中，我再也没有像当时那样渴望文化活动。”她喜欢那些被纳粹谴责为“堕落艺术”的抽象表现主义绘画，觉得弗朗茨·马尔克（Franz Marc）的《蓝马》“美极了”。约阿希姆·费斯特认为“我弄到票的第一场音乐会”相当令人难忘：威廉·巴克豪斯（Wilhelm Backhaus）演奏了贝多芬的《第五号钢琴协奏曲》，在废墟中提供了慰藉。朋友们向他介绍了“内在移民”的作者们，后来又把他的视野扩展到了其他语言的哲学家，例如让-保罗·萨特（Jean-Paul Sartre）。埃里克·黑尔默“对每周一次的巴赫康塔塔着迷”，因为“它让我们［暂时］忘记了”瓦砾和饥饿。[69] 通过这些接触，持怀疑态度的年轻人恢复了较少被纳粹腐蚀的旧传统，了解了国际现代主义的被禁作品。

因为希特勒的背叛而感到幻灭，战后时期的年轻人试图寻找能给他们的生活带来新的和更好指导的政治和道德方向。埃里克·黑尔默记得，他们“都在搜寻对不受掌控的过去的答案，在混乱的 270
世界中寻找可以把握的东西”。在老兵和平民学生之间由此产生的讨论中，“没有人被冒犯”，因为“他们瞄准了事情的核心”。“为了逃离无知的黑洞”，马丁·西格省下了“每一分钱，牺牲了空闲的每一分钟”，他在汉诺威技术大学（Technical University of Hannover）*的新教学生圈子里找到了志同道合的伙伴，他们在那里为“一个永远不会允许过去重演的未来”而奋斗。相比之下，年轻的乌尔苏拉·马伦多夫在不来梅美国之家获得了支持，“对我来说，这不仅仅是一个可以学习的图书馆”。这种自我反省借鉴了卡尔·楚克迈尔（Carl Zuckmayer）、沃尔夫冈·博尔歇特（Wolfgang Borchert）和海因里希·伯尔等批评家的作品。[70]

这些年轻人——有时也被称为“四五一代”——在战后重新找到方向是一个艰苦的过程，也导致了一系列截然不同的结果。虽然纳粹政策的失败不言而喻，但承认政权罪行的严重性是另一回事。许多年轻人不愿相信占领军在新闻纪录片中展示的成堆尸体或瘦如骨柴的人等令人震惊的画面。一些有自我批评精神的德国人，例如马丁·西格，仍然声称这些暴行“在很大程度上是在广大人口不知情的情况下发生的”。但是“当残忍的国家罪行的全貌被揭开并被记录下来，以便可以查验时”，他对在一个自称高度文明的国家发生的“官方和系统性的谋杀……深感羞愧”。虽然直面与纳粹的共谋仍然是痛苦的，但盟军也采取了更为积极的方式，为年轻“德国人提供了一个在民主中教育自己的机会”。乌尔苏拉·贝伦伯格解释是什么最终起了作用：“我们体验了一种活着的自由。”[71]

由于对破坏的程度感到沮丧，一些年轻的德国人选择离开他们的国家，到别处寻找更好的生活。他们是最后一波移民大潮的一部分，有超过150万第三帝国的前行凶者、旁观者和受害者前往海外。有人是为了逃离纽伦堡的物资匮乏，比如工程师弗里德里希·弗莱萨；也有的想要在没有任何纳粹包袱的遥远地方重新开始，比如巴
271 伐利亚的农民瓦尔特·利希蒂（Walter Lichti）。像伊雷妮·阿伦费

* 今汉诺威莱布尼茨大学。——编注

尔德这样的一些知识分子试图通过理想化另一种文化来拉开与他们被玷污的家园的心理距离：通过出国留学和做互惠生，她在法国找到了“第二故乡”。风琴演奏家兼作曲家格哈德·克拉普夫如此享受他在雷德兰兹大学（Redlands University）访学期间受到的热情接待，决定永久留在美国。因为感到“在德国不受欢迎”，乌尔苏拉·马伦多夫希望移民到“任何地方”，最后接受了布朗大学的德语教学助理职位。[72]

前奴隶工人和其他流离失所的人想要离开曾压迫他们的人的国家，但在决定去哪里上难以抉择。他们中的许多人为自己的解放而欣喜若狂，“想为之前所遭受的一切报仇”，于是闯入房屋、袭击妇女、掠夺物品。在混乱的过渡阶段，一些人也通过提供住所和食物帮助了其他幸存的受害者，例如露西·曼德尔施塔姆。盟军认为应该尽快把全部600多万流离失所者运回他们原本的家园，但这个设想被证明是错误的：许多东欧人不再有可以返回的国家，因为国界已经发生了变化，他们不想被苏联控制。此外，他们当中的前纳粹合作者有充分的理由害怕红军的报复。例如，索尼娅·科列斯尼克留在巴伐利亚，嫁给了一名乌克兰同胞。其余的大多数人则等着直到他们能够获得澳大利亚、加拿大或美国的移民签证。[73]

犹太幸存者有充分的理由移民。然而，他们中有少数人留在了自己原来的国家，即便太多的普通德国人曾经成为纳粹罪行的共犯。当他们无家可归，当他们心爱的家人被谋杀时，情感纽带断裂了。然而，尽管她的犹太人父亲已经被杀，英格博格·黑希特仍然留了下来，因为她与一个在战争中死去的非犹太人士兵育有一子，她意识到“在我们和‘其他人’之间筑起的看不见的墙，可以逐渐再次被移除，但这并不容易”。生活在跨种族婚姻中的埃里克·阿伦费尔德也继续与妻子和孩子们在一起，处理令人沮丧的申请财产返还事宜。同样，玛丽·雅洛维茨·西蒙也决定不离开，因为她“已经 272

从希特勒的德国移民到了歌德和席勒的德国”，后者代表着大同的人文主义。作为“德国犹太妇女”，她继续依恋自己的家乡——因为除了杀人者，“许多德国人冒着生命危险，做出了巨大的牺牲来帮助我”。[74]

然而，集中营的大多数幸存者都很高兴地实现了他们热切期盼的移民。但除非像尤迪特 · 马扎尔（Judith Magyar）那样幸运——她与一位美国船长订了婚——否则他们必须设法穿过对他们的苦难无动于衷的“法规和配额的迷宫”。尽管在家乡帕彭堡受到了积极的欢迎，但伊尔莎 · 波拉克认为，“如果我把过去抛在脑后，移民到美国，这样对我来说会更好”。当时比较容易找到担保人，1949年的秋天，她终于抵达了纽约港。“这是一个非常感人的时刻。我哭了。我仿佛看到新的未来就在眼前。”露特 · 克吕格同样迫不及待地想离开，她讨厌母亲搬到美国而不是以色列的决定。这个过程花了几年时间，使她必须完成高中学业，并在巴伐利亚州的一所大学开始学习。在此期间，她与一名难民交上了朋友，逐渐明白，“记忆将我们联系在一起，记忆将我们分开”。[75]她无法摆脱自己的文化印记，最终在美国教授德语文学。

不过，“最隐秘的愿望”是前往“以色列之地”。根据犹太复国主义者的说法，这片故乡承诺将“结束大流散的苦难”。从伤寒中恢复过来后，尼扎 · 加诺尔（原名安娜 · 弗伦克尔）去了法国南部，并在犹太机构注册。早在 1945 年 9 月，她就坐船抵达海法，并偷渡上岸。露西·曼德尔施塔姆也确信她“不想和德国人有任何关系”。她先是住在一系列联合国救济营里，以便恢复旅行的体力。后来，她加入了一群犹太移民，在德国的一个合作农场开始了她的旅行，然后前往意大利。直到 1947 年，她才得以与其他 1400 人一起登上一艘名为“隔离区斗士号”（*Ghetto Fighters*）的快散架的船。但是，为了不触怒巴勒斯坦人，英国当局把想要移民者送回了塞浦路斯。

在难民营又经历了艰难的一年后，曼德尔施塔姆欣喜若狂地于 1948 年进入以色列国，准备“开始新的生活”。同样，当露特 · 埃利亚斯终于到达巴勒斯坦时，她也松了一口气：“两千年后，我们第一次有家。我们的土地！以色列之地。”[76] 273

在大屠杀之前已经到达美国的那些犹太移民进一步融入了他们所在的国家，同时也利用了他们带来的文化资本。如果像弗里茨·斯特恩或格奥尔格 · 伊格斯那样因太年轻而不能入伍，他们就会去上大学并获得研究生学位，然后参与到自由事业中去。而像阿尔贝特 · 贡珀茨那样曾身穿盟军军装作战的人则回到他们的新家，开始就业。作为服兵役的回报，他们还获得了公民资格。有些人，比如汤姆 · 安格雷斯，则从《退伍军人权利法案》中受益，获得了大学和研究生学位。虽然通过学习语言和参与美国青年文化，这些人迅速美国化，但他们对自己的背景仍怀有相当矛盾的感觉。“经历了德国恐怖的一小部分，但足以感受和认识到它的至关重要”，相当多人研究欧洲历史，成为“第二代”欧美学者。[77]

当德国的年轻人忙于重新开始的时候，政治逐渐再次侵入他们的生活，迫使他们在冷战中站队。感到被纳粹背叛和被占领军控制，许多人退回到私人领域，产生了社会学家赫尔穆特 · 舍尔斯基（Helmut Schelsky）所说的普遍的“没有我”（ohne mich）症状。但由于胜利者需要当地人员来帮助管理战败国和恢复基本服务，他们任命了市长并招募了技术管理人员。为了使自己的决定合法化，他们早在 1946 年就举行了第一次选举，允许反法西斯政党在地方层面，后来又越来越多地在国家层面上展开竞争。一派“对东部的共产主义寄予厚望”，另一派捍卫着西部的“自由”机会，政治的回归在两者之间引发了无休止的争论。当保罗 · 弗伦策尔向他的两个叔叔咨询该怎么做时，一个建议他加入德国共产党，而另一个坚持让他成为社会民主党成员。[78]

274 在对年轻人效忠的竞争中，共产党人——纳粹独裁统治更坚定的敌人——占得了先机。在东部，他们可以依靠红军的存在和“乌布利希集团”（Ulbricht group）的回归，后者是一批在莫斯科的清洗中幸存下来的德国共产党官员。1945 年 6 月，共产党发表了第一份公告，承诺以民主和社会主义的方式重建国家。对于弗里茨 · 克莱因这样的退伍军人来说，这“似乎是一个宏伟的愿景，适合作为一个明显的方向转变的路标，这是历史对德国的要求”。对于有批判精神的人来说，马克思主义的阶级斗争概念提供了连贯的“理论，能够为未来的思想和行动提供方向”。其他年轻的知识分子，包括埃卡 · 阿斯穆斯和克里斯塔 · 沃尔夫，也接受了这个建立更好的德国的蓝图。只有埃里克 · 黑尔默等怀疑论者认为，德国共产党和社民党在 1946 年春强制合并为“统一社会党”，将创造出“俄国统治下的‘民主’”。[79]

占领风格和政党之间的差异使西部地区更难对未来提出一个一致的方案。与法国人的管制不同，英美占领区的繁荣和开放以及维利 · 勃兰特等民主派移民的回归很有吸引力。西部宗教和意识形态的多样性也吸引了像乌尔苏拉 · 马伦多夫这样厌倦了纳粹集体生活的年轻人。但是西方个别化的去纳粹过程放过了太多纳粹分子，这导致了一连串的丑闻。比如阿登纳选择汉斯 · 格洛布克（Hans Globke）担任办公室主任，此人曾为种族主义的《纽伦堡法案》写过注解。资产阶级的基督教民主联盟（Christian Democratic Union，CDU）、工人阶级的社会民主党和以商人为基础的自由民主党等相互竞争的政党的建立也被证明是令人困惑的。直到人们对东部建立的无产阶级专政普遍幻灭，对选择自由的兴奋才让西方的民主显出了合理性。[80]

这场意识形态竞争的胜负是由 1948 年 6 月的货币改革决定的，
275 它加速了西部的复苏，让东部落在了后面。根据经济学家路德维希·艾哈德（Ludwig Erhard）的自由主义观点，旧的帝国马克以10:1的比率贬值兑换，每人获得40个新的德国马克作为启动资本。震惊的民众眼看着他们的储蓄、股票和债券化为乌有。利润丰厚的香烟黑市交易也停止了，因为新的钱有了实际购买力。露特·布尔文回忆道："突然就像施了魔法一样，很多东西都可以买到了。""商店的橱窗里陈列着不曾预料和早已被忘记的商品，许多曾经在柜台下以高昂价格秘密出售的商品现在变得完全"可用了。结果，"人们纷纷购买和陶醉于那些他们很久都不曾有过的东西，大手大脚地花着新钱"。[81] 虽然这迫使每个人都以极少的钱重新开始，但回归竞争性的市场推动了西部占领区的经济起飞。

不过，货币改革也加深了东部和西部占领区之间的分歧。首先，苏联人引进了他们自己的钱。昔日盟友之间日益紧张的关系已经使盟军管制理事会陷入僵局，让两个德国的总理在1948年的最后一次会面上无法保持一致。现在"通往西德的边境口岸降下了路障，俄国人不再从他们的控制区向西柏林运送土豆，并切断了电源"。由于封锁，像乌尔苏拉·贝伦伯格在柏林的学校这样的机构被分成了东西两部分。此外，共产党的宣传用食物和供暖引诱柏林市民加入自己这一边。但俄国人没有想到社民党市长恩斯特·罗伊特那么强硬，他表示："宁可挨饿也不屈服。"美国将军卢修斯·克莱（Lucius Clay）提出了西方飞机定期空运"物资供应城市"的巧妙策略——"空投"。由于这11个月的联合抵抗，"占领者变成了帮助者，帮助者变成了朋友"。[82]

在与战争后果的抗争中，年轻人尤其想要让他们的生活"逐渐回归……到［他们］熟悉的模式"。在战后的第一个年头，埃卡·阿斯穆斯相信，"这不再是一个政治问题。这关乎［在废墟中］生存"。约阿希姆·费斯特记得，由于纳粹在家里、学校和军队中的压力， 276
或者是作为战俘的经历，"在过去20年里，我基本上没有过过正常的生活”。“我们这些孩子从来没有抱怨过希特勒时代强加给我们的磨难。”尽管如此，乌尔苏拉·贝伦伯格认为，“战争结束后的［新］努力相当富有成效”。“我们是年轻的一代，在艰难的经历后，充满了建设更美好未来的理想和善意。”在战争末期和战后混乱中生存下来后，这些年轻的成年人不得不重新开始，他们面对的不再是极端的情况，而是和平时期的挑战。露特·魏格尔特还记得她来到西部时的心情:“在接下来的岁月里，等待着我们的是相当正常的生活，包括它的起起落落。”[83]

叙述噩梦

这些德国人自传中所描述的个人记忆表明，战败的影响从根本上扰乱了他们的生活，使他们走上了新的方向。数以百万计的士兵、平民和纳粹受害者被杀害。像安内利泽·胡贝尔这样的数十万悲痛的寡妇不得不独自抚养孩子，并希望找到新的伴侣。数百万像霍斯特·格罗图斯这样的幸存战俘在从难民营返回时，身体或心理都受到了损害，使他们难以重新开始平民生活。像埃迪特·舍夫斯基的妹妹安内利泽这样被强奸的女性不计其数，她们不得不掩饰自己的耻辱并需要堕胎，尽管她们才只有十二三岁。数百万在东部失去家园的难民努力在西部建立新的生活，就像乌尔苏拉·马伦多夫所做的那样。最后，数以万计露特·克吕格这样的纳粹受害者或格哈德·克拉普夫这样的非犹太人老兵离开了被摧毁的国家。[84]这些传记中的动荡是德国近代史上最大的生命断层。

为了描述这样的苦难，许多回忆录的作者采用了英勇受害者的视角，描述了一场与过于强大的命运的斗争。他们的叙述强化了这样一种印象，即德国所受苦难最深的时期是从战争最后阶段一直持
277 续到战后。[85]威廉·霍迈尔这样的士兵或乌尔苏拉·贝伦伯格这样

的平民的证词，强调在最后的战斗中、在对城市的轰炸中，以及在从东部逃亡和被从那里驱逐的过程中纯粹生存的挑战，在那段时间，仅仅是活着也需要运气、聪明或外来帮助。在占领期间，埃迪特·舍夫斯基等人的回忆录描绘了如何与战胜国的士兵打交道，以及如何应对日常的饥饿、寒冷和贫困。此外，埃里克·黑尔默等人的回忆录描绘了如何想方设法完成学业、找到工作和结婚成家，讲述了一个逐渐正常化的故事。露特·布尔文等人的叙述则流露出他们对自己能够克服如此非凡的挑战而感到自豪，而这也成为战后复苏的创始神话。[86]

许多回忆录作者都带着“历时性怀疑”（diachronic disbelief）的姿态写作，将他们年轻时的纳粹信仰与成熟后的民主理解进行了对比。迪特尔·舍恩哈尔斯是一位这样进行自我反省的作者，他曾是一名热情的国防军士兵，后来移民到瑞典教授德语研究。他承认：“只有当我从战俘营回来之后，我才真正意识到我曾愿意为之献出生命的这个政权是多么罪恶，它杀害并用毒气毒死了数百万犹太人。”在写作中，他强迫自己“不要遗漏任何东西”，以警告他的学生不要再发动另一场战争。天主教青年活动家克里斯特尔·拜尔曼写了一部带有自我批评色彩的回忆录，她在其中写道：“1945 年对我来说是解放的开始。”只有当她明白了“我们在上帝的［国度］和第三帝国所不知道的东西”时，她才逐渐意识到德国人罪恶的严重性。这种历时性的自我对话是许多回忆录的典型特色，表明这种生命的断层开启了惊人的学习过程。[87]

回忆录还表明，年轻一代不耐烦长辈不愿承认对第三帝国的罪行负有个人责任的做法。约阿希姆·费斯特表示，无可救药的纳粹“继续否认［希特勒的］参与促成了崩溃”。乌尔苏拉·马伦多夫“对集中营中不人道行为的细节感到惊骇”，“鄙视［我］遇到的许多成年人，包括我的母亲，他们声称自己什么都不知道，或者否认纽伦

堡的指控，认为那是敌人的宣传，是胜利者的正义”。当老师让她
278 重申她对纳粹理想的信仰时，她脱口而出：“不！你还是不明白，是吗？对他们的忠诚？他们是罪犯，全部都是。”汉斯·陶施被奥斯维辛幸存者耶瑟·罗森贝格（Jesse Rosenberg）的个人报告惊呆了，试图“对民族社会主义的可怕真相做出恰当的反应”。他想知道，“直接有罪的人如何能够应对这种罪行，我们整个国家如何能够应对？”[88]

大多数自传还显示了一种近乎绝望的尝试，试图从他们年轻时的可怕经历中找出积极的意义。尽管面临饥饿和寒冷，这些作者将战后的岁月描述成激动人心的崭新出发，在那段时间里，他们达到了完全的成年，最终开始对自己的生活负责。对于许多人来说，例如约阿希姆·费斯特或乌尔苏拉·贝伦伯格，这意味着拒绝他们父母的建议：老一辈人因为与民族社会主义合作而败坏了自己的声誉。他们的成年涉及通过长时间的劳动，缺乏食物，生活在拥挤的、没有供暖的宿舍里为重建提供物质基础。用乌尔苏拉·马伦多夫的话说，战胜纳粹遗毒还包括“通过反思……实现个人的重生”和“为我们所做的承担责任”。但占领军提出了截然相反的蓝图——共产主义或民主。虽然他们受到环境的限制，但“在战争中幸存下来的星期天的孩子们*”又一次不得不做出选择。[89]

* 1980年，德国导演米夏埃尔·费尔赫芬（Michael Verhoeven）拍摄电影《星期天的孩子们》（*Sonntagskinder*），讲述一个女孩和她的朋友们在二战中的遭遇。——译注

第八章

民主的成熟

1950 年夏天，布尔文夫妇决定建造自己的房子，以便“逃离他们条件恶劣的宿舍”——宿舍位于前劳动军的营房里。他们用 500 德国马克现金从当地一位农民那里购买了约 2000 平方米的林地，然后开始砍伐树木。在邻居的帮助下，他们挖好了地下室，然后又将其封掉一半，以阻止地下水的流入。当房屋检查员问“你们在那里做什么？”时，他们设法支付了要求的费用，获得了所需的施工许可。他们辛辛苦苦地为地基浇筑水泥，筑起地下室的天花板、外墙和内墙。只有在碰到太复杂的地方时，他们才会雇用工匠来建造屋顶，安装水管和电线。他们节省每一分钱，从当地一家银行获得了贷款，将他们微薄的预算扩大到总共约 3.5 万马克。1953 年 6 月 1 日，“我们搬进了自己的家。多么美好的一天，多么自豪的感觉！”这种“个人主动性”和“互相帮助”是重建年代的典型。[1]

正是这种坚定而充满活力的精神激励着重建，因为没有人会“帮助德国人摆脱我们自己陷入的混乱”。幸运地在战争中存活下来的那些年轻人明白，他们只能依靠自己的努力。露特 · 布尔文记得当时的心情：“我们必须完成它，我们要强迫它实现。现在比以前更

需要！”同样，新婚的赫尔穆特·拉什多夫回想起他问半夜醒来的怀孕的妻子是否痛苦时，她回答说：“没有，但我饿。”这对夫妇住
280 在没有自来水的狭小房间里，期待他们第一个孩子的降生，尽管准妈妈不得不辞去工作，而她丈夫在森林里的体力劳动几乎不能提供足够的钱来维持生计。“那不是一段轻松的日子，但我们以乐观的态度面对未来。”直到货币改革后，“情况才慢慢好转”。每一次买东西都要权衡再三，“我们已经习惯于没有也行”。[2]

通过克服这样的日常挑战，魏玛一代逐渐获得了成熟和独立的感觉。虽然钦佩父亲的天主教信念和母亲应对短缺的能力，但约阿希姆·费斯特“对生存法则的怀疑正好赶上了早就应该经历的与父母分离的过程”。乌尔苏拉·马伦多夫提到，还在上高中的时候，“[我]与我的同学根本就不信任所有成年人”，他们对德国的灾难负有责任。在与她最喜欢的老师的激烈交流中，“我指责了他那一整代人，表达了我的同龄人的感受，即他们被我们的长辈欺骗，并且因为他们没有教给我们的东西而受到责备”。同样，神学专业的学生埃里克·黑尔默提到，他的同龄人在“寻找一些问题的答案：什么仍然可以相信？当现实的地面已经并仍在到处塌陷，还有什么是坚固可靠的？”[3]这些年轻人成功地走上了自己的道路，逐渐完成了成熟的过程。

与学术界对联邦共和国成功发展的扬扬自得形成鲜明对比的是，这些基本上不关乎政治的回忆录都很少提到西德的成立。西部占领区的合并，联邦各州的恢复，海伦基姆湖（Herrenchiemsee）的制宪会议，以及1946—1949年间波恩共和国的最终创建都是精英事件，几乎没有触及普通德国人的日常生活。“持怀疑论的一代”不想与重建的魏玛时代的党派有任何关系，仿佛它们是“老男孩俱乐部和过时的东西”。对乌尔苏拉·马伦多夫的朋友们来说，“政治是一个肮脏的词，任何形式的团体组织都是可疑的。政治意味着纳

粹党，纳粹政治”。对难民的经济援助和对犹太受害者的赔偿这样建设性的措施只是逐渐才证明，政治也可以完成一些建设性的工作。 281
由于民众普遍的“别把我算在内”的反应，联邦德国通过其在为正常生活提供空间方面的卓越表现才被接受为西部战后的框架。[4]

因此，普通德国人的“内部民主化”是一个需要几十年才能完成的漫长过程。对此有利的是，第二帝国和第三帝国之前的选择均以灾难性的失败告终，而“铁幕”后面建立的“无产阶级专政”看起来也不吸引人。作为统治体系，联邦共和国是一个“捐赠的民主”，是在希特勒失败后从外部强加的。只有少数躲进“内在移民”中，或战后从“外部移民”归来的德国民主派才积极地为其建立而奋斗。克服威权主义的遗毒需要赢得无数心理冲突和制度斗争。根据马丁 · 西格的说法，“整个国家都必须学会如何令人信服地实施民主理念”[5]只有通过日益富足等积极的经历，作为工具被接受的议会制度才能转变为有感情的自治纽带。

职业的成功

重建的政治框架是德意志联邦共和国，它成立于1949年，由美、英、法三国的占领区合并而成。作为第二个德国民主政权，它寻求恢复先前分散自治的传统，同时避免导致魏玛共和国败亡的弊端。通过公民自下而上参与恢复政体并采用联邦形式，它包含了强有力的宪法保障措施，通过《基本法》(Basic Law)的公民权利条款来防止独裁统治的死灰复燃。作为这个波恩共和国（得名于其首府波恩，这是一座位于莱茵河畔的一座静谧的大学城）的缔造者，康拉德 · 阿登纳、库尔特 · 舒马赫和特奥多尔 · 豪斯（Theodor Heuss）敏锐地意识到，他们只是人口中的少数，必须通过比过去更好的表现来赢得持怀疑态度的大多数公民的支持。他们寻求通过恢复法治、

282 减轻社会苦难、实现经济繁荣、回应公民意愿、接受数百万难民来稳定民主。[6]

西德人幸运地遇到了有建设性的占领者，结合了恰到好处的胁迫和援助来重建民主。虽然大屠杀的发现使他们最初的政策具有惩罚性，但西部的胜利者从 1946 年秋天开始走向重建，放松了对工业生产的限制，并最终结束了对工厂的拆除。虽然法国人是被迫加入的，但占领者最终意识到，他们必须合作，以恢复各自占领区之间进行贸易和交流的局面，并逐渐向西部各区合并的方向努力。一个在心理上很重要的信号是将西德纳入马歇尔计划的援助，该计划帮助重新“点燃”了西欧的经济。此外，他们在意识形态重新定位方面的努力也让知识分子得以接触到现代主义文化的迷人创新。[7] 当联邦共和国想成为西方的一部分时，它的大多数邻国都愿意逐渐使其重新融入国际社会。

令人惊讶的战后快速重建需要大量艰苦劳动，这最终成为集体骄傲的源泉。在战后初期，清理瓦砾、收割庄稼、恢复交通和重建住房需要付出巨大的体力，以便重新建立正常生活所需的基础设施。在工厂里，许多人在“恶劣的条件”下每天工作 10 到 12 个小时，一周 6 天，老板们对懒汉相当没有耐心，因为有足够的失业人员愿意接替他们的位置。年轻人不仅在工作中被无情地剥削，也在家里辛勤地劳作，在花园里种植蔬菜、水果或烟草，以改善自己的生活状况。两性几乎没有差异：年轻女性在生孩子之前也被要求补贴家庭的收入。[8] 回头来看，这一巨大付出所取得的明显成就逐渐恢复了德国人的自信心。

在战后的混乱中找到合适的职业是困难的，因为这需要猜测不
283 确定的未来。一些年轻人能够遵循家庭传统，比如霍斯特 · 安德烈，他成了一名护林员，或者赫尔曼 · 德布斯，他成了莱茵河上的船长。但另一些道路被盟军堵住了。例如，霍斯特 · 格罗图斯被禁止设计

飞机。虽然像安内利泽 · 胡贝尔这样的年轻女性能够得偿所愿地在愉快的商业环境中工作，但像埃迪特 · 舍夫斯基这样的另一些人则被迫接受无聊的商店女售货员工作，而不是追逐她们的梦想。在决心“成为一名神学家”之前，埃里克 · 黑尔默与自己的良心做了长期斗争，而约阿希姆 · 费斯特放弃了他对文艺复兴时期的兴趣，转而成为一名历史记者。选择常常取决于坚持和幸运地获得大西洋彼岸的奖学金，就像乌尔苏拉 · 马伦多夫所经历的。[9] 尽管这些决定令人伤脑筋，但几乎所有回忆录作者回想起来都认为他们是正确的。

许多更高的追求需要额外的训练，这因为传统标准的恢复而变得复杂。战后的学生想要尽快完成学业，因此以极大的热情投入学术工作中。“我们都全神贯注于学习，期望在两三个学期内拿到学位。”乌尔苏拉 · 马伦多夫回忆道：“每个人都确切地知道他或她想要在生命中实现什么。”因为未来的婚姻取决于他的快速毕业，霍斯特 · 格罗图斯在卡尔斯鲁厄技术大学以只用 6 个学期的创纪录时间拿到了令人垂涎的工程学文凭，令他的教授感到吃惊。另一些学生，例如约阿希姆 · 费斯特，拒绝了父母让他们学习法律的愿望，而是利用自己的学术自由聆听著名历史学家格哈德 · 里特尔（Gerhard Ritter）等名师的讲课，或者尝试现代文化的创造性作品。“总体而言，”他写道，“大学有点像是个世外桃源。”而埃里克 · 黑尔默等人则对过时的神学训练课感到恼火。[10]

不过，学习的“美妙时光”结束后要进行艰难的国家考试，以决定能否进入某一行业。经过努力，富有才华的生物化学专业学生海因茨 · 舒尔泰斯获得了优异的成绩。相反，宁愿打猎而不是做文书工作的霍斯特 · 安德烈在他的林业考试中勉强及格。霍斯特 · 格 284
罗图斯靠着蒙混拿到了工程学学位，他每次专注于一个科目，依次参加考试，他读的东西甚至给一位经济学教授留下了深刻印象。尽管认为教学理论在课堂上相当无用，但勤奋的乌尔苏拉 · 贝伦伯格还是在她的教师考试中获得了好分数。在一场关于加入暗杀希特勒的阴谋之道德合法性的讨论中，埃里克·黑尔默激怒了他的教堂主考官（一名前纳粹），以至于只是勉强通过，不得不重新参加伦理考试。[11] 不过总的来说，候选人都成功地获得了必要的专业学位。

因为有太多更年长的人被杀，这些年轻人很快就“过渡到了职业生活”，尽管有些人遇到了意想不到的困难。已经接受过护林员助手培训的霍斯特·安德烈很高兴在他的上级生病时“能够独立工作”。去美国学习考察后，霍斯特·格罗图斯接受叔叔的邀请，加入了后者生产摩托车链条的工厂，他被告知：“你从［1952 年］1 月 1 日开始在我这里工作。”一次次遭到拒绝后，罗伯特·诺伊迈尔的学徒公司为他“提供了一个技术部门的职位”，他在那里开始设计循环水泵。相比之下，乌尔苏拉·贝伦伯格老师对于在没有合适玩具和材料的情况下不得不应付 20 名残疾儿童感到震惊。“艰难的日子开始了。我常常在绝望中无奈地面对如山的困难。”同样，当埃里克·黑尔默被要求接替父亲担任乡村教区的牧师时，他感觉自己好像被扔进了水里，却不知道怎么游泳。[12]

对于儿子来说，最简单的决定就是追随父亲的脚步。比如，赫尔曼·德布斯利用他家的职业知识成了莱茵河上的船长。1926 年，德布斯出生于鲁尔盆地，不上学时就生活在拖船上，顺理成章地成了一名学徒水手。在狂热的老师的劝说下，他变成纳粹，被训练为海军特种部队成员，但安然无恙地活了下来。战后，他别无选择，只能受雇于另一条拖船，绕着被毁的桥梁和沉没的船只在这条危险
285 的河里穿行。他逃过了一名“严厉而不公正”的老板对他玩忽职守的不实指控，结了婚，并在 1954 年成为一名船长。有了更高的薪水——他甚至可以在岸上盖房子——他对自己的生活正在慢慢“恢复正常”感到满意。但当柴油取代煤炭成为燃料时，德布斯不得不

转而使用柴油机船，并因为来自石油公司的时间压力而面临巨大的风险——他认为加快航速是不负责任的。[13]

在战后的不确定中，为政府工作获得了更稳定的未来的许诺。逃离东普鲁士后，霍斯特·安德烈设法参加了普法尔茨行政区的林业培训，在那里他得到了一份微薄的薪水，同时延续着家族的传统。他从一个岗位转到另一个，通过了考试——尽管他要砍倒的一棵巨大橡树倒在了另一棵树上，让考官捧腹大笑。被录用为公务员后，霍斯特的生活得到了改善。他购买了一辆摩托车，并于 1956 年与梅西特希尔德（Metchthild）结婚，生了两个孩子。1961 年，他最终被任命为所在地区的首席护林员，这一晋升为他提供了一座经过修复的护林员小屋，让他可以追求对狩猎的热情。接下来的几年里，管理采伐和种植树木期间，在监督工人的同时，他还处理了诸如“雪崩、森林大火和暴风雪”等突发事件。同样，为了供养自己的家庭，本诺·舍夫斯基和安内利泽·胡贝尔的第二任丈夫保罗都加入了警察部队。[14] 虽然工资有限，但作为公务员得到的保障和受到的尊重弥补了这一点。

教书结合了终身聘用的稳定和智力的激励，是战后另一种受欢迎的职业。波希米亚难民汉斯·陶施一直想到大学学习，但为了筹集学费，他不得不卖掉自己收集的邮票。当他的老师建议说，“你应该成为一名语言学家”时，他选择了希腊语、拉丁语和历史课程，不得不努力掌握古代语言。虽然以优异的成绩通过了考试，但是他甚至在已经获得了上弗兰肯的一个固定职位之后，仍然憎恨上级的威权主义。另一位从东部逃离的回忆录作者乌尔苏拉·贝伦伯格出于对孩子的爱而接受了幼儿园教师的培训，但在艰难环境中工作的现实很快就“挫伤了她的理想主义”，使她想要接受更多教育。经 286
过几次个人危机后，她成了一名特殊教育老师。她对当局的冷漠感到沮丧，但对来自她学生的爱感到欣慰。[15]

成为一名新教牧师的决定更加困难，这提出了世俗世界中的基督教信仰问题。埃里克·黑尔默把父亲对纳粹的反抗视作榜样，他克服了个人的疑虑，决心研究神学。马丁·西格感动于利耶主教关于他对大屠杀的迫切问题的回答，于是放弃了自己的技术研究，也选择了教会。宗教训练被证明是相当艰难的：它需要流利使用古老的语言，并掌握卡尔·巴特（Karl Barth）辩证哲学中的不同立场，鲁道夫·布尔特曼（Rudolf Bultmann）对《圣经》的去神秘化，以及弗里德里希·戈加滕（Friedrich Gogarten）的世俗基督教。尽管有配偶的帮助，但这两位年轻的神学家在安慰、鼓励和安抚他们的教众时经常感到力有不逮：黑尔默被一个纳粹行凶者提出的道德问题问到不知所措，而西格不得不听一个凶残的党卫队领袖的忏悔。[16] 两个年轻人都赞成对教会进行改革，使其对社会问题开放。

更多是机缘巧合而非有意为之，崭露头角的记者们还不得不应对德国人的罪恶和冷战分裂等问题。面包师格哈德·鲍克很高兴看到德国统一社会党的报纸《新德意志报》（*Neues Deutschland*）刊登了他的一些诗，其中一首的开头是这样的："让青春的旗帜高高飘扬 / 把你的歌送给风。/ 呼唤那些无动于衷 / 总是无所事事地聚集的人。"他受雇于自由德国青年团，创作关于年轻人的文章，但在封锁期间拒绝为东柏林电台工作，因为他憎恨共产党人的"可怕勒索"。希望成为"私人学者"的约阿希姆·费斯特爱上了意大利的"温暖、轻快、天真的活力和戏剧般的火花"。但是当他写了几篇关于浪漫主义的文章后，美占区柏林电台的主任注意到了他的文学天赋，坚持"要我编辑或者最好是写一系列关于德国历史的广播节目"。[17] 虽然这不是他最喜欢的研究主题文艺复兴，费斯特还是由此找到了自己的方向。

工程师拥有更直接的职业道路，重建和经济增长等多项任务都
287 需要他们。有些人一开始是像卡尔·黑特尔这样的技术人员，为了

获得梦寐以求的文凭而去上了专门的夜校。像罗伯特·诺伊迈尔这样的另一些人则在设计了第一款水泵后迅速得到晋升，后来的公开演讲也都获得了成功。这鼓励他写了一本关于“现代水泵”的书，还跳槽去了另一家建造城市供水系统的公司。最终，他再次加薪，回到了自己的第一家公司，写了几本关于循环水泵的书，并通过国外巡回演讲成了国际权威。化学家海因茨·舒尔泰斯在考试中取得了很好的成绩，他的教授们为他在学界和商界的发展打开了大门。他只需要决定想要从事化学研究的哪个分支就行了。[18]这类技术职业既推动了经济奇迹，也让人从中受益。

受到母性理想的束缚，许多妇女在全职管理家务、照顾孩子与外出工作之间苦苦挣扎。乌尔苏拉·贝伦伯格老师想要独立并保住自己的工作。但是埃丽卡·陶布霍恩言简意赅地表示，她的丈夫认为“女人属于家庭，因此我半年后停止了工作”。独自抚养大儿子的寡妇安内利泽·胡贝尔也同样承认：“对我来说，放弃工作并不容易，因为我喜欢在工作中得到的认可。”再婚并生下第二个儿子库尔蒂（Kurti）后，她很高兴这样做了：“那是一个非常快乐的时刻！”不过，当露特·布尔文自己的孩子们过了婴儿期后，她就让母亲负责照顾他们和家庭，而自己则恢复了司法雇员的工作，以赚取额外的钱。当吉塞拉·格罗图斯的孩子足够大时，她同样在丈夫的公司担任行政助理。[19]

由于人力流失，许多年轻的专业人士在战后迅速升到了负责人的职位。在叔叔的工厂里，霍斯特·格罗图斯成了一名非正式的总经理，管理大约500名员工。当由于业务下滑而不得不裁员近一半时，他开始对生产进行合理化，用小型机器人实现技术的现代化，并使产品多样化，不再局限于摩托车链条。这些改革经常与他因循
守旧的叔叔“意图相左”，但使“公司最终重新开始赚钱”。他获得 288
了“全权委托，接管了技术总监的几乎所有职能，但从未被正式任

命”。顺利起步后，罗伯特 · 诺伊迈尔也同样得到了一个薪水不错的固定职位，在他的水泵公司“负责技术部门”。在那里，他改变了“循环水泵的几乎全部生产方案，使其模式更加高效，价格更加便宜”。[20]

无法进入现有公司的那些个人不得不利用创意和毅力从头开始建立自己的企业。当失业的赫尔穆特·拉什多夫再也看不到任何“找到工作”的机会时,他决定“试着自己创业”。凭借批发商提供的信贷,他开始在卡塞尔周围的村庄挨家挨户兜售纺织品。当他帮一位老妇人提了行李箱后，对方友善地向他订购了价值 100 德国马克的货物。这让他恢复了勇气。获得必要的许可证后，拉什多夫租了一间小储藏室，每天工作 18 到 20 个小时（当时他正身患一种严重的肝炎）。渐渐地，他积累了“一批村里的固定顾客……我经常去拜访他们”，先是骑自行车,然后骑轻便摩托车,最后是坐着小汽车。正是这种“个性化服务”促成了典型的扩张商业模式，建立固定商店，以及收购竞争对手的业务。格哈德 · 鲍克在建立自己的印刷业务时也重复了同样的成功故事，它们是 20 世纪 50 年代经济奇迹的典型代表。[21]

对于战后许多有进取心的年轻人来说，自我剥削打开了提高社会地位的大门。最初，前党卫队成员罗尔夫 · 布尔文只能从事令人讨厌的工作，例如为屠宰场处理动物尸体。当这家公司破产后，妻子的表兄给他找了一份为机械公司做流动推销员的工作。这是“一个彻底的转变。如果从前他需要的是体力的话……现在他必须变得衣冠楚楚”。每周 5 天，布尔文不得不开车走遍鲁尔盆地来联系他的客户，他要在路上度过很长时间，并处理大笔的钱。但当他发现
289 老板骗走了他的佣金时，他起诉了老板，要求拿回钱。后来，他拿到了所需的“商业许可证”，成为独立的“自由商业代理人”。凭借干劲和巧舌，他的生意发展得如此之好，以至于需要妻子来记账，还雇用了大儿子。他从社会边缘升入了中产阶级。[22]

一些工程师选择独立，因为独自工作更符合他们的个性。20 世纪 50 年代末，霍斯特 · 格罗图斯决定离开他叔叔的公司，觉得这让他“缓解了心理压力”。利用自己的管理经验，他开始专注于机器的“预防性维护”问题，因为当机器被停下来维修时，工厂要花费大量的金钱。在德国工程师协会（Association of German Engineers）一项研究基金的帮助下，他研究了这一关键领域的文献和实践。在纽伦堡一家电缆厂获得第一份咨询工作后，他开始拆解机器，咨询熟练工人，并制订了维护计划来避免将来停机。接到来自各类企业的订单后，他举办了一系列研讨会，成为“零故障管理”的权威。尽管总是有点不稳定，但顾问的职业很大程度上是令他满意的。[23]

对于一些专业人士来说，越来越快的运营节奏变得过分，迫使他们另寻不那么忙碌的选择。随着石油公司要求运油船每天至少行驶 16 个小时，赫尔曼 · 德布斯认为“我曾经热爱的职业越来越令人反感”。1969 年，他决定换工作，因为“为了赚一大堆钱而夜以继日地工作不可能是生活的目的”。但是在 43 岁时开始新的职业被证明非常困难，迫使他在一家化工厂轮班。德布斯不想在余生中一直当小时工，于是申请到当地政府的金融服务部门工作。他的工资只有以前的三分之一，但他仍然对压力减轻感到高兴，并很快升到了税务部门工资更高的岗位。虽然冒了风险，但这次职业的变更使他不用在通勤上花费 3 个小时，让他有更多时间去追求诸如专业水 290
平的游泳和业余戏剧等爱好。[24]

新晋的专业人员是因为战争而变得成熟的，这导致他们不可避免地与想要恢复战前威权模式的上级发生代际冲突。汉斯 · 陶施不得不起诉巴伐利亚政府，要求支付夏季工资，这笔钱因为他的见习教师身份而被合法拖欠。埃里克 · 黑尔默与新教教会保守的管理部门发生了一系列口角，因为作为一名已婚老兵，他想与妻子和孩子生活在一起，而不是住在神学院里。黑尔默被主教指责是“一个固执的人和麻烦制造者”，他威胁要辞职，除非自己教区的居民得到照顾，并让他获得更灵活的住宿条件。作为工会代表的赫尔曼·德布斯拒绝接受航运公司关于“装船和锚泊时间太长”的抱怨，声称错误在不切实际的管理层。而当手下的低薪工人要求增加工资时，家长式的商人赫尔穆特·拉什多夫以要求过分为由拒绝了他们。[25]

战后复苏的一个秘密是学术研究与其成果在工业中的实际应用之间的紧密联系。海因茨·舒尔泰斯的化学实验结果十分有前景，以至于当他完成毕业论文后，两位化学教授竞相争取他为自己工作。在马尔堡（Marburg）担任了几年研究助理后，他加入了化工巨头拜耳公司。而在霍斯特·格罗图斯的论文中，他在德国背景下介绍了美国“机械行业的管理咨询专家系统”。他后来作为顾问的职业生涯不仅建立在实际问题的解决上，还通过出版物和研讨会来让有助于改善管理决策的知识变得系统化。罗伯特·诺伊迈尔力图“通过写一本考虑了我们客户意愿的真正参考书”来传播他在离心泵方面的专业知识。4 本手册和许多文章的刊发使他在自己的领域成为受人尊敬的权威。[26]

成功重建的另一个因素是通过国际交流来推广德国的企业管理
291 和产品。20 世纪 50 年代初，美国是霍斯特·格罗图斯等工程师想要学习创新生产方式（以及更轻松的生活方式）的榜样。到了 20 世纪 70 年代中期，两者的关系很大程度上发生了逆转，他开始为美国听众举办管理主题的研讨会。现在，说英语的格罗图斯的足迹从瑞士等邻国扩大到了巴尔干半岛、近东和日本。罗伯特·诺伊迈尔也有类似的想法，当国内需求枯竭后，“作为我们产品的销售负责人，我认识到有必要把我们的活动导向以出口为主”。因此，作为德国机械的“旅行传教士”，他参观了俄国、东西欧，以及巴尔干地区的交易会。这种不知疲倦的推广、高质量的产品，以及可靠的维护是联邦德国惊人出口盈余背后的秘密。[27]

像电气巨头西门子这样的公司，“全球声誉”的恢复很大程度上是其员工能力和奉献精神的结果。例如，1946 年，一个名叫汉斯-格尔德·内格莱因的少年开始在西门子当学徒，他坚信“一定要［靠自己］取得成功”，因为他的军官父亲在战争中去世了。在重建之初，他不得不每天“工作、工作、工作”长达 10 个小时，包括周末。当他的上级们发现他有从事半合法交易的天赋，能用电动机换取食物时，他们让他接受了会计训练，相信“一定要人尽其用”。他想要“闯荡世界”，因此在巴西为公司服务了 15 年，直到被召回德国，负责监管拉丁美洲的业务。虽然被称为“硬汉”，但他很照顾手下的员工。凭着强烈的敬业精神和个人的谦虚态度，他最终成为西门子的高级经理，负责全球销售，由此接触到了米哈伊尔·戈尔巴乔夫和赫尔穆特·科尔这样的政治领袖。[28] 在许多方面，他杰出的个人职业生涯是德国商业成功的典型代表。

德国繁荣的最后一个原因是外国人的辛苦劳动，即被招募来的所谓“客籍劳工”（Gastarbeiter）。为了给工厂提供所需的劳动力，联邦政府与意大利、西班牙、希腊和土耳其签订了招募临时帮工的条约，从而缓解了当地的失业问题。焊工穆罕默德·于纳尔迪 292
（Mehmet Ünaldi）就是这样一名新来者，他决定在德国碰碰运气，以摆脱自己冷淡的妻子。经过没完没了的火车旅行，他在 1962 年夏天到达慕尼黑，然后被调到了杜塞尔多夫（Düsseldorf）的一家桥梁建造厂。尽管他的技能和奉献精神受到同事们的尊敬，但也遭遇了偏见和歧视。不过，他通过上课克服了语言障碍，逐渐习惯了新国家的陌生文化。他爱上了一个德国女人，并有了一个儿子，这让他决定留在新家，只在假期造访土耳其。作为众多客籍劳工的典型代表，他意识到“我的心中住着两个灵魂”：他在德国时思念土耳其，在土耳其时思念德国。[29]

虽然有一些延迟，但战后的快速发展也通过薪水的上涨而促成经济繁荣。虽然最初的扩张是通过长时间工作和推迟补偿的自我剥削驱动的，但从 20 世纪 50 年代中期开始，工资也开始上涨。赫尔曼 · 德布斯回忆："当然，我们通过无数的加班赚了很多钱。"格哈德 · 鲍克现在是一家不断壮大的印刷公司的所有者，他表示自己也从普遍的业务扩张中受益，获得了"优渥的富足"。但为了让收入翻番，水泵工程师罗伯特·诺伊迈尔不得不跳槽到另一家公司。最终，他又回到原来的公司，再次获得加薪。自由职业者霍斯特 · 格罗图斯确信自己"赚得太少"，由于他在一家联合咨询公司的同僚不愿听从他的建议，他"损失了很多钱"。虽然像克里斯特尔 · 格罗舍克这样的一些难民被迫从事边缘工作，但总的来说，教师和警察的公开薪水也随着劳动报酬的增加而逐渐上升。[30]

富足的一个特别令人难忘的基准是购买第一辆汽车，部分是为了业务，部分是为了享受。当赫尔穆特 · 拉什多夫在挨家挨户销售纺织品期间生病时，他终于"意识到不断增长的任务"需要一辆小汽车。因此，他购买了宝沃的一辆劳埃德（Borgward Lloyd）合成革小车*，配有 13 马力的摩托车发动机和一个用于装载货物的掀背车
293 厢。花费 2000 德国马克似乎冒了很大的风险，但这让他能够更方便地接触客户，为他带来了丰厚的回报。罗尔夫 · 布尔文希望在鲁尔盆地各地销售他的机器，同样需要一辆汽车。为了带着样品四处走动，他买了一辆二手欧宝，并对能够在周末带着家人去旅行感到非常自豪。当霍斯特 · 格罗图斯决定成为一名独立顾问时，他购买了一辆二手大众甲壳虫，并将其重新上漆。[31] 在许多战后回忆中，拥有汽车是一个重要的时间节点，被自豪地用照片记录下来（图 23）。它标志着日益富裕。

---

* 该款汽车的外壳不是钢板，而是用人造革包裹在框架上。——编注

图 23. 买第一辆车时的自豪。来源：肯波夫斯基收藏的照片。

甚至出乎亲历者意料的是，一直延续到 20 世纪 70 年代中期的业务扩张成了人们口中的经济奇迹。格哈德·鲍克的印刷公司就是这样一个成功的例子。该公司创办于 1955 年，当时他购置了自己的第一台胶印机。带着很大的决心，他开始印刷童书和基督教作品，每隔几年就买一台更大的机器。最终，他收到了来自电气巨头 AEG 公司的小册子订单，使公司得以稳定下来。虽然对这样的成功感到高兴，但母亲警告他，“公司正在开始控制你”。同样地，罗伯特·诺伊迈尔也回忆说：“我们公司也感觉到了经济奇迹。”当弗 294
莱堡市阻止了必要的产能扩张时，立达公司（Lederle and Co.）搬到了附近的小城，并分裂成了三个独立的部门。作为成功背后的关键工程师，罗伯特·诺伊迈尔在其中两个部门被提升为经理——但代价是胆结石手术和永久性糖尿病。[32] 战争和重建的压力使魏玛的孩子们特别容易受到伤害。

即使现实没有记忆那么动人，但这些“奇迹之年”恢复了西德的自信心。在鲍克和拉什多夫的公司里，后来周年庆祝活动充满了自喜的氛围，因为没有人会对惊人进步的证据提出异议。近 30 年的经济增长不仅重建了一个被摧毁的国家，还推动它的公民进入了一个远超魏玛共和国或第三帝国的消费社会。乌尔苏拉 · 马伦多夫等批判性知识分子正确地指出："在新的物质消费的光芒中，对精神价值和道德再生的全部呼唤就像幽灵一样消失了。"此外，相比驾驶闪亮的梅赛德斯轿车的新富商，被驱逐者、难民、归国战俘和战争遗孀并没有那么快就获得好处。[33] 不过，通过掩盖历史负罪感，战后繁荣催生了对德国马克作为硬通货的新的自豪感，使德国人得以重新对自己的命运有所掌控。

私人的回报

作为对所有艰苦劳动的回报，经济水平的提高也支持了更令人满意的私人生活。虽然一些评论家注意到了"资产阶级世界的崩溃"，但战后的理想仍然是核心家庭，它不再是防御性的生存共同体，而是作为有益的个人存在的中心。20 世纪 20 年代出生的孩子们如今已经成年，他们越来越无视父母的建议，而是通过大学学习或开始职业生涯来自己打拼。这也意味着离家和结交提供不同观点的新朋
295 友，还使得探索夏天野营和冬天滑雪等休闲活动成为可能。此外，这还意味着通过参加讲座、听音乐会、看戏剧和其他文化活动来拓宽自己的视野。[34] 虽然许多自传提到了从父母的监护下获得解放，但它们也表明，有意义的家庭生活是作者们的核心愿望。

经过战后的混乱，年轻人对伴侣有了真正的渴望，不仅是因为被异性吸引，也是因为相互理解和支持的需要。安内利泽 · 胡贝尔需要长时间的交谈和许多书信交流来确定她想要与之共度一生的"男人具有良好的品格"。同样，安妮 · 拉什多夫不得不在教堂做礼

拜期间观察赫尔穆特的表现来克服对他的负面印象，以“确保我可以把自己托付给你”。虽然埃丽卡·陶布霍恩和她的阿尔弗雷德“相处得很好”，但为了和他订婚，她必须克服母亲的怀疑和未来婆婆的敌意（她已经挑选了另一个新娘）。对于吉塞拉·格罗图斯来说，“不是一见钟情”，而是对生活相似的保守期待让她愿意等到霍斯特完成工程学学业。“从那时起，我们就想象着未来要像我的父母那样生活：孩子，为他们生活，和他们一起生活。所有人在一起，彼此相爱。”[35]

这些浪漫关系的结果是一系列喜庆的婚礼，它们回归传统习俗， 296
并展现了生活的日益富足。吉塞拉和霍斯特·格罗图斯于 1952 年 4 月 1 日在一场精心设计的典礼上喜结连理。婚礼前夕的派对是家人和朋友们“一次愉快的聚会”，他们表演了有趣的小品，并为“我们未来的家提供了实用的东西”。第二天早上，霍斯特不得不等待“他的妻子套上［她姐姐以前穿的］白色连衣裙”，在头发上盖好纱巾：“当我被允许进入准备室时，我被新娘的美惊呆了。”然后，他们乘坐马车前往柏林达勒姆（Dahlem）村的一座教堂，吉塞拉的叔叔在那里进行了私人布道。他们回到新娘的家里，“享用了一顿可口的喜庆婚宴”。然后，这对新婚夫妇出发前往康斯坦茨湖，进行蜜月之旅。这对新人一张引人注目的照片留下了对这一快乐时刻的记忆（图 24）。其他夫妇也遵循这种模式，尽管有些人不得不改信天主教以满足教会的要求，比如贝蒂娜·费尔。[36]

并不是每个人都足够幸运地能够找到终身伴侣，因为现在每个男性对应着 1.6 个适婚年龄的女性。乌尔苏拉·贝伦伯格就是这样一个“渴望爱情，希望与丈夫分享共同生活目标的年轻女性”。她很喜欢儿时的朋友海因茨，但他只是一个“好伙伴”，不理解她的“女性欲望”。她遇到了一个名叫威利的已婚男人，并爱上了他，“体验了幸福和恣意任性的时光”。但因为此人变得“病态地嫉妒”还发

图 24. 战后的婚礼。来源：吉塞拉 · 格罗图斯，《我的人生》。

酒疯，她将其送回了他妻子的身边。“威利属于那种只会自怨自艾的人。”其他尝试也未能带来持久的关系。但后来，她遇到了一个印度家庭，与他们的儿子和女儿交好，还成了一个朋友儿子的教母。这种情感纽带补偿了她没有自己孩子的遗憾。退休后，她终于重新开始了与海因茨的关系，与他一起搬进一所重建的房子里。[37]

有些仓促确立的关系没能挺过战后的生存斗争。18 岁的克里斯特尔 · 格罗舍克在逃亡中失去了家人，在德国北部一个村庄的农场
297 工作时，她接受了一名比她大 16 岁的鞋匠的求婚。不幸的是，她的丈夫是个酒鬼，他挥霍自己的收入，虐待她和孩子，甚至与邻居为敌。此外，作为一个严格的天主教徒，他反对节育，生了 4 个孩子，使家庭的微薄收入捉襟见肘。当克里斯特尔再也不能忍受虐待并要求离婚时，她的丈夫拒绝这样做，声称他们关系紧张是她的错。十多年后，她终于逃离了他的魔爪，带着孩子们偷偷搬到另一个城市。在那里，她开始了新的生活，并对孩子们的成功成长感到满意，

甚至在退休后搬到了西班牙的沿海城市。另一些关系则是在恢复繁荣的过程中由于工作和出行的压力而破裂的，比如汉斯–格尔德·内格莱因的前两次婚姻。[38]

找到一个像样的地方居住是幸福家庭生活的必要前提。然而，由于战后的住房短缺，这一目标很难达到。汉娜和罗伯特·诺伊迈尔最初不得不凑合住在没有自来水的单间学生宿舍里。安妮和赫尔穆特·拉什多夫很高兴在两座房子里拥有两个没有独立浴室的房间。当安内利泽·胡贝尔的第二任丈夫保罗设法找到了一套只需要 3000 德国马克作为建筑成本补贴的两居室小公寓时，她欣喜若狂："我们终于有自己的家而且在一起了！"在叔叔的帮助下，霍斯特·格罗图斯设法为吉塞拉和自己买了一套小公寓，有两个房间、厨房和浴室："我们对此非常高兴。"当埃迪特·舍夫斯基听说有一套新装修的顶层公寓时，她对铺了瓷砖的浴室、宽敞的客厅和适中的价格感到"激动"。[39] 随着富裕程度的提高，这些年轻夫妇逐渐搬进了更好的生活空间。

20 世纪 50 年代，孩子仍被认为是家庭应有的一部分，所以这些婚姻很快就诞下了儿女。战争中死了这么多人，吉塞拉·格罗图斯特别高兴成为"母亲"，因为"我早就想要孩子了"。在 1952 年到 1957 年间，她生了一个男孩和两个女孩。安内利泽·胡贝尔为她在第一次婚姻中生下的儿子增添了一个弟弟，然后又有了双胞胎，
因为生产大出血急需输血，这几乎要了她的命。当罗伯特·诺伊迈 298
尔结束出差赶到医院时，他同样惊讶地发现自己多了一对双胞胎，使他的孩子数量增加了一倍。虽然并不想放弃自己的工作，但吉塞拉·格罗图斯记得，"我的时间完全被喂养、呵护和照顾这个脆弱的生命所占据"。她的丈夫霍斯特也回忆说："孩子是我们生活的中心。"像战后德国的其他许多家庭一样，"我们和他们一起玩耍、唱歌和做手工"。[40]

相比之下，父母的死亡是“家庭生活中一个痛苦的节点”，因为在德国遭受灾难期间，代际间的纽带尤为紧密。许多魏玛的孩子能够在战时和战后的混乱中生存下来，要归功于他们父母的非凡努力。即便在他们走上自己的道路、与父辈发生政治分歧后，这依然造成了一种持久的亏欠感。虽然许多父亲战死，但他们的母亲无私地打理家务和照顾孙辈。由于曾经为了孩子而严重地缺衣少食，幸存下来的年长德国人经常有健康问题。尽管如此，当安内利泽·胡贝尔的父亲在 70 岁生日前不久“死在他的床上，好像睡着了”时，人们还是感到震惊。7 年后，她的母亲“中风”，还没有恢复说话能力就很快去世了。虽然霍斯特·格罗图斯因为母亲的不断干涉而疏远了她，但当母亲没有与他和解就在养老院去世时，还是感到心绪难安。[41]

从购买基本必需品到满足由来已久的渴望，不断提高的经济水平让人们的生活得以改善。由于两人的工资加起来只有 300 德国马克，本诺和埃迪特·舍夫斯基最初不得不在决定能够买得起什么时权衡每一分钱。但在货币改革之后，乌尔苏拉·马伦多夫回忆道：“消费呈波浪式增长。”起先，人们“购买了大量曾经需要配给的食物”，迅速恢复了战前的体重。然后是“衣服和鞋子”，比如保暖的外套或冬靴。接下来，他们开始用新的床、沙发或者衣柜来替换破旧的家具，使他们的家更舒适。本诺·舍夫斯基很高兴得到了一台根德牌（Grundig）收音机，这是他母亲以分期付款的方式购买的，“因为他现在可以听体育广播了”。安内利泽·胡贝尔欣喜若狂，因
299 为她“终于有了一台洗衣机！”1961 年，魏格尔特一家围坐在他们的新电视机旁，观看一部英国犯罪连续剧。虽然并不是所有西德人都平等地分享了这笔赏金，但这波购买狂潮表明，“繁荣盛况已现”。[42]

商业上的成功也使有进取心的少数人得以建造自己的房子，成为自豪的房主。在为一家开发商的子公司设计水泵系统时，罗伯

特·诺伊迈尔从开发商那里获得了一块地。但他不得不忙着筹集 1.5 万马克，作为 5 万马克总价的首付。妻子对他的计划感到震惊，“她以为我发烧了，因为我们在银行里连一个马克也没有”。但在父亲、公司和一位瑞士朋友的帮助下，他凑齐了所需的金额。随之而来的是设计问题，诺伊迈尔为他的妹妹也规划了一处寓所，以供她从丈夫在英国的工作地回来后居住。赫尔穆特·拉什多夫则坚持要有一个中央壁炉，并为每个孩子提供独立的卧室。在实际施工过程中，像赫尔曼·德布斯这样的未来业主必须监督承包商，并亲自参与刷油漆、铺设地板和其他简单的工作。“但我们既开心又满意，终于可以住在自己的房子里了。”[43]

晋升所需的辛勤工作很少留下放松的时间，让身体和灵魂恢复生机。像拉什多夫这样的房主喜欢园艺，从种土豆或草莓补充营养发展到更具装饰性的种植和装点自己的房子。格哈德·鲍克等嗓音好的人会参加合唱团，那里既能享受到音乐的乐趣，又为个人社交提供了机会。有车的家庭还会在周末去乡下，探索自然景观和古色古香的村庄，或者去附近的森林里徒步旅行。为了帮助自己应对健康问题，赫尔曼·德布斯开始游泳，并在大师赛中带回了一系列奖杯。当他的家乡，位于莱茵河畔的考布上演历史剧来娱乐游客时，他还发现了自己隐藏的表演天赋。[44] 但总的来说，休闲活动只是例外，因为男人被工作压得喘不过气来，女人则忙于维持家务。

因此，每年的假期是一年中的一个高潮：它们打破了工作节奏，
提供了放松的机会，并制造了家庭回忆。像胡贝尔一家这样收入微 230
薄的人“在夏天进行了多次徒步旅行，[并]让孩子们可以学习滑雪”，还探索了更远的目的地。但即使是拉什多夫夫妇这样的有钱人也愿意去东德边境的“勒恩（Röhn）山区远足”，惊叹于令人难忘的岩层结构。“这些年来，我们和孩子们一起进行了很多次旅行，但他们逐渐发展出自己的朋友圈子。”包括文化亮点和宗教仪式在

内，此类远足为这家人提供了各种有趣的逸事——比如，一家餐厅的服务员误把赫尔穆特·拉什多夫当成青少年，警告他说："孩子们，规矩点，否则你们会被踢出去。"他们的探险范围逐渐扩展到奥地利的阿尔卑斯山，在那里，他们的徒步旅行团攀登了许多著名的山峰，比如雾气中被冰川覆盖的大韦内迪格山（Großvenediger）。[45]

20 世纪 50 年代，"财务状况的改善"激发了西德人去更远的地方旅行的普遍欲望，特别是气候更加温暖的南方。在第一次这样的旅行中，诺伊迈尔家去了意大利的马焦雷湖（Lago Maggiore），在那里他们租了一套度假公寓："孩子们很开心，学会了在湖里游泳。"在随后的几年里，他们在假期进行了有趣的"前往希腊、摩洛哥、意大利、南斯拉夫和兰萨罗特岛（Lanzarote）的航船之旅"。"六日战争"结束几天后，他们和犹太移民一起去了以色列，美丽的汉娜在一次"船上小姐"选美活动中赢得了一瓶香槟。在另一次旅行中，"孩子们想在丹吉尔（Tangier）买一头驴"，最后只是勉强被说服放弃这个想法。其他的航程把他们带到了克里特岛和埃及，在后者的河里坐船游览是"一次难忘的经历"。他们甚至还去了中国，并坐飞机环游世界。[46]这样的国际旅行是人们梦寐以求的炫耀性消费项目，其中的精彩部分会通过幻灯片或家庭电影向朋友展示。

随着年龄的增长，这代人的健康问题开始增加，有些是战争的直接结果，另一些是由于过度工作。从俄国战俘营归来后，霍斯特·格罗图斯不得不接受了几次手术来稳固他的腿部残肢。埃丽卡·陶布
301 霍恩感到"臀部剧痛"，被诊断出患有严重的肾脏疾病，需要切除一个受损的器官，并经历了长达数月的艰难康复。无独有偶，赫尔穆特·拉什多夫患上了严重的黄疸，使他的皮肤变成了"像过熟的香蕉一样的棕色"。他认为，要不是他使用家传的土方，吞食了 60 只活的羊虱子而阻止了肝脏感染，这几乎就要了他的命。在切除扁桃体时，安内利泽·胡贝尔的植物神经系统衰竭，花了几个月的时

间才治愈；她的丈夫保罗因为动脉阻塞而中风，留下了永久的损害。[47] 许多战后疾病都源于缺乏营养，而繁荣时期的疾病却是过度沉溺于甜食、酒精或香烟造成的。

身体和心智的衰退使出生于 20 世纪 20 年代初的那代人中的较年长者从 80 年代中期开始退休。赫尔曼 · 德布斯由于长时间在拖船的驾驶台上站立而患上了髋部疾病，“在 57 岁时就因为身体伤残而提前退休”。由于厌倦了与冷漠同事的冲突以及日益恶化的健康状况，乌尔苏拉 · 贝伦伯格同意从工作的特殊教育学校提前领取养老金。赫尔穆特 · 拉什多夫很高兴在 63 岁的时候把公司的主导权交给儿子，因为他相信继任者的能力，并因此有了时间追求像在教堂唱诗班唱歌这样的爱好。按照社会习俗，罗伯特 · 诺伊迈尔“65 岁时停止了作为销售总监的活动”，但在接下去的 14 年里，他继续为自己的水泵著书和开讲座。霍斯特 · 格罗图斯作为自由职业者一直工作到 80 多岁，在 2008 年结束了最后一份咨询工作。[48]

在东德，“达到退休年龄”具有特殊的意义：它打开了前往西方旅行或迁居那里的大门。像保罗 · 弗伦策尔这样的当局批评者——他大胆地在联邦德国发表了一篇关于民主德国计划经济缺陷的负面论文——不仅遭到解雇，还被剥夺了学位。1982 年，政府通过大幅削减他的养老金促使他申请护照，逼迫他搬到了西德。在那里，他仍然受到斯塔西的骚扰。像君特 · 克劳泽这样的普通公民在第一次前往西柏林时“对西方经济的多样性感到惊讶”，以至于他们“想
要立即留在西德”。当他的妻子问“你还想要迁居吗？”时，他本 302
能地同意了。民主德国“想要廉价地摆脱退休人员”，所以这对夫妇在 1988 年 2 月被允许离开。当踏上西柏林的土地时，“他们大大松了一口气，终于‘自由’了”。[49]

在东西德国，失去配偶都是“毁灭性的打击”，特别是当伴侣在实际生活和心理上相互依赖的时候。1983 年，赫尔穆特 · 拉什多

夫的妻子安妮被诊断出患有癌症，但治疗似乎很有希望。在当地一家医院接受紧急治疗期间，她说：“赫尔穆特，我真不知道你有多么爱我。”当被告知妻子因主动脉破裂已经去世时，他逐渐“意识到了全部的含义，只记得［他］哭得像着了魔”。但天主教信仰安慰了他，他相信妻子的生命在基督那里获得了完满。同样，赫尔曼·德布斯目睹了配偶的健康状况不可逆转地恶化，当她去世时，他呆住了，无法控制地哭了起来。露特·魏格尔特也因丈夫中风早逝而深受打击。痛失爱妻让格哈德·鲍克觉得太阳仿佛都不再发光：他的“心陷入了黑暗中”。一位心理学家建议他说，“你不能放手的东西，必须通过记忆来征服”，这让他有了写回忆录的想法。[50]

失去亲人后的生活“并不容易”，需要做出巨大的调整来接手日常琐事和应对孤独。格哈德·鲍克的妻子“训练他成为鳏夫”，让他能够应付。劲头十足的赫尔曼·德布斯甚至找到了新的伴侣玛格丽特，那是一名来自柏林的裁缝，她的丈夫死于癌症。露特·魏格尔特不想一个人生活，于是搬去和她已故丈夫同父异母的兄弟一起住，后者同样失去了配偶。赫尔穆特·拉什多夫被迫变成一个“家庭主夫”，不得不学习做饭、打扫卫生和洗衣服等日常家务。为了在生命的最后三分之一里寻求一个“新的开始”，他搬进了弗赖堡（Freiburg）附近的奥古斯丁养老院，那是位于黑森林边缘的一个学者养老院。通过唱歌和徒步旅行，他认识了玛戈（Margot），这个寡妇成了他的伴侣。他们足够勇敢地开始了一段新的关系，两人只
303 在教堂里结了婚，没有进行登记，以免失去他们个人养老金的福利。“我们的关系发展得很有趣也很好，我们很感激能共同经历很多事情。”[51]

即使年事已高，退休人员仍然能够享受子女和孙辈的快乐，间接地参与他们的生活。自传中随处可见快乐的母亲和笑呵呵的婴儿的照片，显示出对他们学业和职业的满意。安内利泽·胡贝尔自豪

地表示，“我们有健康的孩子”，“他们已经成为诚实、勤劳而且体贴的人”。当儿子们接管公司时，拉什多夫和布尔文家都感到满意，而霍斯特·安德烈也很高兴女儿能听从他的召唤。但是，当孩子们像鲍克家的那样在工作或人际关系方面遇到问题时，他们也会不断引发担忧。看着孙子们长大更是一种乐趣，因为祖父母不需要管教他们。当孩子还小的时候，可以在成长过程中逗他们玩和鼓励他们；等他们长大些了，就可以带他们一起去度假旅行。露特·魏格尔特很高兴 5 次成为曾祖母。因此，家族连续的保证可以平衡不断增强的死亡意识。[52]

魏玛共和国那代人的回忆录中普遍存在的满足感，是事业有成和私人幸福的产物。不同于“残酷的战争时期”和战后的混乱，逐渐回归正常的和平与法治为展开“有趣而成功的职业生活”提供了空间。此外，私人空间的恢复使个人可以不受政治需求干扰地从童年逐渐发展成熟。毫无疑问，由于物质短缺和意识形态迷失，联邦德国最初的岁月仍然是艰难的。但与纳粹和共产主义在东德的统治不同，西德为个人成长提供了相当大的自由，使多种生活计划得以在成年和老年展开。此外，经济奇迹创造了对物质条件持续改善的期望。讽刺的是，正是这个与政治无关的私人世界最终帮助催生了对公共自由的新理解。[53]

公众的参与

虽然大多数西德人对政治持怀疑态度，但从促使他们转向民主 304
的灾难中，他们的确学到了一些基本的教训。纳粹独裁统治的影响如此巨大，以至于强化了魏玛时代的和平主义口号“永不再战！”此外，军事判决十分明确，预防了大规模复仇主义运动的出现，甚至迫使大多数被驱逐者采用和平手段找回自己的家园。此外，幸存者的证词、纪录片和文学描绘提供的无可辩驳的大屠杀证据让反犹主义在公共生活中声名狼藉。最后，东德统一社会党统治的负面经历使西德人也拒绝了共产主义统治，他们认为这是一种新型的压制。马丁·西格总结了他那代人的观点：“作为残酷过去最重要的教训，我已经认识到仇恨、报复和新仇恨的螺旋会把全部生命拖入深渊，因此永远不可能是冲突的解决方案。”[54]

为后法西斯时代的共同体寻找新的道德支柱促使许多年轻的德国人回归宗教。虽然新教和天主教会由于与第三帝国合作而使信誉受到重创，但基督教思想的核心通过对罪行的悔悟和对宽恕的希望提供了慰藉。“因为自己属于这个国家，说集中营卫兵的语言，唱过希特勒青年团的歌曲”，多萝特·泽勒“感到无法消除的羞愧……对独立于教会的激进基督教相当着迷”，并最终成为德国左翼“解放神学”的领导人。相反，赫尔穆特·拉什多夫在天主教修道院的沉思中寻求慰藉，视其为经济奇迹中狂热物质主义的解毒剂。然而回顾往事，牧师埃里克·黑尔默总结说：“我们的教会错过了独一无二的机会”，没有对“灵性滋养的渴求”做出有力的回应，这种滋养为更持久的重生提供了机会。[55]

305 另一些对政治更感兴趣的人则将美国视为未来的典范。乌尔苏拉·马伦多夫在不来梅美国之家如饥似渴地阅读英语文学的经典作品，并参与了对民主的激烈讨论。霍斯特·格罗图斯也对美国信息和教育中心提供的杂志、书籍和电影着迷。为了给自己的职业做准备，他在 1951 年乘船去了纽约，在那里他拜访了一位叔叔，并参观了底特律的汽车工厂。这些工厂的“机械化和半自动化生产过程”给他留下了深刻的印象。为了对经济有更好的了解，他以每小时 75 美分的薪水在施文（Schwinn）自行车厂工作，并提出了一种新的焊接技术。虽然在这个国家感到自在，但他还是谢绝了留下来的邀请回国了。在更学术的层面上，马丁·格赖芬哈根对他在英国的那一年津津乐道，其中最难忘的是在牛津大学的学习，那里是“学术生活的黄金国”。[56] 这类积极的交流经历加速了战后德国的西方化。

联邦德国的另一个基本共识是反对共产主义，这部分是由刻板印象推动的，部分是由负面经验强化的。戈培尔的战时宣传利用了根深蒂固的反斯拉夫偏见，在西方，他宣传的遗毒助长了对苏联制度的厌恶。这种怨恨通过口耳相传的红军在逃亡、驱逐和占领期间的残酷行为变得更加强烈。当幸存下来的德国共产党人为建设社会主义未来而兴奋时，许多人对“男人被驱逐，女人被强奸”感到沮丧。尽管一些占领者也很友好，但埃卡·阿斯穆斯将公众对“俄国人”的敌意总结为“一种带有恐惧和仇恨的集体刻画”。由君特·克劳泽这样的不幸受害者讲述的恐怖故事——苏联特工将其囚禁在一个劳改营中长达5年之久——确证了上述负面印象。[57] 因此，反共产主义成为一座让前纳粹成员与新兴民主派得以合作的意识形态桥梁。

战后对“思想方向”的寻求，专注于具有令人信服的道德操守或思想敏锐性的反法西斯榜样。通常需要像汉斯·利耶主教或学者 306
卡尔·勒维特（Karl Löwith）这样的导师来指出，哪些个人或思想没有被“棕色瘟疫”所玷污。像库尔特·舒马赫或布鲁诺·阿皮茨（Bruno Apitz）这样在纳粹监狱中幸存下来的抵抗运动成员具有最高的可信度，因为他们甘愿冒生命的危险。像哲学家卡尔·雅斯贝尔斯（Karl Jaspers）这样的道德批评者为解决德国人的罪责问题提供了指导，而神学家迪特里希·潘霍华的遗作则提出了抵抗的伦理依据。卡尔·楚克迈尔、沃尔夫冈·博尔歇特和海因里希·伯尔等德语作家揭露了纳粹政权的凶残，而让-保罗·萨特和欧内斯特·海明威等来自其他国家的作家则开启了存在主义思想的新世界。[58] 虽然这些形形色色的思想在很大程度上是前政治的，但它们为新的开端奠定了基础。

大多数德国人忙于生计，几乎没有注意到将主导他们未来生活的《基本法》的推出。这部联邦德国的临时宪法明确寻求从魏玛共和国的错误中吸取教训，以防重蹈覆辙。限制总统权力的目的是避免总统通过法令统治，公民权利的不可侵犯性被认为是阻止任何回归独裁可能的屏障，而联邦主义的复兴旨在防止权力过于集中。此外，1953 年引入 5% 的议会代表权门槛是为了防止小政党造成政坛的碎片化。重建代议制政府也是对东德建立无产阶级专政的一种反制。乌尔苏拉 · 马伦多夫记得："权利法案中关于公民有权自由发展人格的条款让我接受了［公民］课程和新兴的联邦共和国的基本法。"[59]

西德最受欢迎的政党是基督教民主联盟，由科隆市长康拉德·阿登纳于 1946 年创立。这个新群体吸引了为保守政治寻求道德根基的资产阶级温和派。它不仅依靠天主教选民，还寻求更广泛的基础，
307 将传统的新教徒也纳入了兼收并蓄的"人民党"麾下。天主教高中教师约翰内斯 · 费斯特刚一获释就开始参加基民盟委员会会议，就魏玛共和国的崩溃和纳粹独裁统治下的"法律沦丧"发表公开演讲："刚刚发生在我们国家的事情不能重演。一次已经够可耻的了。"犹太律师埃里克 · 阿伦费尔德也承诺通过加入基民盟来"参与民主德国的重建"。他的女儿回忆说，在"良心问题上，他一丝不苟"，但在实际问题和赔偿案件中，"他主张妥协和相互谅解"。[60]

基督教民主联盟的主要竞争对手是德国社会民主党，该党成立于 1869 年，由充满激情的一战老兵和集中营幸存者库尔特 · 舒马赫领导。作为温和派工人的代表，它为下层群体的权利而战，是纳粹的坚决反对者。1948 年从英国战俘营回归后，来自反法西斯工人阶级家庭的君特 · 哈格曼成为社会主义工人青年党的领导人。后来，他加入了社民党并进入政界，宣称他"想帮助确保以前发生的事情

永远不会重演”。1966 年当选而进入汉堡市政府后*，他专注于青年问题，以便建立基于人权和社会正义的可行民主，让“人们都能说出自己的想法，不用害怕国家权力，可以自由参政”。[61] 最终社民党在与基民盟的权力竞争中惜败，因为舒马赫的民族主义中立路线看起来比阿登纳强硬支持的与西方和解更有风险。

1948 年，形形色色的自由主义派别的残余力量组成了自由民主党，该党的规模一直很小，但对组成政府联盟至关重要。自民党由日后成为联邦共和国第一任总统的唯美主义者特奥多尔·豪斯领导，在西南部势力强大。在回顾自己的生活时，霍斯特·格罗图斯很难确定他的信仰是什么：随着时间的推移，他从民族主义转向了和平主义。他写道：“多年来，同理心一直激励着我成为弱者和下层群体的保护者。”但在他看来，福利国家的扩张似乎也有负面的后果：“我注意到有许多人变得更加依赖，更不自立。于是，他们背离了 308
我关于独立个人的理想，并因此感到不满。”他越来越相信“每个人都是自己命运的建筑师。所以，我是一个自由主义者”。[62] 由于其有限的社会基础和偶尔陷入民族主义，自民党始终是一个小党。

联邦德国的政治谱系因为禁止了新纳粹主义和共产主义而变得不完整。《波茨坦协定》解散了所有纳粹组织，占领军禁止任何后继团体的崛起。但在 1949 年，前纳粹军事和政治领导人们成立了社会主义帝国党（Socialist Reich Party），这是唯一一个几乎不加掩饰的新纳粹组织。1952 年，宪法法院宣布该党为非法，推动其宣传转向地下，并迫使德国国家民主党（National Democratic Party of Germany，NPD）等其他右翼政党披上了民主的伪装。作为反法西斯复兴的一部分，共产党最初被允许在西德存在，但他们反对阿登纳重整军备，加上在民主德国的独裁行为，导致他们受到怀疑。经

* 哈格曼于 1966 年当选为汉堡市市议员。——编注

过多年的考虑，宪法法院于 1956 年宣布德国共产党也为非法，这引发了数以千计的起诉和解职，给西德带来了坏名声。直到 20 世纪 70 年代社会民主党和自由民主党建立执政联盟后，该党才重新合法化，改名为德国的共产党（DKP）。*[63]

大多数普通民众对这种“总理民主”感到满意，它调和了政治稳定和代议制政府。作为帝国时代的七旬遗民，莱茵兰的天主教徒康拉德·阿登纳统治了西德将近 14 年。他祖父般的威权风格体现了延续性，而融入西方的政策为他的国家重新赢得了国际社会的尊重。他得到广受欢迎的经济部长路德维希·艾哈德的支持，这位来自弗兰肯的慈祥新教徒是经济奇迹之父，他的“社会市场经济”承诺未来会持续繁荣。因此，战后几十年间的蓬勃发展是一种保守现代化的矛盾组合，它一方面试图恢复现有的宗教和资产阶级传统，
309 一方面又支持技术创新、大众消费和流行文化。和其他不关心政治的大多数人一样，赫尔曼·德布斯满意地指出：“除了少数限制外，联邦共和国的生活几乎又恢复了正常。”[64]

由于许多人因为魏玛共和国的失败而怀疑民主，对它的接受取决于联邦德国在克服战后混乱方面的表现。最初，在联合国善后救济总署（United Nations Relief and Rehabilitation Administration）以及红十字会的帮助下，战胜国试图解决大批流离失所者、集中营幸存者和德国难民的问题。但 1949 年后，在重建之外还要处理的大量战争受害者，成了新生联邦德国面临的一大挑战。政府不得不照顾成千上万的晚归战俘（Spätheimkehrer），他们需要医疗救助和在他人的帮助下重新融入平民生活。同样，来自东部的数百万遭驱逐者必须被公平地分配到联邦各州，而来自东德的数十万难民也需

* 1968 年重新成立时，德国共产党将自己的名字由 Kommunistische Partei Deutschlands 改成了 Deutsche Kommunistische Partei。——译注

要吸收。依托包括弗里德兰和马林费尔德（Marienfelde）在内的中转营体系，政府试图登记并处理那些人的需求，为其提供住房、食物和工作援助。[65]

凭着睿智的远见，联邦德国设立《负担均等化法》（Equalization of Burdens Law）等特别方案来帮助那些在战争中处境特别艰难的人。1949 年的“即时救助金”缓解了退伍军人和孤儿的燃眉之急，“帮助他们渡过了难关”。作为更广泛的融合战略的一部分，重新安置援助是一项“慷慨且有远见的政府政策，在很大程度上解决了战后被驱逐者和难民的问题”。更重要的是 1952 年制订的永久负担分担计划，它为被驱逐者提供的补偿“足以让他们安置家口，开始新的买卖，并获得购买房产的贷款”。计划的资金来自对那些财产在战争中未受损失的德国人征收的税款。乌尔苏拉 · 马伦多夫只获得了少量奖学金，而卡尔 · 黑特尔最终获得了数千德国马克的补偿。因为成功地帮助了那些有特别需要的人，“《负担均等化法》是西德政府杰出的社会成就之一”。[66]

向大屠杀受害者支付赔偿金的举动也表明，联邦德国已经在为 310
以德国的名义造成的苦难承担道德责任。1952 年，阿登纳政府决定向以色列政府支付 30 亿马克，并向幸存者额外支付数百万马克，作为一种象征性的姿态和实际的帮助。个人必须亲自为他们失去的财产、被毁的买卖和中断的事业提出索赔，确定损失金额的官僚程序令人感到耻辱。露特 · 克吕格的母亲太过骄傲或害怕，没有前往联邦德国申请。但是彼得 · 盖伊的父母并不“反对这笔钱。对他们来说，这不是抚恤金，而是欠款”。露西 · 曼德尔施塔姆等受害者获得了一次性的偿付，而贡珀茨的父母等人则“每月收到一张支票，作为养老金和德国社会保险，这当然改善了他们在美国的生活，但完全不能弥补他们在逃离德国时所失去的”。[67]

这种象征性的忏悔行为也有助于许多移民国外者克服关于他们

德国背景的矛盾记忆。像阿尔贝特·贡珀茨这样的一些犹太人受害者成功地将自己重塑为美国人，以至于几乎抹去了先前生活的所有痕迹。但另一些德裔移民通过信件和访问还与德国保持着联系。作曲家格哈德·克拉普夫甚至在一场动人的跨大西洋求爱中说服护士格特鲁德·利希蒂（Gertrud Lichti）成为他未来的妻子。德国语言、文学和历史方面的专家（例如露特·克吕格和她曾经的丈夫汤姆·安格雷斯）会不定期地返回中欧进行学术研究。而格奥尔格·L. 莫斯（George L. Mosse）和弗里茨·斯特恩等更著名的知识分子则积极参与了关键记忆文化的建设和联邦德国的民主化。[68] 虽然公共赎罪的举动永远无法消除纳粹罪行造成的苦难，但它们可以开启艰难的和解过程。

出生于20世纪20年代的成年人为他们成功重建了一个被摧毁的国家感到自豪，60年代末那代人的反抗让他们感到惊讶，那似乎质疑了他们所有的成就。他们中的许多人已经太老了，无力参加由
311 自己的孩子们发起的运动。只有像多萝特·泽勒这样的一些左翼知识分子——她对纳粹的过去深感羞愧，反对西德重整军备——同情年轻人的反抗。她将冲突归咎于美国的新殖民主义，回忆道："我从自由派发展为激进民主社会主义者的一个重要阶段发生在越南战争的背景下。"虽然推崇贵格派，但美国对东南亚的干预"第一次让我意识到，主宰我们生活的是一个什么样的国家"。考虑到学生运动是对许多志同道合的抗议者的绝妙动员，她组织了一系列"议会外、跨信仰"的晚间祈祷，逐渐发展成对联邦德国的彻底反对。[69]

魏玛共和国的那代人大多对青年反叛持怀疑态度，认为这是秩序和纪律的丧失。乌尔苏拉·贝伦伯格在她的学校里注意到了一种"攻击和破坏的精神"，年龄较大的学生会恐吓年龄小的。"教职员工中开始出现自由爱情。大多数婚姻都破裂了。来自大学的年轻教师想通过对孩子的教育来改变社会。"她讨厌老师和学生吸烟、喝

啤酒和大麻聚会。甚至“有一些小孩子表现了不符合年龄的傲慢和猥亵表情”，这是她以前从未看到的。在每天往返位于法兰克福郊区的学校的路上，她担心会被卷入警察和示威者之间的冲突。“年轻的同事突然把我们这一代人视为纳粹并诅咒我们”，却没有理解这代人在战后取得的成就。因此，她认定“从这个时候起，联邦德国已经开始变糟”，这要归咎于新的“利己主义、排斥心态和不负责任”。[70]

更具自由精神的人对“六八一代”的改革要求更有同情心，尽管他们就是反叛的主要目标。已经 40 多岁的魏玛的孩子们觉得，年轻人的反抗是一场中年危机，他们的婚姻在危机中失败了。在政治学教授马丁 · 格赖芬哈根看来，学生的激进主义首先是偏狭地呼吁使用马克思主义的方法，在分析中强调“经济或阶级依赖”。整个语言都在改变，因为“激进的女权主义者要求一种解放性的语法”。他认为 312
改用更宽松的学术话语风格是一种解放，但教授和学生之间地位平等的假设让他觉得很愚蠢。“价值转变”的某些方面早就该实施了，例如强调“自我实现”，但习惯性地“违反资产阶级准则”让人相当讨厌。虽然一位曾经反对过格赖芬哈根的学生以婚姻伴侣的形式成了他的第二任妻子，但他“并不憧憬那背离传统且动荡的十年”。[71]

年轻人反叛的一个积极结果是形成了一系列“新社会运动”，最终合并为绿党（Green Party）。“在 20 世纪 70 年代，越来越多的人意识到保护土壤和自然资源，以及拯救环境是多么重要，”吉塞拉 · 格罗图斯回忆道，“我们从一开始就参与了。我们认为，自己身边的环境中有许多东西可以改善。”她和丈夫参与进来是因为“绿党希望成为‘生态的、草根民主的、非暴力［和］社会的’”，这些东西吸引了他们。霍斯特“从第一天起就是成员”，而吉塞拉虽然为这一理念工作，但没有加入。“最初，当所有成员仍然以他们的理想为指引时，我们和谐地讨论了‘世界状况’，并针对它的许多问题提出了相应的解决方案。”不过，一旦部分绿党代表当选，这些市议员们就不再倾听草根的要求了。后来，当该党决定派遣德国士兵作为维和人员前往巴尔干地区的科索沃时，霍斯特退出了。[72]

在二战记忆的推动下，在冷战的核军备竞赛期间维护和平是公民动员的另一个关键问题。多萝特·泽勒觉得，1979 年北约在西德部署中程导弹的决定“是德国战后历史上最黑暗的日子之一”，因为“我无法继续生活在一个有炸弹的国家”。于是，她试图通过“反对军国主义的广泛而全面的中左派运动”来“组织抵抗”。“如果你不反击，你就犯了错误！”的口号旨在克服公民的无力感。受到自
313 己对《圣经》的神学理解的启发，泽勒呼吁通过“非暴力的违法行为”，采用“激进形式的非暴力抵抗来反对军国主义国家”。虽然抗议动员了超过 30 万名关注此事的公民在波恩示威，但和平运动未能阻止在联邦德国部署导弹。不过，它确实表明了广泛信奉的和平主义，后来促使德国人不愿参加海湾战争。[73]

另一项重要事业是争取妇女平等的运动，它寻求结束经常涉及暴力的父权主义的统治。许多年轻女性没有屈服于男性的控制，而是像乌尔苏拉·贝伦伯格一样渴望“成为一个深情的妻子，但同时保持我的独立和自由”。 吉塞拉·格罗图斯意识到，“与男性相比，有多少女性在几乎所有社会领域都处于劣势”，她把女权主义事业作为“她未来社会参与的中心”。1983 年，她和其他积极分子在家乡多斯滕（Dorsten）成立了一个妇女庇护所，目的是“保护被虐待的妇女及其子女免受进一步的暴力侵害。然后加强她们的独立性，让她们可以自己做决定”。庇护所最初只是一间小公寓，她的团队逐渐将其扩大为一栋真正的房子，雇用了社会工作者，获得了市政支持，在最初的 25 年里成为大约 2000 名受虐待妇女和 2800 个儿童的避难处。“助人以自助”的方法取得了惊人的成功。[74]

其他女权主义活动则着眼于改变社会意识，使“妇女平等在

图 25. 女权主义的行动主张。来源：吉塞拉 · 格罗图斯，《我的人生》。

日常生活中变得理所当然”。例如，吉塞拉 · 格罗图斯推动了一个妇女论坛的成立，作为压力团体，它让那些“对妇女状况感兴趣的人可以见面、阐述问题，并提出改进措施”。这个讨论圈子试图让歧视公开化，加强“女性的团结”，以及开展其他帮助妇女的活动。方法之一是提高对儿童书籍中微妙的性别歧视的认识（图 25）。另一种方法是创建一家作为聚会场所的“女性咖啡馆”，提供一个“让我们可以交流自己的日常经历、互相鼓励和沟通信息的公共空间”。传单上宣称：“我们不想成为这个社会的无声失败者，而是要发展出对我们的成就和能力的信心和信赖。”这个团体的鼓动成功促使该市任命了一名“机会平等官员”，负责监督和发起更多活动，诸 314
如“女性文化日”。[75]

公民社会参与的第三个方面是环境行动主义，包括抗击污染和提供自然保护。由于对巴西的资源榨取行径感到震惊，在完成德国参加 1992 年塞维利亚世博会的协调工作后，汉斯-格尔德·内格莱因搬到安达卢西亚（Andalusia），购买了一座大约 700 英亩的农场，
315 以便发展以生物为基础的农业、畜牧业和林业。最大的挑战是反复出现的干旱，他通过建造几个蓄水池来应对。当地民众相信“这个德国人疯了”。但是倾盆大雨最终降临，很快就灌满了他的水池，让他可以在不消耗地下水的情况下灌溉土地。为了在自己的农场之外解决这个问题，他创建了“地中海山”（Monte Mediterraneo）基金会，以推动在整个地区重新造林，这还惠及了当地的野生动物。经过几十年无情的管理竞争——他的头两次婚姻因此被毁——这一生态承诺和新的伴侣关系最终给他带来了安宁。他在回忆录中写道：“在我的一生中，我从来没有像今天这样满足和快乐过。”[76]

这些新的社会运动还支持了公民社会参与其他需要改革，但政治当权者很少关注的领域。从 20 世纪 60 年代末开始，吉塞拉和霍斯特·格罗图斯赞助了许多“项目，我们在其中不仅是旁观者或参观者，而且是积极的参与者”。他们从传统的慈善提议开始，比如照顾一些逃学的工人阶级年轻人，以避免他们坐牢，以及为无家可归者组织平安夜派对。在青年反叛运动发生后，这对夫妇还呼吁加强学校的自治，并创建能改善学徒培训现状的中心。为了提高贫困儿童的识字率，霍斯特发起了一项每周两次的阅读计划，由志愿者朗读故事。他还帮忙为土耳其幼儿建立了一个学龄前游戏班，帮助这些幼儿学习德语。这些提议力求逐个解决特定领域的问题。[77]

几十年来，公众参与的发展所创造的公民社会基础帮助巩固了第二个德国民主政权。与纳粹和统一社会党的压制不同，人们起初对于如果“政治完全不发挥任何作用”感到高兴，因为这样他们就可以追求自己的事业和生活。因此，他们愿意忍受阿登纳的威权风
316 格和官僚体系的家长作风。只有工会和社民党呼吁提高工资，反对

重整军备。但到了20世纪60年代，一个批判性的公共领域发展起来，鼓励年轻人通过大规模示威发起反抗，要求进行更具实质性的变革。维利·勃兰特领导的社会-自由联盟对这一挑战做出了回应，呼吁"敢于尝试更多的民主"，承诺进行内部改革。当福利国家的扩张未能解决环境等问题时，具有批判精神的人们在20世纪70年代发起了一系列新的社会运动。[78]在战后那代人的推动下，这些连续的压力成功地使一个不情愿的联邦德国得以改革和放宽管制。

1989年，统一社会党的统治出人意料地被推翻，这似乎肯定了西德对自由民主和市场经济的选择。大多数西方人对民主德国兴趣不大，除非他们曾经逃离那里，或者在铁幕的另一边仍有亲戚。全德事务部（All-German Affairs）继续赞助前往柏林的学校旅行，而纪念民主德国示威游行的六一七节*则用词讲究地提醒联邦德国的公民，不要忘记他们不那么幸运的"东德兄弟姐妹"。这两个德国继承者之间的差距变得如此之大，以至于西德人只能带着同情的兴趣来看待大规模的出逃，抗议的增加，以及柏林墙的倒塌。只有当东德的亲戚穿着过时的衣服，开着滑稽的汽车出现在门口时，他们才不得不面对重新统一的艰巨任务。在谈到民主德国的未能成功时，霍斯特·格罗图斯总结道："[东德的]社会主义会失败，是因为它违背了人类更重要的需求，后者在其他社会制度中似乎更容易得到满足。"[79]

成功的故事

在反思他们的成年生活时，大多数回忆录的作者都将他们的经历描绘为成功地经受了艰难的挑战。一些人在写到战后岁月时就停

---

* 1953年6月17日，东柏林发生游行示威，苏军的镇压造成55人死亡，6000多人被捕。——译注

笔了，因为他们的生活失去了戏剧性而变得正常化，“这就是为什么它不值得写”。那些继续写他们在随后几十年中的故事的人，则强调了战争引发的生存斗争和战后他们不断取得的成功之间的反
317 差。“当我回首战争结束后的岁月时，”汉斯·陶施回忆道，“我不得不承认，很多事情最终比我敢于期待的还要好。”由于劳动分工的关系，叙事再次被性别化，男性强调他们的职场晋升和日益富足，女性则强调她们的家庭和个人幸福。虽然大多数叙述忽略了政治，但它们含蓄地承认，西德的“自由民主秩序”为他们的职业成就和个人满足提供了一个支持性的框架。[80]

男性作者将他们的事业成功描绘为努力工作、头脑机敏和有本事抓住机会的结果。自传中充斥着象征职业成就的外在指标。像霍斯特·安德烈这样的一些作者强调他们如何层层晋升到有影响力的职位。而格哈德·鲍克等人则强调富裕程度的不断提高，表示“财富如何惯坏了我，几乎让人害怕”。包括罗伯特·诺伊迈尔在内的另一些人讲述了他们的书籍和文章被积极地接收。像霍斯特·格罗图斯这样的顾问描述了他们的国际旅行，以证明他们的工作很受欢迎。像赫尔穆特·拉什多夫一样，几乎所有人都提到了建房、买车和享受令人兴奋的假期。此类叙述证实了经济奇迹的信条，都遵循努力工作和顽强斗争让作者后来得到生活富足的回报这样的情节主线。这些回顾的共同基调是对“我目前为止的生活如此丰富多彩”表示感恩。[81]

女性作者的叙述遵循一种以家庭和个人关系为中心的不同模式。埃迪特·舍夫斯基等作者描述了家庭之外的工作，对自己的能力感到自豪。另一些人提到她们讨厌被限制在家庭领域，后来参与过慈善工作，比如吉塞拉·格罗图斯。但所有人都花了大量笔墨来写自己的父母和兄弟姐妹，先是描述她们如何让自己从他们的管束中解放出来，后来又回忆当这些人的健康状况每况愈下时，自己是

如何照顾他们的。这些叙述大多专注于寻找合适的伴侣一事，正如 318
乌尔苏拉·贝伦伯格发现的那样，这一点也不容易，因为她想要的不仅仅是肉体关系。叙述者非常详细地描述了她们的婚姻，非常满意地谈到她们孩子的成长。当然，男性也会提到他们的个人关系，以及对合适配偶的感激之情。但只有像安内利泽·胡贝尔这样的女性才会表达出母性的信息："我的幸福完全来自实现爱情的喜悦。"[82]

这一私人视角将西德的民主化描绘为一个不经意的过程，是在积极的个人经历中逐渐实现的。起初，幸存下来的民主派不得不与广泛的怀疑、逃避政治，以及纳粹意识形态的残余做斗争。盟军调整方向时经常显得笨拙的做法在一些战败者中引起了强烈反应，使他们不愿承担自己的责任。但第三帝国是可悲的失败，未来战争是可以避免的，共产主义的替代方案不可接受，这些共识推动了新的开始。只有少数人像君特·哈格曼一样愿意加入政党，尽管大多数人都表现得像模范的民主派。从长远来看，决定性因素更多是联邦德国为职业发展和私人成长提供的稳定空间。与独裁统治不同的是，波恩共和国提供了一个支持性的环境。正如露特·魏格尔特所解释的："我们是自由的，可以做出自己的决定，生活在一个民主国家，一切都井然有序，没有人（几乎没有人）处于不利地位。"[83]

变得成熟还意味着不断努力正视关于失控的德国过去令人不安的记忆。汉斯-哈拉尔德·席尔默总结道："作为自己国家的成员和士兵，我们对彼此的所作所为是正常环境中的普通人难以置信的。德国和苏联的统治既不民主也不人道，通过意识形态对个人的压制，两者都为人的堕落创造了前提条件。"许多德国人被他们年轻时的纳粹罪行所困扰，无法再"与爱国主义和民族等观念［建立起］自然关系"。卡洛拉·施特恩回顾了过去带来的持续困扰，以至于她
那代人"对救赎的承诺表示怀疑"。由于有那么多人因为政治失去 319
了生命，她相信"政治行动的唯一准绳……是对人的生命的尊重"。

君特 · 克劳泽也得出了类似的结论 :“我经历过高潮和低谷，纳粹独裁、可怕的战争和共产主义，但民主的自由是最好的，尽管那也是一段艰难的时光。” [84]

第九章

共产主义者的失望

1945 年 7 月 5 日，德国幸存的共产党人在莱比锡举行了红军到来后他们的第一次公开会议。这是一次“令人难忘的重逢”。被认为失踪或死亡的人们互相拥抱，不敢相信“同志，你还活着！”许多人在纳粹的监狱里待了几十年并逐渐老去，他们凹陷的脸庞上刻着深深的皱纹，眼睛凸出。一些人仍然穿着他们带条纹的集中营囚服、戴着帽子，它们松松垮垮地挂在瘦弱的身体上。“没有人的眼里没有泪水。”当回忆起没能得救的朋友时，即使那些在酷刑中幸存下来的人也动情了。作家布鲁诺·阿皮茨背诵了布痕瓦尔德（Buchenwald）的诗：“他们驱赶着我们穿过泥泞和死亡 / 他们践踏我们，向我们吐口水 / 他们把我们踩在地上，压碎我们 / 在冬天的冰雪和夏天的炎热中。”兴高采烈的幸存者惊叹道：“此时此刻活着是多么大的胜利！”[1] 在苏联的帮助下，这所谓“奠基一代”（Aufbaugeneration）的青年人开始着手打造一个让所有人都能享受平等和正义的更美好未来。

45 年后，这个社会主义梦破灭了。作为它的化身，民主德国正在崩溃，因为它让太多的公民失望。埃里克·昂纳克在东柏林著名的夏利特（Charite）医院就医。对于来访的牧师维尔纳·布劳内来说，“看到民主德国曾经最有权势的人变老而且穿着睡衣，是一次独特的经历。他的健康状况不好。这是他第二次因为恶性肿瘤而接受手术”。然而，昂纳克仍然相信，“社会主义原则上是一个很好的
321 想法……只不过抛弃了他的那些新掌权的同志是坏人”。他的医生阿尔特豪斯（Althaus）教授评论说：“他还没有意识到他已经输了。”被驱逐出他位于万德利茨（Wandlitz）的别墅后，昂纳克遭到他昔日追随者的唾弃，这些人正试图自保。具有讽刺意味的是，他不得不向自己曾经反对的机构——新教教会寻求庇护。[2] 作为一种人道主义姿态，牧师乌韦·霍尔默（Uwe Holmer）收留了他，直到他前往苏联。

人们对民主德国的性质的看法根据他们的意识形态、经历和历史遗产而有很大的分歧。对于弗里茨·克莱因等社会主义实验的支持者来说，两次世界大战和纳粹的罪行如此骇人听闻，有必要“选择那种有望通过其计划和实施来战胜旧秩序的社会模式”。但对于君特·克劳泽和统一社会党政权的其他受害者来说，东德是一个没有人权的“非法国家”（Unrechtsstaat），当权者及其臭名昭著的情报机构斯塔西在那里恣意非法地压迫自己的公民。就像内科医生克劳斯·许布施曼那样，大多数东德人试图在两个极端之间过“正常的生活”，因为他们欣赏当局的反法西斯承诺和社会福利，但对党内官僚的思想狭隘感到沮丧，并且怨恨与西德相比较低的生活水平。[3] 由于经历的不同，直到今天，对民主德国的解读仍然存在着激烈的争论。

关于统一社会党体系，争论的核心是“民主”这个矛盾的概念，波茨坦会议上所有战胜国都同意以此为努力方向。对于像维尔纳·费格尔这样的共产主义支持者来说，“无产阶级专政”是必要的，因为它“针对剥削者”，以卢梭的方式“为人民”行事。具体地说，

这一观点将统一社会党的统治合法化为“先锋党”，人们不得不顺从地向其请愿，以便“参与社会主义秩序的形成”。而对于保罗 · 弗伦策尔这样的西式民主派来说，民主意味着实现言论自由等公民权利，按照孟德斯鸠的分权理念构建法律保障。让弗伦策尔极为震惊的是，一名斯塔西成员告诉他如何操纵选举，即进行公开投票，但 322
私下用额外的选票伪造选举结果，从而肯定“反法西斯的民主秩序”。[4]虽然双方使用了相同的术语，但意思截然不同。

德国分裂对东德不对等的影响让民主德国的生活故事比西德的叙事带有更强的政治色彩。冷战期间，德国人发现自己处于北约和华约两个敌对集团之间的断层线上，“规模巨大的武装军事力量在可怕的现实中相互对峙”。“西方给自己的意识形态披上了行使权利的外衣，而东方则将宣扬和平口号视作自己的任务。”霍斯特 · 约翰森回顾了随后双方疏离的过程 ：“由于不同的社会和生活条件，东部和西部不再有相似的行动方式和观念”，这甚至导致共同的语言也发生了分裂。“尽管人们在许多方面与这种变化进行了斗争，但他们无法摆脱对国家的依赖。”[5]联邦德国的回忆录作者们享受着专注于私人生活的奢侈，而规模较小且合法性较弱的民主德国的回忆录作者们则不得不持续面对统一社会党指手画脚的政策。

社会主义的希望

理想主义的支持者认为民主德国是“更好的德国”，因为那里的社会主义试图实现“梦想中的公平社会”与和平生活。为了争取更大程度的平等，东德领导层采用了工人运动激进派长期秉持的马克思主义传统。与此同时，共产党手握反法西斯的大旗，因为他们比任何其他政党都更加坚持不懈地抵抗纳粹暴政。作为强大苏联的小伙伴，他们间接接受了布尔什维克革命，按照“向苏联学习就是

学习如何胜利"的口号分享了红军的胜利。相比之下，联邦德国自称是第三帝国的继承者，大批人员被沿用使波恩政府被指责为新纳
323 粹主义。寻求"公正、和谐与和平社会"的格哈德·约阿希姆因此"很有意识地选择了社会主义……顺理成章地入了党"。[6]

然而，对魏玛一代来说，这种"宏伟愿景"的吸引力在某种程度上因为苏联占领的性质而被削弱，从而阻碍了它的实施。"红军成员的野蛮侵占"让德国平民疏远了他们，以至于俄国士兵不得不被隔离在自己的基地里。虽然通过拆除工厂和索取赔偿来进行经济剥削可以被理解为对德国国防军破坏的补偿，但就连那些对苏联实验着迷的工人也对此感到震惊。此外，内务人民委员部（NKVD）发动了"新一轮逮捕"，在不诉诸法律的情况下将被捕者"秘密监禁"在特别的营地，这吓坏了民众。与此同时，瓦尔特·乌布利希（Walter Ulbricht）的座右铭"它必须看起来民主，但我们必须控制一切"所描绘的斯大林式政治风格导致了资产阶级合作者的幻灭。[7]苏联军官对文化复兴令人难忘的支持和他们个人偶尔的友好举动也无法弥补这种负面印象。

为了获得社会革命的顺从工具，德国共产党向较为温和的社会民主党施压，要求其在1946年春和他们合并成一个共同的工人党。许多工人对此表示支持，这有望克服工人运动的分歧，而正是这种分歧为希特勒夺取权力打开了大门。因此，一些社民党成员愿意接受这一邀请，创建足以阻止纳粹复兴的"反法西斯共同阵线"，并建立一个更美好的社会主义社会。但该党在西德的资深领导人库尔特·舒马赫坚决反对合并：他认为德国共产党不民主。这促使大部分西部的社民党成员拒绝了提议；而在东部，共产党人常常要用武力来镇压抵抗者。像君特·曼茨这样的辩护者仍然声称"强制合并的说法与事实不符"。但对于阿尔贝特·莱特霍尔德这样的批评者来说，"无产阶级专政最终变成了一个残忍官僚集团的寡头统治"。[8]

东德的社会转型始于去纳粹化的结构性调整，它惩罚了所有社 324
会阶层，以便建立“劳动人民”的统治。与在西部一样，统一社会党对个人的罪责并不真正感兴趣，他们使用全民公决“赶走了总是发动和资助战争并从中牟利的垄断企业、大资本家和贵族，在德国第一次创造了人民的财产”。具体地说，这意味着将工厂、银行和大型企业从所有者手中夺走，将它们变为“国营企业”（VEB）。在农村，根据“把容克地主的土地交到农民手中”的口号，土地改革“没收持有土地中超过100公顷的部分”，产生了许多小农场。所有曾是纳粹成员的教师都被立即解雇，“造成了对教员的巨大需求”，这些教员没有经过任何培训就上岗了。随着许多被剥夺财产的精英逃往西德，这场剧变为年轻的社会主义者打开了新的职业之门。[9]

国家社会主义的逐步建立需要一个复杂的计划体系来“控制经济制高点”。为连续五年计划取得的成就感到自豪，驻德苏联军事管理委员会（SMAD）的军官们坚持在实践中采用他们自己的思想模式。它的关键是通过忽略成本和价格的关系，以及优先考虑政治分配决策，用经济计划取代市场竞争。在战后初期的重建过程中，这个政策决策体系运作得相当好，因为基础设施、工厂和住房的重建是劳动密集型的，并且依赖原材料。但从长远来看，无视供求关系促成了一种“官僚机制的建立，它自己发展出了某种生命，远离现实”。当“整个经济完全由计划目标和数字指标支配”时，结果将是低效和稀缺，甚至让社会主义的忠实支持者也感到幻灭。[10]

德国日益加剧的意识形态和社会分歧最终导致东部建立了独立的国家，名为民主德国。1949年秋天，德国共产党人的施压终于战
胜了斯大林在选择统一和中立的德国还是苏联附属国问题上的犹豫 325
不决。通过一场“人民代表大会运动”——甚至在联邦德国的工人中也获得了一定支持——社会主义统一党创建了自己的国家，并仍然希望面积更大的西部最终会跟随自己的脚步。对于格哈德·约阿

希姆这样的“年轻反法西斯主义者”来说，“相比作为旧德国的联邦德国”，回归的抵抗运动战士为“这个新国家提供了一种道德合法性，前者是第三帝国的继承者”。当“许多人被这一新的发展所蒙蔽”时，霍斯特·约翰森等怀疑论者却明白，“统一社会党由此接管了无限的权力，开启了通往中央集权的致命道路”，从而建立了新的左翼统治。[11]

作为该党的青年组织，自由德国青年团（Free German Youth，FDJ）* 使用了许多与希特勒青年团相同的方法，尽管是为了灌输一种截然相反的意识形态。虽然在制服和游行上似曾相识，但在强调马克思、列宁、斯大林以及建设“新的社会秩序和未来经济组织”上，两者并不相同。许多不关心政治的年轻人试图忽略意识形态上的“红光辐射”，以便享受自由德国青年团的远足和舞蹈。警察维尔纳·费格尔只是“喜欢与年轻的朋友们在一起”。当入团成为接受高等教育的必要条件时，克劳斯·许布施曼和其他20世纪20年代的孩子“最终成了自由德国青年团的成员”。格哈德·鲍克特别“有兴趣加入”，因为自由德国青年团的机关报《新生活》（*Neues Leben*）让他有机会发表一些自己最早的关于年轻人状况的诗歌和散文，“关于我的，由我”所写。对于弗里茨·克莱因来说，团员身份是一种根深蒂固的思想信念：“我想参与到现在必须做的事情中去。”[12]

随着许多更年长的男性死亡或失能，与统一社会党的合作为魏玛一代提供了不同寻常的职业机会。如果他们是可靠的“干部”，就可以通过报名函授课程或进入党校获得快速晋升。例如，工人阶级的小伙子维尔纳·费格尔加入了人民警察，以便拥有一份稳定的工作，并保卫社会主义免受阶级敌人的破坏。在接受了商业培训后，保罗·弗伦策尔迅速成为当地一家银行的负责人，并被提拔进了东

---

* 自由德国青年团的德文为 Freie Deutsche Jugend，故缩写为 FDJ。——编注

柏林的中央财政局。在政治上做出必要的妥协后，克劳斯·许布施 326
曼凭借他的才智接受了儿科医生的训练，年纪轻轻就领导了一家儿童诊所。被送去党校后，格哈德·约阿希姆成为一名文化官员，“参与对我们文化的民主复兴”。作为最早学习马克思主义史观的德国学生之一，弗里茨·克莱因才30多岁就被委托担任顶级专业期刊的编辑。[13]

回忆录中提到，在民主德国成立之初，那些“不想成为可鄙政治制度的共犯”的人进行了大量反抗。保罗·弗伦策尔表示，发誓要阻止“与德国共产党合并”的社民党老党员也被迫加入，否则就被统一社会党开除。当党报《新德意志报》负责人霍斯特·辛德曼（Horst Sindermann）这样的煽动家试图向一群难民解释失去东部领土的原因时，他们的声音被叫嚷声压倒。当公开抗议变得太危险时，许多人转向在朋友之间私下抱怨，或取笑瓦尔特·乌布利希的萨克森口音。关于物资稀缺的无伤大雅的笑话（比如“如果你把社会主义引入非洲，撒哈拉沙漠就会连沙子都不剩”）已经有了导致被监禁的风险。当资产阶级政党被降服后，像克劳斯·许布施曼这样的专家只能依靠专业能力生存或者退归私人生活。当所有这些策略都失败时，他们可能会像卡尔·黑特尔和其他大约300万人一样，通过柏林仍然开放的边界逃往西德。[14]

一个核心的冲突涉及新教教会，这是民主德国唯一保持独立的准公共组织。统一社会党中少数好战的无神论者希望彻底摆脱宗教，而许多新教徒是保守的民族主义者，希望与西德保持联系，他们需要后者的财政支持。年轻人是关键的战场。党试图通过“青年奉献”来让年轻人转向社会主义，这是一种世俗的成年仪式，旨在取代宗教坚信礼。当青年教会进行反击时，党强迫年轻人参加青年成人礼（Jugendweihe），作为他们接受教育的先决条件。维尔纳·布劳内
牧师描述了无穷无尽的骚扰、歧视和赤裸裸的暴力，他坚称：“民 327

主德国领导人和统一社会党从来没有将教会和执事视为合作伙伴。”由于路德宗坚持服从国家，最终以“社会主义中的教会”的形式达成了某种和解，但在根本上，战斗仍未结束。[15]

为了赢得阶级斗争，统一社会党采用压制和宣传相结合的手段，以便说服不情愿的民众。通过印刷品和广播，党向自己的干部灌输思想，让他们可以对民众进行“再教育”，并“控制住”被推翻的资本家。这个转向计划的关键工具是“人民警察”。格哈德·约阿希姆解释说：“可以说，我们是无处不在的眼睛。”维尔纳·费格尔将人民警察（Vopos）视为“负责人民安全的工人阶级的孩子”。在实践中，这意味着打击被剥夺财产者对经济的破坏，以及他们来自西德的所谓盟友的颠覆行为。人民警察的任务是“完全控制所有活动”，确保“所有法律命令的执行”。这意味着对公共空间，甚至经常是对私人住宅的持续监视。[16] 统一社会党建立了斯大林式的无产阶级专政，它试图通过在柏林建造斯大林大街这样的宏伟街道来让工人们相信社会主义的优越性（图 26）。

自传还显示，那些被认为是严重威胁的不幸个人面临大规模的报复，手段让人想起了纳粹的残暴。尽管对冷战敌人保持警惕是可以理解的，但内务人民委员部和斯塔西的运作不可捉摸，也没有法律约束。1946 年 4 月，君特·克劳泽因为分发传单而被苏联警察逮捕，传单中承诺德国人有朝一日会回到他的家人被驱逐的西里西亚。他一度脱逃，但再次被抓住了，有人告诉他：“你为什么要逃，我们现在枪毙你！［原文如此］”克劳泽被指控从事间谍活动，被棍棒殴打，直到他最终在一份俄语供词上签字。在没有辩护律师的走过场审判中，他因散布“反苏宣传”而被判处 10 年劳役。随后，他被送到萨克森豪森（Sachsenhausen）的特别营，那里曾经是纳粹集
328 中营的所在地。挨饿、受冻和艰苦的工作让他病倒了好几次。5 年后获释时，他的体重只有 80 磅，并发誓保持沉默。[17] 恐惧是民主

图 26. 东柏林斯大林大街。来源：肯波夫斯基收藏的照片。

德国初年如影随形的同伴。

为了对抗“颓废的资本主义娱乐业”的影响，统一社会党试图提供一种“寓教于乐”的有吸引力的“文化生活”。在战后初期，自由德国青年团恢复了乡村和城镇的舞蹈和表演。在城市里，弗里茨·克莱因这样的知识分子参加了由文化联盟（Kulturund）组织、著名作家和文化批评家参与的“反法西斯民主”讲座和讨论。但是，党的核心任务是通过“比特费尔德模式”* 将文化带给工厂里的劳苦大众，即鼓励工人自己进行写作和表演。在罗斯托克（Rostock）的瓦尔诺（Warnow）造船厂俱乐部里，格哈德·约阿希姆组织了一系列艺人表演、无产阶级戏剧、写作圈子和舞蹈团，甚至还有方

* 1959 年 4 月 24 日，在东德的比特费尔德（Bitterfeld）召开了作家会议，东德领导人鼓励工人和农民加入到艺术创作中来，作家们则被要求前往工厂或农场体验生活，以写出社会现实主义的作品。——译注

329 言讨论会。虽然其中一些作品在风格上是创新的，但它们归根结底还是受到来自斯大林时代苏联的“社会现实主义”小资产阶级品位的限制。[18]

统一社会党与俄国加强联系的另一项举措是成立德苏友好协会（Society for German-Soviet Friendship, DSF）*，它把红军军官和德国平民团结到一起。一方面，这一动议试图通过展示俄国人“深厚的人性”来克服消极的刻板印象；另一方面，它也试图表达“对苏联的感激之情，因为它把我们从希特勒匪帮的手中解放出来，结束了战争”。除了文化讲座，还有各种宴会庆祝形形色色的苏联节日，比如十月革命纪念日。宴会上食物丰盛，人们不停地用伏特加敬酒。前往苏联的代表团之旅和假日旅行是特别的奖励，让目瞪口呆的游客可以欣赏光鲜的莫斯科地铁或享受克里米亚的海滩。对于维尔纳·费格尔的女儿来说，这种经历是如此令人印象深刻，以致她最终嫁给了一个来自俄国南部的鞑靼人。虽然一些科学家愿意与苏联合作，但许多公民仍然持怀疑态度，认为加入德苏友好协会只是两害相权取其轻。[19]

在民主德国，教育是阶级斗争的有力武器。老精英被排除在外，获得提携的是工农子女。统一社会党试图通过学校与工作相结合的职业技术培训来实现工人运动“打破教育特权”的目标。一方面，党歧视专业人士的孩子，只在特别出色的情况下才允许他们接受高级培训。另一方面，它推动未受过教育的家庭的孩子接受继续教育，通过额外的学历帮助他们向上流动。维尔纳·费格尔和卡尔·黑特尔等精力充沛的年轻人被鼓励参加函授课程，前者获得了法律文凭，后者获得了工程学学位。费格尔抱怨道，“四年半的远程学习是一

---

* 德苏友好协会的德文是 Gesellschaft für Deutsch-Sowjetische Freundschaft，故缩写为 DSF。——编注

段艰难的日子，因为所有这些都是在艰苦工作和加班时间之外完成的”。通过获得高等学位，格哈德·约阿希姆和弗里茨·克莱因成 330
了新社会主义精英阶层中充满感恩的成员。[20]

专业人员晋升到更高的等级，严格受“干部体制”的控制，这种体制遵循苏联的人事管理模式。一项重要工作的每一位候选人都有一份个人档案，其中对技术能力和政治可靠性的评估决定了他或她的职业生涯进程。格哈德·约阿希姆回忆说，干部不仅是“统一社会党政要名录中有记录”的党的官员，而且占据了“所有社会领域的关键职位”，这使统一社会党获得了完全的控制权。像保罗·弗伦策尔这样的晋升候选人必须与党员经理进行“干部对话”，内容涵盖从满足新工作要求的能力到他们的“意识形态弱点”等各个方面，他们必须通过马克思主义学习来克服这些弱点。只有在医学或工程学这样业绩真正重要的领域，能力才会是首要考量。维尔纳·费格尔和其他顺从者获得了奖品、奖金、假期和汽车——让他们可以享受民主德国风格的美好生活。[21]

根据许多人的回忆，作为一个“彻底被统治的社会”，民主德国的大规模政治化使私人生活比在西德更加重要。足够令人惊讶的是，资产阶级的家庭模式得到了延续，只有微小变化。当女朋友告诉克劳斯·许布施曼她怀孕了，他立即娶了她：“即使在学生中这也是惯例，没有丝毫的迟疑和犹豫。”因为共产主义者被认为要遵守瓦尔特·乌布利希建立的“社会主义道德”要求，那些被发现“与女学生有染”的违规者会受到“纪律和党规的惩罚”。由于工资微薄，妻子毫无疑问需要继续工作，无论是像埃尔娜·黑特尔那样作为教师，还是像费格尔的妻子那样作为党的官员。当孩子降临时，女性承担的家庭和工作负担通常会加倍。尽管如此，回忆录还是将家庭描述为一个远离政治、近乎神圣的空间。因此，持不同政见者薇拉·伦斯费尔德（Vera Lengsfeld）被她身为斯塔西告密者的丈夫背叛，就特别令人震惊。[22]

与更大且更繁荣的西德相比较也让生活在东德变得复杂，事实上，留在那里需要不断找理由。在公开场合，西德是“北约成员、帝国主义、剥削者、工人之敌、战争贩子和投机者——原则上只能是邪恶的”；但私下里，那些像霍斯特·约翰森一样在修筑柏林墙
331 之前去过西部的东德人都感到惊讶：“乍一看，与民主德国的情况相比，西德的经济状况就像一个童话中的乐园。”但仔细观察，“人口中某些阶层的经济状况并不那么乐观”。只要可能，大多数直接受到统一社会党迫害的东德人都会选择离开。但其他在民主德国有家人、朋友、财产和事业的人，则不那么愿意在竞争激烈的西德重新开始，例如保罗·弗伦策尔。尽管一直想走，但他们还是决定留下来，就像克劳斯·许布施曼那样，并将他们的精力投入到在东德创造有意义的生活。[23]

统一社会党意识到人们对它的普遍不满，因此致力于建立政治的同质性，以便将其意志强加给不情愿的民众。把共产党员和社会民主党合并成单一的工人阶级政党已经够复杂的了，因为前者把自己视为革命的先锋，而后者则强调党内民主。利用干部制度作为工具，并一次次对党员进行清洗，共产党人把保罗·弗伦策尔这样的大多数社会民主党人推到一旁，以维护自己的控制权。此外，斯大林拒绝安东·阿克曼（Anton Ackermann）关于“通往社会主义的德国路线”的提议，迫使该党追随苏联的领导，这在统一社会党内部造成了深深的裂痕。农学家海因里希·布施曼等温和派人士一次次失去领导地位，被指责“缺乏党派性和客观性”。回头来看，就连社会理想主义者也承认，由于压制了“意见的自由交换”，党变得越来越斯大林化了。[24]

1953 年 6 月 17 日的民众暴动完全出乎意料，因为统一社会党已经脱离了劳动群众的实际生活。当该党将生产目标提高

10%~20% 时，愤怒的柏林建筑工人举行罢工，要求撤销这些目标。当这一消息被西德电台传播开来后，民众的不满情绪在整个民主德国爆发，他们的要求从经济改革升级为推翻独裁统治和德国统一：“山羊胡子（瓦尔特 · 乌布利希）必须下台！”愤怒的示威者扯掉了保罗 · 弗伦策尔的党徽，要求“必须结束东德的管理不善”。像 332
卡尔 · 梅维斯（Karl Mewis）这样震惊的官员指责“政变是由反革命势力发动的，部分由西德主导”，他们误导了“诚实的工人”。像君特 · 曼茨这样更善于思考的评论者愿意承认那是政治局的错。但当俄国坦克很快恢复了秩序后，该党的领导层为保持控制权只做了最小的让步。莱特霍尔德回忆说：“逐渐归于平静。人们屈服了。”[25]

1956 年的动乱没有使东德社会主义民主化，反而进一步巩固了统一社会党的独裁进程。当苏联部长会议主席赫鲁晓夫在苏共第二十次全国代表大会期间指责他的前任犯下暴行和腐败时，乌布利希只愿意谴责斯大林过度的“个人崇拜”，而没有真正放开体制。帮助瓦迪斯瓦夫 · 哥穆尔卡（Władysław Gomułka）上台的波兰骚乱和当年秋天被苏联坦克镇压的匈牙利起义在民主德国的影响适得其反，促使该党加强了政治控制。让格哈德 · 约阿希姆失望的是，他对“文化政策选择更自由路线”的愿望在很大程度上被忽视了。由于倍感不安，统一社会党领导人发起了一场大规模运动，反对沃尔夫冈 · 哈里希（Wolfgang Harich）和瓦尔特 · 扬卡（Walter Janka）等共产主义知识分子的各种“修正主义”，消灭任何潜在的竞争对手。结果，历史学家弗里茨 · 克莱因失去了《历史知识杂志》（*Zeitschrift für Geschichtswissenschaft*）的编辑职位。[26]

20 世纪 50 年代末，统一社会党领导人使用压制和激励相结合的方式来保持他们对权力的控制。在埃里希 · 米尔克（Erich Mielke）的领导下，秘密警察扩大了监视范围，而人民警察新增了一种“社区警察”岗位来更加密切地关注民意。像格哈德 · 约阿希姆这样的独立社会主义知识分子被“降职去从事了几年生产”，让他们通过体力劳动来自我改造，而弗里茨·克莱因则被调到科学院进行学术研究。由于极度害怕自发的社会倡议，统一社会党“将几
333 乎全部公共生活都交给了群众组织”，公民必须参加这些组织，以证明他们的可靠。霍斯特·约翰森解释说：“通过对工作、职位和等级的依赖，通过对职业、晋升、培训和权利的愿望，一切都受官方的观点主导。”这个过程确立了统一社会党“官员傲慢而不民主的统治”。[27]

对于许多东德人来说，“这种无限制的独裁统治的发展及其后果再也无法容忍”。霍斯特·约翰森回忆说，被剥夺财产的企业主、独立的专业人士、集体化的农民、教会成员和工会活动人士的离开“仿佛是［去往西德的］大规模逃亡”。许多重要的同事一夜之间消失了，结果在联邦德国重新露面。卡尔和埃尔娜·黑特尔一直等到卡尔完成学业，然后有条不紊地为他们的逃跑做准备。首先，埃尔娜去了她在莱茵兰的嫂子那里侦察地形。他们把自己的财物装在16个箱子里，邮寄到“铁幕”的另一边。卡尔在试图去西柏林参加天主教大会时被拦下，但他设法获得了另一张旅行所需的身份证。1959年获得学位后，黑特尔夫妇最终利用五旬节假期乘坐不同的火车前往柏林。埃尔娜被拘留了12个小时，但最终获释。两人都对终于在西德获得了自由感到高兴。[28]

东德的回忆录显示，共产主义的实行还伴随着相当程度的强制苏维埃化，这并不真正适合这个国家。一些知识分子真心钦佩俄国作家和作曲家的创造力，并加入了德苏友好协会。许多二战老兵对打败他们的红军用之不竭的人力印象深刻，很高兴能有这样一个强大的保护者。为了缔造一个“工人和农民的国家”，党的官员也从苏联版的马克思列宁主义中寻找灵感。统一社会党领导人特别热切地关注莫斯科，以便为了自己的生存而紧随党的正确路线。但其他

东德人憎恨军事占领、失去东部省份和经济剥削。被要求在学校学
俄语的学生表现出了“对这种语言的公开厌恶”。[29]因此，东德与 334
他们所谓朋友的关系仍然相当矛盾。

非常态的正常

随着时间的推移，最初看起来非常态的“实存社会主义”成为魏玛一代成年人生活的新常态。一旦建立，国营工厂、集体农场、专科学校和预制住房就成了日常生活的框架。尽管居民们不得不应对苏联的统治、统一社会党的独裁和恼人的物资稀缺，但他们仍然可以为民主德国的社会平等、反法西斯承诺和马克思主义意识形态感到自豪。统一社会党的宣传不断强调资本家的剥削、抵抗的英雄主义和进步的必然性。但即便有如此高压的政治化，那些成功应对体制的人仍有可能在其内部“过上美好的生活”。霍斯特·约翰森解释说：“鉴于社会主义不可阻挡的进步，个人最好顺从它，因为任何消极的态度都不可避免地会被追查出来。”许多在西德看似容易的事都需要好一番努力。克劳斯·许布施曼为他的小小胜利感到骄傲：“我们又一次取得了成功，即使那只是［制作］果酱。”[30]

不过，只要出口仍然开放，民主德国就依然岌岌可危。苏联领导人尼基塔·赫鲁晓夫在1958年试图通过将柏林变成没有盟军的“自由市”来关闭出口。对于普通东德人来说，西柏林各区展现出了一种奇特的魅力，包括选帝侯大街上炫目的购物橱窗、政府补贴的电影院和喧闹的摇滚音乐会。对于党来说，“西柏林”是资本主义腐败和堕落的所在地，也是“无数间谍和恐怖的中心”——简而言之，是反革命的温床。因此，统一社会党开始了一场宣传运动，以说服西柏林人接受苏联的最后通牒，让他们的城市中立。当保罗·弗伦策尔被派去挨家挨户发放传单时，他运气不佳。尽管有各种否认，

但俄国人的威胁“让人担心‘自由市’只会是东部完全吞并西部的
335 开始”。民众拒绝正视“民主德国离……超过西部生活标准的目标还有多远”。[31]

对柏林的最后通牒和统一社会党的压制加剧了民众对自己被困的担忧，促使越来越多的人逃往西德。部分原因是强制集体化将农场变为规模更大、机械化且更加高效的农业生产合作社（LPG）。海因里希·布施曼描述了有多少农民宁可抛弃家庭财产，也不愿沦为农业劳动者。另一部分原因是对信徒明目张胆的歧视。青年奉献仪式变成强制参加，以向青少年灌输“阶级斗争的方法”。还有一个原因是专业人士的独立性承受着持续的压力，促使“超过 3300 名医生，约 1.67 万名教师和约 1.7 万名工程师”前往西方。根据霍
336 斯特·约翰森的说法，“几乎没有哪一天不是一夜之间就空出了某个职位”。当每天有 2000 多东德人逃亡时，这种大规模的外逃让民主德国受到人口锐减的威胁。[32]

于是，惊慌失措的统一社会党领导人最终说服赫鲁晓夫批准了修建隔离墙的“荒谬做法”，将西柏林与城市的东部分隔开来。乌布利希的逻辑很简单：“我们必须立即堵住通往西柏林的逃跑路线——用边防警察的卫兵，或许还要用带刺的铁丝网。”1961 年 8 月 13 日这个星期天晚上，国家人民军（National People's Army, NVA）* 的 4 个师进入柏林，20 个红军师也准备就绪，2.5 万名工厂民兵为封锁边界提供支持。新闻图片显示，兴高采烈的边防警卫正在监督柏林墙的修筑（图 27）。在勃兰登堡自由德国青年团营地睡觉的学生加布里尔·贝格尔突然被“空气中的隆隆声”所惊醒，这种声音只可能来自坦克。有人调到了西德的 RIAS 广播，播音员“以激动的声音”报告说：“民主德国的军队已经关闭了从东德到西德

* 国家人民军的德文为 Nationale Volksarmee，故简称 NVA。——编注

图 27. 修筑柏林墙。来源：普鲁士文化财产基金会。

的所有过境点……民主德国领导层的目的显然是要阻止东德人大批逃亡西德。”对于一位震惊的自由德国青年团目击者来说，边境关闭是“一幕彻底的军事独裁景象”。[33]

统一社会党很难把修建隔离墙解释为用于自卫的“反法西斯主义屏障”。官方版本强调：“为了阻止西德和西柏林的复仇主义和军国主义势力的敌对行动，我们引入了对民主德国边界的控制，这是每个主权国家在边境的惯例。”加布里尔·贝格尔等接受了该说法的共产党员试图为这一行动辩护：“我们可能不喜欢柏林正在发生的事情，但那是出于必要。你认为世界上有哪个国家会消极地看着自己的血流干，却不反击吗？”一些外出过暑假的普通人逐渐才意识到，他们实际上是被自己的政府囚禁了。许多知识分子“表达了一定程度的理解，一种无法再那样继续下去”而不导致流血“的局

337 面结束了”。统一社会党成员弗里茨·克莱因不愿放弃社会主义实验，他为柏林墙辩护，称“那是迫不得已”。[34]

许多回忆录表明，关闭最后一条通往西德的逃生路线的政治影响是相当矛盾的。短期内，通过迫使其公民和国际社会接受德国分裂的永久性，柏林墙帮助稳定了民主德国。现在，东德国家将长久存在。虽然最初取得了一些成功，但跳窗户、挖地道、躲在挖空的汽车座椅里和游泳穿过运河等逃脱手法反而促使当局将隔离设施变得完美，他们增加了墙的高度、创造了“死亡地带”，并在墙背后腾空出了一个禁区。通过迫害数以百计的犯错者和召开无数的宣传会，党迅速压制了自发的抗议呼号，比如“统一社会党，这样不行！”但从长远来看，柏林墙对民主德国来说是一场公关灾难。大约 138 名东德人在试图穿越柏林墙时死亡。令人痛心的新闻图片被发送到世界各地，例如准备逃亡的彼得·费希特尔（Peter Fechter）孤立无援地流血死去的照片。[35] 最终，柏林墙成为高压统治的象征，招致了来自国外的不断批评。

在柏林墙的保护下，瓦尔特·乌布利希可以通过在一些领域加强控制，在另一些领域放松压力来试验向社会主义的过渡。格哈德·约阿希姆认为，统一社会党总书记是“经过革命斗争考验的劳工官员”和“冰冷的独裁者”，曾在莫斯科的斯大林大清洗中幸存。乌布利希为人谦虚，声称要建立一个“社会主义人类共同体”，以表明“民主德国的共同生活和工作具备一种历史上新的政治-道德和知识-文化特质”。在实践中，这意味着在 1964 年的国民经济计划与管理新经济体制（NÖSPL）中引入竞争和成本定价元素，以刺激停滞的经济。乌布利希被控制论指导计划的潜力所吸引，推动了由向计算机过渡所引发的“科学技术革命”。但由于经济产量低下，他的“超越而非追赶”* 运动失败了。[36]

为了使民主德国成为华约的正式成员，乌布利希还发起了东德 338
社会的公开军事化。埃里克·哈泽曼（Erich Hasemann）描述了“人民警察”的特种部队如何被改组为国家人民军，“在战术上融入东欧兄弟盟国的军队”。柏林墙建成后，统一社会党可以大胆地对并不真正愿意重新穿上军装的人民发起征兵。虽然得到了一些新教牧师的支持，但拒绝服兵役的年轻人会受到监禁的惩罚，直到达成妥协，允许他们成为没有武器的“工程兵”。由于担心再次发生反革命政变，该党还建立了“工厂民兵”，强迫身体健全的男性参加。与此同时,在“为和平而战”的口号下,它还加强了学校的军事教学。结果，军事化的民主德国被红军和国家人民军的“无数设施”所渗透。[37]

相比之下，柏林墙背后的文化生活则没有那么受限制。党给了具有创造精神的人更多自由去挑战被允许的极限。尽管教条主义的政党官僚设定了严格的斯大林式限制，但对于弗里茨·克莱因这样的“反法西斯民主”知识分子来说,文化联盟仍然是一个能见到“有趣的人”的地方。“在这里，我们可以真的就真正意义上的支持和反对展开讨论”，因为所有参与者都同意为更好的社会主义而奋斗。像格哈德·约阿希姆这样具有独立精神的人喜欢用令人震惊的戏剧来挑衅观众，这些作品一次次地遭遇思想狭隘的官员的审查，他们负责推行限制性的政党方针。工厂层面的文化生产大多由浅薄的大众娱乐组成，而且枯燥乏味。霍斯特·约翰森对强制将“私人领域融入社会傀儡剧”感到不满，因为“个人自由逐渐在教条主义者的统治下完全崩溃”。[38]

尽管开始时境况艰难，但民主德国的经济在逐步取得进展，实

---

* 通过在特定的一些项目上投入大量资源，乌布利希希望东德能够在数个重要的经济领域超过西德。在整体经济水平追上西德之前,先在化工、机械制造和电子等方面实现超越。——编注

现了自己的奇迹，虽然规模较小，但令人印象深刻。邻国打趣说，如果有谁能让社会主义运转，那一定是德国人。重建结束后，计划
339 经济把“扩大化工业……冶金、电子和机械制造”等作为优先目标。五年计划创建了一系列“经济上重要的工业基地”，如洛伊纳（Leuna）的化工区，威斯穆特（Wismut）的铀矿，吕贝瑙（Lübbenau）的发电站，勃兰登堡的金属工业，以及爱森纳赫（Eisenach）的汽车生产。在艾森许滕施塔特（Eisenhüttenstadt）这样的“社会主义模板城市”中，马克思主义的规划者们创造了新型社区，将工业设施与更好的住房和社会化的公共空间结合起来。霍斯特·约翰森在洛伊纳工作，让他印象深刻的是，“尽管有许多起反作用的做法，但民主德国的产能和经济发展好得惊人”。不过，东德经济从未能完全克服它在“科学技术上的落后”。[39]

尽管如此，对于消费者来说，东德一直是“稀缺经济”，特点是生产力瓶颈和排队购买受青睐的商品。当维尔纳·费格尔的妻子被重新分配到一家工厂工作时，她感到震惊：“不仅是工人之间，就连党会上的讨论同样完全围绕着生产和供应中的短缺。”当布劳内牧师想要改善残疾人的设施时，他首先不得不四处搜寻，直到找到合适的电动水泵；此外，他的教堂还必须拼凑出一个变电站，后来还与镇上共享使用。在试图修复他的房子时，克劳斯·许布施曼不得不一次次用一件稀有的物品交换另一件，以便再获得第三件。冰箱、电视机和汽车等耐用商品的出现比西德晚了许多年，而且质量较差，还经常看起来很丑。烘干机和洗碗机都不存在，家用电脑也落后了很多年。塑料的卫星牌（Trabi）汽车和闪亮的大众兔子车之间的差距令人震惊。由于经济无法提供合适的消费品，个人不得不总是临时拼凑。[40]

对那些认同社会主义远景，但对其实践感到沮丧的东德人来说，1968 年夏天捷克自由化尝试的失败非常令人失望。为了通过重新引

入市场激励来改革经济，斯洛伐克共产党第一书记亚历山大·杜布切克（Alexander Dubcek）取消了审查制度，允许言论自由，希望创造出“有人性面目的社会主义”。由于“布拉格之春”燃起了“巨大的希望”，它的溃败也就更加令人震惊。在一次捷克首都之行中，君特·曼茨目睹了“载着示威者的卡车穿过街道，妇女在商店前哭泣，加油站关闭，情绪一触即发”。“苏联坦克的残酷镇压和学生扬·帕拉赫［Jan Palach］的公开自杀”清楚地表明，当权者不会允许体制从内部民主化。由于非常害怕类似的事情会发生在民主德国，统一社会党极力压制知识分子和学生的所有抗议。虽然保住了权力，但该政权由此证明自己是无法变革的。[41] 340

为了预防东德的动乱，新的领导人埃里克·昂纳克推出了共产主义正统与消费经济的矛盾混合体。在苏联的帮助下，他在1971年将老迈的乌布利希推到一边，指责其在经济和外交上偏离了党的路线。与大萧条不同，昂纳克声称民主德国已经成为“一个发达的社会主义社会”，以表明它已经达到了新的和更高的发展阶段。作为一种社会主义凯恩斯主义，“经济政策与社会政策的统一”将通过提供更具吸引力的消费品来提高经济生产力。在一场大谈判中，统一社会党将用更高的生活水平来换取民众的政治默许。格哈德·约阿希姆很高兴利用这种更大的自由来把“娱乐、文化和社交快乐地融为一体”。但很快他就发现，“实存社会主义”明确限制了公众对其缺点的讨论。[42]

为了改善与东部邻国的关系，西德的东方政策（Ostpolitik）从对抗转向和解，这在20世纪70年代初为民主德国带来了新的机会和威胁。作为柏林市长、外交部部长和后来的总理，维利·勃兰特一直奉行与统一社会党进行有限谈判的“小步走政策”，以便让那座分裂的城市能够获得“人道主义救济”。用硬通货换取的一系列“过境许可协议”允许西柏林人在节日期间访问他们在东部的亲戚，从而提供了一条穿越柏林墙的临时通道。更重要的是1972年的《两德基础条约》(Basic Treaty)，它事实上承认了民主德国，尽
341 管一份补充文件强调，联邦德国保留其追求德国统一的权利。于是，两个德国都加入了联合国，1975年的《赫尔辛基协定》(Helsinki Declaration)承认了战后欧洲边界的神圣性。[43] 虽然上述承认对统一社会党来说是巨大的短期成功，但从长远来看，它也让西德的吸引力削弱了自己的统治。

对于普通人来说，转向缓和意味着统一社会党越来越想要停止这种“穿着拖鞋的侵略”，因此在划界政策中把西德描绘成阶级敌人。东德人的信件一直会被拆开，包裹会被搜查，违禁品之后将放在情报部门的商店里出售。虽然开通了大约有6条跨境电话线路，但东西德之间的电话被监听和录音，以便收集颠覆的证据。随着普通公众可以买到电视机，自由德国青年团的小组试图拆除可以接收西方节目的天线——但会被观众的被动抵抗所阻挠，“他们开始在屋檐下安装新的”。只有退休人员（“先白头，再旅行”，“erst vergreisen，dann verreisen”）或特别值得信赖的党员，即所谓的旅行干部（Reisekader）才被允许到西方旅行。允许梦寐以求的西方商品（例如咖啡、巧克力和酒精）在使用硬通货的国际商店中出售，最终强化了人们对西方商品更好的普遍信念。[44]

对西方颠覆的恐惧也推动了国家安全部（MfS）的迅速扩张。安全部俗称斯塔西，这个“党的剑和盾牌”于1957年作为一个独立的部成立，几十年来一直由红色阵线战士埃里希·米尔克领导。为了完全控制人民，斯塔西在社会各领域都建立了由正式间谍和非正式雇员（IM）组成的庞大网络。甚至著名历史学家弗里茨·克莱因也被说服撰写有关他在国外旅行和与西方人接触的报告。他承认，“我同意了——没有感到被施压”。此外，安全部坚持对民主德国的问题保密。1957年，当保罗·弗伦策尔声称兑换纸币是“彻底的失

败”时，他陷入了麻烦，因为“泄露机密”最高可被判处15年监禁。“显然我们受到了持久的监视，必须在政治表态中注意这点。”但是 342
克劳斯·许布施曼对这种监视不以为然，认为“这个过于庞大的设备”会被自己的信息噎住。[45]

学者的自传显示，即使学术研究也被要求参与反对资本主义西德的阶级斗争。不仅没有学术自由，而且像计算机这样的研究工具也较为落后，对西方文献的获取也受到限制。对于像克劳斯·许布施曼这样的自然科学家和医生来说，“政治没有起到任何作用”。对马克思主义只要空口应酬就行了，意识形态并没有触及他们的认知核心。但弗里茨·克莱因表示，由于统一社会党对解释的垄断，“与之前相比，历史学家在遵守党的路线方面承受了无比巨大的压力”。保罗·弗伦策尔等经济学家被越来越多地要求“支持党的界定政策”，要用具体的例子向学生证明“帝国主义的失败”和“社会主义全球胜利”的必然性。在像哲学这样的学科中，马克思列宁主义被认为本身就能提供答案，必须接受意识形态的支配对研究造成了严重的损害。[46]

表现出顺从所造成的巨大压力导致民众中出现了“分裂思维”和“双言巧语”（doubletalk）的广泛做法。因为教育或职业晋升的机会取决于公开表示效忠，因此有必要说出不断变化的意识形态词汇。但个人的正直也要求与当局保持批判性的距离，只有在自己的家人或亲密的朋友面前才能表达这种意见。保罗·弗伦策尔注意到，“一方面是符合党或国家的思想表达，另一方面是作为‘私人个体’保持个人和独立的思维方式”，这两者之间存在着冲突。有批判精神的效忠者弗里茨·克莱因总结道：“这种思维方式导致了一个陷阱，我很长一段时间都没能足够看清它。”支持政权的基础，同时试图改革它的不完善之处，这“创造了一种内在的矛盾”，因为即便心存怀疑，也需要为统一社会党进行辩护，尽管“其统治者抗拒改革，追求权力和暴力”。[47]

343 生活水平提高的证明是通过预制建筑缓解了住房短缺，这些建筑创造了哈雷新城(Halle-Neustadt)和东柏林的马尔察恩(Marzahn)等卫星城。在战后的混乱时期，人们即使住在没有热水、中央供暖或厕所的拥挤宿舍里，但只要有片瓦遮身就感到高兴。重建工作慢慢让魏玛一代搬进了更舒适的环境。霍斯特·约翰森很高兴“在城市边缘得到了一套公司的公寓，我们对此非常兴奋，因为它坐落在幽静的自然环境中”。为了提供有吸引力的住房，昂纳克推出了一项大规模预制混凝土公寓（Plattenbauten）的建造计划，这种公寓易于组装，建造成本低廉。尽管空间仍被限制在 70 平方米左右，但这些公寓因其现代化的厨房、新的浴室和中央供暖而广受欢迎。[48] 直到 20 世纪 80 年代，人们才把注意力转向修复市中心的历史街区，挽救更多有趣的老建筑免于颓败。

政治的公共压力使得退归私人的闲适世界在民主德国显得更加重要。它的主要象征是周末别墅，按照其俄国样板被称为达恰（Datsche）。在勃兰登堡或梅克伦堡（Mecklenburg）的众多湖泊旁租一个永久宿营地只需要很少的钱。更幸运的人可能可以在水边享用一座公司出资的小屋。但每个人都真的想在树林里拥有一座简单的小屋，以便在周末和假期避居那里。鉴于供应的稀缺和国家的控制，我们惊讶地看到，从 20 世纪 70 年代初开始，“每年要建造数万个［单元］”，材料都是从别处分流而来。克劳斯·许布施曼非常幸运，以极低的价格在吕根（Rügen）岛上买下了一座废弃的农舍，经过多年的劳动，将它变成了一个“舒适的家”。“每次说起我们要去波尔乔（Polchow）时，都感觉棒极了。”[49]

由于汽车的普及在民主德国来得较晚，终于拥有一辆属于自己
344 的汽车是特别的快乐。对公共交通系统的大量补贴使得人们没有必要拥有汽车，除非是出于职业需要，比如乡村医生或牧师。民主德

国生产两种从汽车联盟（Auto Union）的战前设计发展而来的汽车，一种是较大的瓦特堡（Wartburg）轿车，另一种是包裹在塑料车身中的较小的卫星轿车。这些汽车使用汽油和石油混合的两冲程发动机，只是基本的交通工具，并非奢侈品。为了追求奢侈，党内政要从瑞典进口了沃尔沃。霍斯特·约翰森和其他没有关系的普通公民从下订单到交货平均要等 10 年。这创造了一个蓬勃发展的二手车及零部件市场。绕开这一瓶颈的唯一方法是从西方亲戚那里以礼物的名义获得汽车，就像克劳斯·许布施曼那样。“有一天，一辆大众居然停在了我的门前！”[50]

另一个来之不易的目标是被工会秘书分配一个令人垂涎的休假名额。自由德国工会联合会（Free German Trade Union，FDGB）* 控制了从波罗的海沿岸到图林根山区的所有公共假日设施，并将其用作对积极分子的奖励。因为“价格相当便宜，这是一项广受欢迎的成就，使其成员受益”。唯一的问题是需求远远超过了供应。因此，霍斯特·约翰森多年来一直选择人气较低的寒假，然后才鼓起勇气请求在波罗的海过暑假。“海边的景色令人印象深刻，我们很快就忘记了疲倦。从第一个小时开始，我们就进入了享受美好假期的心情。”维尔纳·费格尔这样更高级的党干部被奖励前往保加利亚温暖的海滩或列宁格勒城外较为凉爽的波罗的海沿岸旅行，他们在那里赞美了“北方威尼斯”的重建及其文化遗产。只有更有办法或关系更广的人才能设法在私人寓所度假。[51]

与共产主义的平均主义相反，级别分明的“社会主义等级社会”逐渐发展起来。最顶端的是党、军队和秘密警察中的要员，他们“自行垄断了对马克思、恩格斯和列宁的‘神圣’作品进行正确解释的

---

* 自由德国工会联合会的德文为 Frier Deutsher Gewerkschafts Bund，故缩写为 FDGB。——编注

资格”。排在他们下面的是西方货币的持有者，因为他们可以在国
345 际商店购买稀缺商品，或者通过一家用外汇购买礼物的特殊公司（GENEX）把东西从国外寄来。然后是电工、水管工和木匠等技艺高超的工匠，对他们的服务的需求如此之大，以至于他们开出了很高的价格。在民主德国的工人阶级社会中，劳动者的收入也和知识分子的一样多，对后者的补偿只是更高的退休工资。不论社会主义如何承诺，也有大量底层的人被排除在东德的繁荣之外，比如退休人员、残疾人、不合群者或被监禁者。[52]

尽管做了许多平等化努力，民主德国还是保留了一些资产阶级残余，这让统一社会党陷入了两难的境地。有些群体设法保持了一定程度的独立性，而这个“工人和农民的国家”不能完全离开他们的服务。其中一个职业是像克劳斯·许布施曼这样的医生，因为不管意识形态如何，即使是共产党员也会生病，想要得到最好的治疗。像卡尔·黑特尔这样的工程师也享有一定程度的自由，因为在设计桥梁时，安全考虑比党派忠诚更重要。同样，像维尔纳·布劳内这样的神职人员代表了另一套基督教价值观，而教会扮演的公众角色与党的指示无关。虽然更容易受到影响，但像克里斯塔·沃尔夫这样的作家、艺术家和音乐家也有自己关于优秀创作的标准。最后，像弗里茨·克莱因这样致力于揭示真相的学者也常常会与党的路线主张发生冲突。[53]因此，与统一社会党自己的公开宣称不同，它的控制从来不是彻底的。

大众的祛魅

就在民主德国似乎将要长久存在下去时，自传描述了一种普遍的幻灭，它最终将从内部推翻统一社会党。在与列昂尼德·勃列日涅夫（Leonid Brezhnev）每年的对话中，昂纳克自豪地指出，作

为一个独立的国家，东德在体育方面的成功和经济上的进步得到了国际认可。但当像维尔纳·费格尔这样的真正信徒因为没有遵循统一社会党路线的最新转变而被免职时，甚至在共产党高级官员中，不满的情绪也开始增长。此外，因为两性问题或文化实验而对格哈德·约阿希姆这样的知识分子进行惩戒的做法也留下了深深的伤痕。346
弗里茨·克莱因这样富有同情心的学者同样开始渴望“更自由，更少教条主义的思考”，让他们的研究有更大的空间。保罗·弗伦策尔这样的经济专家只想做好自己的工作，他们对“不断被要求服从意识形态”感到不满。厌倦了未来的承诺，广大人民只想立即获得西德的生活水平。[54]

统一社会党特别自豪的一项社会政策是，与联邦德国相比，民主德国的妇女享有更大的平等。为了实现劳工运动的这一传统目标，民主德国支持女性接受教育和就业，以弥补由于大规模人口外流造成的劳动力短缺。一系列措施——国营托儿所、晚托班、产假和每月的家庭日——试图让像多尔勒·克莱因（Dorle Klein）这样的女性在养育孩子的同时更容易外出工作。尽管有鼓励生育主义者对保持出生率的担忧和教会的反对，但民主德国的妇女还是在 20 世纪 70 年代初获得了堕胎权。此外，根据无过错原则离婚让结束不满意的关系变得更加容易。虽然统一社会党向妇女开放了传统上由男性从事的岗位，但父权主义偏见仍然足够强大，造成女性要扛起双重负担和面对社会主义玻璃天花板。[55]

所有的记述都认同，民主德国的阿喀琉斯之踵是经济：统一社会党无法信守将会超越堕落的资本主义西德的马克思主义承诺。毫无疑问，由于苏联的剥削和原材料的缺乏，东德的初始条件更加艰难。但它的失败也与“自诩为终极权威的高压政党和国家官僚体系”的统治有很大关系。乌布利希通过引入一些市场要素来刺激增长的做法在 1971 年被放弃，因为“允许暂时的失衡”玷污了意识形态的纯洁性。让霍斯特·约翰森感到震惊的是，没有任何真正的措施“来应对越来越明显的经济崩溃”。相反，“统治者继续吹嘘德国领土上第一个工农社会主义国家的成功”。[56] 大多数人很少关心管理计划
347 经济的理论辩论。他们只对改变消费商品持续短缺的结果感兴趣。

20 世纪 80 年代初，由于石油输出国组织的大幅涨价，苏联减少了石油产量，这被证明是对计划经济的一个致命打击。每年削减 200 万吨石油用量对民主德国来说是毁灭性的，它过去曾向西德出售多余的炼油衍生物来赚取硬通货。作为替代能源，统一社会党转向了褐煤，后者的硫化物含量更高，采用露天开采，会破坏环境。因此，经济沙皇京特 · 米塔格（Günter Mittag）决定按照苏联的模式，将东德大约 3500 家工业企业合并成 250 家名为“联合体”（Kombinate）的巨型企业。“结果是灾难性的”，霍斯特 · 约翰森回忆说，在没有价格竞争的情况下，“高产的中小企业被兼并，形成了一边倒的生产垄断”。于是，“昂纳克向阶级敌人寻求帮助”，要求西德银行提供信贷。为了支付利息，斯塔西的经济沙皇亚历山大 · 沙尔克-戈洛德科夫斯基（Alexander Schalck-Golodkowski）偷偷开始向西德出售任何可移动的东西。[57]

20 世纪 80 年代，东西方之间旅行的增加通过个人考察强化了民主德国在物质上处于劣势的印象。西方不再仅仅是像《达拉斯》（*Dallas*）这样的电视连续剧中丰富多彩的世界，而是或者装着西方的咖啡和香烟的圣诞包裹，或者带着必备礼物的联邦德国访客。现在，退休的东德人可以旅行了，像霍斯特 · 约翰森这样声称有父亲去世等“紧急家事”的人可以亲眼看到既迷人又令人讨厌的西方。游客惊叹于商品的种类和质量，但对西方的速度和竞争感到紧张。保罗 · 弗伦策尔等一批“精心挑选，受过西方伙伴的煽动考验的可靠旅行干部”被允许以参加会议等专业原因访问西方。虽然由于冷战的反共气氛，并非遇到的一切都是积极的，但这些个人经历给大

多数游客留下了西方更加优越的印象。[58] 对于像哲学家阿尔弗雷德·科辛这样的旅行者来说，需要对社会主义意识形态的真正忠诚或者对家人和家乡的深深依恋才能让他们回到民主德国。

在那些无法再忍受统一社会党统治的人中，“离开民主德国的愿望、渴望和请求在 20 世纪 80 年代中期成了平常的事”。布劳内牧师回顾了多种原因中的一些：“国家、党、政府和斯塔西的做法让许多人不想再留下来。”由于没有旅行的权利，决定是否允许某个人成行的随意性造成了被囚禁的感觉，这增加了离开的动力。“民主德国为［此类］‘申请者’提供了特殊待遇”，认为这些人是被误导的公民，需要通过煽动或威胁让其失去工作、长时间的等待将其争取回来，如果他们公开表态，还会遭到监禁。“民主德国从让人们离开中赚了很多钱”：联邦德国通过新教教会向民主德国支付了约 80 亿德国马克作为赎金，以释放约 3.4 万名囚犯和 25 万难民。即便 20 世纪 80 年代初一次性释放 3 万人也无法阻止移民潮，因为它鼓励了更多的人申请。[59] 348

一些魏玛一代的孩子们在“寻找正义和新的道德价值观”，当他们注意到“理论与日常实践之间日益明显的矛盾”时，对民主德国的批评变得尤其强烈。当一些不认同主流思想的人接触到摇滚乐、牛仔裤和口香糖等与自由德国青年团的乏味秩序截然不同的非正式美国生活方式后，他们在东柏林和其他城市开展了政权批评活动。格哈德·约阿希姆的儿子瓦伊科（Waiko）在一家火力发电厂工作，他和反文化的朋友们一起“非法占据了普伦茨劳尔贝格（Prenzlauer Berg）地区的一间空置公寓”。他在试图逃跑时被抓获，因“企图擅自越境”被判处 1 年零 3 个月的有期徒刑。8 个月后，通过律师沃尔夫冈·福格尔（Wolfgang Vogel）的斡旋，他获释前往西德。虽然他的兄弟们也受到了民主德国警察的骚扰，但瓦伊科却在到达西德后开枪自杀，显然是因为孤独。他的父亲悲痛欲绝。“在我的一生中，没有什么像这个消息一样让我震惊。”[60]

东德社会的系统军事化也引发了独立的和平运动，该运动毫不怀疑统一社会党真会那么做。回忆录中强调，争议的焦点之一是在
349 学校引入“军事教育”，另一点是把服兵役作为未来职业的先决条件。批评者聚集在“变刀剑为犁头”的旗帜下，他们得到了一些新教牧师的保护，后者愿意组织和平祈祷和守夜活动，并谴责了核军备竞赛。霍斯特·约翰森的儿子贝恩特（Berndt）是一位年轻的持不同政见者，他想成为一名画家，但因其先锋技法而被视觉艺术家协会（Association of Visual Artists）拒绝。当他拒绝“手持武器捍卫民主德国的意识形态”时，这种“态度使他被判入狱6个月”。尽管不得不在塔勒（Thale）的一家钢铁厂做苦工，他还是顽强地坚持了自己的信仰。沮丧的斯塔西谴责这场公民和平运动的出现是“敌对反面势力的集合”。[61]

另一个激怒公众的问题是环境的严重恶化，统一社会党似乎对此无能为力。一方面，露天开采将整个村庄从地图上抹去；另一方面，燃烧褐煤污染了空气，使得在哈雷、梅泽堡（Merseburg）和比特费尔德这一所谓的化工三角区连呼吸都感到困难。布劳内牧师指出：“劳塔（Lauta）发电厂的巨大烟囱向天空喷出了大量煤尘。让我们的孩子保持干净是一场持续的斗争。”霍斯特·约翰森回忆说，在冬天，“烟雾和废气凝结成晶体，让该地区被所谓的洛伊纳雪覆盖”。受到启发，他写了一首关于“化学锅炉”中的污染的批评诗：“空气——/ 几乎可以被看到和摸到。/ 人的呼吸想要停滞。/ 空气从内部呼出 / 没有人看见。”由于带毒的空气、肮脏的饮用水、有毒的田地和野外的垃圾堆没有得到解决，当地的积极分子试图阻止对环境的滥用，并最终开始反对统一社会党的体制。[62]

无数故事表明了政权对公众批评的高压手段如何将对特定政策的反对变成了一场更为根本的人权运动。一名妇女试图与到西德后

就一去不复返的丈夫团聚，这让她在没有明确“官方理由”的情况下身陷囹圄。她不得不卖掉一半的财产才被获准离开。一名 16 岁的学生因“散发言论自由的传单”而被捕。虽然言论自由是宪法规定的权利，他还是坐了 3 年多的牢才最终获释。1985 年，体制的专 350
断性促成了一个名为“和平与人权倡议组织”（Initiative for Peace and Human Rights）的反对派团体的成立。当弗雷娅·克利尔（Freya Klier）和斯特凡·克拉夫奇克（Stephan Krawczyk）展开写着罗莎·卢森堡的名言“自由永远是那些持不同思想者的自由”的横幅时，布劳内牧师不得不开车将被驱逐出民主德国的不同政见者送往西德。经历了可怕的囚禁生活，“可以开始发现自由了”。[63]

斯塔西坚决遏制国内反对势力出现的努力失败了，因为它找不到有效的方法来对付不同政见者。策略之一是将国家安全部的官员数量增加到 9.1 万人，将非正式雇员的数量增加到 19 万人左右。另一种办法是孜孜不倦地收集个人数据，将其保存在不计其数的书面记录中，作为“情报案例文件”。还有一种是把肉体恐吓变成造谣这样更温和的做法，或者忠诚奖励这样的激励手段。关键问题是把阶级敌人简单地定义为来自外部的颠覆者，而不是信奉社会主义理想但憎恨民主德国高压做法的内部批评者。因此，国家的最终选择是把他们驱逐到西德。像君特 · 克劳泽这样的政权反对者要么在终于达到退休年龄时被允许离开，要么被驱逐，就像保罗 · 弗伦策尔那样，他因为在西德出版了一部批判性的手稿而受到多年的监视。[64]

比年轻人的不满和知识分子的批评更重要的是，工人阶级对统一社会党的政权越来越不抱幻想。由于与西方进行了实际比较，该党在每周洗脑会议上关于社会主义即将取得胜利的豪言失去了说服力。当工人们不得不与陈旧的机器和缺乏原材料做斗争时，各个小组为了奖励而展开的无止境的社会主义竞争已经不足以激励他们提高生产力。工厂民兵的军事演习和强制参加统一社会党的示威活动

被认为是繁重的义务，妨碍了工人享受他们的闲暇时间。失望的社
351 会主义理想主义者格哈德·约阿希姆在儿子死后写了一首苦涩的诗，指责统治精英："他们不仅在柏林建了一堵墙 / 还在自己周围筑起了更厚实的壁垒 / 对工人的恐惧越大 / 这些反动派就越给自己挖坟。"[65]

许多作者都提到，在 20 世纪 80 年代，当经济停滞不前，而西德却在蓬勃发展时，无处不在的停滞感席卷了民主德国。一些问题是由于斯大林主义更加重视煤炭和钢铁的生产，而不是消费品；另一些则与党内官僚的指手画脚有关。霍斯特·约翰森表示："从来没有完全弄清谁说了算。"然而，还有一些障碍来自对剩余的私营企业和工匠作坊的社会化，这削弱了创新。让卡尔·黑特尔感到震惊的是，在他的发电厂，机器"被无情地糟蹋，设备的更新和维护方面只有最少的投入"。制造兆位计算机芯片之类的项目消耗了大量资源，但未能生产出有竞争力的产品。政治局生活在一个幻想的世界里，政府甚至把他们每天上班路上的房子装饰得漂漂亮亮的。当年迈的领导层为民主德国成为第十大工业国而扬扬得意时，真实的经济正在崩溃。与不断的自夸相反，"事实令人沮丧"。[66]

社会主义改革的希望最终来自意想不到的地方——富有魅力的苏联领导人米哈伊尔·戈尔巴乔夫。与他的保守派前任不同，他不再阻止变革，而是要求对制度进行彻底的改革。由于苏联经济混乱，戈尔巴乔夫提出了进行重组（perestroika）和通过公开讨论来纠正错误的政策（Glasnost）*。弗里茨·克莱因回忆道："像我这样的人，像我本人这样坚定的社会主义者，在看到这个过程时仿佛触电了。"曾经感到沮丧的格哈德·约阿希姆欣喜若狂："就像从灰烬中重生

* glasnost 在俄语中指公开性、开放性，戈尔巴乔夫于 1985 年提出的政策被称为"开放政策"。——编注

的凤凰，他承载着对更加美好和人道的社会主义的希望，承载着使其所有方面都得到复兴的希望。”苏联新领导人的改革提案“在民主德国引起了如此强烈的反响”，因为它们承诺“从根本上改变政治和经济状况”。[67] 反对者甚至可以希望彻底摆脱压迫。虽然波兰和匈牙利的领导人做出了积极的回应，但意识形态工作的负责人库 352
尔特·哈格尔（Kurt Hager）警告说，统一社会党不会因为别人更换了墙纸就去重新装修。

在民主德国，苏联的改革冲动引发了一场关于统一社会党未来进程的代际斗争。由于觉得受到威胁，出生在帝国时代的“老迈、头发花白、僵化的领导层”拒绝让步，声称事情进展得如此顺利，不需要任何改革。格哈德·约阿希姆和弗里茨·克莱因等遭到排挤的魏玛一代的社会主义者则希望抓住改革的机会，他们援引戈尔巴乔夫的话表示：“简而言之，我们需要社会各个方面的全面民主化。”他们在战后出生的孩子们尤其被“新思维”所吸引，因为它提供了让民主德国摆脱停滞不前的机会。其他怀疑论者则希望“在私有化、市场经济和真正民主的方向上进行更彻底的改变”。但是政治局不愿意改变自己的路线，他们禁止发行苏联的《人造卫星》（*Sputnik*）杂志，因为它传播了改革派的文章。魏玛一代中年纪较大的成员无法再亲自引领这次转变，因为他们已经要退休了。[68]

当党员们还在争论的时候，普通东德人抓住了形势缓和的机会，越来越多的人离开民主德国，前往“金色的西方”。从 1989 年 5 月起，匈牙利不再将逃亡的难民送回东柏林，并于 9 月 11 日正式向奥地利开放边境。这是“真正意义上的地震式的举动”，因为它拉开了“铁幕”。夏天，“越来越多的年轻民主德国公民试图通过匈牙利或占领西德驻布拉格和华沙的大使馆”前往西方。强硬派维尔纳·费格尔认为，“他们让自己被表象所欺骗”，因为“他们看到了大众生活水平的差异，却没有听到对某些商品供应短缺的任何合理解释”。

当戈尔巴乔夫出人意料地没有进行干预时，统一社会党领导层没能找到阻止出逃的办法。一旦“大坝决口”，西方电视台播放了数以万计快乐的东德人在西德含泪开始享受“他们的新自由”的画面。[69]

353 对东德政权更大的挑战来自示威活动的蔓延，要求对民主德国进行根本的改革。尽管斯塔西进行了破坏活动，但人权、和平和生态团体组成的异见者网络还是对1989年5月投票结果遭到篡改提出了挑战。从9月开始，莱比锡尼古拉教堂（Nikolai Church）周一的守夜活动变得更加大胆，与会者宣称：“我们才是人民。”虽然最初统一社会党对抗议使用了武力，但在10月9日莱比锡的一场关键对峙中，当局约束警察、斯塔西和民兵，交出了公共空间的控制权。随着时间一周周地过去，抗议活动变得越来越高调，要求“对民主德国进行根本的改革和民主化，废除一党专制，允许旅行、舆论和集会自由，举行真正的选举，终结斯塔西无处不在的间谍体系”。抗议者终于变得无所畏惧，他们“为真正的正义擂鼓”，高喊口号，举着标语牌，并成立了新论坛（New Forum）等公开反对团体，声讨统一社会党。[70]新闻镜头记录了抗议者们宣称他们而非党才是人民（图28）。

对这样一拨和平抗议毫无准备，统一社会党崩溃了——因为这场动乱与它为人民服务的意识形态主张相矛盾。为了庆祝民主德国成立40周年，领导层产生了分歧，一边是希望镇压“反革命”的强硬派，一边是愿意发起公共对话的改革派。像维尔纳·费格尔这样的安全部门官员感到痛苦，因为面对这样的挑战，党“没有做好准备”。1989年10月中旬，更加灵活的政治局委员推翻了生病的昂纳克，把他的副手埃贡·克伦茨（Egon Krenz）推上了台。霍斯特·约翰森注意到，“同志和整个党集体开始失去对等级制度的信任，也越来越少地表现出其令人讨厌的愤世嫉俗”。当像新论坛这样的反对组织收集了数千个签名时，“和平的民众要求获得了不可阻挡的

图 28. 东德人的抗议。来源：普鲁士文化财产基金会。

优势”。[71] 统一社会党的让步太少也太晚了。

“真正的转折点”是使该城分裂了将近 30 年的柏林墙的倒塌。
11 月 4 日，在“宏大的幻觉”中，50 万人在亚历山大广场示威， 354
要求对一个独立的民主德国进行改革。5 天后，统一社会党屈服于
公众压力，承诺推出新的旅行政策，允许不受事先限制的行动自由。
当君特 · 沙博夫斯基（Günter Schabowski）向媒体宣布这一改变
时，他引发了一股意想不到的浪潮：“那天晚上，数以千计的东柏
林人聚集在柏林墙边，向仅有的几个过境点施压。边防卫兵遭遇了
一场人的雪崩，所有控制机制都无济于事。”霍斯特·约翰森回忆说， 355
一旦水闸打开，“这一夜，整个西柏林地区就像是在过真正的节日：
人们相互拥抱，面包师把他们的器具搬上了街头，有人提供饮料和
水果，到处都是温馨的相逢”。 欢呼雀跃的人群无法相信他们所看
到的，不断重复着：“这真是难以置信。”[72]

因此，争论转而在那些想要对一个独立的民主德国进行改革的

人和那些呼吁与联邦德国重新统一的人之间展开。许多知识分子希望找到“第三条道路”，他们“为我们的国家”发出呼吁，承诺“建立一个团结、和平、社会公正、个人自由、旅行自由和环保的社会”，这将是“联邦共和国之外的另一种选择”。然而，由于厌倦了进一步的社会主义实验，当赫尔穆特·科尔总理在1989年11月28日令人惊讶的十点计划中提出联合的建议后，大多数民众开始要求与更加繁荣和自由的西德合并。当口号改为“我们是一个民族”时，霍斯特·约翰森注意到，“12月初，重新统一的要求开始越来越多地主导周一的示威活动”。[73] 即使抛弃斯大林主义和将统一社会党重新命名为民主社会主义党（PDS）也无法再阻止结束德国分裂的趋势。

1990年3月18日的第一次自由选举为这个问题拍了板：明显多数的东德人支持重新统一。遵循波兰的先例，一个由统一社会党官员和反对派成员组成的圆桌会议负责过渡安排。现在，党有权力但没有合法性，而公民运动有合法性但没有权力。关键的妥协是同意举行自由选举来决定未来。这场运动变成了三方角逐，政权的捍卫者与公民反对运动的积极分子和亲西方政党的成员展开对峙。通过精心安排的露面，西德总理科尔支持中间派的基民盟，前总理勃兰特则为左翼的社民党助阵，而自民党和绿党只扮演了次要角色。
356 “最终，大多数选民选择了联邦德国的执政党”，拒绝了第三条道路。面对统一的决定，格哈德·约阿希姆回忆道：“我所有［改革社会主义的］梦想都像春天的花朵一样被吹走了。”[74]

1990年7月1日生效的货币和社会联盟向两个经济体的合并迈出了关键的一步。大多数东德人一直希望获得德国马克，认为那是一种“神奇的货币”，因为可以用它购买令人垂涎的商品。虽然几千马克的储蓄可以按照1∶1的比率兑换，但大部分东德货币的兑换比率是1∶2，不过这仍然高于民主德国的生产值。兑换当天，“人们兴高采烈”，排着长队领取西德的钞票。几乎一夜之间，商店的货架上摆满了“真正的西方商品”，取代了单调但实用的东德产品。与此同时，大多数交易的“价格实际上涨了两倍”。“面对德国马克时的无知和不安全感被无耻地滥用”，引发了对缺乏经验的人进行掠夺的犯罪资本主义。虽然德国马克使消费梦想成真，但其过高的兑换率使商品过于昂贵，并威胁到东部的就业机会。东德人期望繁荣会自动到来，而西德人则低估了转型的成本。[75]

回忆录表明，统一的法律程序在高层的复杂谈判中推进，但仍然对普通民众的生活产生了重大影响。根据联邦政府《基本法》的第 23 条，这不是平等的合并，而是一个衰败的国家并入一个欣欣向荣的邻国。为了融入西德的联邦结构，民主德国恢复了原先的 5 个州。一项冗长而复杂的统一协议对财产权等有争议问题的法律程序做了规定，并为堕胎权提供了例外的过渡期，但原则上将西德的模式搬到了东德。同时，两个德国和第二次世界大战的四个战胜国之间的复杂谈判决定了这个新国家的国际维度。在被驱逐者组织的抗议声中，扩大后的联邦共和国还是不得不接受永远失去了其东部 357
领土的事实。1990 年 10 月 3 日，一场悄无声息的民间庆祝标志着德国恢复了统一。[76]

回头来看，人们对统一的感受相当复杂，一些前东德人哀叹社会主义的失败，另一些人则欢庆回归自由。当然，像维尔纳·费格尔这样的统一社会党政权成员会抱怨他们失去了免费医疗、更高的养老金和其他特权：“比较得失后表明，所谓的统一不能让我快乐。”此外，格哈德·约阿希姆等第三条道路的支持者遗憾地表示，“我们为更美好的民主德国而进行的和平革命仍然只是世界历史的一个脚注”，未能变革整个德国。但克劳斯·许布施曼等其他许多民主德国公民则松了一口气：“当随着柏林墙的倒塌，整个斯塔西和统一社会党的腐败也被清除时，我们当然会欣喜若狂”，即使因为不得不面对过渡期意想不到的挑战，“我们从小雨走进了暴雨”。像维尔纳·布劳内这样曾经受到迫害的反政府人士对法治的恢复尤其感到高兴："我们都被感动了，感激统一的实现。"[77]

失败的叙事

东德的自传有一种特殊的辩护特征，因为尽管不得不承认制度的失败，但它们的作者试图维护个人的生活。围绕着重要的政治节点，所有叙述都同意"实存社会主义"彻底失败了，因为民主德国的自我解体无法否认。尽管对社会工程的实验感到不知所措，但这些作者大多仍然为自己在逆境中的个人成就感到自豪。与西德对成功的强调不同，东德的故事强调应对困难、巧妙的凑合、职业成就和个人满足。像维尔纳·费格尔这样的党的辩护者肯定了社会主义理想的吸引力，而像克劳斯·许布施曼这样对政治不感兴趣的专家则往往会淡化他们为了取得成就而付出的服从的代价。直截了当
358 地谴责统一社会党独裁的作者相对寥寥，君特·克劳泽就是其中之一。有趣的是，即使是像格哈德·约阿希姆这样反复受到党的纪律处分的知识分子也仍然断言，"社会主义是最令人兴奋的社会蓝图"。[78]

许多回忆录作者觉得，承认民主德国输掉了与联邦德国的冷战竞争是一件痛苦的事情，因为相比西德，他们的生活与体制更紧密地交织在一起。为了表明"民主德国不仅仅是世界历史上无关紧要的脚注"，像海因里希·布施曼一样，他们列举了它的优点："民主德国并非一切都是不好的，有些东西甚至是整个德国的榜样……民主德国对有许多孩子的家庭的支持堪称典范"，这得益于免费的托儿所和财政援助等。"对于全部有天赋的孩子来说，直到博士的教育都免费。"此外，"公民的医疗保健不需要任何费用"，"养老院的费用也不高"。许多东德人不愿认为他们的生活是失败的，因此在

他们的记忆中，民主德国“不光是威权主义独裁”，而且大体上“符合［统一社会党的］社会福利和社会平等政策”。只有受害者才会觉得，“柏林墙的开放和德国的统一是意想不到的美妙礼物”。[79]

在试图解释民主德国的崩溃时，回忆录作者们提出了众多相互矛盾的原因。像维尔纳·费格尔这样坚定不移的共产主义者指责资本主义的阴谋用虚假的承诺欺骗了单纯的东德人。更具批判精神的君特·曼茨等人认为，“苏联的斯大林制度”要对此负责，并断言民主德国“根本不是一个社会主义国家”。相比之下，霍斯特·约翰森等经济学家则指出了东德政权在起步时的艰难条件，因为苏联占领者拆除了许多工厂，并要求巨额赔偿。像克劳斯·许布施曼这样出色的专业人士抱怨“坏透了的党政官僚”不断干预，这些人将政治考虑凌驾于理性论证之上。而爱开玩笑的人声称，“社会主义的主要敌人是春天、夏天、秋天和冬天”。[80] 最终，就连其人文主义理想的捍卫者也承认，“实存社会主义”是因为无法改革自身的实践才崩溃的。

对于已经不复存在的民主德国的回忆，也受到作者们在过渡到 359
他们所认为的新自由资本主义时所遇到的困难的影响。格哈德·约阿希姆在和平革命中对实现民主与社会主义的新融合抱有很高的期待，他注定将要失望。海因里希·布施曼注意到，许多农村人难以从统一社会党的集体主义调整到适应西方彻底的个人主义。已经退休的弗里茨·克莱因试图向科学院的同事提供帮助，他们面临失业，因为这个大型研究机构被分成了更小的部分，以便将其纳入联邦德国分散化的学术结构。不过，最让像维尔纳·费格尔这样的社会主义拥趸恼火的是，他们被指控曾为一个非法国家服务，并以此为理由大幅削减了他们的养老金。[81] 许多东德人想念民主德国的熟悉生活，憎恨西方媒体对统一社会党政权的攻击，认为那是对他们自己生命无情的不尊重。

然后，尽管对统一社会党政权的“怀东”（[n] ostalgia）* 情绪普遍存在，但几乎没有一个回忆录作者希望民主德国回归。虽然他们可能会为失去了东德的社群而感到遗憾，或者抱怨统一后德国的“赌场资本主义”，但他们承认，自己的生活水平有了明显的提高。作为不情愿的联邦德国公民，他们可以公开批评它的制度，组织游说团体，并在世界各地自由旅行。虽然社会主义哲学家阿尔弗雷德·科辛仍然向往“具有民主结构的社会主义社会”和“开放的思想生活”，但他明确表示，“我不希望统一社会党回归”。同样，长期担任集体农场主管的海因里希·布施曼也承认：“无论是出于我的大脑还是内心，我都不想回到民主德国的状态。”回顾了历次政权后，记者卡洛拉·施特恩和社会主义者海因茨·策格尔总结道：“有了在魏玛共和国、纳粹国家和民主德国的经历，[我们] 认为联邦德国是迄今最好的德国。”[82]

---

* 由“东方”（Ost）和“怀旧”（Nostalgie）组成，表示对东德生活的怀念。——译注

结语

断裂生活的记忆

出生于 20 世纪 20 年代的那代人的自传呈现出对一个非凡时代的平凡生活的有趣记录。随着年龄的增长，这些未受过正规写作训练的作者回顾了自己经历过的考验和磨难，试图解释他们破碎的人生。德国少女联盟前成员露特 · 布尔文承认 ：“很长一段时间以来，我一直很想为我的孩子和侄子们，当然也为自己，记录我们的生活。”在反思“从［纳粹］独裁到［统一社会党］独裁”的进程时，东德工程师霍斯特 · 约翰森试图“从一个普通公民的角度再现人生的经验”。与民主德国的辩解不同，他希望“以真正客观的方式提出更好的证词，试图为我的家族后代再现过去，为有关当代历史进程的问题提供答案”。从“一个非常动荡的时代”的亲身经历中吸取政治教训，这种说教目的是许多魏玛孩子们的回忆录的典型特点。[1]

对读者来说，这种自我叙事既有问题，又带来了希望。约阿希姆 · 费斯特承认，作为“实际发生了什么”的素材，此类叙事有很多缺陷。自传是相当有选择性的，会回避令人尴尬的细节 ；它们往往是赞美式的，为作者的行为辩护，并且呈现出一种线性的进展，忽略了事实上发展的曲折和转折。尽管如此，个人叙述也有可取之处，因为它们记录了“人如何成为现在的样子”。相比结构性的概括，关于特定生命历程的个人观点提供了更具体的细节。此外，它还讲
361 述了随着作者的死亡将会失传的事迹。最后，它的历时性特征让作者可以反思他们之前和现在的自我之间的差异。因此，历史学家弗里茨·克莱因试图“进行一次严肃的自我反省，明确诘问我做了、说了或写了什么好的或坏的，对的或错的”。这种严格的自我分析提供了其他渠道无法获得的洞察。[2]

与其他国家的回忆录不同，德国人的自传不得不面对一个有问题的过去的“双重负担”。一方面，相比中立邻国的和平发展，他们的生命历程往往受到战争、纳粹压迫、大屠杀和专制统治更强烈的干扰。另一方面，被卷入这些经历的个人构成了那个国家的整个谱系，从行凶者到旁观者，再到受害者。作为一对知识分子夫妇，卡洛拉·施特恩和海因茨·策格尔“不得不以不同的方式、出于不同的理由来理解他们的过去”。卡洛拉不得不面对她年轻时对第三帝国的热情，而海因茨则必须正视他在民主德国中的突出角色。同样，机械工程师君特·克劳泽总结道：“我经历了民族社会主义和民主德国。这两个独裁政权给人民带来的只有灾难。”[3]这些回忆录中的许多都是强烈的呼吁，以防此类事件再次发生。

从普通人的角度来看，20世纪的德国历史展现了从灾难到文明的戏剧性逆转。导致这个国家及其所在的大陆陷入两次战争、萧条、独裁和大屠杀的，不仅是沙文主义精英们的致命决定，也有群众的热情拥护。这些自我的灾难推翻了政权，移动了边界，杀死了数百万人——简而言之，它们造成了数不清的苦难，吞噬了引发它们的人。家庭相册中满是自豪的士兵庆祝国防军胜利的照片，但也有被摧毁的城市和在瓦砾中挣扎求生的战败者的影像。直到放弃了冷战僵局中的霸权梦想，被东西分隔的德国人才开始走上坦途，反思他们过去的一些恶行。最终造就了今天改过自新的德国人的，不

仅是政治领袖和知识分子的批评，也是一个广泛得多的社会反省过程。[4]

退休回顾

对于西德的魏玛一代成员来说，从工作岗位上退休让他们有闲暇和动力来最后一次“回顾他们的过去”。对于一些不满现状的个人来说，放弃工作是一种可喜的解脱，而对于另一些人来说，比如罗伯特·诺伊迈尔，“他们热爱［自己的］职业，说再见带着些许悲伤”。女儿敦促他，“作为慢慢死去的一代的目击者，为后人记录他的战争经历”，以便在结束工作后“填补空虚”。在阅读父亲写下的文字时，她对“他起起伏伏，丰富多彩的生活”留下了深刻的印象。与她那一代生活在和平时代的人不同，“他经历了极端的情况，承受着巨大的身体和心理压力，但从未失去生活的勇气”。退到“剧院的第二排”后，格哈德·鲍克也很乐于学习扮演观众的角色：“我有一个很好的伙伴在身边。它不会变得无聊。秋天也有美好的日子。”[5] 362

叙述的最后几页显示，许多退休人员顺利地进入老年，让他们能够冷静地反思自己的生活。像约阿希姆·费斯特这样的知识分子继续追求着他们的文化兴趣，但改到了不那么正式的环境中。像赫尔穆特·拉什多夫这样的商人转而担任顾问，并从专业协会那里获得各种荣誉。吉塞拉和霍斯特·格罗图斯等社会活动家继续参与他们的社区事务，支持应对当地或全球问题的公民社会倡议。另一些专业人士则转向自己的爱好，例如赫尔曼·德布斯参加了游泳比赛和戏剧制作。尤其如果他们来自普通家庭，领取养老金的人会为自己设施齐全的房子和大花园感到自豪，在花园里忙个不停。像埃丽卡·陶布霍恩和君特·克劳泽这样曾经因为政治或经济原因而无法脱身的退休人员终于可以前往“塞浦路斯、克里特、摩洛哥和马德拉”等遥远的地方。[6] 照片显示，另一些人满足于待在离家更近的地方，享受彼此的陪伴，比如安德雷斯夫妇（图 29）。

363 意识到“我们还能走一小段路”，女性对子女的成长感到满意，因为根据传统的性别角色，她们在养育子女方面发挥了至关重要的作用。许多自传中满是微笑的婴儿和逗弄孩子的照片，暗示“那是一段快乐的时光”。这类文字还描述了常见的疾病、学校里的问题和纪律问题——但潜台词总是积极地暗示困难已被克服。像罗尔夫 · 布尔文或赫尔穆特 · 拉什多夫这样的父亲为他们孩子的事业晋升感到自豪，在儿子们能够接管家庭企业时深感欣慰。母亲更关心孩子的个人感情，希望他们能找到合适的伴侣。安内利泽 · 胡贝尔回忆说：“今天当我回首往事时，我感谢命运让我们拥有健康的孩子，他们没有造成别的方面的担忧。”[7] 一旦有了孙辈，新晋的祖父母就更快乐了，因为他们可以享受孩子的成长，而不需要负担任何直接的责任。

364 然而，这些文本也暗示，年龄的增长也给魏玛一代带来了越来越多的健康问题。保罗 · 德布斯的臀部疼痛变得更严重，尽管他努力通过游泳和锻炼来与之对抗。另一些挫折则是令人震惊的意外，比如保罗·胡贝尔（Paul Huber）的“轻微视力问题和暂时性瘫痪”，这是他的颈动脉几乎完全堵塞的结果。在随后的三重搭桥手术中，他中风了，这导致他“完全失能，连着各种器械和软管，不能挪动胳膊或腿”。通过齐心协力的康复治疗，他才重新站了起来。即使那是“一段艰难的时光”，他的妻子还是“为保罗能再次过上近乎正常的生活而高兴和感激”。同样，君特 · 克劳泽心脏病发作，被救护车送往医院。后来，他还因为动脉阻塞而中风，但最终恢复得足够好，可以四处旅行。[8] 这类事件是死亡的早期预警信号。

意识到“必须尝试减少工作”，因为他们不再“那么能扛”，这

图29. 心满意足的退休人员。来源：霍斯特·安德烈，《我生命的各个阶段》（*Stationen meines Lebens*）。

是作者们一有机会就写下他们的人生故事的主要动机。如果能像赫尔穆特·拉什多夫那样内心泰然，他们就可以回顾“我丰富多彩的生命”，用修剪过的草地这种诗意的形象来展现它的意义，从而让他们的孩子相信，剪下的花朵明年会再次开放。对于丧妻的格哈德·鲍克来说，“写作是对漫长而悲伤的冬夜的一种治疗”，因为这让他可以创造“一段历史，一段亲历的生活”，能够“反射回”它正在消失的光芒。对于霍斯特·格罗图斯这样具有自我批评精神的人来说，盘点人生需要承认错误和失败，他希望把这些作为警示故事说给孩子们听。“我经历过、做过、成就过和遭受过很多。”尽管如此，他最终还是觉得自己的生活是“有价值的”。[9] 因此，将自己的传记付诸文字是让他们在亲密的家人圈子里，乃至更广大的公众范围超越死亡的一种方式。

此外，写自传也是一些魏玛的孩子们应对挥之不去的大屠杀和大规模死亡噩梦的一种方法，这些噩梦在他们的心灵中留下了不可磨灭的痕迹。在职业生涯中，他们一直太过忙于应对纳粹独裁统治 365

的破坏性后果，以致没能直面他们在其中扮演了什么角色的问题。直到后来重建成功，他们才有了足够的心理距离来面对可怕事件的记忆。退休后，他们的思绪回到了自己被希特勒青年团或德国少女联盟主导的青少年时期，回忆起成长和初恋等幸福的画面。但回忆第三帝国的青春不可避免地提出了一个令人不安的问题，即他们对纳粹独裁政权、后来的战争和所伴随的暴行负有何种个人和集体责任。乌尔苏拉·马伦多夫感到“向［她的美国］学生讲述我们德国人参与和遭遇了什么是一种特殊的责任”。[10] 她和她的同龄人永远不会忘记纳粹的恐怖。

对东德人来说，正视自己的过去甚至更加复杂，因为这恰逢民主德国的和平革命。出生于 20 世纪 20 年代的人在 80 年代达到了退休年龄，所以共产主义的崩溃使他们向退休后生活的过渡变得复杂起来。当柏林墙倒塌时，对东德和平抗议肃然起敬的吃惊的西德人感到高兴。“没有人开枪，”格哈德·鲍克惊叹道，“我们又一次逃脱了惩罚，没有什么理由去庆祝，我们只能心存感激。”相反，当“真正的社会主义世界以越来越快的速度瓦解”时，长期倡导共产主义改革的民主德国历史学家弗里茨·克莱因被惊呆了。显然，他“并不想要这种转变”，但既然“我方已经显示出无法靠自己解决问题，我愿意接受这是不可否认的进步”。[11] 对那些因为分裂而遭受苦难的人来说，统一还带来了政治上的解脱。

统一社会党统治的老一辈支持者觉得共产主义的崩溃尤其令人烦恼，因为这破坏了他们的生活计划。如果他们的雇主破产了，例如合作社联盟（Union of Cooperative Stores），这些人就会像埃里克·哈斯曼一样“被提前退休”。当科学院解散时，马克思主义哲学家阿尔弗雷德·科辛等著名学者被迫接受提前领养老金。“事情开始变得清楚，前民主德国的很大一部分学院知识分子将以相当简
366 单的方式被逐出公共生活。”经济学家君特·曼茨驳斥了媒体对统

一社会党政权是“非法国家”的指责，批评西方正在进行“殖民化过程”。维尔纳·费格尔因他的“知识分子养老金”被削减而受到沉重打击，强烈呼吁增加退休工资。只有当他们因为统一社会党终于不复存在而松了一口气时，就像农学家海因里希·许布施曼那样，才会愿意给新制度一个机会。[12]

显然，魏玛一代的自传仍然是不完整的，因为它们的作者无法讲述自己的逝世。大多数人像罗伯特·诺伊迈尔一样，希望能“安宁而满足”地在他们“的家里［和家人］一起多活几年”。但是死亡的来临会提前投下阴影。“死亡一直萦绕在我心头，”安内利泽·胡贝尔说，“从那时起，我就开始把生活当作馈赠。”75 岁的生日过后，乌尔苏拉·贝伦伯格感觉“记忆消失在迷雾中——一切都失去了光彩”。当她无人哀悼的哥哥死后，就连和哥哥的争执也不再困扰她：“我的心一天比一天平静。缓慢的逝世已经无情地开始。”露特·魏格尔特开始写回忆录的时候已经 92 岁了，她很感激儿子能帮她“记下我的生活”。只有像赫尔穆特·拉什多夫这样的宗教信徒更乐观：“如果有一天上帝认为是时候把我从这个世界上带走了，我只希望我能感恩地离开，期待着与永恒相逢。”[13] 每个作者都以不同的方式为不可避免的结局寻求慰藉。

破碎的生活

在魏玛一代的退休回顾中，共同的首要经历是他们自己的生活轨迹被不受他们控制的历史力量所扰乱。他们的生活没有像预期的那样从快乐的童年走向动荡的青春期，再到事业有成、家庭幸福的成年，而是不断与萧条、独裁、战争、贫困等出人意料的挑战进行斗争。工程师海因茨·舒尔泰斯将他的叙述称为“一个男孩完全平凡的历史，命运注定他要在‘伟大的时代’中成长”。回首往事，

图 30a. 战时的破坏。来源：肯波夫斯基收藏的照片。

图 30b. 战后的重建。来源：普鲁士文化财产基金会。

他解释自己“一次次对生活中经常显得荒谬的变迁感到惊讶”，因为“20 世纪是如此纷繁复杂，与之相比，即使过去的重大事件和变 367
革也往往相形见绌”。[14] 一边是对不可胜数的破坏和大规模死亡的压抑记录，一边是后来恢复的和平与繁荣，许多私人快照和官方的建筑物照片都展现了两者的反差（图 30）。

在大多数自我叙事中，德意志帝国充当了积极的背景板。在祖父母讲述的故事和他们对纪律、清洁和节俭等“次要美德”的遵守 368
中，帝国仿佛是一个有序和稳定的时期，与其快速的人口增长、经济发展和疯狂的城市化截然不同。通过一系列军事胜利建立民族国家、获得海外殖民地、提升繁荣的程度、获取科学研究和技术发明的声誉，这些都促成一种持续的进步感，甚至得到托马斯·曼的称颂。乐观的自我形象与许多自传中提到的农村贫困、城市困境、经济剥削、社会冲突、军国主义和威权主义形成了惊人的反差。正是大战和战后混乱造成的更加负面的经历使第二帝国最终成为“美好的旧日”。[15]

根据他们自己的回忆，几乎所有作者都把魏玛共和国描绘得出人意料地温馨。他们的童年似乎相当幸福，与后来的苦难形成了鲜 369
明的对比。这种记忆不同于许多学术文献，后者强调了共和国初期的混乱和恶性通胀、短暂的稳定和后来的经济危机，它们从共和国诞生之日起就重创了它。普遍的怀旧是在向父母致敬，他们保护自己的孩子不受经济和政治冲突的影响，使其拥有了愉快的童年。这也是对魏玛共和国在学校改革和福利支持方面的积极努力的反映，它们为一些经济条件有限的孩子创造了上升的机会。直到大萧条爆发，回忆录作者和像阿尔弗雷德·德布林（Alfred Döblin）这样的作家才提到失业造成的贫苦，或者冲锋队和红色阵线战士同盟为控制公共空间而展开的街头冲突。[16] 这些积极的描述表明，魏玛共和国确实有过机会。

在许多方面，描绘纳粹统治下的青少年时代，对这些作者们来说是最困难的话题，因为他们将被迫调和积极的记忆与其灾难性的后果。此类叙事常常出自前希特勒青年团或德国少女联盟领导人的笔下，以相当吸引人的笔调描绘了他们的参与。这并不意外，因为这些团体为年轻人提供了休闲活动和摆脱父母控制的自由，并承诺了一个由他们这代人来让德国再次伟大的计划。但许多作者接着描述了幻灭的过程，因为他们逐渐意识到纳粹的罪行，这最终导致了他们世界观的崩塌和个人的崩溃，就像克里斯塔·沃尔夫那样。难以置信的破坏、个人的苦难和大规模的杀戮，引发了面对德国人的罪恶时痛苦的自我反省。将年轻时的错误与成熟后的批评进行对比的历时性自省是一场良心斗争的迷人证据，这场斗争最终改变了记忆的文化。[17]

回忆录显示，对人生计划的破坏真正开始于二战，当时的年轻人被卷入了大规模谋杀和大规模死亡。学业中断、军事纪律和致命危险的讨厌现实并不是希特勒青年团领导人在灌输纳粹思想时所承诺的。最初的回忆仍然显示出冒险精神和胜利热情的痕迹，死亡
370 可以被解释成一种英勇的牺牲。然而，由于征服英国的失败、俄军的入侵和美军的加入，加之关于可怕暴行的传言，人们最终对这场战争的合法性产生了挥之不去的怀疑。大多数叙述集中在失败的不可避免，原因是武器落后、缺乏资源和被征服者的抵抗。于是，东西方战线的彻底崩溃使一切个人的牺牲和战友的被杀都变得毫无意义。正如瓦尔特·肯波夫斯基所描述的，年轻人在战斗中失去整个青春，导致了他们对未来的幻灭和困惑。[18]

自传表明，年轻女性的生活同样受到战争的破坏，即使她们通常留在后方。男性的缺席让感情关系变得复杂，导致家庭破裂，迫使女性承担新的责任。虽然纳粹最初试图通过保护她们来维持士气，但最终许多女性不得不与奴隶劳工一起从事战争生产。从战争中期开始，杀戮开始威胁到女性自己：密集轰炸并不区分军事和民用目

标。随着东线的瓦解，许多母亲不得不在红军到来前紧急组织逃亡并应对随后的被驱逐，因为男人都战死或被俘了。然后是大规模强奸这种无以复加的羞辱，以及与之相伴的暴行、怀孕和羞耻，这些都从性的方面标志着失败。就像玛尔塔·希勒斯匿名发表的记录一样*，日记生动地描述了女性的苦难。[19]

这些文本还表明，实际的纳粹受害者甚至面临更大的危险。如果不能及时逃走，他们中数以百万计的人将在种族主义的恐怖中丧生。它们中有无数例子描绘了冲锋队殴打、监禁和杀害政治左派对手，几乎不考虑合法性。医疗记录也显示了系统性的安乐死企图，试图从全体人民中消灭“生物学上的不合格者”，尽管这遭到了宗教上的反对。随着战争而来的，是被日耳曼化的定居地区对波兰人的种族清洗，俄国战俘的挨饿，以及对奴隶劳工的剥削。所有这些骇人听闻的罪行中，最可怕的是对犹太人、罗姆人和同性恋者等的歧视、迫害、隔离和大规模谋杀，通常被称为“大屠杀”（Holocaust）。 371
只有像维克多·克伦佩雷尔（Victor Klemperer）这样少数幸运或机智的人才设法逃脱了这场杀戮狂欢，在他们的日记、信件或备忘录中完成了一份无可辩驳的反人类罪行记录。[20]

在二战后的混乱中，自我叙事展现了在战败和被占领期间将生活的碎片重新组合起来的疯狂努力。被解放的集中营和监狱幸存者需要通过护理来恢复健康，以便拥有未来。数百万流离失所的人必须被遣返或允许移民到更加宜居的地方。成为战俘的德国国防军士兵将接受战争罪调查，然后要么被用作俄国和法国的重建劳力，要么被遣送回国。来自失去的东部领土上的1000万讲德语的被驱逐者需要安排和分配，以便让他们融入新的社群。数以百万计的无家

---

* 玛尔塔·希勒斯是德国记者，1959年匿名出版了回忆录《德国的女人》（*Eine Frau in Berlin*）。——编注

可归的男性、女性和孩子需要重新找到居所，因为他们的公寓或住处被炸弹摧毁。所有这些不知所措的人群给战胜国制造了意料之外的人道主义危机，让海因里希·伯尔的小说中所描绘的战败者茫然地寻找意义。[21]

西德后来的重建故事集中在对“正常化”的渴望上，即回归按部就班的平民生活。具体地说，这意味着与作为惨痛失败祸端的民族社会主义保持距离。但许多普通公民不愿太多反思他们个人在第三帝国中的角色。当务之急是获得足够的食物和住所，以便恢复学业或找到体面的工作。他们关心的另一个问题是让四散的家人能够团聚，以及将浪漫关系变为婚姻，拥有自己的家和孩子。许多年轻的德国人还希望出国，学习其他西方国家做得更好的方面，以便重
372 新加入国际社会。只有一小部分知识分子愿意听从卡尔·雅斯贝尔斯的呼吁，直面德国人的罪恶，或者像君特·格拉斯那样批评经济奇迹中健忘的成功故事。[22]

东德人的自传专注于建设社会主义新社会这一激动人心的实验。在像汉斯·莫德罗这样幻想破灭的年轻人中，反法西斯抵抗者的榜样激励他们转向一种据称更人性化的意识形态，让自己的生活受其主导。老一辈人的死亡和占领军的清洗也在民主德国开启了充满吸引力的职业前景。不幸的是，斯大林主义者对社会主义理想的实践创造了新的独裁统治，用辩证法为自己代人民行事进行辩护。为了逃避迫害，许多商人、地主和专业人士逃往西德，而统一社会党成员则在与自己的良知斗争，考虑是否为了他们的事业而忽视压迫。最后，社会主义计划失败了，因为它没有实现自己的理想，没有提供更好的生活。一种崇高意识形态的失败让欧根·鲁格（Eugen Ruge）这样的东德小说家陷入了失望。[23] 所有这些叙述都表明，20 世纪德国人的生活在多个方面都是破裂的。

有争议的记忆

在战后的德国人中，这些共同的经历创造了一种很大程度上是辩护性质的“交流记忆”，它通过口头传播，不同于公共的记忆文化。其核心是在家庭节日、邻里聚会或与朋友团聚时分享的私人故事。在这些聚会上，人们会谈论自己的个人命运，试图理解自己的遭遇。由于经常重复，他们关于共同苦难的故事逐渐演变成退伍军人、被驱逐者或强奸受害者中的群体认同，听到自己并不孤单能让他们得到慰藉。此类叙事也被诸如被逐者联盟（League of Expellees）这样的压力团体所接受，为要求政治认可或对过去的痛苦进行金钱补偿提供了理由。一般来说，此类记忆存在于手稿自传、灰色文学或定向出版物的半公共领域。与公众记忆文化的批判立场不同，这种地下社会记忆未能充分描述纳粹的罪行，而且主要关注德国的受害 373
者身份。[24]

在很大程度上，这种半公共记忆文化的主旨是由记述过去的作者类型缺失所决定的。由于公众的羞辱，纳粹元凶们几乎不敢撰写自传式的记述，甚至像约阿希姆·贝斯曼这样的帮凶都认为他们应该为自己的所作所为道歉。相反，阿尔弗雷德·科辛等统一社会党官员坚持为作为理想的社会主义辩护，尽管也批评其在现实中的实践。大多数纳粹受害者的声音都被压制了。如果成功逃脱，他们就会像露西·曼德尔施塔姆那样，用接纳他们的国家的语言写作。在富有同情心的媒体和基金会的支持下，君特·克劳泽等在共产党统治下受到迫害的人对他们所遭受的不公直言不讳。此外，一边是在民主德国受到推崇的共产主义反法西斯运动，一边是在联邦德国受到赞扬的资产阶级军事抵抗，冷战分裂也让记忆分裂成了两部分。乌尔苏拉·贝伦伯格等大多数非政治化的作者在略带辩护和适度自我批评的叙事之间摇摆。[25]

在试图向后来的读者解释纳粹的灾难时，普通的回忆录作者常常诉诸几个标准的借口。马丁 · 西格表示，“我们没有选择什么时间出生”，“通常只是在回应”无法阻止的外部力量。威尔 · 泽尔曼-埃格贝特声称，“大多数德国人对数以百万计的人被罪恶地谋杀一无所知”。像格哈特 · 塔姆这样的年轻退伍军人将他们的不幸归咎于“罪犯、纳粹党头目、刽子手和集中营管理者”，把自己与红军的作战解释成试图“延迟、拯救和阻止毁灭”。像卡尔 · 黑特尔这样的一些顽固民族主义者反而认为盟军应该对此负责：“我们不是罪犯，而是针对德国人民和帝国的大清洗的受害者，那是我们的对手根据强加的凡尔赛［和约］发起的。”指责整个历史，特别是纳粹领导层，或者甚至是战时的敌人，这让许多个人被免除承担自己的责任。相反，他们可以声称：“我们因为年轻而被骗了。”[26]

374 一种更为复杂的解释认为，善意的爱国主义遭到了纳粹领导层的背叛。海因里希 · 布施曼提出了这种流行的想法：“［我的］保卫祖国的诚实的民族感情被滥用了。”此类司空见惯的观点假设，年轻人为保卫他们的国家而参军是正常的。凭借这种对爱国义务的呼吁，即使那些不认同纳粹种族主义意识形态的人也可以被动员起来参加战争。由于对飞行新技术的迷恋，霍斯特 · 格罗图斯和其他年轻人接受了滑翔机训练，以期成为声望很高的空军飞行员。直到经历了一系列的挫折，他们才幻想破灭。布施曼表示：“当我意识到这场我自愿参加的战争不是防御战，而是征服战时，我的情感在 1942 年发生了改变，从志愿者变成了战争和希特勒政权的反对者。”[27] 从斯大林格勒战役开始，许多自传中都提到了这种思想的逐渐改变，在老兵中很具代表性。

在希特勒青年团或德国少女联盟领导人的回忆录中经常能看到一种更具批判性的观点，强调年轻时曾受到理想主义的诱惑。成年罗瑞 · 瓦尔布在学生时代的日记基础上记述自己的生活，试图自我澄清，以便“直面我曾经拥护过”第三帝国的事实。作为纳粹党员的女儿，她“对纳粹时代的精神着魔，被宣传和口号冲昏了头脑，对‘元首’的气质和他的演讲着迷”。后来令她懊恼的是，她平庸的少女时代日记“代表了纳粹时期沉默的大多数人的热情”。直到“通过战争事件本身的压力，一个幻想破灭和思想转变的过程才慢慢开始”，该过程持续了多年，最终导致了一场心理危机。回过头来直面年轻时的自我使其可以“比以前更清楚和更准确地接受我在纳粹时期的参与和我那份罪责的程度”。[28] 此类证言标志着自我反思式自传的关键转折。

几十年来，不论官方对第三帝国如何谴责，这种半公共的受害者记忆文化持续存在。一些回忆录作者只是想捍卫他们的童年和青年时代，那里有快乐的经历，尽管发生在罪恶的体制下。另一些人 375
驳斥了集体犯罪的指控，声称他们既没有参与犯下战争罪行，也没有实施过大屠杀。东德工程师阿尔贝特·莱特霍尔德断言，“我没有意识到任何个人罪责”，他很有代表性地表示，“集中营的存在是已知的，但从不清楚它们的数量和其中非人道残忍的程度”。虽然知道犹太人受到了迫害，但人们会把目光移开，这样就不必去反对了。当面对成堆的尸体和瘦骨嶙峋的人令人震惊的照片时，许多战后的德国人斥之为盟军的“洗脑”，拒绝指责他们的同胞，以便“维持他们的共同体的和平”。[29] 因此，魏玛一代很难直面自己的共谋。

直到长期的斗争之后，公共记忆文化才成功地把私人的社会回忆转到更具批判性的方向。一个必要的先决条件是第三帝国的彻底失败，这让纳粹党名誉扫地，启动了转向的进程。至少在最初，人们普遍认同有必要在纽伦堡审判中惩罚纳粹领导人和党卫队，因为他们发动了侵略战争而且侵犯了人权。虽然将作恶者监禁算不上严厉的手段，而且去纳粹化运动变得有点像是闹剧，但这些惩罚性措施暂时将纳粹精英从政治舞台上赶走，让反法西斯分子在重建政治制度中领先了一步。媒体许可在提供批评第三帝国的信息方面也发挥了至关重要的作用。最后，“美国之家”和交换计划等积极的激励措施吸引了像乌尔苏拉 · 马伦多夫这样的年轻人。[30] 西方盟国利用严厉和开明的正确组合改变了政治文化。

战后政治家明确的反纳粹立场同样为寻求民主或社会主义未来的年轻人指明了方向。许多西方领导人重新走出内在移民，例如总理康拉德·阿登纳和总统特奥多尔·豪斯，而库尔特·舒马赫、维利·勃兰特和其他社会民主党人则是在监狱中幸免于难，或从流亡中归来。
376 类似地，著名的共产主义者也从莫斯科或狱中归来，例如瓦尔特·乌布利希和埃里克 · 昂纳克。虽然阿登纳向为德国辩护的中右翼选民示好，但他明白，想要成功融入西方，就必须对德国的罪行表示忏悔，并向以色列国和犹太社群做出赔偿。同样，东德领导层为了加入苏联集团而披上了反法西斯的外衣。对于马丁 · 西格和弗里茨 · 克莱因等年轻人来说，像汉斯 · 利耶主教和教育家海因里希 · 戴特斯这样的权威人物在他们决定效忠哪一边时扮演了至关重要的角色。[31]

20 世纪 60 年代初，几起针对首要罪犯的法庭案件广为人知，也推动了风潮从普遍的辩护转变为对德国人罪行的批评立场。由于憎恨“集体罪责”的观念，许多民族主义者一直主张遵从普遍的公众情感，让前纳粹分子重新融入社会并释放战犯。但是 1959 年的乌尔姆突击队（Ulm Einsatzkommando）审判带来了无可辩驳的证据，证明警方参与了对梅梅尔（Memel）* 犹太人的大屠杀。更引人瞩目的是 1960 年在耶路撒冷进行的艾希曼审判，被起诉的是“最终解决方案”的组织主谋，那是一个苍白无力的官僚，于 1962 年被绞死。在国内，1963 年，无畏的检察官弗里茨 · 鲍尔（Fritz Bauer）在由他组织的法兰克福奥斯维辛审判上指控 22 名集中营警

* 今立陶宛克莱佩达。——编注

卫犯下了大规模谋杀罪。（这次审判在彼得·魏斯［Peter Weiss］的舞台剧《调查》［*The Investigation*］中得到永生。）虽然上述努力远远没有实现正义，但它们让就连约阿希姆·贝斯曼这样的作恶者也清楚意识道，“不存在任何借口来消灭和谋杀整个民族”。[32]

在东德，“强制的反法西斯主义”是统一社会党统治合法性的一个基本要素，它自称正在建设一个更美好的德国。“清理了物质和思想的瓦砾后”，像格哈德·约阿希姆这样的“年轻的反法西斯主义者”开始着手“解放仍在缓慢成长的新社会的元素，它们从此前对德国人民来说是灾难性的发展中形成”。弗里茨·克莱因这样身处东德的魏玛一代知识分子接受了民主德国这个社会主义计划， 377
认为那是打破昔日纳粹魔咒的唯一方法。不幸的是，布痕瓦尔德或萨克森豪森等集中营里对反法西斯抵抗的庆祝活动很快就变成了对统一社会党新的少数人独裁统治的合法化。像阿尔弗雷德·科辛这样富有创造力的马克思主义者开始与党内官员发生冲突，他受到了纪律处分，对“实存社会主义”失去了信心。最后，为了推翻统一社会党的统治，是反对派继承了罗莎·卢森堡的遗产。[33]

对公众记忆的批评所累积的压力也逐渐催生了一些真正的忏悔，缩小了与私人回忆的差异。魏玛的孩子们面对的是君特·格拉斯和克里斯塔·沃尔夫等著名作家和露特·克吕格和维克多·克伦佩雷尔等著名回忆录作者的文字描绘，是美国电视剧《大屠杀》（*Holocaust*）等有力的媒体信息，是普通历史学家在各地开展的、凸显了纳粹罪行普遍性的纪念活动。这些行动共同记录了大屠杀令人震惊的规模，确证了大屠杀指控的真实性，带来了不容忽视的情感冲击。结果是加剧了认识的紧张，一边是对年轻时的怀旧回忆，另一边是成年后对责任的忧虑。对乌尔苏拉·马伦多夫和罗瑞·瓦尔布来说，这引发了只能通过有意识地承认罪责才能解决的心理危机。因此，吉塞拉和霍斯特·格罗图斯、多萝特·泽勒和维尔纳·布劳内等知识分子余生都致力于通过公民参与进行悔过。[34]

“交流记忆”的这种批判性转向也为德国人与犹太人间的有限和解打开了大门。对于阿尔贝特·贡珀茨等移民来说，负面情绪如此之深，以至于他们在返回德国期间无法进行有意义的交流。同样，尼扎·加诺尔也尴尬地遇到了她的前纳粹雇主的家人，后者曾把她交给了党卫队。但由于哥哥仍然生活在故乡，伊尔莎·波拉克觉得返乡之行非常温馨，因为它们将她与童年的回忆联系在一起。对于露西·曼德尔施塔姆来说，晚年的德国之行同样让她感到解脱 :“我
378 觉得自己的生活现在又回到了原点，我已经接受了过去。”当然，弗里茨·斯特恩和露特·克吕格等德国历史或文学方面的专家与联邦德国建立了专业联系，支持它的自由化。但是很少有人像格奥尔格·伊格斯或汤姆·安格雷斯走得那么远，前者暂时回到了哥廷根，后者则搬回柏林定居，以便向年轻的德国人介绍大屠杀的真相。正如奥斯维辛集中营的幸存者尤迪特·马扎尔·艾萨克森所写 :“我们不能忘记，但我们必须学会宽恕。”[35]

新德国人

20 世纪的恐怖经历和令人不安的记忆改变了大多数德国人，使他们与欧洲的邻居们截然不同。英国媒体仍然可以为自己的帝国历史感到自豪，法国公众以他们的文化成就为荣，波兰爱国主义者在他们的“殉道史”中得到了慰藉，但联邦共和国的公民只有一段更加负面的历史。在“民族自豪感”的国际比较中，德国人始终排在底部，低于美国等充满自尊心的其他发达国家。即使对自己的经济实力、体育成就或自由体制感到欣慰，他们也比其他国家的成员更愿意将自己定位为“欧洲人”。此外，尽管遭到本土主义者的反对，德国总理安格拉·默克尔（Angela Merkel）还是因此更乐于接受

来自国外的难民。令人惊讶的是，在《美国新闻与世界报道》（*US News & World Report*）2016 年的一项商业调查中，德国在“世界最好的国家”中排名第一——甚至击败了美国。[36]

这些自传在一定程度上表明，上述转变是对 20 世纪德国负面经历的回应。帝国最初的信心被一战中的困苦和战败后的混乱所粉碎。带来快乐童年的魏玛共和国的稳定岁月在大萧条中消失了。第三帝国和平年代的暂时改善变成了二战的可怕苦难和大屠杀。此外，
战后创造一个更加平等的社会的计划最终以德国共产党的独裁而告 379
终。只有创立时有些笨拙的联邦德国带来了和平、繁荣和团聚。每当德国人试图凌驾于邻国之上时，他们最终都会陷入苦难，从作恶者变成受害者本身。即使是卡尔·黑特尔这样的民族主义者也意识到，“这种不人道和愤世嫉俗的政策让人民及其命运沦为他们争夺权力的工具”。[37]

不得不面对令人压抑的记忆，使许多战后的德国人比他们的邻居做了更多的自我批评。开始表达“关于这一致命发展的主观感受”需要勇敢的反省，而不是闪烁其词的自我辩护。回顾他们的生活时，像海因茨·舒尔泰斯这样的作者明白，他们的个人经历与国家的更大灾难密不可分地联系在一起。这种认识提出了个人责任的问题：他们为纳粹的种族灭绝提供了什么支持，或者他们没有向受害者提供什么帮助？对于雷娜特·芬克来说，这种自我反省导致了“一种可怕的认识。我本想安全地放在心里的东西变成了内疚和羞愧”。在这个过程中，她“认识到我曾经忠于邪恶”，协助了“整个大谎言”。但在经历了这样的青年时期后，她还是找到了生活的勇气。“因为我可以成长，一切并没有结束。”[38] 即使右翼极端分子继续否认德国的责任，对过去的批判性共识仍然有力。[39]

吸取经验和记忆的教训，让许多德国人变成了真诚的民主派与和平主义者，想要防止从前的恐怖重演。迪特尔·舍恩哈尔斯曾经

是一名“相信德国会胜利”的自豪的士兵，他试图让自己的瑞典学生从他本人的错误中吸取教训，以便“首先阻止［种族主义独裁统治］不负责任的煽动者滥用青年的理想主义”。“要竭尽所能地避免另一场战争，不仅是核冲突，而是战争，就是这样。”在他们生命将要走向尽头时，魏玛的孩子们用“永远不再”允许独裁、战争或
380 大屠杀这三重禁令作为回忆录的结尾。为了正视自己破碎的生活，他们大多拥护人权、和平主义、社会团结和生态保护。[40] 根据英国历史学家蒂莫西 · 加顿 · 艾什（Timothy Garton Ash）的说法，“这是历史的讽刺……今天，德国成了稳定的孤岛和自由主义的最后希望”。[41] 即使不是所有人都看到了曙光，但许多德国人的变化如此之大，以至于他们的帝国祖先几乎认不出他们。

致 谢

本书是对“斯宾诺莎”（Spinoza）的答复，“斯宾诺莎”是我的综合性作品《走出灰烬》（*Out of Ashes*）的读者。2015 年 7 月 31 日，他在亚马逊网站（Amazon.com）上呼吁撰写一部“你在这些德国城市的街道上能真正体验到的”历史。由于书籍是书面的谈话，我想感谢所有对话者，例如 Erich Helmer，Johanna Hagenauer，Dorothea Klessmann，Siegfried Mews，Irmgard Mueller，Joachim Petzold，Hellmut Raschdorff 和 Gerhard Weinberg，他们和我分享了自己的个人故事。此外，我要真诚地感谢 Ulrich Grothus，Karen Hagemann，Katharina Hochmuth，Gerhild Krapf，Helmi Lehmann，Nina Lemmens 和 Michael Schoenhals 允许我阅读他们父母或祖父母的回忆录手稿。我还要感谢 Günter Gros，Karl Härtel，Anneliese Huber，Gerhard Joachim，Robert Neumaier，Heinz Schultheis，Erika Taubhorn 和 Hans Tausch 的家人允许我引用他们的自传。此外，我要对能够复制 Horst Andrée，Ursula Baehrenburg，Ruth Bulwin，Horst 和 Gisela Grothus，Winfried Weigelt 和 Kempowski 收藏的影像，以及普鲁士文化财产基金会的照片档案表示感谢。

我也要向柏林艺术学院（Akademie der Künste）文学档案馆的Maren Horn，埃门丁根德国日记档案馆（Deutsches Tagebucharchiv）的Jutta Jäger-Schenk和莱奥·贝克（Leo Baeck）档案馆的Frank Mecklenburg致谢，感谢他们向我提供了他们丰富的自传收藏。同时，我要感谢史密斯·雷诺兹基金会（Z. Smith Reynolds Foundation）在2016年提供的高级研究和学习年假，以及乔治·吕尔西基金会（Georges Lurcy Foundation）对材料
382 收集和写作的支持。此外，我要感谢Christiane Lemke和Helga Welsh对手稿的评点，以及Caroline Nilsen对文本的预编辑。我对Brigitta van Rheinberg在手稿修改期间的批评和鼓励深表感谢。最后，我想把这本书献给我的许多研究生，他们的好奇心激励我通过普通德国人的眼睛来看待过去。

注 释

导言 德国人经历的叙事

1. Johanna Hagenauer, “Bericht über die Nacht vom 16. März 1945, in der ein englischer Großangri Würzburg vollständig in Schutt und Asche legte” (MS, Munich, 2015). Cf. W. G. Sebald, *Luftkrieg und Literatur* (Munich, 1999). 本简注仅提供文献出处和少数扩展阅读的建议。
2. Bettina Fehr, “Erinnerungen” (Bonn, 2005), 227. 一般性的框架，见 Konrad H. Jarausch, *Out of Ashes: A New History of Europe in the Twentieth Century* (Princeton, NJ, 2015).
3. Robert Moeller, *War Stories: The Search for a Usable Past in the Federal Republic of Germany* (Berkeley, 2001).
4. Konrad H. Jarausch, *After Hitler: Recivilizing Germans, 1945–1995* (New York, 2008).
5. Peter Fritzsche, *The Turbulent World of Franz Göll: An Ordinary Berliner Writes the Twentieth Century* (Cambridge, MA, 2011) 关注不寻常的个人，而 Mary Fulbrook, *Dissonant Lives: Generations and Violence through the German Dictatorships* (Oxford, UK, 2011) 提供了未明确数量的证据。
6. Dirk Moses, *German Intellectuals and the Nazi Past* (Cambridge, UK, 2007); Bernd Weisbrod, “German Generations: The Anxiety of Belonging in Modern German History,” in Kierstin Gerland, ed., *Generation und Erwartung: Konstruktionen zwischen Vergangenheit und Zukunft* (Göttingen, 2013).
7. http://www.biographyonline.net/people/germans-greatest-100.html, 2016 年 2 月 14 日页面。
8. 关于方法论，见 Dorothee Wierling, *Geboren im Jahr Eins: Der Jahrgang 1919 in der DDR: Versuch einer Kollektivbiographie* (Berlin, 2002) and Volker Benkert, “Biographien im Umbruch. Die um 1970 in der DDR Geborenen zwischen Geschichte und Erinnerung” (Diss., Potsdam, 2016).

9. Konrad H. Jarausch, *Die Umkehr: Deutsche Wandlungen 1945–1995* (Munich, 2004); Edgar Wolfrum, *Die geglückte Demokratie: Geschichte der Bundesrepublik Deutschland von ihren Anfängen bis zur Gegenwart* (Stuttgart, 2006).

10. Christopher Browning, *Ordinary Men: Police Battalion 101 and the Final Solution in Poland* (New York, 1993).

11. Thomas Kohut, *A German Generation: An Experiential History of the Twentieth Century* (New Haven, CT, 2012); Nicholas Stargardt, *The German War: A Nation under Arms, 1939–1945* (London, 2015).

12. Karen Hagemann and Jean Quaetert, eds., *Gendering Modern German History: Themes, Debates, Revisions* (New York, 2007).

13. Cornelia Siebeck, "'Einzug ins verheißene Land': Richard von Weizsäckers Rede zum 40. Jahrestag des Kriegsendes am 8. Mai 1985," *Zeithistorische Forschungen* 12, no. 1 (2015), 网上版本见 http://www.zeithistorische-forschungen.de/1-2015/id=5177。

14. 例如，吉塞拉·格罗图斯（娘家姓瓦格纳），"Mein Leben" (Dorsten, n.d.)。

15. 详细的介绍，见 https://www.lbi.org/。

16. Walter Kempowski, *Das Echolot: Ein kollektives Tagebuch* (Munich, 1993–2005), 12 vols, 涵盖了 1941—1945 年。另见艺术学院文学档案馆的电子目录。

17. 埃门丁根德国日记档案馆，http://www.tagebucharchiv.de/。

18. Janosch Steuer and Rüdiger Graf, eds., *Selbstre exionen und Weltdeutungen: Tagebücher in der Geschichte und der Geschichtsschreibung des 20. Jahrhunderts* (Göttingen, 2015), 336–62.

19. Judith Magyar Isaacson, *Befreiung in Leipzig: Erinnerungen einer ungarischen Jüdin* (Witzenhausen, 1991), 228–38. Cf. Jeremy Popkin, *History, Historians and Autobiography* (Chicago, 2005) and Christopher Cowley, *The Philosophy of Autobiography* (Chicago, 2015).

20. Volker Depkat, "Autobiographie und die soziale Konstruktion von Wirklichkeit," *Geschichte und Gesellschaft* 29 (2003): 441–76. Cf. Christiane Lahusen, *Zukunft am Ende: Autobiographische Sinnstiftungen von DDR-Geisteswissenschaftlern nach 1989* (Bielefeld, 2014).

21. Alf Lüdtke, *Alltagsgeschichte: Zur Rekonstruktion historischer Erfahrungen und Lebensweisen* (Frankfurt, 1989); David Crew, "Alltagsgeschichte: A New Social History 'from Below'?," *Central European History* 22 (1989): 394–407.

22. Gerhard Botz, ed., *Schweigen und Reden einer Generation: Erinnerungsgespräche mit Opfern, Tätern und Mitläufern des Nationalsozialismus* (Vienna, 2005).

23. Gerhard Paul, *Visual History: Ein Studienbuch* (Göttingen, 2006); Irina O. Rajewski, "Intermediality, Intertextuality, and Remediation: A Literary Perspective on Intermediality," *Intermédialités* 6 (2005): 43–64.

24. Konrad H. Jarausch and Michael Geyer, *Shattered Past: Reconstructing German Histories* (Princeton, NJ, 2003), 317–41. Cf. Martin Sabrow, ed., *Autobiographische Aufarbeitung: Diktatur und Lebensgeschichte im 20. Jahrhundert* (Göttingen, 2012).

25. Konrad H. Jarausch, "Towards a Social History of Experience: Postmodern Predicaments

in theory and Interdisciplinarity," *Central European History* 22 (1989): 427–43. Cf. Ulrike Jureit, "Autobiographien: Rückfragen an ein gelebtes Leben," in Sabrow, *Autobiographische Aufarbeitung*, 149–57.

26. Günter Grass, *Crabwalk: A Novel* (Orlando, FL, 2003).

27. Bill Niven, ed., Germans as Victims: Remembering the Past in Contemporary Germany (Basingstoke, 2006); Helmut Schmitz, ed., *A Nation of Victims: Representations of German Wartime Suffering from 1945 to the Present* (Amsterdam, 2007). 28. Kohut, A German Generation, 9–12.

28. Kohut, *A German Generation*, 9–12.

29. Sabine Friedrich, *Wer wir sind: Roman* (Munich, 2002). 另见 Regina Scheer 更紧凑的小说，*Machandel. Roman*, 4th ed. (Munich, 2014).

30. Fritz Stern, *Five Germanys I Have Known* (New York, 2007).

31. Eckart Conze, *Suche nach Sicherheit: Eine Geschichte der Bundesrepublik Deutschland von 1949 bis in die Gegenwart* (Berlin, 2009).

32. Ulla Hahn, *Das verborgene Wort: Roman* (Stuttgart, 2001); Uwe Tellkamp, *The Tower: A Novel* (London, 2014).

33. Ruth Klüger, *Weiter leben: Eine Jugend* (Göttingen, 1992). Cf. Tony Judt, *Postwar: A History of Europe since 1945* (New York, 2005).

34. Isaacson, *Befreiung in Leipzig*, 73. Cf. Jeffrey Herf, *Divided Memories: The Nazi Past in the Two Germanys* (Cambridge, UK, 1997); Gilad Margalit, Guilt, *Suffering and Memory: Germany Remembers Its Dead of World War II* (Bloomington, IN, 2010).

35. Konrad H. Jarausch, "Towards a Critical Memory: Some German Reflections," 2015 年感恩节在日本大阪的东欧和东亚记忆比较会议上的主题演讲。

36. Konrad H. Jarausch and Martin Sabrow, eds., *Verletztes Gedächtnis: Erinnerungskultur und Zeitgeschichte im Konflikt* (Frankfurt, 2002).

37. Ulrich Herbert, *Deutsche Geschichte im zwanzigsten Jahrhundert* (Munich, 2015); Helmut Walser Smith, *The Continuities of German History: Nation, Religion, and Race across the Long Nineteenth Century* (Cambridge, UK, 2008).

38. Jakobine Witolla, "Tagebuch, 1923–1990" (Hameln, 1990).

第一章 帝国的祖先

1. Erich Helmer, " 'Der Tornister:' Autobiographie 1922–1983," vol. 1, 2.

2. Heinz Schultheis, *Kindheit und Jugend zwischen den Kriegen und Erwachsenwerden danach* (Leverkusen, 2007–2010), 9.

3. Edith Schöffski, "Erinnerungen: Nur in der Rückschau, in der Zusammenfassung alles Erfahrenen, besitzen wir unser Leben ganz" (Berlin, n.d.), 6.

4. Jürgen Kocka, ed., *Bourgeois Society in Nineteenth-Century Europe* (Oxford, UK, 1993).

5. Schöffski, "Erinnerungen," 4; Agnes Moosmann, *Barfuß aber nicht arm: Kindheit und Jugend*

in Bodnegg (Sigmaringen, 1985).

6. Karl Härtel, "Leben in grosser Zeit: Von den goldenen 20ern bis zum Zusammenbruch des Deutschen Reiches und dem beginnenden Wiederaufbau" (Leopoldshafen, 1996), 15.

7. Thomas Kühne, "Demokratisierung und Parlamentarisierung: Neue Forschungen zur politischen Entwicklungsfähigkeit Deutschlands vor dem Ersten Weltkrieg, " *Geschichte und Gesellschaft* 31 (2005): 293–316; Konrad H. Jarausch and Michael Geyer, *Shattered Past: Reconstructing German Histories* (Princeton, NJ, 2003), 1–33.

8. Horst Andrée, *Stationen meines Lebens* (Boxberg, 2000), 3.

9. Benno Schöffski, "Meine Familiengeschichte von 1835 bis 1980" (Berlin, 1980), 3.

10. Härtel, "Leben in grosser Zeit," 1–6.

11. Helmer, "Tornister," vol. 1, 74. Cf. Thomas Pegelow Kaplan, *The Language of Nazi Genocide: Linguistic Violence and the Struggle of Germans of Jewish Ancestry* (New York, 2009).

12. Andrée, *Stationen meines Lebens*, 7–8.

13. Albert Gompertz, "Experiences of Albert Gompertz: From Nazi Germany to America" (Palm Beach, 1998).

14. Schöffski, "Familiengeschichte," 3–14.

15. Eberhard Scholz-Eule, ed., *Wir Scholz-Kinder vom Herrnvorwerk: Aus dem Leben einer schlesischen Familie daheim und in der Zerstreuung*, 4th ed. (St. Georgen, 2008).

16. Joachim Fest, *Not I: Memoirs of a German Childhood* (New York, 2013), 3; and Gerhardt B. Thamm, *Boy Soldier: A German Teenager at the Nazi Twilight* (Jefferson, NC, 2000), 9. Cf. Peter Watson, *The German Genius: Europe's Third Renaissance, the Second Scientific Revolution, and the Twentieth Century* (New York, 2010).

17. Alon Confino, *The Nation as a Local Metaphor: Württemberg, Imperial Germany, and National Memory, 1871–1918* (Chapel Hill, 1997).

18. Fest, *Not I*, 4–5. Cf. Jürgen Osterhammel, *The Transformation of the World: A Global History of the Nineteenth Century* (Princeton, NJ, 2014).

19. Hans Queiser, "*Du gehörst dem Führer!*" *: Vom Hitlerjungen zum Kriegsberichter: Ein autobiographischer Bericht* (Cologne, 1993), 20–22; Schöffski, "Familiengeschichte," 55–57, 61–65.

20. Mack Walker, *German Home Towns: Community, State, and General Estate*, 1648–1871 (Ithaca, NY, 1971).

21. Theodore S. Hamerow, *The Birth of a New Europe: State and Society in the Nineteenth Century* (Chapel Hill, NC, 1983).

22. Schöffski, "Erinnerungen," 1–3.

23. Queiser, "*Du gehörst dem Führer!*," 18–19.

24. Schöffski, "Familiengeschichte," 41; Ursula Mahlendorf, *Shame of Survival: Working through a Nazi Childhood* (University Park, PA, 2009), 53.

25. Horst Grothus, "Horst in seiner Zeit," 3rd ed. (Dorsten, n.d.), 9–10.

26. Gisela Grothus, "Mein Leben" (Dorsten, n.d.), 9–10.

27. Frank Eyck, *A Historian's Pilgrimage: Memoirs and Reflections*, edited by Rosemarie Eyck (Calgary, 2009).

28. Schöffski, "Erinnerungen," 3; Hans-Harald Schirmer, "Erinnerungen an die Familie Hans und Luise Schirmer aus Wolfenbüttel," 9; and Gerhard Baucke, *Das Buch gehört dazu: Gute Seiten-Schlechte Seiten: Spiegelbild erlebter Zeiten 1919–1999* (Berlin, 2002).

29. Gertrud Koch, *Edelweiß: Meine Jugend als Widerstandskämpferin* (Reinbeck, 2006), 26–27; Queiser, "Du gehörst dem Führer!," 23.

30. Siegfried Weichlein, *Nation und Region: Integrationsprozesse im Bismarckreich* (Düsseldorf, 2004).

31. Schirmer, "Erinnerungen." Cf. James Retallack, *Germany in the Age of Kaiser William II* (New York, 1996).

32. Philippe Ariès, *Centuries of Childhood: A Social History of Family Life* (New York, 1962).

33. Grothus, "Horst," 8.

34. Gerhard Joachim, "Wundersame Reise des Odysseus des XX. Jahrhunderts: Von Hitlers Aufstieg bis zum Untergang der Stalinistischen Ära" (Rostock, 1998).

35. Erika Taubhorn, "Mein Leben: Erinnerungen," (Wupperthal, 2000), 4.

36. Fritz Klein, *Drinnen und Draußen: Ein Historiker in der DDR; Erinnerungen* (Frankfurt, 2000), 54–58. Cf. Daniel Fuda, Dagmar Herzog, Stefan-Ludwig Hoffmann, and Till van Rahden, eds., *Demokratie im Schatten von Gewalt: Geschichten des Privaten im deutschen Nachkrieg* (Göttingen, 2010).

37. Grothus, "Mein Leben," 11.

38. Werner T. Angress, *Witness to the Storm: A Jewish Journey from Nazi Berlin to the 82nd Airborne, 1920–1945* (Durham, NC, 2012), 7–11.

39. Härtel, "Leben in grosser Zeit," 10. Cf. Ann Taylor Allen, *Feminism and Motherhood in Germany, 1800–1914* (New Brunswick, NJ, 1991).

40. Helmi Lehmann, "Verwehte Spuren: Aus dem Leben unseres Vaters Friedrich Wilhelm Lehmann" (Schliersee, n.d.).

41. Angress, *Witness to the Storm*, 6–30.

42. Ruth Bulwin, *Spätes Echo: Erzählungen aus Großmutters jungen Jahren* (Wismar, 2014), 6–32.

43. Härtel, "Leben in grosser Zeit," 9–15.

44. Gerhard Krapf, "Recollections" (Edmonton, 1990s), 124–90. Cf. Helmut Walser Smith, *German Nationalism and Religious Conflict: Culture, Ideology, Politics, 1870–1914* (Princeton, NJ, 1995).

45. Hellmut Raschdorff , "Mein Leben von 1922 bis Ende 2003" (Freiburg, 2003). Cf. Also Jonathan Sperber, *Popular Catholicism in Nineteenth-Century Germany* (Princeton, NJ, 1984).

46. Werner Warmbrunn, "The Terrace Memoirs," 1ff. Cf. Jehuda Reinharz and Walter

Schatzberg, eds., *The Jewish Response to German Culture* (Hanover, NH, 1985).

47. Schöffski, "Erinnerungen," 1–2, 12.

48. Schöffski, "Meine Familiengeschichte," 1–15, 90.

49. Winfried Weigelt, *Mein langes Leben* (Schwerin, 2017), 38–55; Ursula Mahlendorf, *Shame of Survival*; and Fritz Stern, *Five Germanys I Have Known* (New York, 2007), passim.

50. Schultheis, *Kindheit und Jugend*, 1, 15.

51. Hermann Debus, *Ein Leben im Wandel der Zeiten* (Dörscheid, 1998).

52. Moosmann, *Barfuß*, 9–95.

53. Klein, *Drinnen und Draußen*, 22–35; Ingrid Bork, *Jedes Unglück hat ein Glück in sich: Friedrichshainer Lebenserinnerungen* (Berlin, 2010). Cf. Gerhard Masur, Imperial Berlin (New York, 1972).

54. Scholz-Eule, *Wir Scholz-Kinder*, 15. Cf. Rainer Lepsius, *Demokratie in Deutschland: Soziologisch-historische Konstellationsanalysen: Ausgewählte Aufsätze* (Göttingen, 1993).

55. Eyck, *Historian's Pilgrimage*, 36–60. Cf. James J. Sheehan, *German Liberalism in the Nineteenth Century* (Chicago, 1978).

56. Moosmann, *Barfuß*, 23, 55; Fest, Not I, 17–24; Härtel, "Leben in grosser Zeit," 10–11. Cf. also Michael E. O'Sullivan, "From Catholic Milieu to Lived Religion: The Social and Cultural History of Modern German Catholicism," *History Compass* 7 (2009): 837–61.

57. Schirmer, "Erinnerungen," 9. Cf. Vernon A. Lidtke, *The Alternative Culture: Socialist Labor in Imperial Germany* (New York, 1985).

58. Schirmer, "Erinnerungen," passim. Cf. also John Röhl, *Kaiser Wilhelm II, 1859–1941: A Concise Life* (Cambridge, UK, 2014).

59. Koch, *Edelweiß*, 28–30.

60. Schöffski, "Erinnerungen," 1; Angress, *Witness to the Storm*, 7; Härtel, "Leben in grosser Zeit," 15 . Cf. Belinda Davis, *Home Fires Burning: Food, Politics and Everyday Life in World War I Berlin* (Chapel Hill, NC, 2000).

61. Schöffski, "Erinnerungen," 1; and Härtel, "Leben in grosser Zeit," 16–17. Cf. Adam Seipp, *The Ordeal of Peace: Demobilization and the Urban Experience in Britain and Germany, 1917–1921* (Farnham, 2009).

62. Schultheis, *Kindheit und Jugend*, 10; and Weigelt, *Mein langes Leben*, 26.

63. Queiser, "*Du gehörst dem Führer!*," 22. Cf. Barbara Stambolis, *Leben mit und in der Geschichte: Deutsche Historiker Jahrgang 1943* (Essen, 2010).

64. Scott Krause, "Surveying the Reich of the Future: American Observers' Paradoxical Perceptions of Wilhelmine Germany's Relative Modernity, 1888–1914," in *Different Germans, edited by Konrad H. Jarausch, Karin Goihl, and Harald Wenzel* (New York, 2016), 25–52.

65. Eric D. Weitz, *Weimar Germany: Promise and Tragedy* (Princeton, NJ, 2009).

66. Konrad H. Jarausch, *Out of Ashes: A New History of Europe in the 20th Century* (Princeton, NJ, 2015).

67. Schirmer, "Erinnerungen," passim.

第二章 魏玛的孩子

1. Horst Andrée, *Stationen meines Lebens* (Boxberg, 2000), 9–12; Bulwin, *Spätes Echo: Erzählungen aus Großmutters jungen Jahren* (Wismar, 2014), 7.
2. Karl Härtel, "Leben in grosser Zeit: Von den goldenen 20ern bis zum Zusammenbruch des Deutschen Reiches und dem beginnenden Wiederaufbau" (Leopoldshafen, 1996), 9.
3. Gerhard Krapf, "Recollections" (Edmonton, 1990s), 1. Cf. Christa Wolf, *Patterns of Childhood* (New York, 1984), 6.
4. Philippe Ariès, *Centuries of Childhood: A Social History of Family Life* (New York, 1962).
5. Hugh Cunningham, "Histories of Childhood," *American Historical Review* 103 (1998): 1195–208.
6. Härtel, "Leben in grosser Zeit," 14.
7. Rüdiger Graf, "Either-Or: The Narrative of 'Crisis' in Weimar Germany and in Historiography," *Central European History* 43 (2010): 592–615.
8. Krapf, "Recollections," 8. Cf. Karen Hagemann, Frauenalltag und Männerpolitik: Alltagsleben und gesellschaftliches Handeln von Arbeiterfrauen in der Weimarer Republik (Bonn, 1990).
9. Doris Bühler-Niederberger, "Sozialisation in der Kindheit," in *Handbuch Sozialisationsforschung*, 8th ed., ed. Klaus Hurrelmann (Weinheim, 2015), 833–49.
10. Härtel, "Leben in grosser Zeit," 9; Heinz Schultheis, *Kindheit und Jugend zwischen den Kriegen und Erwachsenwerden danach* (Leverkusen, 2007–2010), 16.
11. Härtel, "Leben in grosser Zeit," 10; Erich Helmer, "'Der Tornister:' Autobiographie 1922–1983," vol. 1, 4; Andrée, *Stationen*, 15; and Robert Neumaier, "Das war-Das ist mein Leben, 1924–2006," 7.
12. Schultheis, *Kindheit und Jugend*, 20–24.
13. Erika Taubhorn, "Mein Leben: Erinnerungen" (Wuppertal, 2000), 3f; Hans Queiser, *"Du gehörst dem Führer!" : Vom Hitlerjungen zum Kriegsberichter: Ein autobiographischer Bericht* (Cologne, 1993), 23.
14. Krapf, "Recollections," passim; Bulwin, *Spätes Echo*, 23.
15. Härtel, "Leben in grosser Zeit," 39; Edith Schöffski, "Erinnerungen: Nur in der Rückschau, in der Zusammenfassung alles Erfahrenen, besitzen wir unser Leben ganz" (Berlin, n.d.), 15 ; and Winfried Weigelt, *Mein langes Leben* (Schwerin, 2017), 13.
16. Paul Frenzel, *40 verlorene Jahre: Erinnerungen an die Diktatur des nationalen und des realen* Sozialismus (Stuttgart, 1994), 25–28. Cf. Fritz Klein, *Drinnen und Draußen: Ein Historiker in der DDR; Erinnerungen* (Frankfurt, 2000), 25; Schöffski, "Erinnerungen," 20; Ursula Mahlendorf, *Shame of Survival: Working through a Nazi Childhood* (University Park, PA, 2009), 20.
17. Bulwin, Spätes Echo, 12–16; Werner T. Angress, *Witness to the Storm: A Jewish Journey from Nazi Berlin to the 82nd Airborne, 1920–1945* (Durham, NC, 2012), 24–26; Moosmann, *Barfuß aber nicht arm: Kindheit und Jugend in Bodnegg* (Sigmaringen, 1985), 91.

18. Klein, *Drinnen und Draußen*, 24; Angress, *Witness to the Storm*, 31–34.

19. Schultheis, *Kindheit und Jugend*, 1; Krapf, "Recollections," 10–40; Andrée, *Stationen*, 15; Neumaier, "Das war-Das ist mein Leben," 4.

20. Bulwin, *Spätes Echo*, 8; Härtel, "Leben in grosser Zeit," 11–12.

21. Edith Schöffski, "Erinnerungen," 21–24.

22. Krapf, "Recollections," 16–17; Härtel, "Leben in grosser Zeit," 18; Schöffski, "Erinnerungen," 24; Horst Grothus, "Horst in seiner Zeit," 3rd ed. (Dorsten, n.d.), 8.

23. Schultheis, *Kindheit und Jugend*, 13; Taubhorn, "Mein Leben," 4. Cf. Grothus, "Horst," 10; Bulwin, *Spätes Echo*, 19–22.; and Moosmann, *Barfuß*, 62.

24. Krapf, "Recollections," 49–66; Härtel, "Leben in grosser Zeit," 21. Cf. Joe Perry, "Nazifying Christmas: Political Culture and Popular Celebration in the Third Reich," *Central European History* 38 (2005): 572–605.

25. Härtel, "Leben in grosser Zeit," 19 ; Bulwin, *Spätes Echo*, 16 ; Frenzel, *40 Verlorene Jahre*, 28; and Frank Eyck, *A Historian 's Pilgrimage: Memoirs and Reflections*, edited by Rosemarie Eyck (Calgary, 2009), 66 .

26. Angress, *Witness to the Storm*, 34; Eyck, *Historian 's Pilgrimage*, 57.

27. Schultheis, *Kindheit und Jugend*, 17; Härtel, "Leben in grosser Zeit," 35. Cf. Karen Hagemann and Konrad H. Jarausch, eds., *Children, Families and States: Time Policies of Childcare, Preschool and Early Education in Europe* (New York, 2011).

28. Marjorie Lamberti, *The Politics of Education: Teachers and School Reform in Weimar Germany* (New York, 2002); Krapf, "Recollections," 113.

29. Bulwin, *Spätes Echo*, 28f; Schultheis, *Kindheit und Jugend*, 18f. Cf. Konrad H. Jarausch "Professor Unrat: Schule als kultureller Erinnerungsort," in *Deutsche Erinnerungsorte*, edited by Etienne François and Hagen Schulze, 315–31 (Munich, 2001).

30. Bulwin, *Spätes Echo*, 28 f; Taubhorn, "Mein Leben," 5; Schultheis, *Kindheit und Jugend*, 19; Moosmann, Barfuß, 81.

31. Taubhorn, "Mein Leben," 4; Schultheis, *Kindheit und Jugend*, 19; Härtel, "Leben in grosser Zeit," 35.

32. Hans Queiser, *"Du gehörst dem Führer!,"* 25–29.

33. Mahlendorf, *Shame of Survival*, 43 ; Klein, *Drinnen und Draußen*, 32; Frenzel, *40 verlorene Jahre*, 26f.

34. Schöffski, "Erinnerungen," 27f; Helmer, "Tornister," vol. 1, 5.

35. Gisela Grothus, "Mein Leben" (Dorsten, n.d.), 13–15; Warmbrunn, "Terrace Memoirs," 3–5. Cf. Schultheis, *Kindheit und Jugend*, 29.

36. Krapf, "Recollections," 113; Schultheis, *Kindheit und Jugend*, 11; Warmbrunn, "Terrace Memoirs," 3–6; Moosmann, Barfuß, 88 . Cf. Ann Taylor Allen, *Feminism and Motherhood in Germany, 1800–1914* (New Brunswick, NJ, 1991).

37. Härtel, "Leben in grosser Zeit," 57. Cf. *Handbuch der deutschen Bildungsgeschichte*, vol. 5: *Die Weimarer Republik und die nationalsozialistische Diktatur*, edited by Dieter

Langewiesche and Heinz-Elmar Tenorth (Munich, 1989).

38. Schultheis, *Kindheit und Jugend*, 28 ; Grothus, "Horst," 11; Hans Tausch, "Mein Lebensbericht" (Forchheim, 1984), 9 . Cf. Margret Kraul, *Das deutsche Gymnasium: 1860–1980* (Frankfurt, 1984).

39. Frenzel, *40 verlorene Jahre*, 49; and Hans-Harald Schirmer, "Erinnerungen an die Familie Hans und Luise Schirmer aus Wolfenbüttel."

40. Ursula Baehrenburg, "Maikäfer flieg: Lebenserinnerungen 1920–2005" (Lautertal, 2005); Moosmann, *Barfuß*, 95 ; and Härtel, "Leben in grosser Zeit," 60–72.

41. Grothus, "Horst," 10; Warmbrunn, "Terrace Memoirs," 2. Cf. Christoph Führ, *Zur Schulpolitik der Weimarer Republik* (Weinheim, 1970).

42. Eva Sternheim-Peters, *Habe ich denn allein gejubelt? Eine Jugend im Nationalsozialismus* (Berlin, 2015), 20–44.

43. Grothus, "Mein Leben," 13; Baehrenburg, "Maikäfer flieg" ; Krapf, "Recollections," 114. Cf. Paul Shirley, *The Politics of Progressive Education: The Odenwaldschule in Nazi Germany* (Cambridge, UK, 1992).

44. Andrée, *Stationen*, 15; and Helmer, "Tornister," vol. 1, 47.

45. Schultheis, *Kindheit und Jugend*, 2–15.

46. Bulwin, Spätes Echo, 26; Schöffski, "Erinnerungen," 6.

47. Benno Schöffski, "Meine Familiengeschichte von 1835 bis 1980" (Berlin, 1980), 59; Schöffski, "Erinnerungen," 18; Krapf, "Recollections," 122; Helmer, "Tornister," vol. 1, 4.

48. Schöffski, "Erinnerungen," 24; Frenzel, *40 verlorene Jahre*, 29; Angress, *Witness to the Storm*, 38.

49. Bulwin, *Spätes Echo*, 21; Grothus, "Erinnerungen," 15; Schultheis, *Kindheit und Jugend*, 29.

50. Helmer, "Tornister," vol. 1, 6; Schöffski, "Familiengeschichte," 60; Moosmann, *Barfuß*, 90; Härtel, "Leben in grosser Zeit," 36.

51. Angress, *Witness to the Storm*, 56; Frenzel, *40 verlorene Jahre*, 34; Grothus, "Horst," 7, 10.

52. Sternheim-Peters, *Habe ich denn, 180–86*; Krapf, "Recollections," 134–35. Cf. Franz-Josef Krafeld, *Geschichte der Jugendarbeit: Von den Anfängen bis zur Gegenwart* (Weinheim, 1984).

53. Frenzel, *40 verlorene Jahre*, 35–39; Will Seelmann-Eggebert, *Weder Narren noch Täter-der Schock kam erst später* (Ahlhorn, 2004), 33. Cf. Rüdiger Ahrens, *Bündische Jugend: Eine neue Geschichte* (Göttingen, 2015).

54. Mahlendorf, *Shame of Survival*, 12; Frenzel, *40 verlorene Jahre*, 31; Bulwin, *Spätes Echo*, 31; and Sternheim-Peters, *Habe ich denn*, 72–91. Cf. Harold James, *The German Slump: Politics and Economics, 1924–1936* (Oxford, UK, 1986).

55. Joachim Fest, *Not I: Memoirs of a German Childhood* (New York, 2013), 38f; Neumaier, "Mein Leben," 5; and Schultheis, *Kindheit und Jugend*, 26–27. Cf. Dirk Schuman, *Political Violence in the Weimar Republic, 1918–1933: Fight for the Streets and Fear of Civil War* (New York, 2009).

56. Eyck, *Historian's Pilgrimage*, 62 ; Angress, *Witness to the Storm*, 55 ; Warmbrunn, "Terrace Memoirs," 2. Cf. Konrad H. Jarausch, *Students, Society and Politics in Imperial Germany: The Rise of Academic Illiberalism* (Princeton, NJ, 1982), 264 .

57. Eyck, *Historian's Pilgrimage*, 60; Klein, *Drinnen und Draußen*, 33–38; Schirmer, "Erinnerungen," 25; Bulwin, *Spätes Echo*, 33. Cf. Eric Weitz, *Weimar Germany: Promise and Tragedy* (Princeton, NJ, 2007).

58. Eyck, *Historian's Pilgrimage*, 75–76; Angress, *Witness to the Storm*, 65–66. Cf. Henry Turner, *Hitler's Thirty Days to Power: January 1933* (Reading, MA, 1996).

59. Krapf, "Recollections," 143; Weigelt, *Langes Leben*, 26.

60. Grothus, "Mein Leben," 17; Angress, *Witness to the Storm*, 45–46; Klein, *Drinnen und Draußen*, 33–42.

61. Härtel, "Leben in grosser Zeit," 50; Hellmut Raschdor , "Mein Leben von 1922 bis Ende 2003" (Freiburg, 2003), 16; and Schöffski, "Erinnerungen," 21.

62. Härtel, "Leben in grosser Zeit," 50–51; Schultheis, *Kindheit und Jugend*, 12. Cf. Lu Seegers and Jürgen Reulecke, eds., *Die "Generation der Kriegskinder" : Historische Hintergründe und Deutungen* (Giessen, 2009).

第三章 纳粹的青少年

1. Carola Stern, *In den Netzen der Erinnerung: Lebensgeschichten zweier Menschen* (Hamburg, 1986), 85f; Gerhard Baucke, *Das Buch gehört dazu: Gute Seiten-Schlechte Seiten: Spiegelbild erlebter Zeiten 1919–1999* (Berlin, 2002), 19; and Frank Eyck, *A Historian's Pilgrimage: Memoirs and Reflections*, edited by Rosemarie Eyck (Calgary, 2009), 75f.

2. Edward J. Kunzer, "The Youth of Nazi Germany," *The Journal of Educational Sociology* 11 (1938): 342–50; Eva Sternheim-Peters, *Habe ich denn allein gejubelt? Eine Jugend im Nationalsozialismus* (Berlin, 2015), 193.

3. John and Virginia Demos, "Adolescence in Historical Perspective," *Journal of Marriage and Family* 31 (1969): 632–38. Cf. Erik Erikson, *Identity, Youth, Crisis* (New York, 1968).

4. Peter Loewenberg, "The Psychohistorical Origins of the Nazi Youth Cohort," *American Historical Review* 76 (1975): 1457–502.

5. Sternheim-Peters, *Habe ich denn*, 193 ; Lucy Mandelstam, "Memoirs" (Netanya, 1998), 1.

6. Hans-Harald Schirmer, "Erinnerungen an die Familie Hans und Luise Schirmer aus Wolfenbüttel," 48; Winfried Weigelt, Mein langes Leben (Schwerin, 2017), 56 ; and Michael Kater, *Hitler Youth* (Cambridge, MA, 2004).

7. Ursula Mahlendorf, *Shame of Survival: Working Through a Nazi Childhood* (University Park, PA, 2009), 24, 38; Werner T. Angress, *Witness to the Storm: A Jewish Journey from Nazi Berlin to the 82nd Airborne, 1920–1945* (Durham, NC, 2012), 52; Gerhard Krapf, "Recollections" (Edmonton, 1990s), 131; Ingebrog Grah, "Die rote Käthe" ; and Weigelt, *Mein langes Leben*, 84. Cf. Michael Kater, *The Nazi Party: A Social Profile of Members and Leaders, 1919–1945* (Cambridge, MA, 1983).

8. Huber, "Das war mein Leben," 9; Hellmut Raschdor , "Mein Leben von 1922 bis Ende 2003" (Freiburg, 2003), 16; and Baucke, *Das Buch gehört dazu*, 19f.

9. Ingrid Bork, *Jedes Unglück hat ein Glück in sich: Friedrichshainer Lebenserinnerungen* (Berlin, 2010), 50; Albert Gompertz, "Experiences of Albert Gompertz: From Nazi Germany to America" (Palm Beach, 1998), 9–10; Fritz Klein, *Drinnen und Draußen: Ein Historiker in der DDR; Erinnerungen* (Frankfurt, 2000), 37–42.

10. Krapf, "Recollections," 151; Benno Schöffski, "Meine Familiengeschichte von 1835 bis 1980" (Berlin, 1980), 68; Bork, *Jedes Unglück*, 48.

11. Angress, *Witness to the Storm*, 52f; Schirmer, "Erinnerungen," 28. Cf. Eric A. Johnson, *The Gestapo, Nazi Terror, Jews and Ordinary Germans* (New York, 1999).

12. Schirmer, "Erinnerungen," 43; Angress, *Witness to the Storm*, 66; and Gompertz, "Experiences," 23. Cf. Lisa Pine, *Nazi Education* (Oxford, UK, 2010).

13. Schirmer, "Erinnerungen," 48; Hermann Debus, *Ein Leben im Wandel der Zeiten* (Dörscheid, 1998), 40. Cf. Gilmer Blackburn, *Education in the Third Reich: A Study of Race and History in Nazi Textbooks* (Albany, 1985).

14. Angress, *Witness to the Storm*, 60–62. Cf. Änne Bäumer-Schleinkofer, Nazi Biology and Schools (New York, 1995).

15. Krapf, "Recollections," 345f. Cf. Daniel Horn, "The Hitler Youth and Educational Decline in Nazi Germany," *History of Education Quarterly* 16 (1976): 425–47.

16. Helmer, "Tornister," vol. 1, 63; Angress, *Witness to the Storm*, 66–73. Cf. Konrad H. Jarausch, "The Perils of Professionalism: Lawyers, Teachers and Engineers in Nazi Germany," *Historical Social Research*, Supplement 24 (2010): 157–83.

17. Joachim Fest, *Not I: Memoirs of a German Childhood* (New York, 2013), 47–51; Krapf, "Recollections," 149–152; Schirmer, "Erinnerungen," 43; Angress, *Witness to the Storm*, 74–75; and Hans Queiser, *"Du gehörst dem Führer!" : Vom Hitlerjungen zum Kriegsberichter: Ein autobiographischer Bericht* (Cologne, 1993), 31–33, 66–69.

18. Gisela Grothus, "Mein Leben" (Dorsten, n.d.), 13; Angress, *Witness to the Storm*, 56–77; Eyck, *Historian' s Pilgrimage*, 84–89.

19. Heinz Schultheis, *Kindheit und Jugend zwischen den Kriegen und Erwachsenwerden danach* (Leverkusen, 2007–2010), 33, 50; Angress, *Witness to the Storm*, 68–77. Cf. Marion Kaplan, *Between Dignity and Despair: Jewish Life in Nazi Germany* (Oxford, UK, 1998).

20. Raschdorff, "Mein Leben," 32; Helmer, "Tornister," vol. 1, 74; Gompertz, "Experiences," 22; Eyck, *Historian 's Pilgrimage*, 92–3.

21. Schultheis, *Kindheit und Jugend*, 32–34; Baucke, *Das Buch gehört dazu*, 21. Cf. Krapf, "Recollections," 164 .

22. Bulwin, *Spätes Echo: Erzählungen aus Großmutters jungen Jahren* (Wismar, 2014), 36–37; Schultheis, *Kindheit und Jugend*, 41–42; Krapf, "Recollections, " 172–173. Cf. David Clay Large, *Nazi Games: The Olympics of 1936* (New York, 2007).

23. Bork, *Jedes Unglück*, 33; Schöffski, "Erinnerungen," 29 ; Raschdor , "Mein Leben," 18.

24. Schultheis, *Kindheit und Jugend*, 25.

25. Peter Stachura, *The German Youth Movement, 1900–1945: An Interpretative and Documentary History* (New York, 1981).

26. H. W. Koch, *The Hitler Youth: Origins and Development, 1922–1945* (New York, 1976).

27. Paul Frenzel, *40 verlorene Jahre: Erinnerungen an die Diktatur des nationalen und des realen Sozialismus* (Stuttgart, 1994), 40–44; Krapf, "Recollections," 153, 156.

28. Moosmann, *Barfuß*, 99 ; Sternheim-Peters, Habe ich denn, 192; Karl Härtel, "Leben in grosser Zeit: Von den goldenen 20ern bis zum Zusammenbruch des Deutschen Reiches und dem beginnenden Wiederaufbau" (Leopoldshafen, 1996), 68; Horst Johannsen, *Ein Leben von Diktatur zu Diktatur* (Bromskirchen, 2003), 22; Frenzel, *40 verlorene Jahre*, 45.

29. Schöffski, "Familiengeschichte," 65f; Schirmer, "Erinnerungen," 39f; Queiser, *"Du gehörst dem Führer!,"* 38f.

30. Queiser, "*Du gehörst dem Führer!*," 44; Johanssen, *Ein Leben*, 22; Sternheim-Peters, *Habe ich denn*, 196–203; Krapf, "Recollections," 195.

31. Bulwin, *Spätes Echo*, 35f; Härtel, "Leben in grosser Zeit," 68; Krapf, "Recollections," 171; Qeiser, *"Du gehörst dem Führer!,"* 46–47.

32. Krapf, "Recollections," 166; Schultheis, *Kindheit und Jugend*, 40; Horst Grothus, "Horst in seiner Zeit," 3rd ed. (Dorsten, n.d.), 28–33.

33. Sternheim-Peters, *Habe ich denn*, 123–41; Krapf, "Recollections," 163; Raschdorff, "Mein Leben," 38.

34. Krapf, "Recollections," 166–69; Schultheis, *Kindheit und Jugend*, 45–47; Schöffski, "Familiengeschichte," 66–67.

35. Sternheim-Peters, *Habe ich denn*, 203–12, 224–38; Wilhelm Kolesnyk, "Wie es dazu kam, dass ich Nationalsozialist wurde," 42; Härtel, "Leben in grosser Zeit," 87; and Queiser, *"Du gehörst dem Führer!,"* 57.

36. Sternheim-Peters, *Habe ich denn*, 251ff; Schultheis, *Kindheit und Jugend*, 47–48; Queiser, *"Du gehörst dem Führer!,"* 40–41.

37. Harwood Childs, ed., *The Nazi Primer: Official Handbook for Schooling the Hitler Youth* (New York, 1938), 78, 145.

38. Krapf, "Recollections," 190. Cf. Richard E. Frankel, *Bismarck's Shadow: The Cult of Leadership and the Transformation of the German Right, 1890–1945* (Oxford, UK, 2005); and George L. Mosse, *The Crisis of German Ideology: Intellectual Origins of the Third Reich* (New York, 1964) 的书封图片。

39. Bulwin, *Spätes Echo*, 35; Sternheim-Peters, *Habe ich denn*, 212–24; Grothus, "Horst," 26. Cf. Ian Kershaw, *Hitler* (London, 2008).

40. Queiser, *"Du gehörst dem Führer!,"* 74–76; Sternheim-Peters, *Habe ich denn*, 269.

41. Grothus, "Horst," 20, 24–28. 关于这种对纳粹的热情的女性版本，见 Eva Sternheim-Peters。

42. Sternheim-Peters, *Habe ich denn*, 308–57; Queiser, *"Du gehörst dem Führer!,"* 78f; Bork, *Jedes Unglück*, 50; Moosmann, *Barfuß*, 102f.

43. Angress, Witness to the Storm, 97–127; Warmbrunn, "Terrace Memoirs," 29, 36–38; Man-

delstam, "Memoirs," 5.

44. Krapf, "Recollections," 193–94; Fest, *Not I*, 207f; Frenzel, *40 verlorene Jahre*, 56–57; Schultheis, *Kindheit und Jugend*, 44.

45. Grothus, "Mein Leben," 17; Raschdorff, "Mein Leben," 32; Schöffski, "Familiengeschichte," 66–67; Krapf, "Recollections," 447–50.

46. Koleznyk, "Wie es dazu kam," 20, 39–43; Bulwin, *Spätes Echo*, 34.

47. Fest, *Not I*, 62; Schultheis, *Kindheit und Jugend*, 34; Krapf, "Recollections," 265–69; Horst Andrée, *Stationen meines Lebens* (Boxberg, 2000), 20; and Grothus, "Horst," 13.

48. Bulwin, *Spätes Echo*, 38 f; Krapf, "Recollections," 246, 371; Gompertz, "Experiences," 23–24; Angress, *Witness to the Storm*, 90–92.

49. Krapf, "Recollections," 325 ; Baucke, *Das Buch gehört dazu*, 21f; Andrée, *Stationen*, 22; and Härtel, "Leben in grosser Zeit," 70f.

50. Grothus, "Mein Leben," 21; Angress, *Witness to the Storm*, 75–77.

51. Neumaier, "Mein Leben," 11; Schultheis, *Kindheit und Jugend*, 53; Klein, *Drinnen und Draußen*, 85.

52. Neumaier, "Mein Leben," 12; Gompertz, "Experiences," 24; Härtel, "Leben in grosser Zeit," 72–73.

53. Huber, "Das war mein Leben," 11–12; Weigelt, *Mein langes Leben*, 99, 102f; Bulwin, *Spätes Echo*, 49–50; Grothus, "Erinnerungen," 27.

54. Neumaier, "Mein Leben," 14; Frenzel, *40 verlorene Jahre*, 50f; Raschdorff, "Mein Leben," 12f.

55. Huber, "Das war mein Leben," 12; Neumaier, "Mein Leben," 14f; Härtel, "Leben in grosser Zeit," 75–96; Frenzel, *40 verlorene Jahre*, 64.

56. Huber, "Das war mein Leben," 18–19; Härtel, "Leben in grosser Zeit," 103–4; Frenzel, *40 verlorene Jahre*, 59, 66, 69.

57. Schultheis, *Kindheit und Jugend*, 39; Huber, "Das war mein Leben," 14–15; Raschdorff, "Mein Leben," 37–38.

58. Eyck, *Historian 's Pilgrimage*, 88–96; Neumaier, "Mein Leben," 10–13.

59. Grothus, "Erinnerungen," 21; Frenzel, *40 verlorene Jahre*, 59–63; Weigelt, *Mein langes Leben*, 112f; Bulwin, *Spätes Echo*, 48–49.

60. Sternheim-Peters, *Habe ich denn*, 242; Schirmer, "Erinnerungen," 52; Huber, "Das war mein Leben," 15–16. Cf. Dagmar Herzog, *Sexuality in Europe: A Twentieth Century History* (Cambridge, UK, 2011).

61. Sternheim-Peters, *Habe ich denn*, 201f; Neumaier, "Mein Leben," 6.

62. Schultheis, *Kindheit und Jugend*, 32, 39; Frenzel, *40 verlorene Jahre*, 65; Mahlendorf, *Shame*, 42.

63. Grothus, "Erinnerungen," 17; Klein, Drinnen und Draußen, 73–76; Queiser, *"Du gehörstdem Führer!,"* 59f.

64. Krapf, "Recollections," 177–87; Helmer, "Tornister," vol. 1, 46, 66–69; Fest, Not I, 76. Cf.

John Moses, *The Reluctant Revolutionary: Dietrich Bonnhoefer's Collision with Prussian-German History* (New York, 2009).

65. Gertrud Koch, *Edelweiß: Meine Jugend als Widerstandskämpferin* (Reinbeck, 2006), passim.

66. Gustav Ehrle, "Lebenserinnerungen," Anlage 2. Cf. Michael H. Kater, *Different Drummers: Jazz in the Third Reich* (New York, 2003); John M. Cox, *Circles of Resistance: Jewish, Leftist and Youth Dissidence in Nazi Germany* (New York, 2009); Inge Scholl, *Students against Tyranny: The Resistance of the White Rose, Munich, 1942–1943* (Middletown, CT, 1970).

67. Krapf, "Recollections," 161; Angress, *Witness to the Storm*, 75–87; 与 Irmgard Mueller 的口头交流, Chapel Hill, 2005.

68. Härtel, "Leben in grosser Zeit," 64; Schöffski, "Erinnerungen," 34. Cf. Robert Gellately, *Backing Hitler: Consent and Coercion in Nazi Germany* (New York, 2001).

69. Queiser, "*Du gehörst dem Führer!*," 9–10; Weigelt, *Mein langes Leben*, 86, 101; Bulwin, *Spätes Echo*, 5; Härtel, "Leben in grosser Zeit," 1; Sternheim-Peters, *Habe ich denn*, 203.

70. Krapf, "Recollections," 162–73, 181–84. Cf. Sternheim-Peters, *Habe ich denn*, 69–179.

71. Neumaier, "Mein Leben," 6; Schirmer, "Erinnerungen," 39; Kolesnyk, "Wie es dazu kam," 44–46, 53.

72. Klein, *Drinnen und Draußen*, 43–47; Eyck, *Historian's Pilgrimage*, 79; Helmer, "Tornister," vol. 1, 75–76; Koch, *Edelweiß*, 24–67; Krapf, "Recollections," 187.

73. Moosmann, *Barfuß*, 104; Grothus, "Horst," 244; Sternheim-Peters, *Habe ich denn*, 14–18.

第四章 男性的暴力

1. Gerhard Baucke, *Das Buch gehört dazu: Gute Seiten-Schlechte Seiten: Spiegelbild erlebter Zeiten 1919–1999* (Berlin, 2002), 43; Hans Queiser, *"Du gehörst dem Führer!" : Vom Hitlerjungen zum Kriegsberichter: Ein autobiographischer Bericht* (Cologne, 1993), 90; and Adolf to Amanda, September 1, 1939, in Pirmin Stekeler-Weidhofer, "Papas Briefe und andere" (Leipzig, 2017).

2. Helmer, "Tornister," vol. 1, 82 ; Ruth Bulwin, *Spätes Echo: Erzählungen aus Großmutters jungen Jahren* (Wismar, 2014), 52. Cf. Nicholas Stargardt, *The German War: A Nation under Arms, 1939–1945* (London, 2015), passim.

3. Queiser, *"Du gehörst dem Führer!,"* 99f. Cf. Frank Werner, "'Hart müssen wir hier draußen sein' : Soldatische Männlichkeit im Vernichtungskrieg, 1941–1944," *Geschichte und Gesellschaft* 34 (2008): 5–40.

4. *Eine Ausstellung und ihre Folgen: Zur Rezeption der Ausstellung "Vernichtungskrieg. Verbrechen der Wehrmacht 1941 bis 1944,"* by the Hamburg Institut für Sozialforschung (Hamburg, 1999). Cf. Helmuth Schmidt, *Kindheit und Jugend unter Hitler*, with Willi Berkhan et al. (Berlin 1992).

5. Omer Bartov, *Germany's War and the Holocaust: Disputed Histories* (Ithaca, NY, 2003); and Waitman Beorn, *Marching into Darkness: The Wehrmacht and the Holocaust in Belarus*

(Cambridge, UK, 2014) versus Christian Hartmann, *Operation Barbarossa: Germany's War in the East 1941–1945* (Oxford, UK, 2013).

6. Hellmut Raschdor , "Mein Leben von 1922 bis Ende 2003" (Freiburg, 2003), 40. Cf. Konrad H. Jarausch and Michael Geyer, *Shattered Past: Reconstructing German Histories* (Princeton, NJ, 2003), 317–41; and Oliver von Wrochem, "Deutsche Generalsmemoiren nach 1945 als Grundlage nationaler Opfernarrative," in *Autobiographische Aufarbeitung: Diktatur und Lebensgeschichte im 20. Jahrhundert* (Göttingen, 2012), 44–71.

7. Liebman 准将的笔记，February 3, 1933, in Thilo Vogelsang, "Neue Dokumente zur Geschichte der Reichswehr 1930–1933," *Vierteljahrshefte für Zeitgeschichte* 2 (1954): 434–35; Heinz Schultheis, *Kindheit und Jugend zwischen den Kriegen und Erwachsenwerden danach* (Leverkusen, 2007–2010), 79. Cf. Jonas Scherner, "Nazi Germany's Preparation for War: Evidence from Revised Industrial Investment Series," *European Review of Economic History* 14 (2010): 433–68.

8. Schultheis, *Kindheit und Jugend*, 56–63. Cf. Queiser, *"Du gehörst dem Führer!,"* 84–85.

9. Hans Peter Richter, *I Was There* (New York, 1972), 114–24.

10. Queiser, *"Du gehörst dem Führer!,"* 87; Schultheis, Kindheit und Jugend, 80; Horst Grothus, "Horst in seiner Zeit," 3rd ed. (Dorsten, n.d.), 38. 黑体为原文所标。

11. Schultheis, *Kindheit und Jugend*, 84. Cf. Kiran Klaus Patel, *Soldiers of Labor: Labor Service in Nazi Germany and New Deal America, 1933–1945* (Cambridge, UK, 2005).

12. Schultheis, *Kindheit und Jugend*, 83; Hans Tausch, "Mein Lebensbericht" (Forchheim, 1984), 20; Gerhard Krapf, "Recollections" (Edmonton, 1990s), 492f; Joachim Fest, *Not I: Memoirs of a German Childhood* (New York, 2013), 259; and Paul Frenzel, *40 verlorene Jahre: Erinnerungen an die Diktatur des nationalen und des realen Sozialismus* (Stuttgart, 1994), 71–77.

13. Karl Härtel, "Leben in grosser Zeit: Von den goldenen 20ern bis zum Zusammenbruch des Deutschen Reiches und dem beginnenden Wiederaufbau" (Leopoldshafen, 1996), 133; Fritz Klein, *Drinnen und Draußen: Ein Historiker in der DDR; Erinnerungen* (Frankfurt, 2000), 88; Frenzel, *40 verlorene Jahre*, 78; and Schultheis, *Kindheit und Jugend*, 87f.

14. Fest, *Not I*, 254f; Tausch, "Mein Lebensbericht," 21; Klein, *Drinnen und Draußen*, 86; Helmer, "Tornister," vol. 1, 84; Neumaier, "Mein Leben," 15f.

15. Raschdorff, "Mein Leben," 37f; Queiser, *"Du gehörst dem Führer!,"* 91f; Grothus, "Horst," 28–35.

16. Bulwin, *Spätes Echo*, 59f; Wilhelm Kolesnyk, "Wie es dazu kam, dass ich Nationalsozialist wurde," 51f.

17. Helmer, "Tornister," vol. 1, 84–85; Krapf, "Recollections," 489.

18. Härtel, "Leben in grosser Zeit," 112 ; Bettina Fehr, "Erinnerungen" (Bonn, 2005), 115, 129; 与 Fred Flessa, Cheshire 的口头交流 , CT, 1967.

19. Queiser, *"Du gehörst dem Führer!,"* 97 ; Gerhardt B. Thamm, *Boy Soldier: A German Teenager at the Nazi Twilight* (Jefferson, NC, 2000), 20; and Krapf, "Recollections," 505f.

20. Horst Johannsen, *Ein Leben von Diktatur zu Diktatur* (Bromskirchen, 2003), 66–67; Krapf,

"Recollections," 501 ; and Klein, *Drinnen und Draußen*, 86–90.

21. Neumaier, "Mein Leben," 16–17; Krapf, "Recollections," 501 ; Härtel, "Leben in grosser Zeit," 138 ; and Queiser, *"Du gehörst dem Führer!,"* 99–104.

22. Klein, *Drinnen und Draußen*, 89 f; Baucke, *Das Buch gehört dazu*, 43f; Hermann Debus, *Ein Leben im Wandel der Zeiten* (Dörscheid, 1998), 107; Neumaier, "Mein Leben," 27; and Krapf, "Recollections," 508.

23. Grothus, "Horst," 20–36; Härtel, "Leben in grosser Zeit," 148; Queiser, *"Du gehörst dem Führer!,"* 141 ; 与 Erich Helmer 的口头交流，2017 年 6 月 20 日。

24. Grothus, "Horst," 20; Queiser, *"Du gehörst dem Führer!,"* 102; Gerhard Joachim, "Wundersame Reise des Odysseus des XX. Jahrhunderts: Von Hitlers Aufstieg bis zum Untergang der Stalinistischen Ära" (Rostock, 1998), 36f; Frenzel, *40 verlorene Jahre*, 89 ; and Bulwin, *Spätes Echo*, 72.

25. Krapf, "Recollections," 561. Cf. Konrad H. Jarausch, ed., *Reluctant Accomplice: A Wehrmacht Soldier's Letters from the Eastern Front, 1939–1942* (Princeton, NJ, 2011).

26. Richter, *I Was There*, 124; Adolf to Amanda, September 1, 1938, in Pirmin Stekeler-Weithofer, "Papas Briefe." Cf. James Franklin Williamson, "Memory with No Clear Answers: Volkstrauertag, Opfer des Faschismus, and the Politics of Publicly Mourning the War Dead in Germany, 1945–1972" (Diss., Chapel Hill, 2013).

27. Thamm, *Boy Soldier*, 21, 59; Kolesnyk, "Wie es dazu kam," 44.

28. Ibid.; Baucke, *Das Buch gehört dazu*, 44.

29. Kolesnyk, "Wie es dazu kam," 44; Thamm, *Boy Soldier*, 26 ; Queiser, "*Du gehörst dem Führer!,*" 107 ; Grothus, "Horst," 40.

30. Thamm, *Boy Soldier*, 29; Queiser, "*Du gehörst dem Führer!,*" 118–22.

31. Ibid. Cf. Robert M. Citino, *Quest for Decisive Victory: From Stalemate to Blitzkrieg in Europe, 1899–1940* (Lawrence, KS, 2002).

32. Thamm, *Boy Soldier*, 26; and Schultheis, *Kindheit und Jugend*, 106f.

33. Horst Andrée, *Stationen meines Lebens* (Boxberg, 2000), 38f; and Queiser, *"Du gehörst dem Führer!,"* 154。令人意外的是，自传中很少有对真实战斗的描绘。

34. Ibid, and Neumaier, "Mein Leben," 20f.

35. Krapf, "Recollections," 578.

36. Ibid, 562–66.

37. Neumaier, "Mein Leben," 29. Cf. Thomas Kühne, *Kameradschaft: Die Soldaten des nationalsozialistischen Krieges und das 20. Jahrhundert* (Göttingen, 2006).

38. Frenzel, *40 verlorene Jahre*, 89; Krapf, "Recollections," 610ff and 625; Tausch, "Mein Lebensbericht," 32; and Schultheis, *Kindheit und Jugend*, 103.

39. Thamm, Boy Soldier, 22. Cf. Jarausch, *Reluctant Accomplice*, 47–137.

40. Queiser, "*Du gehörst dem Führer!,*" 107–126. Cf. Robert Paxton, *Vichy France: Old Guard and New Order*, 1940–1944 (New York, 1972).

41. Frenzel, *40 verlorene Jahre*, 90 ; Raschdorff, "Mein Leben," 54–60.

42. Queiser, *"Du gehörst dem Führer!,"* 138 . Cf. Hans F. Dahl, *Quisling: A Study in Treachery* (Cambridge, UK, 1999) 和 Caroline Nilsen 即将发表的关于“生命之泉”的博士论文。

43. Tausch, "Mein Lebensbericht," 16; and Frenzel, *40 verlorene Jahre*, 81f. Cf. Chad C. Bryant, *Prague in Black: Nazi Rule and Czech Nationalism* (Cambridge, MA, 2007) and Jan T. Gross, *Polish Society under German Occupation: The Generalgouvernement*, 1939–1940 (Princeton, NJ, 1979).

44. Thamm, *Boy Soldier*, 33; Baucke, *Das Buch gehört dazu*, 72f; Neumaier, "Mein Leben," 25; and Krapf, "Recollections," 652.

45. Krapf, "Recollections," 520f, 552. Cf. *Omer Bartov, Hitler's Army: Soldiers, Nazis, and War in the Third Reich* (New York, 1991).

46. Queiser, *"Du gehörst dem Führer!,"* 126–36.

47. Tausch, "Mein Lebensbericht," 28; Krapf, "Recollections," 601; Neumaier, "Mein Leben," 41.

48. Helmer, "Tornister," vol. 1, 107; and Anneliese Huber, "Das war mein Leben," 43f. Cf. Jarausch, *Reluctant Accomplice*, 22.

49. Raschdorff, "Mein Leben," 55; Queiser, *"Du gehörst dem Führer!,"* 147f. Cf. Doris L. Bergen, ed., *The Sword of the Lord: Military Chaplains from the First to the Twenty-First Century* (Notre Dame, IN, 2004).

50. Helmer, "Tornister," vol. 1, 98f; Queiser, *"Du gehörst dem Führer!,"* 114f.

51. Krapf, "Recollections," 533; Helmer, "Tornister," vol. 1, 118–21; Härtel, "Leben in grosser Zeit," 156f.

52. Krapf, "Recollections," 589–595; Tausch, "Mein Lebensbericht," 32; Hanns to Amanda, September 30, 1942, "Papas Briefe."

53. Krapf, "Recollections," 596–604; Tausch, "Mein Lebensbericht," 32; Frenzel, *40 verlorene Jahre*, 78–82.

54. Helmer, "Tornister," vol. 1, 122; Härtel, "Leben in grosser Zeit," 163f; Frenzel, *40 verlorene Jahre*, 87f; Bulwin, *Spätes Echo*, 74f; and Hanns to Amanda, July 19, 1942, "Papas Briefe."

55. Thamm, *Boy Soldier*, 33f; Helmer, "Tornister," vol. 1, 102.

56. Härtel, "Leben in grosser Zeit," 171f; Helmer, "Tornister," vol. 1, 128. Cf. Jarausch, *Reluctant Accomplice*, 364.

57. Thamm, *Boy Soldier*, 37; Schultheis, *Kindheit und Jugend*, 92. Cf. Jarausch, *Reluctant Accomplice*, 237.

58. Baucke, *Das Buch gehört dazu*, 60; Schultheis, *Kindheit und Jugend*, 95; Grothus, "Horst," 42. 59.

59. Raschdorff, *Mein Leben*, 41–44; Baucke, *Das Buch gehört dazu*, 60f; Schultheis, *Kindheit und Jugend*, 96. 关于俄国战役的更多细节，见 1941 年 6 月到 1945 年 3 月 Hanns 写给 Amanda 的信，“Papas Briefe”。

60. Schultheis, *Kindheit und Jugend*, 95–103; Raschdorff, "Mein Leben," 42f. Cf. Anna Reid, *Leningrad: The Epic Siege of World War II, 1941–1944* (New York, 2011).

61. Baucke, *Das Buch gehört dazu*, 62; and Thamm, *Boy Soldier*, 38.

62. Krapf, "Recollections," 495; Frenzel, 40 verlorene Jahre, 88f; Queiser, "Du gehörst dem Führer!," 136; Schultheis, *Kindheit und Jugend*, 103.

63. Tausch, "Mein Lebensbericht," 28; and Schöffski, "Mein Leben," 78. Cf. Jochen Hellbeck, *Stalingrad: A City that Defeated the Third Reich* (New York, 2015).

64. Neumaier, "Mein Leben," 20–25. Cf. David M. Glantz, *Endgame at Stalingrad*, 2 vols. (Lawrence, KS, 2014).

65. Ibid; Tausch, "Mein Lebensbericht," 28. Cf. Robert M. Citino, *Death of the Wehrmacht: The German Campaigns of 1942* (Lawrence, KS, 2007).

66. Krapf, "Recollections," 514; Thamm, *Boy Soldier*, 42f; Neumaier, "Mein Leben," 34–39. Cf. Robert M. Citino, *The Wehrmacht Retreats: Fighting a Lost War*, 1943 (Lawrence, KS, 2012).

67. Krapf, "Recollections," 557–60.

68. Krapf, "Recollections," 558; Schultheis, *Kindheit und Jugend*, 97f; Raschdorff, "Mein Leben," 42; and Helmer "Tornister," vol. 1, 117.

69. Grothus, "Horst," 43; Tausch, "Mein Lebensbericht," 28; Queiser, *"Du gehörst dem Führer!,"* 147; and Schultheis, *Kindheit und Jugend*, 104.

70. Thamm, *Boy Soldier*, 49–52; Raschdorff, "Mein Leben," 51; Grothus, "Horst," 43.

71. Debus, *Ein Leben*, 119; Fest, *Not I*, 270 ; Krapf, "Recollections," 552 ; Helmer, "Tornister," vol. 1, 125 ; Moosmann, *Barfuß*, 110f.

72. Hans-Harald Schirmer, "Erinnerungen an die Familie Hans und Luise Schirmer aus Wolfenbüttel," 65. Cf. Jörg Barberowski and Anselm Doering-Manteuffel, *Ordnung durch Terror: Gewaltexzesse und Vernichtung im nationalsozialistischen und im stalinistischen Imperium* (Bonn, 2006).

73. Baucke, *Das Buch geört dazu*, 75. Cf. Michael Geyer and Adam Tooze, eds. *War, Economy, Society and Culture*, vol. 3 of the *Cambridge History of the Second World War* (Cambridge, UK, 2015).

74. Neumaier, "Mein Leben," 40; Raschdorff, "Mein Leben," 50f.

75. Baucke, *Das Buch gehört dazu*, 60f; and Kolesnyk, "Wie es dazu kam," 50f. Cf. also Isabel Hull, *A Scrap of Paper: Breaking and Making International Law during the Great War* (Ithaca, NY, 2014).

76. Sandra Paweronschitz, "Damit der Krieg ein anderes Gesicht kriegt!," in *Schweigen und Reden einer Generation: Erinnerungsgespräche mit Opfern, Tätern und Mitläufern des Nationalsozialismus*, edited by Gerhard Botz (Vienna, 2005), 39–46. Cf. Ehrle, "Lebenserinnungen," Anlage 3.

77. Baucke, *Das Buch gehört dazu*, 71; Helmer, "Tornister," vol. 1, 125 . Cf. Peter Longerich, *"Davon haben wir nichts gewusst!" Die Deutschen und die Judenverfolgung 1933–1945* (Munich, 2006).

78. Neumaier, "Mein Leben," 49–53; Härtel, "Leben in grosser Zeit," 187f; and Tausch, "Mein Lebensbericht," 32. Cf. Anthony Beevor, D-Day: The Battle for Normandy (London, 2009).

79. Neumaier, "Mein Leben," 52f; Thamm, *Boy Soldier*, 59 . Cf. Randall Hansen, *Disobeying*

Hitler: German Resistance after Valkyrie (Oxford, UK, 2014), 72–120.

80. Krapf, "Recollections," 623f; Thamm, Boy Soldier, 60f; Helmer, "Tornister," vol. 1, 125f; Helmut Donner to Walter Kempowski, July 18, 2004, SK. Cf. Peter Hoffmann, *The History of the German Resistance, 1933–1945* (Montreal, 1996).

81. Krapf, "Recollections," 586. 其他许多叙述中也重复了这种描绘。

82. Queiser, "*Du gehörst dem Führer!*," 178–80; Baucke, Das Buch gehört dazu, 84; Fest, Not I, 283. Cf. Ralf Schabel, Die Illusion der Wunderwaffen: Die Rolle der Düsen ugzeuge und Flugabwehrraketen in der Rüstungspolitik des Dritten Reiches (Munich, 1994).

83. Hanns to Amanda, February 21, 1942, "Papas Briefe" ; Krapf, "Recollections," 646; Thamm, *Boy Soldier*, 62; and Fest, Not I, 275f.

84. Helmer, "Tornister," vol. 1, 116f; Wolfgang Hubbe, "Übernen Graben: Protokoll einer Fahnenflucht," ch. 10, SK; Joachim, "Wundersame Reise," 36–51; Charles Glass, *The Deserters: A Hidden History of World War II* (New York, 2013).

85. Helmer, "Tornister," vol. 1, 128; Krapf, "Recollections," 646ff; Ehrle, "Lebenserinnerungen," Anlage 3. Cf. Stephen G. Fritz, *Endkampf: Soldiers, Civilians, and the Death of the Third Reich* (Lexington, KY, 2004).

86. Krapf, "Recollections," 702–60; Neumaier, "Mein Leben," 60f; Grothus, "Horst," 46.

87. Queiser, "*Du gehörst dem Führer!*," 186–94; Grothus, "Horst," 44. Cf. David K. Yelton, *Hitler's Volkssturm: The Nazi Militia and the Fall of Germany, 1944–1945* (Lawrence, KS, 2002).

88. Johannsen, *Ein Leben*, 71; Helmer, "Tornister," vol. 1, 129; Krapf, "Recollections," 738–51; Thamm, *Boy Soldier*, 90f.

89. Neumaier, "Mein Leben," 61f; Eva Sternheim-Peters, *Habe ich denn allein gejubelt? Eine Jugend im Nationalsozialismus* (Berlin, 2015), 769. Cf. Peter Caddick-Steel, *Snow and Steel: The Battle of the Bulge, 1944–1945* (Oxford, UK, 2015). For Italy, see Andrée, *Stationen*, 34–39.

90. Schultheis, *Kindheit und Jugend*, 107; Thamm, *Boy Soldier*, 70–95; Debus, *Ein Leben*, 120. Cf. Anthony Beevor, *The Fall of Berlin, 1945* (New York, 2002).

91. Wilhelm Homeyer, "Die letzten Stunden: Gefangennahme im 2. Weltkrieg, 19. Februar 1945 in Medenau bei Königsberg," handwritten manuscript, SK, 6301/2. Cf. Grothus, "Horst," 45.

92. Krapf, "Recollections," 763–72; Queiser, *"Du gehörst dem Führer!,"* 196f; and Thamm, *Boy Soldier*, 128. Frenzel, *40 verlorene Jahre*, 96–104 描绘了一次坐卡车逃跑的戏剧性经历。

93. Andrée, Stationen, 39f; Fest, Not I, 288f; Krapf, "Recollections," 774f; Grothus, "Horst," 49. Cf. Frenzel *40 verlorene Jahre,* 104; Thamm, *Boy Soldier*, 156f.

94. Krapf, "Recollections," 778; Härtel, "Leben in grosser Zeit," 223; Queiser, *"Du gehörst dem Führer!,"* 197; and Helmer, "Tornister," vol. 1, 144.

95. Grothus, "Horst," 101; and Thamm, *Boy Soldier*, 81.

96. Thamm, *Boy Soldier*, 111–25; and Queiser, *"Du gehörst dem Führer!,"* 164–70。这个故事遭到了空军的审查，因为它过于写实。

97. Helmer, "Tornister," vol. 1, 132. Cf. Volker Rolf Berghahn, *Europa im Zeitalter der Weltkriege* (Frankfurt am Main, 2002), 132.

98. Frenzel, *40 verlorene Jahre*, 89; Klein, *Drinnen und Draußen*, 94; Krapf, "Recollections," 695.

99. Johannsen, *Ein Leben*, 72f; Klein, *Drinnen und Draußen*, 88 ; Debus, *Ein Leben*, 119; Grothus, "Horst," 101; and Johann to Amanda, "Papas Briefe," July 27, 1942.

100. Helmer, "Tornister," vol. 1, 132; Krapf, "Recollections," 778f. Cf. James J. Sheehan, *Where Have All the Soldiers Gone? The Transformation of Modern Europe* (Boston, 2008).

第五章 女性的挣扎

1. Eva Sternheim-Peters, *Habe ich denn allein gejubelt? Eine Jugend im Nationalsozialismus* (Berlin, 2015), 760–65.

2. Gisela Bock, "Ganz normale Frauen: Täter, Opfer, Mitläufer und Zuschauer im Nationalsozialismus," in *Zwischen Karriere und Verfolgung: Handlungsräume von Frauen im nationalsozialistischen Deutschland*, edited by Kirsten Heinsohn, Barbara Vogel, and Ul- rike Weckel, 245–77 (Frankfurt, 1997).

3. Ruth Bulwin, "Briefe an ihre Eltern, 1937–1945," copied by Brigitte Stark. Cf. Melita Maschmann, *Fazit: Kein Rechtfertigungsversuch* (Stuttgart, 1963).

4. Claudia Koonz, *Mothers in the Fatherland: Women, the Family and Nazi Politics* (New York, 1987); and Wendy Lower, *Hitler's Furies: German Women in the Nazi Killing Fields* (Boston, 2013).

5. Karen Hagemann, "Military, War and the Mainstreams: Gendering Modern German Military History," in *Gendering Modern German History: Rewriting Historiography*, edited by Karen Hagemann and Jean Quataert, 63–85 (New York, 2007).

6. Belinda Davis, *Home Fires Burning: Food, Politics, and Everyday Life in World War I Berlin* (Chapel Hill, NC, 2000).

7. Barbara Bronnen, ed., *Geschichten vom Überleben: Frauentagebücher aus der NS-Zeit* (Munich, 1998); and Margarete Dörr, ed., "Wer die Zeit nicht miterlebt hat..." *Frauenerfahrungen im Zweiten Weltkrieg und in den Jahren danach*, 3 vols. (Frankfurt, 1998).

8. Elizabeth Heineman, *What Difference Does a Husband Make?: Women and Marital Status in Nazi and Postwar Germany* (Berkeley, CA, 1999).

9. Renate Bridenthal, Atina Grossman, and Marion Kaplan, eds., *When Biology Became Destiny: Women in Weimar and Nazi Germany* (New York, 1984). Cf. Karen Hagemann, *Frauenalltag und Männerpolitik: Alltagsleben und gesellscha liches Handeln von Arbeiterfrauen in der Weimarer Republik* (Bonn, 1990), 639–51.

10. Citations from Dorothee Klinsiek, *Die Frau im NS-Staat* (Stuttgart, 1982), 139–50; and Lore Walb, *Ich, die Alte, ich die Junge: Konfrontation mit meinen Tagebüchern 1933–1945* (Berlin, 1998), 181.

11. Renate Finckh, *Sie versprachen uns die Zukunft: Eine Jugend im Nationalsozialismus*

(Tübingen, 2002), 98. Cf. Jacques Pauwels, *Women, Nazis, and Universities: Female University Students in the Third Reich, 1933–1945* (Westport, CT, 1984); and Jill Stephenson, *Women in Nazi Germany* (Harlow, UK, 2001).

12. "Grundsätze und organisatorische Richtlinien der NSF," in: Klinksiek, *Die Frau im NS- Staat*, 151. Cf. Jill Stephenson, *The Nazi Organisation of Women* (London, 1981).

13. Mahlendorf, *Shame of Survival*, 92–95.

14. Finckh, *Sie versprachen*, 106–27.

15. Mahlendorf, *Shame of Survival*, 122.

16. Sternheim-Peters, *Habe ich denn*, 244–79.

17. Finckh, *Sie versprachen*, 92f, 135, 164f; Edith Schöffski, "Erinnerungen: Nur in der Rückschau, in der Zusammenfassung alles Erfahrenen, besitzen wir unser Leben ganz" (Berlin, n.d.), passim.

18. Schöffski, "Erinnerungen," 23; Mahlendorf, *Shame of Survival*, 78f; Ursula Baehrenburg, "Maikäferflieg: Lebenserinnerungen 1920–2005" (Lautertal, 2005), 64.

19. Erika Taubhorn, "Mein Leben: Erinnerungen" (Wuppertal, 2000), 5–10; and Schöffski, "Erinnerungen," 38.

20. Ruth Bulwin, *Spätes Echo: Erzählungen aus Großmutters jungen Jahren* (Wismar, 2014), 39–46, 51–57; Gisela Grothus, "Mein Leben" (Dorsten, n.d.), 25; Walb, *Ich, die Alte*, 108f, 190–97; Schöffski, "Erinnerungen," 73f; Moosmann, *Barfuß*, 119.

21. Mahlendorf, *Shame of Survival*, 78; Bulwin, *Spätes Echo*, 49f; Huber, "Das war mein Leben," 11–19, Taubhorn, "Mein Leben," 31.

22. Huber, "Das war mein Leben," 12–20; Bulwin, *Spätes Echo*, 50.

23. Walb, *Ich, die Alte*, 45; Finckh, *Sie versprachen*, 178; Huber, "Das war mein Leben," 15– 16; Winfried Weigelt, *Mein langes Leben* (Schwerin, 2017), 119; and Bulwin, *Spätes Echo*, 48–50.

24. Bella Fromm, *Als Hitler mir die Hand küsste* (Reinbek, 1994), 98–117; Walb, *Ich, die Alte*, 35f, 179; Huber, "Das war mein Leben," 25; and Mahlendorf, *Shame of Survival*, 143f.

25. Mahlendorf, *Shame of Survival*, 61–69; Sternheim-Peters, *Habe ich denn*, 401–13; Bulwin, *Spätes Echo*, 51.

26. Mahlendorf, *Shame of Survival*, 125f; Finckh, *Sie versprachen*, 129ff; Sternheim-Peters, *Habe ich denn*, 432–64; Walb, *Ich, die Alte*, 233f.

27. Finckh, *Sie versprachen*, 94–98; Walb, *Ich die Alte*, 43f; Mahlendorf, *Shame of Survival*, 42.

28. Walb, *Ich, die Alte*, 43f, 47f, 55–57, 61–64, 67 , 74, 83, 91, 97. Cf. "Es it nicht nötig, dass ich lebe, wohl aber dass ich meine Pflicht tue..." in Dörr, *"Wer die Zeit nicht erlebt hat,"* 287–89.

29. Christel Beilmann, *Eine katholische Jugend in Gottes und dem Dritten Reich* (Wuppertal, 1989), 30; Mahlendorf, *Shame of Survival*, 73ff; Finckh, *Sie versprachen*, 167; Bulwin, *Spätes Echo*, 52.

30. Sternheim-Peters, *Habe ich denn*, 730–45; Schöffski, "Erinnerungen," 52 ; Mahlendorf, *Shame of Survival*, 150, 158; Finckh, *Sie versprachen*, 183; Walb, *Ich, die Alte*, 139, 154–65.

31. Finkh, *Sie versprachen*, 147–52; Sternheim-Peters, *Habe ich denn*, 721–25.

32. Bulwin, *Spätes Echo*, 52; Taubhorn, "Mein Leben," 17f; Schöffski, "Erinnerungen," 48f.

33. Bulwin, *Spätes Echo*, 52; Baehrenburg, "Maikäfer flieg," 65; Mahlendorf, Shame of Survival, 102; Sternheim-Peters, Habe ich denn, 131f.

34. Finckh, *Sie versprachen*, 175f, 198; Mahlendorf, *Shame of Survival*, 117f.

35. Mahlendorf, *Shame of Survival*, 85.

36. Sonja Kolesnyk, "Alte Zeiten," 71–132. Cf. Ulrich Herbert, *Hitler's Foreign Workers: Enforced Foreign Labor in Germany under the Third Reich* (Cambridge, UK, 1997).

37. Finckh, Sie versprachen, 171, 203–209. Cf. Elizabeth Harvey, *Women and the Nazi East: Agents and Witnesses of Germanization* (New Haven, CT, 2003).

38. Beilmann, *Katholische Jugend*, 15–44; Bulwin, *Spätes Echo*, 63; Schöffski, "Erinnerungen," 82–88; Sternheim-Peters, *Habe ich denn*, 753f. Cf. Leila Rupp, *Mobilizing Women for War: German and American Propaganda, 1939–1945* (Princeton, NJ, 1987).

39. Grothus, "Mein Leben," 27; Mahlendorf, *Shame of Survival*, 193f, 201–7.

40. Baehrenburg, "Maikäfer flieg," 74; Huber, "Das war mein Leben," 26–36; Walb, *Ich, die Alte*, 195.

41. Baehrenburg, "Maikäfer flieg," 71f; Huber, "Das war mein Leben," 27–33; Bulwin, *Spätes Echo*, 58–62; Moosmann, *Barfuß*, 116.

42. Bulwin, *Spätes Echo*, 72–76; Huber, "Das war mein Leben," 36–39; Weigelt, *Mein langes Leben*, 140.

43. Huber, "Das war mein Leben," 52–67; Bulwin, *Spätes Echo*, 91–94.

44. Bulwin, *Spätes Echo*, 81; Mahlendorf, *Shame of Survival*, 141; Huber, "Das war mein Leben," 61–68; Walb, *Ich, die Alte*, 227–30.

45. Walb, *Ich, die Alte*, 193; Bulwin, *Spätes Echo*, 76–81.

46. "Ich hab gelebt wie im Traum...," in Dörr, *"Wer die Zeit nicht miterlebt hat...,"* 202–22.

47. "Ich möchte mal wieder tanzen!," in Bronnen, *Geschichten vom Überleben*, 182–93; Ingrid Bork, *Jedes Unglück hat ein Glück in sich: Friedrichshainer Lebenserinnerungen* (Berlin, 2010), 77. Cf. Franka Maubach, "Als Helferin in der Wehrmacht: Eine paradigmatische Figur des Kriegsendes," *Osteuropa* 55 (2005): 197–205.

48. Mahlendorf, *Shame of Survival*, 194–98. Cf. Volker Koop, "Dem Führer ein Kind schenken" : Die SS-Organisation Lebensborn e.V. (Cologne, 2007).

49. Baehrenburg, "Maikäfer flieg," 66f; Finckh, *Sie versprachen*, 215–21. Cf. Robert Gellately, *The Gestapo and German Society: Enforcing Racial Policy 1935–1945* (Oxford, UK, 1990).

50. Finckh, *Sie versprachen*, 96; Sternheim-Peters, Habe ich denn, 488; and Ruth Elias, *Die Hoffnung hielt mich am Leben: Mein Weg von Theresienstadt und Auschwitz nach Israel* (Munich, 1990), 85. Cf. Lower, *Hitler's Furies*, passim.

51. Regine Fritz, "Und die kommt und reißt mir das Kind aus der Hand!," in *Schweigen und Reden einer Generation: Erinnerungsgespräche mit Opfern, Tätern und Mitläufern des Nationalsozialismus*, edited by Gerhard Botz (Vienna, 2005), 66–71.

52. Mahlendorf, *Shame of Survival*, 168; Baehrenburg, "Maikäfer flieg," 69; Finckh, *Sie*

versprachen, 219. Cf. Eric A. Johnson, *What We Knew: Terror, Mass Murder and Everyday Life in Nazi Germany* (Cambridge, UK, 2005).

53. Mahlendorf, *Shame of Survival*, 149, 160; Finckh, *Sie versprachen*, 165, 186f, 213.

54. Walb, *Ich, die Alte*, 140, 162, 179, 227, 239; Finckh, *Sie versprachen*, 176.

55. Mahlendorf, *Shame of Survival*, 152; Walb, *Ich, die Alte*, 246.

56. Finckh, *Sie versprachen*, 230, 242; Bettina Fehr, "Erinnerungen" (Bonn, 2005), 163f; Mahlendorf, *Shame of Survival*, 153; Taubhorn, "Mein Leben," 34; Moosmann, *Barfuß*, 111f.

57. Finckh, *Sie versprachen*, 217; Walb, *Ich, die Alte*, 261; Mahlendorf, *Shame of Survival*, 154.

58. Walb, *Ich, die Alte*, 257; Finckh, *Sie versprachen*, 243–46; Bork, *Jedes Unglück*, 74; Dörr, "Wer die Zeit nicht mitgemacht hat," vol. 2: *Kriegsalltag*, 112–19. Cf. R. J. Overy, *War and Economy in the Third Reich* (Oxford, UK, 2002).

59. Walb, *Ich die Alte*, 201, 214, 217; Mahlendorf, *Shame of Survival*, 176. Cf. Laura Heins, *Nazi Film Melodrama* (Urbana, IL, 2013).

60. Grothus, "Mein Leben," 29; Lieselotte G., "Rede von Adolf Hitler: Abends Strümpfe gestopft," and Rita H., "Ich möchte mal wieder tanzen!," in Bronnen, *Geschichten vom Überleben*, 166–71; 182–84. Cf. Randall Hansen, *Fire and Fury: The Allied Bombing of Germany, 1942–45* (Toronto, 2008).

61. Schöffski, "Erinnerungen," 58–64; Bork, *Jedes Unglück*, 59–66; Finckh, *Sie versprachen*, 234.

62. Taubhorn, "Mein Leben," 36f; Grothus, "Mein Leben," 29. Cf. Jörg Friedrich, *The Fire: The Bombing of Germany, 1940–1945* (New York, 2006).

63. Taubhorn, "Mein Leben," 36f; Schöffski, "Erinnerungen," 65, 71f, 80; Bork, *Jedes Unglück*, 71.

64. Finckh, *Sie versprachen*, 248–52; Schöffski, "Erinnerungen," 85f, 88; Beilmann, *Katholische Jugend*, 24.

65. Johanna Hagenauer, "Flucht aus Würzburg 1945" (Ms, Munich, 2015); Sternheim-Peters, *Habe ich denn*, 766; Walb, *Ich, die Alte*, 263, 275, 294.

66. Baehrenburg, "Maikäfer flieg," 65; Mahlendorf, *Shame of Survival*, 137; Sternheim-Peters, *Habe ich denn*, 551f; "Da musst du durch, das Leben geht weiter..." in Dörr, *"Wer die Zeit nicht miterlebt hat,"* 241f.

67. Baehrenburg, "Maikäfer flieg," 74f; Finckh, *Sie versprachen*, 236f; Sternheim-Peters, *Habe ich denn*, 747f; Grah, "Die rote Käthe," 259f.

68. Walb, *Ich, die Alte*, 292; Sternheim-Peters, *Habe ich denn*, 749; and Finckh, *Sie versprachen*, 237–41, 257.

69. Finckh, *Sie versprachen*, 219–27. Cf. Baehrenburg, "Maikäfer flieg," 65f; Sternheim-Peters, *Habe ich denn*, 414.

70. Baehrenburg, "Maikäfer flieg," 72; Mahlendorf, *Shame of Survival*, 185; Grothus, "Mein Leben," 33; Beilmann, *Katholische Jugend*, 40f.

71. Mahlendorf, *Shame of Survival*, 181, 206, 211.

72. Ibid, 196, 208, 214.

73. Ibid, 187; Dörr, *"Wer die Zeit nicht miterlebt hat...,"* 448–89; Weigelt, *Mein langes Leben*, 146f.

74. Jakobine Homeyer, "Flucht aus Ostpreussen über kurisches Ha (Feb. 1945)," *Tagebuch*, SK. 6301/1. Cf. R. M. Douglas, *Orderly and Humane: The Expulsion of the Germans after the Second World War* (New Haven, CT, 2012).

75. Inge Lindauer, "Tagebuch 1945," SK 4022; Weigelt, *Mein langes Leben*, 191: Bulwin, *Spätes Echo*, 89–102. Cf. Theodor Schieder, ed., *Die Vertreibung der deutschen Bevölkerung aus den Gebieten östlich der Oder-Neisse* (Bonn, 1954–1960).

76. Walb, *Ich die Alte*, 300–19.

77. Baehrenburg, "Maikäfer flieg," 76; Mahlendorf, *Shame of Survival*, 213–18.

78. Baehrenburg, "Maikäfer flieg," 61f, 81 ; Witolla, "Tagebuch," April 20, 1945; 以及 Homeyer, 1946 年 1 月 9 日从俄国战俘营寄来的十几张明信片。

79. Bork, *Jedes Unglück*, 78; Baehrenburg, "Maikäfer flieg," 79; Mahlendorf, *Shame of Survival*, 216.

80. Baehrenburg, "Maikäfer flieg," 80; Mahlendorf, *Shame of Survival*, 219f. Cf. Dörr, "Wer die Zeit nicht miterlebt hat...," vol. 2: 419–32.

81. Baehrenburg, "Maikäfer flieg," 85f; Schöffski, "Erinnerungen," 94f, Christel Groschek, *Die totgemachte Seele* (Egelsbach, 1999), 12–15. Cf. Heineman, *What Difference Does a Husband Make?*, 75ff.

82. Gudrun Fischer, "Mein 14. Geburtstag und dann.... Eine Allensteinerin berichtet," 24–34, SK; 以及 Dörr 的口述历史证据，见 *"Wer die Zeit nicht miterlebt hat,"* vol. 2, 409–27。

83. Fischer, "Mein 14. Geburtstag," 32. Cf. Norman Naimark, *The Russians in Germany: A History of the Soviet Zone of Occupation, 1945–1949* (Cambridge, MA, 1995) versus Miriam Gebhardt, *Als die Soldaten kamen: Die Vergewaltigung deutscher Frauen am Ende des Zweiten Weltkriegs* (Munich, 2015).

84. Weigelt, *Mein langes Leben*, 151; Lev Kopelev, *Ease My Sorrows: A Memoir* (New York, 1983); Anonyma, *Eine Frau in Berlin: Tagebuchaufzeichnungen vom 20. April bis 22. Juni 1945* (Munich, 2003).

85. Bork, *Jedes Unglück*, 77; Walb, *Ich, die Alte*, 327–33; Mahlendorf, *Shame of Survival*, 189, 211; Weigelt, *Mein langes Leben*, 198; Moosmann, *Barfuß*, 127.

86. Moosmann, *Barfuß*, 128; Walb, *Ich, die Alte*, 315; Mahlendorf, *Shame of Survival*, 212; and Finckh, *Sie versprachen*, 256–62.

87. Beilmann, *Katholische Jugend*, 47; Walb, *Ich, die Alte*, 320, 334; Sternheim-Peters, *Habe ich denn*, 749, 780; Finckh, *Sie versprachen*, 259.

88. Sternheim-Peters, *Habe ich denn*, 772, 782; Mahlendorf, *Shame of Survival*, 183; Walb, *Ich, die Alte*, 339–45; Finckh, *Sie versprachen*, 265–69.

89. Finckh, *Sie versprachen*, 7; Mahlendorf, *Shame of Survival*, 1–11; Sternheim-Peters, *Habe ich denn*, 14–17; Walb, *Ich, die Alte*, 9–28.

90. Moosmann, *Barfuß*, 126. Cf. Karen Hagemann, "Mobilizing Women for War: The History,

Historiography and Memory of German Women's War Service in the Two World Wars," *Journal of Military History* 75 (2011): 1055–93; and "Good Soldiers? Women and the Military in World War Two," *The Berlin Journal* 28 (2015): 36–41.

91. Schöffski, "Erinnerungen," 74; Taubhorn, "Mein Leben," 8; Grothus, "Mein Leben," 27; Sternheim-Peters, *Habe ich denn*, 16; Grah, "Die rote Käthe," 260.

92. Walb, *Ich, die Alte*, 346; Mahlendorf, *Shame of Survival*, 181; Dörr, "Wer die Zeit nicht miterlebt hat...," vol. 2: *Kriegsalltag*, 203–302, 375–489.

93. Weigelt, *Mein langes Leben*, 174: Beilmann, *Katholische Jugend*, 45; Mahlendorf, *Shame of Survival*, 217; "Ich hab gelebt wie im Traum," in Dörr, *"Wer die Zeit nicht miterlebt hat,"* vol. 1, 220; Walb, *Ich, die Alte*, 331 ; and Finckh, *Sie versprachen*, 268f.

第六章 受害者的苦难

1. Niza Ganor, *Wer bist du, Annuschka? Die Überlebensgeschichte eines jüdischen Mädchens* (Hamburg, 1996), 97–99. Cf. Lucy Mandelstam, "Memoirs," 16f; Ruth Klüger, *Weiter leben: Eine Jugend* (Göttingen, 1992), 106–117.

2. Eugen Kogon, *Der SS-Staat: Das System der deutschen Konzentrationslager* (Munich, 1946); Fritz Stern, *Five Germanys I Have Known* (New York, 2007), 93f. Cf. Nikolaus Wachsmann, *KL: A History of the Nazi Concentration Camps* (New York, 2015).

3. Peter Gay, *My German Question* (New Haven, CT, 1998), 49; Stern, *Five Germanys*, 97. Cf. Thomas Pegelow Kaplan, *The Language of Nazi Genocide: Linguistic Violence and the Struggle of Germans of Jewish Ancestry* (New York, 2009), passim.

4. Tadeusz Borowski, *This Way for the Gas, Ladies and Gentlemen and Other Stories* (New York, 1967). Cf. John Cox, *To Kill a People: Genocide in the Twentieth Century* (New York, 2017).

5. Aleida Assmann, *Shadows of Trauma: Memory and the Politics of Postwar Identity* (New York, 2016); and Mary Fulbrook, *Erfahrung, Erinnerung, Geschichtsschreibung: Neue Perspektiven auf die deutschen Diktaturen* (Göttingen, 2016).

6. Klüger, *Weiter leben*, 38. Cf. George C. Rosenwald and Richard L. Ochberg, eds., *Storied Lives: The Cultural Politics of Self-Understanding* (New Haven, CT, 1992).

7. Christian Hartmann et al., eds, Hitler, *Mein Kampf: Eine kritische Edition* (Munich, 2016). Cf. Timothy Scott Brown, *Weimar Radicals: Nazis and Communists between Authenticity and Performance* (New York, 2009).

8. Carola Stern, *In den Netzen der Erinnerung: Lebensgeschichten zweier Menschen* (Hamburg, 1986), 64–85, 88–90. Cf. Eric Weitz, *Creating German Communism, 1890–1990: From Popular Protests to Socialist State* (Princeton, NJ, 1997).

9. Stern, *In den Netzen*, 97–105. Cf. Martin Sabrow, Erich Honecker: *Das Leben davor* (Munich, 2016).

10. Moritz Zahnwetzer, *Konzentrationslager Buchenwald: Erlebnisbericht* (Kassel, 1946).

11. Klüger, *Weiter leben*, 53; Stern, *In den Netzen*, 118f; Georg Iggers, *Zwei Seiten einer Geschichte: Lebensbericht aus unruhigen Zeiten* (Göttingen, 2002), 59. Cf. Philippe Burrin, *Nazi Anti-Semitism: From Prejudice to the Holocaust* (New York, 2005).

12. Gompertz, "Experiences of Albert Gompertz: From Nazi Germany to America" (Palm Beach, 1998), 5 ; Werner T. Angress, *Witness to the Storm: A Jewish Journey from Nazi Berlin to the 82nd Airborne, 1920–1945* (Durham, NC, 2012), 41; Stern, *Five Germanys*, 98 ; Gay, *My German Question*, 49 . Cf. Steven Aschheim, *Brothers and Strangers: The East European Jew in German and German Jewish Consciousness, 1800–1923* (Madison, WI, 1999).

13. Gompertz, "Experiences," 6f; Frank Eyck, *A Historian's Pilgrimage: Memoirs and Reflections*, edited by Rosemarie Eyck (Calgary, 2009), 57. Cf. Ismar Schorsch, *Jewish Reactions to Anti-Semitism 1870–1914* (New York, 1972); and Jehuda Reinharz, *Fatherland or Promised Land: The Dilemma of the German Jew 1893–1914* (Ann Arbor, MI, 1975).

14. Gompertz, "Experiences," 11; Ingeborg Hecht, *Als unsichtbare Mauern wuchsen: Eine deutsche Familie unter den Nürnberger Rassengesetzen* (Hamburg, 2010); Gay, *My German Question*, 59; Angress, *Witness to the Storm*, 82. Cf. Konrad H. Jarausch, *The Unfree Professions: German Lawyers, Teachers, and Engineers, 1900–1950* (New York, 1990), 115.

15. Jack Baruch Keil, "Untitled Memoirs," 3; Stern, *Five Germanys*, 101. Cf. Peter Merseburger, *Der schwierige Deutsche: Kurt Schumacher: Eine Biographie* (Stuttgart, 1995).

16. Hecht, *Als unsichtbare Mauern wuchsen*, 41; Angress, *Witness to the Storm*, 97–127; Mandelstam, "Memoirs," 5; Iggers, *Zwei Seiten*, 61. Cf. Glenn R. Sharfman, "The Jewish Youth Movement in Germany, 1900–1936: A Study in Ideology and Organization" (Diss., Chapel Hill, 1989).

17. Stern, *Five Germanys*, 113f; Hecht, *Als unsichtbare Mauern wuchsen*, 47; Bettina Fehr, "Erinnerungen" (Bonn, 2005), 144f. Cf. Sonya Grabowsky, *"Meine Identität ist die Zerrissenheit" : "Halbjüdinnen" und "Halbjuden" im Nationalsozialismus* (Giessen, 2012).

18. Gay, *My German Question*, 47; Stern, *Five Germanys*, 99; Iggers, *Zwei Seiten*, 61; Klüger, *Weiter leben*, 41f; Angress, *Witness to the Storm*, 84f.

19. Warmbrunn, "The Terrace Memoirs," 37; Gay, *My German Question*, 92–110; Klüger, *Weiter leben*, 51; Iggers, *Zwei Seiten*, 63f; and Angress, *Witness to the Storm*, 128. Cf. Marion Kaplan, *Between Dignity and Despair: Jewish Life in Nazi Germany* (Oxford, UK, 1998).

20. Stern, *Five Germanys*, 111; Angress, *Witness to the Storm*, 80; Warmbrunn, "Terrace Memoirs," 43; and Eyck, *Historian's Pilgrimage*, 92. Cf. H. A. Strauss, "Jewish Emigration from Germany: Nazi Policies and Jewish Responses," *Leo Baeck Institute Yearbook* 25 (1980): 313–61 and 26 (1981): 34–49.

21. Iggers, *Zwei Seiten*, 65f. Cf. Frank Caesteker and Bob Moore, eds., *Refugees from Nazi Germany and the Liberal European States* (New York, 2010).

22. Gay, *My German Question*, 66, 74, 111; Hecht, *Als unsichtbare Mauern wuchsen*, 54.

23. Gay, *My German Question*, 115; Irmgard Mueller, 口头交流 ; Gompertz, "Experiences," 24; Iggers, *Zwei Seiten*, 31, 65; Angress, *Witness to the Storm*, 128–59.

24. Stern, *Five Germanys*, 121f; Gompertz, "Experiences," 11; Keil, "Memoirs," 10f. Cf. Götz

Aly, *Hitler's Bene ciaries: Plunder, Racial War, and the Nazi Welfare State* (New York, 2007).

25. Angress, *Witness to the Storm*, 157–164; Stern, *Five Germanys*, 128; Iggers, *Zwei Seiten*, 65f. Cf. Walter Laqueur, *Generation Exodus: The Fate of Young Jewish Refugees from Nazi Germany* (Hanover, NH, 2001).

26. Mandelstam, "Memoirs," 6; Keil, "Memoirs," 8; Klüger, *Weiter leben*, 23. Cf. Evan Burr Bukey, *Hitler's Austria: Popular Sentiment in the Nazi Era, 1938–1945* (Chapel Hill, NC, 2000).

27. Gompertz, "Experiences," 12f; Mandelstam, "Memoirs," 7; Gay, *My German Question*, 131; and Zahnwetzer, *KZ Buchenwald*, 23. Cf. Alan E. Steinweis, *Kristallnacht 1938* (Cambridge, MA, 2009).

28. Gay, *My German Question*, 134–54; Gompertz, "Experiences," 14–16; Hanna Marlens, "Untitled Memoir," 1.

29. Keil, "Memoir," 10–17; Marlens, "Untitled Memoir," 2; Angress, *Witness to the Storm*, 187–200; Warmbrunn, "Terrace Memoirs," 60; Gay, *My German Question*, 155.

30. Mandelstam, "Memoirs," 7; Gay, *My German Question*, 133; Irene Alenfeld, *Warum seid Ihr nicht ausgewandert? Überleben in Berlin 1933 bis 1945* (Berlin, 2008), 118; Hecht, *Als unsichtbare Mauern wuchsen*, 131; Keil "Untitled Memoir," 14–16; Warmbrunn, "Terrace Memoirs," 69.

31. Mandelstam, "Memoirs," 8; Hecht, *Als unsichtbare Mauern wuchsen*, 25; Alenfeld, Warum seid, 30–37; Klüger, *Weiter leben*, 31.

32. Gay, *My German Question*, 133, 154; Stern, *Five Germanys*, 129; Angress, *Witness to the Storm*, 168. Cf. Marion Berghahn, *Continental Britons: German-Jewish Refugees from Nazi Germany* (Oxford, UK, 1988).

33. Stern, In den Netzen, 141, 175–189. Cf. Allan Merson, Communist Resistance in Nazi Germany (London, 1985).

34. Fehr, "Erinnerungen," 93f; Alenfeld, *Warum seid*, 136; Hecht, *Als unsichtbare Mauern wuchsen*, 89, 103, 105. Cf. Beate Meyer, *"Jüdische Mischlinge" : Rassenpolitik und Verfolgungserfahrung 1933–1945* (Hamburg, 1999).

35. Keil, "Untitled Memoirs," 11; Mandelstam, "Memoirs," 11; Hecht, *Als unsichtbare Mauern wuchsen*, 94. 参见 Laura Brade 关于从捷克斯洛伐克移民网络的博士论文 (Chapel Hill, 2017)。

36. Hecht, *Als unsichtbare Mauern wuchsen*, 105; Klüger, *Weiter leben*, 50. Cf. Gerhard Schoenberner, *The Yellow Star: The Persecution of the Jews in Europe, 1933–1945* (New York, 2004)

37. Mandelstam, "Memoirs," 12. Cf. Jürgen Matthäus, Jochen Böhler, and Klaus-Michael Mallmann, *War, Pacification, and Mass Murder, 1939: The Einsatzgruppen in Poland* (Lanham, MD, 2014).

38. Alenfeld, *Warum seid*, 133–56; Hecht, *Als unsichtbare Mauern wuchsen*, 67.

39. Mandelstam, "Memoirs," 11f; 与 Irmgard Mueller 的口头交流 ; Krüger, Weiter leben, 65f.

40. Niza Ganor, *Wer bist du, Annuschka?*, 5–41.

41. Ibid, 79–96.

42. Marie Simon, *Underground in Berlin: A Young Woman's Extraordinary Tale of Survival in the Heart of Nazi* Germany (New York, 2015).

43. Mandelstam, "Memoirs," 13–15; Klüger, *Weiter leben*, 81–105.

44. Joachim Bässmann, "Bericht eines SS-Mannes über Dienst in Auschwitz," 41–43; Marianne Busch, "1. September 1943 bis 21. Januar 1945," 7–9. Cf. Ernst Klee, ed., *Auschwitz: Täter, Gehilfen, Opfer und was aus ihnen wurde: Ein Personenlexikon* (Frankfurt, 2013).

45. Mandelstam, "Memoirs," 16f; Klüger, Weiter leben, 106–17; Ganor, *Wer bist du, Annuschka?*, 97–100.

46. Bässmann, "Bericht eines SS-Mannes," 58f; Mandelstam, "Memoirs," 17; Klüger, Weiterleben, 132f; Judith Magyar Isaacson, *Befreiung in Leipzig: Erinnerungen einer ungarischen Jüdin* (Witzenhausen, 1991), 85.

47. Bässmann, "Bericht eines SS-Mannes," 61–62; Busch, "1. September 1943," 20.

48. Mandelstam, "Memoirs," 17f; Klüger, *Weiter leben*, 107; Ganor, *Wer bist du, Annuschka?*, 100 ; Isaacson, *Befreiung in Leipzig*, 95.

49. 与 Mueller 的口头交流；Mandelstam, "Memoirs," 18; Klüger, *Weiter leben*, 1416; and Ganor, *Wer bist du, Annuschka?*, 100.

50. Ruth Elias, *Die Hoffnung hielt mich am Leben: Mein Weg von Theresienstadt und Auschwitz nach Israel* (Munich, 1990), 155–91; Isaacson, *Befreiung in Leipzig*, 118. Cf. Paul Weindling, *Victims and Survivors of Nazi Human Experiments: Science and Suffering in the Holocaust* (London, 2015).

51. Elias, *Die Hoffnung*, 218, 227; Klüger, *Weiter leben*, 151; Ganor, *Wer bist du, Annuschka?*, 106–12.

52. Bässmann, "Bericht eines SS-Mannes," 83; Busch, "1. September 1943," 24.

53. Ganor, *Wer bist du, Annuschka?*, 105; Bässmann, "Bericht eines SS-Mannes," 43, 52.

54. Busch, "1. September 1943," 4–30.

55. Busch, "1. September 1943," 30, 35, 39, 43; Bässmann, "Bericht eines SS-Mannes," 42f. 这两份文件都残缺不全。除了报告本身所提供的，档案中没有给出更多关于作者的信息。Cf. Monika Rammer, "Die Geschichte meines Großvaters," in *Schweigen und Reden einer Generation: Erinnerungsgespräche mit Opfern, Tätern und Mitläufern des Nationalsozialismus*, edited by Gerhard Botz (Vienna, 2005), 72–81.

56. Mandelstam, "Memoirs," 20f; Busch, "1. September 1943," 52–63; Rammer, "Die Geschichte," 78f.

57. Ganor, *Wer bist du, Annuschka?*, 112 ; Busch, "1. September 1943," 66f. Cf. Daniel Blatman, *The Death Marches: The Final Phase of Nazi Genocide* (Cambridge, MA, 2011).

58. Klüger, *Weiter leben*, 166–86; Mandelstam, "Memoirs," 21–24.

59. Ilse Polak, *Meine drei Leben: Die Geschichte einer Papenburger Jüdin* (Papenburg, 2013), 38f; Ganor, *Wer bist du, Annuschka?*, 113 ; and Elias, *Die Hoffnung*, 239–49.

60. Mandelstam, "Memoirs," 25f; Ganor, *Wer bist du, Annuschka?*, 117 ; Polak, *Meine drei*

Leben, 39.

61. Busch, "1. September 1943," 62–70; Klüger, *Weiter leben*, 184f; and Bässmann, "Bericht eines SS-Mannes," 47, 85. Cf. David A. Hackett, *The Buchenwald Report* (Boulder, CO, 1995).

62. Daniel Jonah Goldhagen, *Hitler's Willing Executioners: Ordinary Germans and the Holocaust* (New York, 1996) versus Christopher Browning, *Nazi Policy, Jewish Workers, German Killers* (Cambridge, UK, 2000).

63. Heinz Jehuda Meyerstein, *Gehetzt, gejagt und entkommen: Von Göttingen über München und das KZ Dachau nach Holland, Deutschland, Holland und durch Frankreich über die Pyrenäen in Spanien gerettet* (Konstanz, 2008). Cf. Patrick Henry, ed., *Jewish Resistance against the Nazis* (Washington, DC, 2014).

64. Uwe Soukup, *Ich bin nun mal Deutscher: Sebastian Haffner: Eine Biographie* (Berlin, 2001), 39–96. Cf. Iggers, *Zwei Seiten*, 77f.; and Konrad Heiden, *Der Fuehrer: Hitler's Rise to Power* (Boston, 1944).

65. Stern, *In den Netzen*, 138; Willy Brandt, *My Life in Politics* (New York, 1992). Cf. Sozialdemokratische Partei Deutschlands, ed., *Deutschland-Berichte der Sozialdemokratischen Partei Deutschlands* (Frankfurt, 1982).

66. Gertrud Koch, *Edelweiß: Meine Jugend als Widerstandskämpferin* (Reinbeck, 2006), 91– 120; Stern, *In den Netzen*, 152ff. Cf. John Cox, *Circles of Resistance: Jewish, Leftist and Youth Dissidence in Nazi Germany, 1933–1945* (New York, 2009).

67. Peter Hoffmann, *The History of the German Resistance, 1933–1945* (Montreal, 1996); Theodore S. Hamerow, *On the Road to the Wolf's Lair: German Resistance to Hitler* (Cambridge, MA, 1997).

68. Wibke Bruhns, *My Father's Country: The Story of a German Family* (New York, 2008). Cf. W. H. Koch, *In the Name of the Volk: Political Justice in Hitler's Germany* (London, 1989), 196.

69. Meyerstein, *Gehetzt, gejagt und entkommen*, 13–106.

70. Marlens, "Untitled Memoir," 3; Gay, *My German Question*, 155–69; Eyck, *Historian's Pilgrimage*, 73, 95. Cf. Laqueur, *Generation Exodus*, passim.

71. Iggers, *Zwei Seiten*, 66f; Gay, *My German Question*, 170; Angress, *Witness to the Storm*, 211.

72. Gay, *My German Question*, 154–73; Stern, *Five Germanys*, 133; Angress, *Witness to the Storm*, 201.

73. Gompertz, "Experiences," 27; Stern, *Five Germanys*, 131.

74. Stern, *Five Germanys*, 138; 与 Gerhard Weinberg 的口头交流；Eyck, *Historian's Pilgrimage*, 117; Gompertz, "Experiences," 29; Gay, *My German Question*, 176; Iggers, *Zwei Seiten*, 68f; Warmbrunn, "Terrace Memoirs," 93.

75. Mandelstam, "Memoirs," 8; Stern, *Five Germanys*, 138; Eyck, *Historian's Pilgrimage*, 117; Iggers, *Zwei Seiten*, 69; Gompertz, "Experiences," 27.

76. Angress, *Witness to the Storm*, 201–26; Warmbrunn, "Terrace Memoirs," 76; Gompertz,

"Experiences," 217f; Gay, *My German Question*, 175.

77. Eyck, *Historian's Pilgrimage*, 109–43; Iggers, *Zwei Seiten*, 73; Stern, *Five Germanys*, 162f; Gay, *My German Question*, 171–84. Cf. Andreas Daum, *Hartmut Lehmann and James Sheehan*, eds., *The Second Generation: Émigrés from Nazi Germany as Historians* (New York, 2016).

78. Gay, *My German Question*, 174f; Eyck, *Historian's Pilgrimage*, 136–55; Stern, *Five Germanys*, 158; Iggers, *Zwei Seiten*, 78f.

79. Gompertz, "Experiences," 31–37.

80. Angress, *Witness to the Storm*, 227–58. Cf. Christian Bauer, *The Ritchie Boys* (DVD, New York, 2007).

81. Angress, *Witness to the Storm*, 258–74, and his "Normandy Diary," June 6 to 27, 1944, 335–342. Cf. Cornelius Ryan, *The Longest Day: June 6, 1944* (New York, 1959).

82. Angress, *Witness to the Storm*, 314; Gompertz, "Experiences," 38.

83. Gompertz, "Experiences," 37f; Eyck, *A Historian's Pilgrimage*, 288; Angress, *Witness to the Storm*, 318–22; Mandelstam, "Memoirs," 27f

84. Angress, *Witness to the Storm*, 323; Gompertz, "Experiences," 38; Eyck, *Historian's Pilgrimage*, 286.

85. Eyck, *Historian's Pilgrimage*, 289; Angress, *Witness to the Storm*, 309. Cf. Renate Bridenthal, "Out of Germany," in Daum, *Second Generation*, 131. Cf. Marita Krauss, *Heimkehr in ein fremdes Land: Geschichte der Remigration nach 1945* (Munich, 2001).

86. Konrad H. Jarausch, "The Failure of East German Anti-Fascism: Some Ironies of History as Politics," *German Studies Review* 14 (1991): 85–102. Cf. Thomas Lindenberger and Martin Sabrow, eds., *German Zeitgeschichte: Konturen eines Forschungsfeldes* (Göttingen, 2016).

87. James Franklin Williamson, "Memory with No Clear Answers: Volkstrauertag, Opfer des Faschismus, and the Politics of Publicly Mourning the War Dead in Germany, 1945-1972" (Diss., Chapel Hill, 2003).

88. Margarete Dörr, *"Wer die Zeit nicht miterlebt hat..." Frauenerfahrungen im Zweiten Weltkrieg und in den Jahren danach*, vol. 3, *Das Verhältnis zu Nationalsozialismus und Krieg* (Frankfurt, 1998); Wendy Lower, *Hitler's Furies: German Women in the Nazi Killing Fields* (Boston, 2013), passim.

89. Gay, *My German Question*, 1318; Klüger, Weiter leben, 69; Meyerstein, *Gehetzt, gejagt und entkommen*, 100; and Elias, Die Ho nung, 151f. Cf. Dominick LaCapra, *Writing History, Writing Trauma* (Baltimore, 2014).

90. Zahnwetzer, *KZ Buchenwald*, 26. Cf. Bill Niven and Chloe Paver, eds., *Memorialization in Germany since 1945* (Basingstoke, 2010).

第七章　作为全新开始的战败

1. Martin Sieg, *Im Schatten der Wolfschanze: Hitlerjunge auf der Suche nach Sinn—*

Autobiographische Skizze eines Zeitzeugen (Münster, 1997), 91f.

2. Helmer, "Tornister," vol. 2, 2–9. Cf. Tony Judt, *Postwar: A History of Europe since 1945* (New York, 2005), passim.

3. Sieg, *Im Schatten*, 86f; Karl Härtel, "Leben in grosser Zeit: Von den goldenen 20ern bis zum Zusammenbruch des Deutschen Reiches und dem beginnenden Wiederaufbau" (Leopoldshafen, 1996), 223; and Hermann Debus, *Ein Leben im Wandel der Zeiten* (Dörscheid, 1998), 120. Cf. Sönke Neitzel and Harald Welzer, *Soldaten: The Secret World of Transcripts of German POWs* (New York, 2012).

4. Konrad H. Jarausch, "1945 and the Continuities of German History: Reflections on Memory, Historiography and Politics," in *Stunde Null: The End and the Beginning Fifty Years Ago*, edited by Geoffrey Giles, 9–24 (Washington, DC, 1997); and Stefan-Ludwig Hoffmann, Sandrine Kott, Peter Romijn, and Olivier Wieviorka, eds, *Seeking Peace in the Wake of War: Europe, 1943–1947* (Amsterdam, 2015).

5. Bettina Fehr, "Erinnerungen" (Bonn, 2005), 183f; Heinz Schultheis, *Kindheit und Jugend zwischen den Kriegen und Erwachsenwerden danach* (Leverkusen, 2007–2010), 115; Sieg, Im Schatten, 97. Cf. Fulbrook, "Generationen zwischen zwei deutschen Diktaturen," in idem, *Erfahrung, Erinnerung, Geschichtsschreibung: Neue Perspektiven auf die deutschen Diktaturen* (Göttingen, 2016), 35–61.

6. Moosmann, *Barfuß*, 139; Sieg, *Im Schatten*, 93; Joachim Fest, *Not I: Memoirs of a German Childhood* (New York, 2013), 343.

7. Martin Greiffenhagen, *Jahrgang 1928: Aus einem unruhigen Leben* (Munich, 1988), 44; Fest, *Not I*, 336.

8. Ruth Bulwin, *Spätes Echo: Erzählungen aus Großmutters jungen Jahren* (Wismar, 2014), 106–15; and *Gerhard Baucke, Das Buch gehört dazu: Gute Seiten—Schlechte Seiten: Spiegelbild erlebter Zeiten 1919–1999* (Berlin, 2002), 93.

9. Fest, *Not I*, 288; Härtel, "Leben in grosser Zeit," 223; Horst Andrée, *Stationen meines Lebens* (Boxberg, 2000), 39f.

10. Sieg, *Im Schatten*, 80–84; Härtel, "Leben in grosser Zeit," 224–31; Fest, *Not I*, 289; Dieter Schoenhals, "Erinnerungen aus meiner Kriegsgefangenscha " (Uppsala, 1985), 1; Ehrle, "Lebenserinnerungen," Anlage 3.

11. Härtel, "Leben in grosser Zeit," 231ff; Fest, *Not I*, 289–331. Cf. Günter Bischof and Stephen E. Ambrose, *Eisenhower and the German POWs: Facts against Falsehood* (Baton Rouge, 1992).

12. Andrée, *Stationen*, 47–54; Sieg, *Im Schatten*, 89 ; and Helmer, "Tornister," vol. 1, 145–48; Neumaier, "Mein Leben," 64f. Cf. Hellmut Raschdor , "Mein Leben von 1922 bis Ende 2003" (Freiburg, 2003), 60–69.

13. Härtel, "Leben in grosser Zeit," 231f, 241–74.

14. Günter Gros, "Flucht und Heimkehr aus russischer Kriegsgefangenscha ," 2–46; Paul Frenzel, *40 verlorene Jahre: Erinnerungen an die Diktatur des nationalen und des realen Sozialismus* (Stuttgart, 1994), 113–23; Horst Grothus, "Horst in seiner Zeit," 3rd ed. (Dorsten, n.d.), 103.

15. Gerhard Krapf, "Recollections" (Edmonton, 1990s), 780–958; Neumaier, "Mein Leben," 66; Ehrle, "Lebenserinnerungen," Anlage 3. Cf. Andreas Hilger, *Deutsche Kriegsgefangene in der Sowjetunion, 1941–1956: Kriegsgefangenenpolitik, Lageralltag und Erinnerungen* (Essen, 2000).

16. Grothus, "Horst," 103–34. Cf. Huber, "Das war mein Leben," 96f.; Hans R. Queiser, *"Du gehörst dem Führer!" : Vom Hitlerjungen zum Kriegsberichter: Ein autobiographischer Bericht* (Cologne, 1993), 201–34; and Schultheis, *Kindheit und Jugend*, 110.

17. Härtel, "Leben in grosser Zeit," 259; Andrée, Stationen, 49; Jakobine Witolla, "Flucht aus Ostpreussen über kurisches Haff," November 22, 1945; 以及来自 Wilhelm Homeyer 的近百张明信片和书信，1941 年 12 月 14 日到 1948 年 3 月 17 日，"Papas Briefe."

18. Gerhard Joachim, "Wundersame Reise des Odysseus des XX. Jahrhunderts: Von Hitlers Aufstieg bis zum Untergang der Stalinistischen Ära" (Rostock, 1998), 51–56; Queiser, *"Du gehörst dem Führer!,"* 217–20.

19. Härtel, "Leben in grosser Zeit," 288–319. Cf. Queiser, "Du gehörst dem Führer!," 221.

20. Alois David to Amanda, December 4, 1945, "Papas Briefe" ; Homeyer to Binte, July 15, 1948; Raschdorff, "Mein Leben," 68; Huber, "Das war mein Leben," 97; Schoenhals, "Erinnerungen," 9f.

21. Baucke, *Das Buch gehört dazu*, 19f, 96, 121; Bulwin, Spätes Echo, 127, 129, 136. Cf. Kristen Dolan, "Isolating Nazism: Civilian Internment in American Occupied Germany, 1944–1950" (Diss. Chapel Hill, 2013).

22. Krapf, "Recollections," 956; Bulwin, *Spätes Echo*, 115; Raschdorff, "Mein Leben," 69; Andrée, *Stationen*, 55; Fest, *Not I*, 352. Cf. Frank Biess, *Homecomings: Returning POWs and the Legacies of Defeat in Postwar Germany* (Princeton, NJ, 2006).

23. Fest, *Not I*, 353; Helmer, "Tornister," vol. 2, 6ff; Andrée, *Stationen*, 55. Cf. Fritz Krohmer, *Verwischte Spuren: Erinnerungen eines Kriegskindes*, 1933–1945 (Erdmannhausen, 1992), 121.

24. Amanda to Hanns, June 29, 1949, "Papas Briefe" ; Krapf, "Recollections," 957; Schultheis, *Kindheit und Jugend*, 114. Cf. Svenija Goltermann, *Die Gesellschaft der Überlebenden: Deutsche Kriegsheimkehrer und ihre Gewalterfahrungen im Zweiten Weltkrieg* (Munich, 2009).

25. Helmer, "Tornister," vol. 2, 3; Bulwin, *Spätes Echo*, 104, 116; Frenzel, *40 verlorene Jahre*, 123; Härtel, "Leben in grosser Zeit," 308, 321ff; Schultheis, *Kindheit und Jugend*, 115. Cf. Birgit Schwelling, *Heimkehr, Erinnerung, Integration: Der Verband der Heimkehrer, die ehemaligen Kriegsgefangenen und die westdeutsche Nachkriegsgesellschaft* (Paderborn, 2010).

26. Horst Johannsen, *Ein Leben von Diktatur zu Diktatur* (Bromskirchen, 2003), 79–107; Irene Alenfeld, *Warum seid Ihr nicht ausgewandert? Überleben in Berlin 1933 bis 1945* (Berlin, 2008), 452. Cf. Rainer Karlsch and Jochen Laufer, eds, *Sowjetische Demontagen in Deutschland 1944–1949: Hintergründe, Ziele und Wirkungen* (Berlin, 2002).

27. Frenzel, *40 verlorene Jahre*, 1245ff; Helmer, "Tornister," vol. 2, 22f; Debus, *Ein Leben*, 136; and Schultheis, *Kindheit und Jugend*, 116.

28. Bulwin, *Spätes Echo*, 118–28. Cf. Derek Holmgren, "'Gateway to Freedom' : The Friedland Refugee Transit Camp as Regulating Humanitarianism, 1945–1960" (Diss. Chapel Hill, 2015).

29. Helmer, "Tornister," vol. 2, 58; and Johannsen, *Ein Leben*, 76–85. Cf. Kim C. Primel and Alexa Stiller, eds, *Reassessing the Nuremberg Military Tribunals: Transitional Justice, Trial Narratives, and Historiography* (New York, 2012).

30. Sieg, *Im Schatten*, 88 ; Hans-Harald Schirmer, "Erinnerungen an die Familie Hans und Luise Schirmer aus Wolfenbüttel," 78; Will Seelmann-Eggebert, *Weder Narren noch Täter—der Schock kam erst später* (Ahlhorn, 2004), 107 ; Debus, Ein Leben, 119. Cf. Neitzel and Welzer, *Soldaten*, passim.

31. 未具日期书信，Härtel, "Leben in grosser Zeit," 277。

32. Fest, *Not I*, 356f. Cf. Christian von Krockow, *Die Stunde der Frauen: Bericht aus Pommern 1944 bis 1947* (Stuttgart, 1988); and Heineman, *What Di erence Does a Husband Make?*, 75.

33. Ursula Baehrenburg, "Maikäfer flieg: Lebenserinnerungen 1920–2005" (Lautertal, 2005), 91–108.

34. "US Army Ends Ban on War Brides," *New York Times*, December 12, 1946; Baehrenburg, "Maikäfer flieg," 113. Cf. Marika Höhn, *GIs and Fräuleins: The German-American Encounter in 1950s West Germany* (Chapel Hill, NC, 2002).

35. Johannsen, *Ein Leben*, 83–86; Baehrenburg, "Maikäfer flieg," 91–107.

36. Gerhardt B. Thamm, *Boy Soldier: A German Teenager at the Nazi Twilight* (Jefferson, NC, 2000), 161; Eberhard Scholz-Eule, ed., *Wir Scholz-Kinder vom Herrnvorwerk: Aus dem Leben einer schlesischen Familie daheim und in der Zerstreuung*, 4th ed. (St. Georgen, 2008), 27; Baehrenburg, "Maikäfer flieg," 98; Ursula Mahlendorf, *Shame of Survival: Working through a Nazi Childhood* (University Park, PA, 2009), 235ff.

37. Baehrenburg, "Maikäfer flieg," 116–22。关于对其他叙述的记录，见 *Die Vertreibung der deutschen Bevölkerung aus den Gebieten östlich der Oder-Neisse*, edited by Theodor Schieder (Bonn, 1954)。

38. Mahlendorf, *Shame of Survival*, 234–68. Cf. Scholz-Eule, *Wir Scholz-Kinder*, 32.; and Christel Groschek, *Die totgemachte Seele* (Egelsbach, 1999), 16–21.

39. Winfried Weigelt, *Mein langes Leben* (Schwerin, 2017), 216, 300–307. Cf. Andreas Kossert, *Kalte Heimat: Die Geschichte der deutschen Vertriebenen nach 1945* (Munich, 2008).

40. Hans Tausch, "Mein Lebensbericht" (Forchheim, 1984), 42–49. Cf. Chad Bryant, *Prague in Black: Nazi Rule and Czech Nationalism* (Cambridge, MA, 2007).

41. Mahlendorf, *Shame of Survival*, 269–304; Groschek, *Die totgemachte Seele*, 21–25; Weigelt, *Mein langes Leben*, 355ff. Cf. Kossert, *Kalte Heimat*, passim.

42. Ingrid Bork, *Jedes Unglück hat ein Glück in sich: Friedrichshainer Lebenserinnerungen* (Berlin, 2010), 84; Erika Taubhorn, "Mein Leben: Erinnerungen" (Wuppertal, 2000), 41; and Baehrenburg, "Maikäfer flieg," 87. Cf. Leonie Treber, *Mythos Trümmerfrauen: Von der Trümmerbeseitigung in der Kriegs- und Nachkriegszeit und der Entstehung eines deutschen Erinnerungsortes* (Essen, 2014).

43. Neumaier, "Mein Leben," 69; Bork, *Jedes Unglück*, 80f; Johannsen, *Ein Leben*, 85;

Baehrenburg, "Maikäfer flieg," 142; Alenfeld, *Warum seid*, 432.

44. Helmer, "Tornister," vol. 2, 38f; Taubhorn, "Mein Leben," 48; Bork, *Jedes Unglück*, 84f; Fehr, "Erinnerungen," 195. Cf. Thomas Abhe and Michael Hofman, eds, Hungern, Hamstern, *Heiligabend: Leipziger erinnern sich an die Nachkriegszeit* (Leipzig, 1996).

45. Johannsen, *Ein Leben*, 78; Helmer "Tornister," vol. 2, 25f; Andrée, *Stationen*, 68; Huber, "Das war mein Leben," 80f; Neumaier, "Mein Leben," 70; Taubhorn, "Mein Leben," 42f. Cf. Paul Steege, *Black Market, Cold War: Everyday Life in Berlin, 1946–1949* (New York, 2007).

46. Bork, *Jedes Unglück*, 80ff; Baehrenburg, "Maikäfer flieg," 141; Helmer, "Tornister," vol. 2, 23; Edith Schöffski, "Erinnerungen: Nur in der Rückschau, in der Zusammenfassung alles Erfahrenen, besitzen wir unser Leben ganz" (Berlin, n.d.), 114f; Mahlendorf, *Shame of Survival*, 301.

47. Bork, *Jedes Unglück*, 83; Taubhorn, "Mein Leben," 44; Mahlendorf, *Shame of Survival*, 292.

48. Gertrud Koch, *Edelweiß: Meine Jugend als Widerstandskämpferin* (Reinbeck, 2006), 250 ; Baehrenburg, "Maikäfer flieg," 140 ; Bulwin, *Spätes Echo*, 131 ; Bork, *Jedes Unglück*, 87. Cf. Clara Oberle, "City in Transit: Ruins, Railways, and the Search for Order in Postwar Berlin, 1945–1948" (Diss., Princeton, NJ, 2006).

49. Schöffski, "Erinnerungen," 100; Bork, *Jedes Unglück*, 85; Ruth Elias, *Die Hoffnung hielt mich am Leben: Mein Weg von Theresienstadt und Auschwitz nach Israel* (Munich, 1990), 263, 280; Alenfeld, *Warum seid*, 428; Baehrenburg, "Maikäfer flieg," 111, 151.

50. Letters of Lotte Wriedt to Amanda Stekeler from December 13, 1945 to June 1, 1949, "Papas Briefe."

51. Baehrenburg, "Maikäfer flieg," 115; Alenfeld, *Warum seid*, 441; Sieg, *Im Schatten*, 98f.

52. Andrée, *Stationen*, 67; Bulwin, *Spätes Echo*, 145f; Johannsen, *Ein Leben*, 89; Baehrenburg, "Maikäfer flieg," 146; Taubhorn, "Mein Leben," 59f; and Huber, "Das war mein Leben," 123.

53. Bork, *Jedes Unglück*, 88; Johannsen, *Ein Leben*, 109; Debus, *Ein Leben*, 152; Taubhorn, "Mein Leben," 61.

54. Baucke, *Das Buch gehört dazu*, 80; Taubhorn, "Mein Leben," 72; Debus, *Ein Leben*, 160; Gisela Grothus, "Mein Leben" (Dorsten, n.d.), 39f.

55. Helmer, "Tornister," vol. 2, 28–35; Neumaier, "Mein Leben," 71; Härtel, "Leben in grosser Zeit," 322–29; Krapf, "Recollections," 961.

56. Huber, "Das war mein Leben," 53, 74, 83; Bulwin, *Spätes Echo*, 92, 130, 137f; Baehrenburg," Maikäfer flieg," 137.

57. Tauborn, "Mein Leben," 50; Baehrenburg, "Maikäfer flieg," 124–35; Härtel, "Leben in grosser Zeit," 319f; and Grothus, "Mein Leben," 35–37.

58. Fest, *Not I*, 357; and Mahlendorf, *Shame of Survival*, 296. Cf. Alexandria Ruble," 'Equal but not the Same' : The Struggle for 'Gleichberechtigung' and the Reform of Marriage and Family Law in East and West Germany, 1945–1968" (Chapel Hill, NC, 2017).

59. Helmer, "Tornister," vol. 3, 8; Frank Eyck, *A Historian's Pilgrimage: Memoirs and Reflections*, edited by Rosemarie Eyck (Calgary, 2009), 298–300, 339; Bulwin, *Spätes Echo*,

148. Cf. Konrad H. Jarausch, *After Hitler: Recivilizing Germans, 1945–1995* (New York, 2008), 19–101.

60. Krohmer, *Verwischte Spuren*, 121; Helmer, "Tornister," vol. 2, 36. Cf. Edith Sheffer, *Burned Bridge: How East and West Germans Made the Iron Curtain* (New York, 2011).

61. Johannsen, *Ein Leben*, 90, 101; Fest, Not I, 360; Koch, Edelweiß, 251; Alenfeld, *Warum seid*, 429 ; Mahlendorf, *Shame of Survival*, 290; Bork, *Jedes Unglück*, 83f. Cf. Lutz Niethammer, *Die Mitläuferfabrik: Die Entnazifizierung am Beispiel Bayerns* (Berlin, 1982).

62. Schirmer, "Erinnerungen," 28f; Koch, *Edelweiß*, 244; Eyck, *Historian's Pilgrimage*, 324; Fehr, "Erinnerungen," 102f; Alenfeld, *Warum seid*, 463f.

63. Fest, *Not I*, 358f; Johannsen, *Ein Leben*, 77; Tausch, "Mein Lebensbericht," 37; and Baehrenburg, "Maikäfer flieg," 100.

64. Schultheis, *Kindheit und Jugend*, 116; Bork, *Jedes Unglück*, 89; Koch, Edelweiß, 250; Schöffski, "Erinnerungen," 102; Johannsen, *Ein Leben*, 91; Helmer, "Tornister," vol. 2, 22, and so on. Cf. Axel Schildt and Arnold Sywotteck, eds, *Modernisierung im Wiederafbau: Die westdeutsche Gesellschaft der 50er Jahre* (Bonn, 1998).

65. Sieg, *Im Schatten*, 104 ; Schultheis, *Kindheit und Jugend*, 106 ; Eyck, *Historian's Pilgrimage*, 288 ; and Helmer, "Tornister," vol. 2, 37. Cf. Steven Remy, *The Heidelberg Myth: The Nazification and Denazification of a German University* (Cambridge, MA, 2002).

66. Mahlendorf, *Shame of Survival*, 278–85; Helmer, "Tornister," vol. 2, 46; Härtel, "Leben in grosser Zeit," 330; Baehrenburg, "Maikäfer flieg," 128. Cf. Andrew Haeberlin, "Towards a Post-Nazi Education: Administrators Rebuild the German School System 1945– 1949" (Diss., Chapel Hill, 2015).

67. Hanns to Amanda, April 17, 1955, "Papas Briefe" ; Neumaier, "Mein Leben," 68; Helmer, "Tornister," vol. 2, 59; Schultheis, Kindheit und Jugend, 118. Cf. Härtel, "Leben in grosser Zeit," 337; and Sieg, *Im Schatten*, 117–22.

68. Baucke, *Das Buch gehört dazu*, 103; Bulwin, *Spätes Echo*, 187ff; Huber, "Das war mein Leben," 103; Bork, *Jedes Unglück*, 89f; Johannsen, *Ein Leben* , 112; Andrée, *Stationen*, 57, 62, 71; Baehrenburg, "Maikäfer flieg," 132 ; Debus, *Ein Leben*, 135f; Frenzel, *40 verlorene Jahre*, 134f; Sieg, *Im Schatten*, 99, 119; Helmer, "Tornister," vol. 2, 22; Grothus, "Horst," 143; Neumaier, "Mein Leben," 75 ; Schultheis, *Kindheit und Jugend*, 119.

69. Mahlendorf, *Shame of Survival*, 280, 299; Fest, *Not I*, 348; and Helmer, "Tornister," vol. 3, 8.

70. Helmer, "Tornister," vol. 3, 3ff; Sieg, *Im Schatten*, 102–14; Mahlendorf, *Shame of Survival*, 294; Fest, Not I, 376.

71. Sieg, *Im Schatten*, 109; Mahlendorf, *Shame of Survival*, 294; Baehrenburg, "Maikäfer flieg," 134. Cf. Dirk Moses, *German Intellectuals and the Nazi Past* (Cambridge, UK, 2007), passim.

72. 与 Gertrud Krapf 和 Fred Flessa 的口头交流；Thamm, *Boy Soldier*, 1; Alenfeld, *Warum seid*, 466f; Krapf, "Recollections," 960f; Mahlendorf, *Shame of Survival*, 330f.

73. Helmer, "Tornister," vol. 2, 7; Kolesnyk, "Alte Zeiten," 138–55. Cf. Anna Holian, *Between National Socialism and Soviet Communism: Displaced Persons in Postwar Germany* (Ann Arbor, MI, 2011).

74. Ingeborg Hecht, *Als unsichtbare Mauern wuchsen: Eine deutsche Familie unter den Nürnberger Rassengesetzen* (Hamburg, 2010), 148 ; Alenfeld, *Warum seid*, 463 ; and Marie Simon, *Underground in Berlin: A Young Woman's Extraordinary Tale of Survival in the Heart of Nazi Germany* (New York, 2015), 342f. Cf. Michael Meng, *Shattered Spaces: Encountering Jewish Ruins in Postwar Germany and Poland* (Cambridge, MA, 2011)。

75. Judith Magyar Isaacson, *Befreiung in Leipzig: Erinnerungen einer ungarischen Jüdin* (Witzenhausen, 1991), 162 ; Ilse Polak, *Meine drei Leben: Die Geschichte einer Papenburger Jüdin* (Papenburg, 2013), 46–50; Ruth Klüger, *Weiter leben: Eine Jugend* (Göttingen, 1992), 203–23. Cf. Atina Grossmann, *Jews, Germans, and Allies: Close Encounters in Occupied Germany* (Princeton, NJ, 2007).

76. Ganor, *Wer bist du*, Annuschka?, 120 ; and Mandelstam, "Memoirs," 34; Elias, *Die Hoffnung*, 310.

77. Fritz Stern, *Five Germanys I Have Known* (New York, 2007), 193; Georg Iggers, *Zwei Seiten einer Geschicte: Lebensbericht aus unruhigen Zeiten* (Göttingen, 2002), 81 ; Albert Gompertz, "Experiences of Albert Gompertz: From Nazi Germany to America" (Palm Beach, 1998), 45 ; Werner T. Angress, *Witness to the Storm: A Jewish Journey from Nazi Berlin to the 82nd Airborne, 1920–1945* (Durham, NC, 2012), 328 ; Eyck, *Historian's Pilgrimage*, 356; Peter Gay, *My German Question* (New Haven, CT, 1998), 189ff.

78. Fest, *Not I*, 372f; Frenzel, *40 verlorene Jahre*, 126ff. Cf. Christoph Klessmann, *Die doppelte Staatsgründung: Deutsche Geschichte 1945–1955* (Göttingen, 1982).

79. Fritz Klein, *Drinnen und Draußen: Ein Historiker in der DDR; Erinnerungen* (Frankfurt, 2000), 119 ; Carola Stern, *In den Netzen der Erinnerung: Lebensgeschichten zweier Menschen* (Hamburg, 1986), 250f; Helmer, "Tornister," vol. 2, 12; Joachimsen, *Ein Leben* , 108.

80. Mahlendorf, *Shame of Survival*, 273; Johannsen, *Ein Leben*, 115; Baehrenburg, "Maikäferieg," 134f; Fest, *Not I*, 378f.

81. Neumaier, "Mein Leben," 70; Bulwin, *Spätes Echo*, 147f; Andrée, *Stationen*, 69; Bork, *Jedes Unglück*, 89. Cf. Anthony J. Nicholls, *Freedom with Responsibility: The Social Market Economy in Germany, 1918–1963* (Oxford, UK, 1994).

82. Baucke, *Das Buch gehört dazu*, 122; Baehrenburg, "Maikäfer flieg," 136f; Eyck, *Historian's Pilgrimage*, 365. Cf. Michael D. Haydock, *City under Siege: The Berlin Blockade and Airlift, 1948–1949* (Washington, DC, 1999).

83. Fest, *Not I*, 375; Stern, *In den Netzen*, 249; Baehrenburg, "Maikäfer flieg," 135; Weigelt, *Mein langes Leben*, 354.

84. Huber, "Das war mein Leben," 66f; Grothus, "Horst," 130; Schöffski, "Erinnerungen," 100; Mahlendorf, *Shame of Survival*, 267f; Klüger, *Weiter leben*, 203; Krapf, "Recollections," 960f.

85. Martin Broszat, Klaus-Dietmar Henke, and Hans Woller, eds, *Von Stalingrad zur Währungsreform: Zur Sozialgeschichte des Umbruchs in Deutschland* (Munich, 1990), and Lutz Niethammer, ed., *Lebensgeschichte und Sozialkultur im Ruhrgebiet 1930 bis 1960* (Bonn, 1983).

86. Homeyer, "Die letzten Stunden," passim; Baehrenburg, "Maikäfer flieg," 135; Schöffski, "Erinnerungen," 94; Helmer, "Tornister," vol. 2, 21; Bulwin, *Spätes Echo*, 137. Cf. Herfried Münkler, *Die Deutschen und ihre Mythen* (Berlin, 2009).

87. Dieter Schoenhals, "Betrogener Idealismus oder unglaubliche Naivität" (Uppsala, 1985), preface; Christel Beilmann, *Eine katholische Jugend in Gottes und dem Dritten Reich* (Wuppertal, 1989), 345. Cf. Eva Sternheim-Peters, *Habe ich denn allein gejubelt? Eine Jugend im Nationalsozialismus* (Berlin, 2015), 114–18; and Lore Walb, *Ich, die Alte, ich die Junge: Konfrontation mit meinen Tagebüchern 1933–1945* (Berlin, 1998), 353.

88. Fest, *Not I*, 364; Mahlendorf, *Shame of Survival*, 289; Sieg, *Im Schatten*, 110–14; Tausch, "Mein Lebensbericht," 49.

89. Baehrenburg, "Maikäfer flieg," 125f; Mahlendorf, *Shame of Survival*, 295; Fest, Not I, 357; Sieg, *Im Schatten*, 108; and Krohmer, *Verwischte Spuren*, 127.

第八章 民主的成熟

1. Ruth Bulwin, *Spätes Echo: Erzählungen aus Großmutters jungen Jahren* (Wismar, 2014), 153–83.

2. Ibid, 137; Hellmut Raschdorff, "Mein Leben von 1922 bis Ende 2003" (Freiburg, 2003), 80f.

3. Joachim Fest, *Not I: Memoirs of a German Childhood* (New York, 2013), 381f; Ursula Mahlendorf, *Shame of Survival: Workingt through a Nazi Childhood* (University Park, PA, 2009), 308f; Helmer, "Tornister," vol. 3, 45.

4. Mahlendorf, *Shame of Survival*, 310f; Martin Greiffenhagen, *Jahrgang 1928: Aus einem unruhigen Leben* (Munich, 1988), 55–63. Cf. Wolfgang Benz, *Die Gründung der Bundesrepublik: Von der Bizone zum souveränen Staat* (Munich, 1999).

5. Martin Sieg, *Im Schatten der Wolfschanze: Hitlerjunge auf der Suche nach Sinn—Autobiographische Skizze eines Zeitzeugen* (Münster, 1997), 108f; Hans Tausch, "Mein Lebensbericht" (Forchheim, 1984), 60. Cf. Arnd Bauerkämper, Konrad H. Jarausch, and Marcus M. Payk, eds, *Demokratiewunder: Transatlantische Mittler und die kulturelle Öffnung Westdeutschlands, 1945–1970* (Göttingen, 2005).

6. Ulrich Herbert, *Deutsche Geschichte im zwanzigsten Jahrhundert* (Munich, 2015), passim.

7. Klaus Dietmat Henke, *Die amerikanische Besetzung Deutschlands* (Munich, 1995).

8. Helmer, "Tornister," vol. 2, 22; Raschdorff, "Mein Leben," 71; Edith Schöffski, "Erinnerungen: Nur in der Rückschau, in der Zusammenfassung alles Erfahrenen, besitzen wir unser Leben ganz" (Berlin, n.d.), 102 ; Mahlendorf, *Shame of Survival*, 317.

9. Horst Andrée, *Stationen meines Lebens* (Boxberg, 2000), 57; Hermann Debus, *Ein Leben im Wandel der Zeiten* (Dörscheid, 1998), 135; Horst Grothus, "Horst in seiner Zeit," 3rd ed. (Dorsten, n.d.), 142; Huber, "Das war mein Leben," 103; Schöffski, "Erinnerungen," 103; Helmer, "Tornister," vol. 2, 59f; Mahlendorf, *Shame of Survival*, 316.

10. Mahlendorf, *Shame of Survival*, 321; Grothus, "Horst," 142; Fest, *Not I*, 378; Helmer, "Tornister," vol. 3, 1.

11. Heinz Schultheis, *Kindheit und Jugend zwischen den Kriegen und Erwachsenwerden danach* (Leverkusen, 2007–2010), 119; Andrée, Stationen, 84; Grothus, "Horst," 145; Ursula Baehrenburg, "Maikäfer flieg: Lebenserinnerungen 1920–2005" (Lautertal, 2005), 157; Helmer, "Tornister," vol. 3, 57f. Cf. Konrad H. Jarausch, *Deutsche Studenten 1800–1970* (Frankfurt, 1984), 213.

12. Andrée, *Stationen*, 85; Grothus, "Horst," 168; Neumaier, "Mein Leben," 76; Baehrenburg, "Maikäfer flieg," 159; Helmer, "Tornister," vol. 3, 30.

13. Debus, *Ein Leben*, passim. Cf. Günter F. Moeser, *Die Entwicklung der Marktformen in der deutschen Rheinschiffahrt und deren Auswirkungen auf die Wettbewerbslage der Rheinschiffahrt* (Munich, 1959).

14. Andrée, *Stationen*, 69–102; Huber, "Das war mein Leben," 100–23; Benno Schöffski, "Meine Familiengeschichte von 1835 bis 1980" (Berlin, 1980), 84. Cf. Je rey K. Wilson, *The German Forest: Nature, Identity, and the Contestation of a National Symbol, 1871–1914* (Toronto, 2012).

15. Tausch, "MeinLebensbericht," 51–61; Baehrenburg, "Maikäfer flieg," 156–224. Cf. Konrad H. Jarausch, *The Unfree Professions: German Lawyers, Teachers, and Engineers, 1900–1950* (New York, 1990), 202.

16. Helmer, "Tornister," vol. 2, 49, vol. 3, 1–36; Sieg, *Im Schatten*, 102–67. Cf. Dorothee Sölle, *Gegenwind: Erinnerungen* (Hamburg, 1995), 29.

17. Gerhard Baucke, *Das Buch gehört dazu: Gute Seiten—Schlechte Seiten: Spiegelbild erlebter Zeiten 1919–1999* (Berlin, 2002), 103–21; Fest, *Not I*, 495. Cf. Christina von Hodenberg, *Konsens und Krise: Eine Geschichte der westdeutschen Medienö entlichkeit, 1945–1973* (Göttingen, 2006).

18. Karl Härtel, "Leben in grosser Zeit: Von den goldenen 20ern bis zum Zusammenbruch des Deutschen Reiches und dem beginnenden Wiederau au" (Leopoldshafen, 1996), 434–45; Neumaier, "Mein Leben," 75–89; Schultheis, *Kindheit und Jugend*, 119.

19. Erika Taubhorn, "Mein Leben: Erinnerungen" (Wuppertal, 2000), 74; Huber, "Das war mein Leben," 124f; Bulwin, *Spätes Echo*, 150; Gisela Grothus, "Mein Leben" (Dorsten, n.d.), 51. Cf. Christine von Oertzen, *The Pleasure of a Surplus Income: Part-Time Work, Gender Politics, and Social Change in West Germany, 1955–1969* (New York, 2007).

20. Grothus, "Horst," 169; Neumaier, "Mein Leben," 77.

21. Raschdorff, "Mein Leben," 84–118; Baucke, *Das Buch gehört dazu*, 135.

22. Bulwin, *Spätes Echo*, 184–98.

23. Grothus, "Horst," 170–90; Grothus. "Mein Leben," 51.

24. Debus, *Ein Leben*, 373–89.

25. Tausch, "Mein Lebensbericht," 61; Helmer, "Tornister," vol. 3, 60, 70; Debus, *Ein Leben*, 257; and Raschdorff, "Mein Leben," 118f.

26. Schultheis, *Kindheit und Jugend*, 120f; Grothus, "Horst in seiner Zeit," 172, 197; Neumaier, "Mein Leben," 79, 92, 135. Cf. Kees Gispen, *New Profession, Old Order: Engineers and German Society, 1815–1914* (Cambridge, UK, 1989).

27. Grothus, "Horst," 157, 207; Neumaier, "Mein Leben," 88–103.

28. Hans-Gerd Neglein, *...und die Verantwortung trage ich! Aus der Chefetage der Wirtschaft zum Naturschutz in Andalusien* (Frankfurt, 2008), 61.

29. Mehmet Ünaldi, *Mehmet—Ich Gastarbeiter und Türke: Erinnerungen eines Gastarbeiters der ersten Generation* (Münster, 2014), 170.

30. Debus, *Ein Leben*, passim; Baucke, *Das Buch gehört dazu*, 136f; Neumaier, "Mein Leben," 79; Grothus, "Horst," 201; Christel Groschek, *Die totgemachte Seele* (Egelsbach, 1999), 29.

31. Raschdor, "Mein Leben," 89, 92, 94f; Bulwin, *Spätes Echo*, 187, 197; Grothus, "Horst," 184; and Härtel, "Leben in grosser Zeit," 487.

32. Baucke, *Das Buch gehört dazu*, 136; Neumaier, "Mein Leben," 106f. Cf. Mark E. Spicka, *Selling the Economic Miracle: Reconstruction and Politics in West Germany, 1949–1957* (New York, 2007).

33. Mahlendorf, *Shame of Survival*, 306f. Cf. Hanna Schissler, ed., *The Miracle Years: A Cultural History of West Germany, 1949–1968* (Princeton, NJ, 2001).

34. Fest, *Not I*, 388; Neumaier, "Mein Leben," 71f; Mahlendorf, *Shame of Survival*, 293. Cf. Sölle, *Gegenwind*, 29ff, 142ff.

35. Huber, "Das war mein Leben," 111; Raschdorff, "Mein Leben," 72; Taubhorn, "Mein Leben," 72; Grothus, "Mein Leben," 41; Grothus, "Horst," 148.

36. Grothus, "Mein Leben," 45f; Grothus, "Horst," 164f; Neumaier, "Mein Leben," 78; and Tausch, "Mein Lebensbericht," 56f. Cf. Huber, "Das war mein Leben," 123; Schöffski, "Familiengeschichte," 85; Schöffski, "Erinnerungen," 143; and Bettina Fehr, "Erinnerungen" (Bonn, 2005), 192.

37. Baehrenburg, "Maikäfer flieg," 169–282. Cf. Baucke, *Das Buch gehört dazu*, 120.

38. Groschek, *Die totgemachte Seele*, 54–104; Neglein, *Die Verantwortung*, 81. Cf. Dirk Blasius, *Ehescheidung in Deutschland 1794–1945: Scheidung und Scheidungsrecht in historischer Perspektive* (Göttingen, 1987).

39. Neumaier, "Mein Leben," 78; Raschdorff, "Mein Leben," 80f; Huber, "Das war mein Leben," 124f; Grothus, "Horst," 165; Schöffski, "Erinnerungen," 143.

40. Grothus, "Mein Leben," 47–49; Huber, "Das war mein Leben," 125–28; Neumaier, "Mein Leben," 105; Grothus, "Horst," 165. Cf. Raschdorff, "Mein Leben," 78, 81; Taubhorn, "Mein Leben," 75; and Fehr, "Erinnerungen," 204.

41. Huber, "Das war mein Leben," 136f; Grothus, "Horst," 215; Neumaier, "Mein Leben," 88f; Winfried Weigelt, *Mein langes Leben* (Schwerin, 2017), 365–70.

42. Schöffski, "Erinnerungen," 146; Mahlendorf, *Shame of Survival*, 306f; Huber, "Das war mein Leben," 132; Weigelt, *Mein langes Leben*, 380. Cf. Wolfgang König, *Geschichte der Konsumgesellschaft* (Stuttgart, 2000).

43. Neumaier, "Mein Leben," 104f, 122f; Raschdorff, "Mein Leben," 116; and Debus, *Ein Leben*, 327.

44. Raschdorff, "Mein Leben," 116; Baucke, *Das Buch gehört dazu*, passim; Debus, *Ein Leben*, 496.

45. Huber, "Das war mein Leben," 133; Raschdorff, "Mein Leben," 98, 164.

46. Neumaier, "Mein Leben," 110–14; Härtel, "Leben in grosser Zeit," 482. Cf. Rudy Koshar, *German Travel Cultures* (Oxford, UK, 2000).

47. Grothus, "Horst," 238f; Taubhorn, "Mein Leben," 65–69; Raschdorff, "Mein Leben," 91f; Huber, "Das war mein Leben," 134.

48. Debus, *Ein Leben*, passim; Baehrenburg, "Maikäfer flieg," 281; Neumaier, "Mein Leben," 135; Raschdorff, "Mein Leben," 165ff; Grothus, "Horst," 183.

49. Paul Frenzel, *40 verlorene Jahre: Erinnerungen an die Diktatur des nationalen und des realen Sozialismus* (Stuttgart, 1994), 282; Krause, "Mein Leben in der DDR," 18; Gerhard Joachim, "Wundersame Reise des Odysseus des XX. Jahrhunderts: Von Hitlers Aufstieg bis zum Untergang der Stalinistischen Ära" (Rostock, 1998), 164.

50. Raschdorff, "Mein Leben," 167–170; Debus, *Ein Leben*, passim; Baucke, *Das Buch gehört dazu*, 174f; Weigelt, *Mein langes Leben*, 384.

51. Baucke, *Das Buch gehört dazu*, 174; Debus, Ein Leben, 585 ff; Raschdorff, "Mein Leben," 170ff, 230–36; Weigelt, Mein langes Leben, 407–24. Cf. Pat Thane, *A History of Old Age* (Los Angeles, 2005).

52. Huber, "Das war mein Leben," 137ff, 161; Raschdorff, "Mein Leben," 170; Bulwin, *Spätes Echo*, 198; Debus, *Ein Leben*, passim; Andrée, *Stationen*, 106; Neumaier, "Mein Leben," 121f; Weigelt, *Mein langes Leben*, 370.

53. Neumaier, "Mein Leben," 138. Cf. Hanno Hochmuth, *Kiezgeschichte: Friedrichshain und Kreuzberg im geteilten Berlin* (Berlin, 2017).

54. Sieg, *Im Schatten*, 97; Günter Krause, "Unschuldig zu 10 Jahren Arbeitslager verurteilt vom sowjetischen Geheimdienst" (n.p., 2006), preface. Cf. Konrad H. Jarausch, *After Hitler: Recivilizing Germans, 1945–1995* (New York, 2008), 19.

55. Sölle, *Gegenwind*, 34–38; Raschdorff, "Mein Leben," 123; Helmer, "Tornister," vol. 3, 4.

56. Mahlendorf, *Shame of Survival*, 294; Grothus, "Horst," 154–63; Greiffenhagen, *Jahrgang 1928*, 103–9. Cf. Anselm Doering-Manteu el, *Wie westlich sind die Deutschen? Amerikanisierung und Westernisierung im 20. Jahrhundert* (Göttingen, 1999).

57. Carola Stern, *In den Netzen der Erinnerung: Lebensgeschichten zweier Menschen* (Hamburg, 1986), 243; and Krause, "Unschuldig," passim. Cf. Stefan Creuzberger and Dierk Hoffmann, eds, *"Geistige Gefahr" und "Immunisierung der Gesellschaft" : Antikommunismus und politische Kultur in der frühen Bundesrepublik* (Munich, 2014).

58. Greiffenhagen, *Jahrgang 1928*, 81; Sieg, *Im Schatten*, 104; Stern, *In den Netzen*, 244; and Sölle, Gegenwind, 38.

59. Mahlendorf, *Shame of Survival*, 310f. Cf. Deutscher Bundestag, ed., *Basic Law for the Federal Republic of Germany* (Berlin, 2012).

60. Fest, *Not I*, 344f; Irene Alenfeld, *Warum seid Ihr nicht ausgewandert? Überleben in Berlin 1933 bis 1945* (Berlin, 2008), 425, 463. 参见 James Gregory Chappel 即将发表的对于基督教民主的研究。

61. Harro Matthiessen, "Günter Hagemann," *Unser Farmsen* 429 (1995). Cf. Peter Merseburger,

Der schwierige Deutsche: Kurt Schumacher: Eine Biographie (Stuttgart, 1995), passim.

62. Grothus, "Horst," 222. Cf. Jörg Michael Gutscher, *Die Entwicklung der FDP von ihren Anfängen bis 1961* (Königstein, 1984).

63. Gerard Braunthal, *Right-Wing Extremism in Contemporary Germany* (Basingstoke, 2009); and Patrick Major, *The Death of the KPD: Communism and Anti-Communism in West Germany, 1945–1956* (Oxford, UK, 1998).

64. Debus, *Ein Leben*, passim. Cf. Jost Küpper, *Die Kanzlerdemokratie: Voraussetzungen, Strukturen und Änderungen des Regierungsstiles in der Ära Adenauer* (Frankfurt, 1985).

65. Mahlendorf, *Shame of Survival*, 312f; Schöffski, "Familiengeschichte," 87; Raschdorff, "Mein Leben," 79. Cf. Holmgren. "Gateway to Freedom," passim.

66. Mahlendorf, *Shame of Survival*, 320f; Härtel, "Leben in grosser Zeit," 490. Cf. Michael Hughes, *Shouldering the Burdens of Defeat: West Germany and the Reconstruction of Social Justice* (Chapel Hill, NC, 1999).

67. Peter Gay, *My German Question* (New Haven, CT, 1998), 195; Ruth Klüger, *unterwegs verloren: Erinnerungen* (Vienna, 2008); Mandelstam, "Memoirs," 49; "Experiences of Albert Gompertz: From Nazi Germany to America" (Palm Beach, 1998), 47f. Cf. Constantin Goschler, *Schuld und Schulden: Die Politik der Wiedergutmachung für NS-Verfolgte seit 1945* (Göttingen, 2005).

68. Gompertz, "Experiences," 43 ; Gerhard Krapf, *courtship correspondence from the early 1950s in private possession*; Klüger, *unterwegs verloren*, 72 ; Werner T. Angress, *Witness to the Storm: A Jewish Journey from Nazi Berlin to the 82nd Airborne, 1920–1945* (Durham, NC, 2012), 330f; George L. Mosse, *Confronting History: A Memoir* (Madison, 2000); Fritz Stern, *Five Germanys I Have Known* (New York, 2007), 210

69. Sölle, *Gegenwind*, 34, 51, 70–105. Cf. Timothy Scott Brown, *West Germany and the Global Sixties: The Antiauthoritarian Revolt, 1962–1978* (Cambridge, UK, 2013).

70. Baehrenburg, "Maikäfer flieg," 255–58. Cf. Nikolas Wehrs, *Protest der Professoren: Der "Bund Freiheit der Wissenschaft" in den 1970er Jahren* (Göttingen, 2014).

71. Greiffenhagen, *Jahrgang 1928*, 153–74. Cf. Martin Klimke, *The Other Alliance: Student Protest in West Germany and the United States in the Global Sixties* (Princeton, NJ, 2010).

72. Grothus, "Mein Leben," 131f; Grothus, "Horst," 231f. Cf. Stephen Milder and Konrad H. Jarausch, eds, "Green Politics in Germany," special issue of *German Politics and Society* 33, no. 4 (2015).

73. Sölle, *Gegenwind*, 221–229; Grothus, "Mein Leben," 132f. Cf. Benjamin Ziemann, ed., *Peace Movements in Western Europe, Japan and the USA during the Cold War* (Essen, 2007).

74. Baehrenburg, "Maikäfer flieg," 227; Grothus, "Mein Leben," 63–89. Cf. Karen Hagemann and Sonya Michel, eds, *Gender and the Long Postwar: The United States and the Two Germanys, 1945–1989* (Washington, DC, 2014).

75. Grothus, "Mein Leben," 91–128; Grothus, "Horst," 225. Cf. Angelika von Wahl, *Gleichstellungsregime: Berufliche Gleichstellung von Frauen in den USA und in der Bundesrepublik Deutschland* (Opladen, 1999).

76. Neglein, *Die Verantwortung*, 5ff, 24. Cf. Frank Uekötter, *"The Greenest Nation?" A New History of German Environmentalism* (Cambridge, UK, 2014).

77. Grothus, "Horst," 225–30; Grothus, "Mein Leben," 129–31. Cf. Jürgen Kocka, *Civil Society and Dictatorship in Modern German History* (Hanover, NH, 2010).

78. Helmer, "Tornister," vol. 2, 58; Grothus, "Horst," 231. Cf. Edgar Wolfrum, *Die geglückte Demokratie: Geschichte der Bundesrepublik Deutschland von ihren Anfängen bis zur Gegenwart* (Stuttgart, 2006).

79. Grothus, "Horst," 223. Cf. Konrad H. Jarausch, *The Rush to German Unity* (New York, 1994).

80. Kolesnyk, "Alte Zeiten," 155; Tausch, "Mein Lebensbericht," 61. Cf. Konrad H. Jarausch and Michael Geyer, *Shattered Past: Reconstructing German Histories* (Princeton, NJ, 2003), 317.

81. Andrée, *Stationen*, 69; Baucke, *Das Buch gehört dazu*, passim; Neumaier, "Mein Leben," 79–130; Grothus, "Horst," 207; Raschdorff, "Mein Leben," 244.

82. Schöffski, "Erinnerungen," 85; Grothus, "Mein Leben," 53; Baehrenburg, "Maikäfer flieg," 169; Huber, "Das war mein Leben," 167; Weigelt, *Mein langes Leben*, 361.

83. Weigelt, *Mein langes Leben*, 365. Cf. Jarausch, *After Hitler*, 14–17. Cf. Paul Nolte, *Was ist Demokratie? Geschichte und Gegenwart* (Munich, 2012).

84. Hans-Harald Schirmer, "Erinnerungen an die Familie Hans und Luise Schirmer aus Wolfenbüttel," 78; Stern, *In den Netzen*, 254f; Krause, "Unschuldig," 20. Cf. Charles S. Maier, *The Unmasterable Past: History, Holocaust, and German National Identity* (Cambridge, UK, 1988).

第九章 共产主义者的失望

1. Carola Stern, *In den Netzen der Erinnerung: Lebensgeschichten zweier Menschen* (Hamburg, 1986), 242. Cf. Thomas Abhe, "Autobiographische Erzählungen aus der 'Integrierten Generation' und die Darstellung der DDR," in *Autobiographische Aufarbeitung: Diktatur und Lebensgeschichte im 20. Jahrhundert* (Göttingen, 2012), 87–109.

2. Werner Braune, *Abseits der Protokollstrecke: Erinnerungen eines Pfarrers an die DDR* (Berlin, 2009), 33–38.

3. Fritz Klein, *Drinnen und Draußen: Ein Historiker in der DDR; Erinnerungen* (Frankfurt, 2000), 143; Günter Krause, "Mein Leben in der DDR" (n.p., 2006); Werner Hübschmann, *Trotzdem—(m)ein pralles Leben in der DDR* (Berlin, 2015), 183 . Cf. Corey Ross, *The East German Dictatorship: Problems and Perspectives in the Interpretation of the GDR* (London, 2002).

4. Werner Feigel, *Mission Gerechtigkeit: Ein Leben für die DDR* (Ribnitz-Damgarten, 2014), 102, 142; Paul Frenzel, *40 verlorene Jahre: Erinnerungen an die Diktatur des nationalen und des realen Sozialismus* (Stuttgart, 1994), 159. Cf. Konrad H. Jarausch, ed., *Dictatorship as Experience: Towards a Socio-Cultural History of the GDR* (New York, 1999).

5. Horst Johannsen, *Ein Leben von Diktatur zu Diktatur* (Bromskirchen, 2003), 150. Cf.

Dirk Spilker, *The East German Leadership and the Division of Germany: Patriotism and Propaganda 1945–1953* (Oxford, UK, 2006).

6. Gerhard Joachim, "Wundersame Reise des Odysseus des XX. Jahrhunderts: Von Hitlers Aufstieg bis zum Untergang der Stalinistischen Ära" (Rostock, 1998), 55–61。关于东西德为了成为"更好的德国"而展开的竞争，参见 Lorn Hillacker 即将发表的博士论文 (Chapel Hill, 2018)。

7. Johannsen, Ein Leben, 83. Cf. Norman Naimark, The Russians in Germany: A History of the Soviet Zone of Occupation, 1945–1949 (Cambridge, MA, 1995), passim.

8. Günter Manz, Aufstieg und Fall des Landes DDR: Erinnerungen und Ansichten (Berlin, 2002), 71 versus Albert Leithold, Notizen aus "tausendjährigen Reichen" (Delitzsch, 1994), 25 . Cf. Klaus Schroeder, Der SED-Staat: Geschichte und Strukturen der DDR 1949–1990 (Cologne, 2013).

9. Joachim, "Wundersame Reise," 61; Feigel, Mission Gerechtigkeit, 21; Johannsen, Ein Leben, 87; Härtel. "Leben in grosser Zeit," 319; Klein, Drinnen und Draußen, 107, 141.

10. Frenzel, *40 verlorene Jahre*, 144, 171; Johannsen, *Ein Leben*, 90, 114, 124. Cf. AndreSteiner, *The Plans that Failed: An Economic History of the GDR* (New York, 2010).

11. Joachim, "Wundersame Reise," 63; Klein, *Drinnen und Draußen*, 115, 143; Johannsen, *Ein Leben*, 119. Cf. Christoph Klessmann, *Arbeiter im "Arbeiterstaat" DDR: Deutsche Traditionen, sowjetisches Modell, westdeutsches Magnetfeld 1945–1971* (Bonn, 2007).

12. Johannsen, *Ein Leben*, 110; Feigel, *Mission Gerechtigkeit*, 30; Hübschmann, *Trotzdem*, 88; Gerhard Baucke, *Das Buch gehört dazu. Gute Seiten—Schlechte Seiten: Spiegelbild erlebter Zeiten 1919–1999* (Berlin, 2002), 104; Klein, *Drinnen und Draußen*, 115. Cf. Ulrich Mählert and Rüdiger Stephan, *Blaue Hemden, Rote Fahnen: Die Geschichte der Freien Deutschen Jugend* (Opladen, 1996).

13. Feigel, *Mission Gerechtigkeit*, 23, 36; Frenzel, *40 verlorene Jahre*, 135, 167; Hübschmann, *Trotzdem*, 97; Joachim, "Wundersame Reise," 67; Klein, *Drinnen und Draußen*, 167, 198.

14. Karl Härtel, "Leben in grosser Zeit: Von den goldenen 20ern bis zum Zusammenbruch des Deutschen Reiches und dem beginnenden Wiederaufbau" (Leopoldshafen, 1996), 351; Frenzel, *40 verlorene Jahre*, 135; Braune, *Abseits der Protokollstrecke*, 173; Hübschmann, *Trotzdem*, 92. Cf. Mary Fulbrook, *The People's State: East German Society from Hitler to Honecker* (New Haven, CT, 2005).

15. Braune, *Abseits der Protokollstrecke*, 56, 67, 74, 85f, 104; Joachim Gauck, *Winter im Sommer, Frühling im Herbst: Erinnerungen* (Munich, 2009). Cf. Rudolf Mau, *Der Protestantismus im Osten Deutschlands, 1945–1990* (Leipzig 2005).

16. Joachim, "Wundersame Reise," 62; Feigel, *Mission Gerechtigkeit*, 27, 33, 37, 57; Johannsen, *Ein Leben*, 137. Cf. Thomas Lindenberger, *Volkspolizei: Herrschaft und öffentliche Ordnung im SED-Staat, 1952–1968* (Cologne, 2003).

17. Günter Krause, "Unschuldig," 3–26; Härtel, "Leben in grosser Zeit," 362. Cf. Günter Morsch, *Sachsenhausen: "Das Konzentrationslager bei der Reichshauptstadt"* (Berlin, 2014).

18. Johannsen, *Ein Leben*, 109; Klein, *Drinnen und Draußen*, 131f; and Joachim, "Wundersame Reise," 89. Cf. Esther von Richthofen, *Bringing Culture to the Masses: Control, Compromise*

and Participation in the GDR (New York, 2009).

19. Joachim, "Wundersame Reise," 52; Feigel, *Mission Gerechtigkeit*, 81, 94; Hübschmann, *Trotzdem*, 91; Stern, *In den Netzen*, 248; Johannsen, *Ein Leben*, 139.

20. Hübschmann, *Trotzdem*, 47ff; Feigel, *Mission Gerechtigkeit*, 50, 59; Härtel, "Leben in grosser Zeit," 337, 367, 434–43; Joachim, "Wundersame Reise," 96; Klein, *Drinnen und Draußen*, 225.

21. Joachim, "Wundersame Reise," 89; Frenzel, *40 verlorene Jahre*, 149; Feigel, *Mission Gerechtigkeit*, 89ff; Hübschmann, *Trotzdem*, 97; Johannsen, *Ein Leben*, 140.

22. Hübschmann, *Trotzdem*, 59, 116; Feigel, *Mission Gerechtigkeit*, 44; Härtel, "Leben in grosser Zeit," 328, 355; Johannsen, *Ein Leben*, 125ff; and Klein, *Drinnen and Draußen*, 133. Cf. Jürgen Kocka, "Eine durchherrschte Gesellschaft," in *Sozialgeschichte der DDR*, edited by Hartmut Kaelble et al. (Stuttgart, 1994), 547–53.

23. Braune, *Abseits der Protokollstrecke*, 120; Johannsen, *Ein Leben*, 148; Frenzel, *40 verlorene Jahre*, 169, 215; Joachim, "Wundersame Reise," 88; Hübschmann, *Trotzdem*, 83. Cf. Stefan Wolle, *Die heile Welt der Diktatur: Alltag und Herrschaft in der DDR 1971–1989* (Berlin, 1998)

24. Frenzel, *40 verlorene Jahre*, 152; Heinrich Johann Buschmann, *Erinnerungen aus meinem Leben in der DDR* (Berlin, 2010), 37. Cf. Thomas Klein, *"Für die Einheit und Reinheit der Partei" : Die innerparteilichen Kontrollorgane der SED in der Ära Ulbricht* (Cologne, 2002).

25. Frenzel, *40 verlorene Jahre*, 173–77; Joachim, "Wundersame Reise," 78; Feigel, *Mission Gerechtigkeit*, 48; Manz, *Aufstieg und Fall*, 77–82; and Leithold, *Notizen*, 28 ff Cf. Roger Engelmann and Ilko-Sascha Kowaczuk, eds, *Volkserhebung gegen den SED-Staat: Eine Bestandsaufnahme zum 17. Juni 1953* (Göttingen, 2005).

26. Joachim, "Wundersame Reise," 91; Frenzel, *40 verlorene Jahre*, 185; Klein, *Drinnen und Draußen*, 185–93. Cf. Siegfried Prokop, "Zwischen Tauwetter, Frühling und Frost—die DDR in den Monaten nach dem XX. Parteitag der KPdSU," *Jahrbuch für Forschungen zur Geschichte der Arbeiterbewegung* 2 (2006).

27. Joachim, "Wundersame Reise," 91; Johannsen, *Ein Leben*, 145, 162; Klein, *Drinnen und Draußen*, 138; Braune, *Abseits der Protokollstrecke*, 86, 146.

28. Johannsen, *Ein Leben*, 158; Hübschmann, *Trotzdem*, 80; Härtel, "Leben in grosser Zeit," 423–52; Braune, *Abseits der Protokollstrecke*, 91.

29. Joachim, "Wundersame Reise," 67; Feigel, *Mission Gerechtigkeit*, 40f; Härtel, "Leben in grosser Zeit," 343; Braune, *Abseits der Protokollstrecke*, 55. Cf. Konrad H. Jarausch and Hannes Siegrist, eds, *Amerikanisierung und Sowjetisierung in Deutschland, 1945–1970* (Frankfurt, 1997).

30. Johannsen, *Ein Leben*, 228; Hübschmann, *Trotzdem*, 189. Cf. Jeannette Maderasz, *Working in East Germany: Normality in a Socialist Dictatorship, 1961–1979* (Basingstoke, 2006).

31. Feigel, *Mission Gerechtigkeit*, 47; Frenzel, *40 verlorene Jahre*, 208–16; Klein, *Drinnen und Draußen*, 210. Cf. Michael Lemke, *Vor der Mauer: Berlin in der Ost-West Konkurrenz, 1948–1961* (Cologne, 2011).

32. Buschmann, *Erinnerungen*, 169; Johannsen, *Ein Leben*, 158, 177; Braune, *Abseits der*

Protokollstrecke, 91, 104; Gabriel Berger, *"Mir langt's, ich gehe" : Der Lebensweg eines DDR-Atomphysikers von Anpassung zu Aufruhr* (Freiburg, 1988), 33.

33. Johannsen, *Ein Leben*, 160 ; Berger, *"Mir langt's,"* 34 ; Frenzel, *40 verlorene Jahre*, 226; Braune, *Abseits der Protokollstrecke*, 94. Cf. Hope Harrison, *Driving the Soviets up the Wall: Soviet–East German Relations, 1953–1961* (Princeton, NJ, 2003).

34. Frenzel, *40 verlorene Jahre*, 225 ; Berger, *"Mir langt's,"* 35 ; Klein, *Drinnen und Draußen*, 213; Feigel, *Mission Gerechtigkeit*, 70. Cf. Klaus-Dietmar Henke, ed., *Die Mauer: Errichtung, Überwindung, Erinnerung* (Munich, 2011).

35. Frenzel, *40 verlorene Jahre*, 227; Johannsen, *Ein Leben*, 161; Braune, *Abseits der Protokollstrecke*, 101. Cf. Hans-Hermann Hertle and Maria Nooke, *Die Todesopfer an der Berliner Mauer 1961–1989: Ein biographisches Handbuch* (Berlin, 2009).

36. Joachim, "Wundersame Reise," 100f; Frenzel, *40 verlorene Jahre*, 237. Cf. Mario Frank, *Walter Ulbricht: Eine deutsche Biografie* (Berlin, 2001).

37. Johannsen, *Ein Leben*, 152, 250; Gauck, *Winter im Sommer*, 177; and Erich Hasemann, *Als Soldat in der DDR* (Berlin, 1997), 39ff. Cf. Daniel Giese, *Die SED und ihre Armee: Die NVA zwischen Politisierung und Professionalismus, 1956–1965* (Munich, 2002).

38. Klein, *Drinnen und Draußen*, 216ff; Joachim, "Wundersame Reise," 100 ; and Johannsen, *Ein Leben*, 201f. Cf. Simone Bark, Martina Langermann, and Siegfried Lokatis, *"Jedes Buch ein Abenteuer" : Zensur-System und literarische Öffentlichkeiten in der DDR bis Ende der sechziger Jahre* (Berlin, 1997).

39. Johannsen, *Ein Leben*, 174; Frenzel, *40 verlorene Jahre*, 182; Leithold, *Notizen*, 50. 参见 Larissa Stiglich 即将发表的关于模范城市艾森许滕施塔特的博士论文 (Chapel Hill, 2018)。

40. Feigel, *Mission Gerechtigkeit*, 109; Braune, *Abseits der Protokollstrecke*, 96, 142; Hübschmann, *Trotzdem*, 110; Frenzel, *40 verlorene Jahre*, 198; and Leithold, *Notizen*, 44ff, 116. Cf. David Crew, ed., *Consuming Germany in the Cold War* (Oxford, UK, 2003).

41. Braune, *Abseits der Protokollstrecke*, 121f; Manz, *Aufstieg und Fall*, 88ff. Cf. Armin Mitter and Stefan Wolle, *Untergang auf Raten: Unbekannte Kapitel der DDR-Geschichte* (Munich, 1993).

42. Joachim, "Wundersame Reise," 106. Cf. Monika Kaiser, *Machtwechsel von Ulbricht zu Honecker: Funktionsmechanismen der SED-Diktatur in Kon iktsituationen 1962 bis 1972* (Berlin, 1997).

43. Carole Fink and Bernd Schaefer, eds, *Ostpolitik, 1969–1974: European and Global Responses* (Washington, DC, 2009).

44. Johannsen, *Ein Leben*, 172ff; Braune, *Abseits der Protokollstrecke*, 178ff; Frenzel, *40 verlorene Jahre*, 249. Cf. Wolle, *Heile Welt der Diktatur*, 64ff.

45. Klein, *Drinnen und Draußen*, 287ff; Frenzel, *40 verlorene Jahre*, 193ff; Hübschmann, *Trotzdem*, 193ff. Cf. Jens Giesecke, *The History of the Stasi: East Germany's Secret Police, 1945–1990* (New York, 2014).

46. Hübschmann, *Trotzdem*, 89; Klein, *Drinnen und Draußen*, 198; Frenzel, *40 verlorene Jahre*, 250–62. Cf. Konrad H. Jarausch, "Das Ringen um Erneuerung," in *Sozialistisches Experiment und Erneuerung in der Demokratie: Die Humboldt Universität zu Berlin, 1945–*

2010, edited by Konrad H. Jarausch, Mattias Midell, and Annette Vogt (Berlin, 2012), 555ff.

47. Frenzel, *40 verlorene Jahre*, 155; Klein, *Drinnen und Draußen*, 170; Johannsen, *Ein Leben*, 164, 201.

48. Johannsen, *Ein Leben*, 190, 247. Cf. Eli Rubin, *Amnesiopolis: Modernity, Space and Memory in East Germany* (New York, 2016).

49. Hübschmann, *Trotzdem*, 110, 172; Leithold, *Notizen*, 41. Cf. Günter Gaus, *Wo Deutschland liegt: Eine Ortsbestimmung* (Hamburg, 1983).

50. Johannsen, *Ein Leben*, 111; Feigel, *Mission Gerechtigkeit*, 52, 62; Braune, *Abseits der Protokollstrecke*, 134f; Hübschmann, *Trotzdem*, 63, 123ff. Cf. Lewis H. Siegelbaum, ed., *The Socialist Car: Automobility in the Eastern Bloc* (Ithaca, NY, 2011).

51. Johannsen, *Ein Leben*, 167f, 242; Feigel, *Mission Gerechtigkeit*, 80, 84; Hübschmann, *Trotzdem*, 164f. Cf. Christopher Görlich, *Urlaub vom Staat: Tourismus in der DDR* (Cologne, 2012).

52. Johannsen, *Ein Leben*, 139; Frenzel, *40 verlorene Jahre*, 255; Hübschmann, *Trotzdem*, 63, 142; Cf. Martin Diewald, Anne Goedicke, and Karl Ulrich Mayer, eds, *After the Wall: Life Courses in the Transformation of East Germany* (Stanford, CA, 2006).

53. Hübschmann, *Trotzdem*, 155; Braune, *Abseits der Protokollstrecke*, 146, 152; Klein, *Drinnen und Draußen*, 127. Cf. Klessmann, Arbeiter im "Arbeiterstaat," passim.

54. Feigel. *Mission Gerechtigkeit*, 86ff; Joachim, "Wundersame Reise," 91f, 111; Klein, *Drinnen und Draußen*, 292; Frenzel, *40 verlorene Jahre*, 152. Cf. Hans-Hermann Hertle and Konrad H. Jarausch, eds, *Risse im Bruderbund: Die Krim Gespräche Honecker-Breschnew, 1974 bis 1982* (Berlin, 2006).

55. Klein, *Drinnen und Draußen*, 133ff; Feigel, Mission Gerechtigkeit, 44ff. Cf. Donna Harsch, *Revenge of the Domestic: Women, the Family, and Communism in the German Democratic Republic* (Princeton, NJ, 2007).

56. Joachim, "Wundersame Reise," 113; Frenzel, *40 verlorene Jahre*, 245; Johannsen, *Ein Leben*, 253, 258. Cf. Jaap Sleifer, *Planning Ahead and Falling Behind: The East German Economy in Comparison with West Germany 1936–2002* (Berlin, 2006).

57. Johannsen, *Ein Leben*, 215, 219; Feigel, *Mission Gerechtigkeit*, 113; Frenzel, *40 verlorene Jahre*, 249. Cf. Hartmut Berghoff and Uta Balbier, eds, *The East German Economy, 1945–2010: Falling Behind or Catching Up?* (Washington, DC, 2013).

58. Frenzel, *40 verlorene Jahre*, 251ff; Härtel, "Leben in grosser Zeit," 397; Johannes, *Ein Leben*, 232; Braune, *Jenseits der Protokollstrecke*, 120; Alfred Kosing, *Innnenansichten als Zeitzeugnisse: Philosophie und Politik in der DDR: Erinnerungen und Reflexionen* (Berlin, 2008), 350ff.

59. Braune, *Jenseits der Protokollstrecke*, 183f; Berger, *"Mir langt's,"* passim; Joachim, "Wundersame Reise," 123ff. Cf. Jan Philipp Wölbern, *Der Häftlingsfreikauf aus der DDR, 1962/ 63–1989: Zwischen Menschenhandel und humanitären Aktionen* (Göttingen 2014).

60. Braune, *Abseits der Protokollstrecke*, 60f; Joachim, "Wundersame Reise," 122–39. Cf. Uta Poiger, *Jazz, Rock, and Rebels: Cold War Politics and American Culture in a Divided Germany* (Berkeley, 2000).

61. Johannsen "Wundersame Reise," 233; Braune, *Abseits der Protokollstrecke*, 152. Cf. Erhart Neubert, *Geschichte der Opposition in der DDR, 1949–1989* (Berlin, 1997).

62. Härtel, "Leben in grosser Zeit," 384, 408; Braune, *Abseits der Protokollstrecke*, 108ff; Johannsen, *Ein Leben,* 240–50. Cf. Julia Ault, "Saving Nature in Socialism: East Germany' s Official and Independent Environmentalism, 1968–1990" (Diss., Chapel Hill, 2015).

63. Braune, *Jenseits der Protokollstrecke*, 185–204; Johannsen, *Ein Leben*, 261. Cf. Ned Richardson-Little, "Between Dictatorship and Dissent: Ideology, Legitimacy, and Human Rights in East Germany, 1945–1990" (Diss., Chapel Hill, 2013).

64. Krause, *Mein Leben in der DDR*, 19f; Frenzel, *40 verlorene Jahre*, 281–93. Cf. Uwe Spiekermann, "The Stasi at Home and Abroad: Domestic Order and Foreign Intelligence," *Bulletin of the German Historical Institute*, Supplement 9 (2014).

65. Joachim, "Wundersame Reise," 138. Cf. Renate Hürtgen, *Der Schein der Stabilität: DDR-Betriebsalltag in der Ära Honecker* (Berlin, 2001).

66. Manz, *Aufstieg und Fall*, 105ff; Johannsen, *Ein Leben*, 191; Härtel, "Leben in grosser Zeit," 387; Braune, *Abseits der Protokollstrecke*, 148; Leithold, Notizen, 115f. Cf. Steiner, *The Plans that Failed*, passim.

67. Klein, *Drinnen und Draußen*, 315ff; Joachim, "Wundersame Reise," 117ff; Frenzel, *40 verlorene Jahre*, 274, Johannsen, *Ein Leben*, 261. Vladislav Zubok, *A Failed Empire: The Soviet Union in the Cold War from Stalin to Gorbachev* (Chapel Hill, NC, 2007).

68. Joachim, "Wundersame Reise," 116, 138; Klein, *Drinnen und Draußen*, 315ff, 334; Frenzel, *40 verlorene Jahre*, 275; Feigel, *Mission Gerechtigkeit*, 121, 125; and Manz, *Aufstieg und Fall*, 99ff.

69. Klein, *Drinnen und Draußen*, 285, 337; Feigel, *Mission Gerechtigkeit*, 133; Johannsen, *Ein Leben*, 263. Cf. Stephen Pfaff, *Exit-Voice Dynamics and the Collapse of East Germany: The Crisis of Leninism and the Revolution of 1989* (Durham, NC, 2006).

70. Klein, *Drinnen und Draußen*, 338ff; Joachim, "Wundersame Reise," 149ff; Feigel, *Mission Gerechtigkeit*, 134; Johannsen, *Ein Leben*, 264. Cf. Konrad H. Jarausch, *The Rush to German Unity* (New York, 1994), passim.

71. Johannsen, *Ein Leben*, 267ff, Feigel, *Mission Gerechtigkeit*, 130; Klein, *Drinnen und Draußen*, 342f. Cf. Charles S. Maier, *Dissolution: The Crisis of Communism and the End of East Germany* (Princeton, NJ, 1997).

72. Klein, *Drinnen und Draußen*, 340ff; Johannsen, *Ein Leben*, 268ff; Feigel, *Mission Gerechtigkeit*, 135; Hübschmann, *Trotzdem*, 208ff. Cf. Hans-Hermann Hertle, Der *Fall der Mauer: Die unbeabsichtigte Selbstau ösung des SED Staates* (Cologne, 1996).

73. Klein, *Drinnen und Draußen*, 343; Johannsen, *Ein Leben*, 271ff; Feigel, *Mission Gerechtigkeit,* 136f. Cf. Heinrich Bortfeld, *Von der SED zur PDS: Wandlung zur Demokratie?* (Berlin, 1992).

74. Johannsen, *Ein Leben*, 273ff; Feigel, *Mission Gerechtigkeit*, 137, Joachim, "Wundersame Reise," 153. Cf. Jarausch, *Rush to German Unity*, 115ff.

75. Johannsen, *Ein Leben*, 276ff; Feigel, *Mission Gerechtigkeit*, 140f; Leithold, *Notizen*, 122f. Cf. Wolfgang Seibel, *Verwaltete Illusionen: Die Privatisierung der DDR-Wirtschaft durch die*

Treuhandanstalt und ihre Nachfolger 1990–2000 (Frankfurt, 2005).

76. Braune, *Abseits der Protokollstrecke*, 211. Cf. Andreas Rödder, *Deutschland einig Vaterland: Die Geschichte der Wiedervereinigung* (Munich, 2009).

77. Feigel, *Mission Gerechtigkeit*, 142; Joachim, "Wundersame Reise," 153; Hübschmann, *Trotzdem*, 208; Braune, *Abseits der Protokollstrecke*, 211f. Cf. Volker Benkert, "Biographien im Umbruch. Die um 1970 in der DDR Geborenen zwischen Geschichte und Erinnerung" (Diss., Potsdam, 2016), passim.

78. Feigel, *Mission Gerechtigkeit*, 153; Hübschmann, *Trotzdem*, 92ff; Krause, "Unschuldig," 1; Joachim, "Wundersame Reise," 165; and Buschmann, *Erinnerungen*, 114. Cf. Sabrow, "Autobiographie und Systembruch im 20. Jahrhundert," in: *Autobiographische Aufarbeitung*, 9–24.

79. Buschmann, *Erinnerungen*, 135; Braune, *Abseits der Protokollstrecke*, 220; Joachim, "Wundersame Reise," 154ff; Kosing, *Innenansichten als Zeitzeugnisse*, 20.

80. Feigel, *Mission Gerechtigkeit*, 137; Buschmann, *Erinnerungen*, 41–51; Johannsen, *Ein Leben*, 174; Hübschmann, *Trotzdem* 73; Braune, *Abseits der Protokollstrecke*, 158; Manz, *Aufstieg und Fall*, 45. Cf. Bernd Faulenbach, *Halbherziger Revisionismus: Zum postkommunistischen Geschichtsbild* (Munich, 1996).

81. Joachim, "Wundersame Reise," 165; Buschmann, *Erinnerungen*, 129; Klein, *Drinnen und Draußen*, 348; Feigel, *Mission Gerechtigkeit*, 146, 152. Cf. Konrad H. Jarausch, ed., *United Germany: Debating Processes and Prospects* (New York, 2015).

82. Feigel, *Mission Gerechtigkeit,* 145ff; Kosing, *Innenansichten als Zeitzeugnisse*, 17; Buschmann, *Erinnerungen*, 127; Stern, *In den Netzen*, 255.

结语 断裂生活的记忆

1. Ruth Bulwin, *Spätes Echo: Erzählungen aus Großmutters jungen Jahren* (Wismar, 2014), 5; Horst Johannsen, *Ein Leben von Diktatur zu Diktatur* (Bromskirchen, 2003), preface; Manz, *Aufstieg und Fall*, 11; and Huber, "Das war mein Leben," 1.

2. Joachim Fest, *Not I: Memoirs of a German Childhood* (New York, 2013), 423f; Fritz Klein, *Drinnen und Draußen: Ein Historiker in der DDR; Erinnerungen* (Frankfurt, 2000), 7– 13; Benno Schöffski, "Meine Familiengeschichte von 1835 bis 1980" (Berlin, 1980), 2. Cf. Volker Depkat, "Autobiographie und die soziale Kontruktion von Wirklichkeit," *Geschichte und Gesellschaft* 29 (2003): 441–76; and Christiane Lahusen, *Zukunft am Ende: Autobiographische Sinnsti ungen von DDR-Geisteswissenschaftlern nach 1989* (Bielefeld, 2014), passim.

3. Carola Stern, *In den Netzen der Erinnerung: Lebensgeschichten zweier Menschen* (Hamburg, 1986), 12; Günter Krause, "Unschuldig zu 10 Jahren Arbeitslager verurteilt vom sowjetischen Geheimdienst" (n.p., 2006), preface. Cf. Konrad H. Jarausch, "A Double Burden: The Politics of the Past and German Identity," in Jörn Leonhard and Lothar Funk, eds, *Ten Years of German Unification: Transfer, Transformation, Incorporation* (Birmingham, UK, 2002), 98–114.

4. Ulrich Herbert, *Deutsche Geschichte im zwanzigsten Jahrhundert* (Munich, 2015), passim. Cf. Konrad H. Jarausch, After Hitler: Recivilizing Germans, 1945–1995 (New York, 2008), 269ff.

5. Brigitte Krieg-Oberlader, preface to Neumaier, "Mein Leben" ; Erich Hasemann, Als Soldat in der DDR (Berlin, 1997), 7; Gerhard Baucke, *Das Buch gehört dazu: Gute Seiten— Schlechte Seiten: Spiegelbild erlebter Zeiten 1919–1999* (Berlin, 2002), 166; and Hellmut Raschdorff, "Mein Leben von 1922 bis Ende 2003" (Freiburg, 2003), 1.

6. Neumaier, "Mein Leben," 135f; Fest, *Not I*, 413f; Gisela Grothus, "Mein Leben" (Dorsten, n.d.), 65ff; Hermann Debus, *Ein Leben im Wandel der Zeiten* (Dörscheid, 1998), 327f; Huber, "Das war mein Leben," 141 ; Krause, "Mein Leben," 20.

7. Huber, "Das war mein Leben," 125–41; Bulwin, *Spätes Echo*, 198; Erika Taubhorn, "Mein Leben: Erinnerungen" (Wuppertal, 2000), 75; Raschdorff, "Mein Leben," 120ff.

8. Debus, *Ein Leben*, 486ff; Huber, "Das war mein Leben," 163; Krause, "Mein Leben in der DDR," 21.

9. Raschdorff, "Mein Leben," 244; Baucke, *Das Buch gehört dazu*, 176; Horst Grothus, "Horst in seiner Zeit," 3rd ed. (Dorsten, n.d.), 244.

10. Ursula Mahlendorf, *Shame of Survival: Working through a Nazi Childhood* (University Park, PA, 2009), 3–5. Cf. Lu Seegers and Jürgen Reulecke, eds, *Die "Generation der Kriegskinder" : Historische Hintergründe und Deutungen* (Giessen, 2009).

11. Baucke, *Das Buch gehört dazu*, 166; Klein, *Drinnen und Draußen*, 333ff. Cf. Jarausch, *Rush to German Unity*, passim.

12. Hasemann, *Als Soldat*, 344; Kosing, *Innenansichten als Zeitzeugnisse*, 510; Manz, *Aufstieg und Fall*, 240; Feigel, *Mission Gerechtigkeit*, 155; Buschmann, *Erinnerungen*, 61; and Johannsen, *Ein Leben*, 278f.

13. Neumaier, "Mein Leben," 138; Huber, "Das war mein Leben," 166; Ursula Baehrenburg, "Maikäfer flieg: Lebenserinnerungen 1920–2005" (Lautertal, 2005), 377; Winfried Weigelt, *Mein langes Leben* (Schwerin, 2017), 442; and Raschdorff, "Mein Leben," 242.

14. Heinz Schultheis, *Kindheit und Jugend zwischen den Kriegen und Erwachsenwerden danach* (Leverkusen, 2007–2010), 121, versus Edgar Wolfrum, *Welt im Zwiespalt: Eine andere Geschichte des 20. Jahrhunderts* (Stuttgart, 2017).

15. Schöffski, "Familiengeschichte," 3 ; Thomas Mann, *Reflections of a Nonpolitical Man* (New York, 1983)。负面形象参见 Hans-Ulrich Wehler, *The German Empire, 1871–1918* (Leamington Spa, 1985)。

16. Gerhard Krapf, "Recollections" (Edmonton, 1990s), 7ff; Bettina Fehr, "Erinnerungen" (Bonn, 2005), 134; Alfred Döblin, *Berlin Alexanderplatz: The Story of Franz Biberkopf* (New York, 1931). Cf. Eric D. Weitz, *Weimar Germany: Promise and Tragedy* (Princeton, NJ, 2009), passim.

17. Christa Wolf, *A Model Childhood* (New York, 1980); and Melita Maschmann, *Account Rendered: A Dossier of My Former Self* (London, 1964).

18. 见 Walter Kempowski 的蒙太奇系列 *Echolot* 或 Peter Bamm, *The Invisible Flag* (New York, 1956)。Cf. Nicholas Stargardt, *The German War: A Nation under Arms, 1939–1945* (London, 2015), passim.

19. Matthias Strässner, *"Erzähl mir vom Krieg!" Wie vier Journalistinnen 1945 ihre Berliner Tagebücher schreiben: Ruth Andreas-Friedrich, Ursula von Kardorff, Margret Boveri und Anonyma* (Würzburg, 2014)。参见 Christine Brückner 的 Poenichen 三部曲。

20. Victor Klemperer, "Ich will Zeugnis ablegen bis zum letzten" : Tagebücher 1933–1945, 2 vols. (Berlin, 1995). Cf. Nikolaus Wachsmann, *KL: A History of the Nazi Concentration Camps* (New York, 2015), passim.

21. Heinrich Böll, *Der Engel schwieg: Roman* (Munich, 1997). Cf. Tony Judt, *Postwar: A History of Europe since 1945* (New York, 2005), passim.

22. Karl Jaspers, *The Question of German Guilt* (New York, 1947). Cf. Günter Grass, *Die Blechtrommel: Roman* (Darmstadt, 1959).

23. Hans Modrow, *Ich wollte ein neues Deutschland* (Berlin, 1998). Cf. Eugen Ruge, *In Times of Fading Light: The Story of a Family* (Minneapolis, 2013).

24. Aleida Assmann, *Geschichte im Gedächtnis: Von der individuellen Erfahrung zur öffentlichen Inszenierung* (Munich, 2007)。关于逃亡和被逐的主叙事的确立，见 Peter Gengler 的博士论文 (Chapel Hill, 2018)。

25. Joachim Bässmann, "Bericht eines SS-Mannes über Dienst in Auschwitz," 84; Kosing, *Innenasichten als Zeitzeugnisse*, 5ff; Mandelstam, "Memoirs," passim; Krause, "Unschuldig," preface; Baehrenburg, "Maikäfer flieg," passim.

26. Martin Sieg, *Im Schatten der Wolfschanze: Hitlerjunge auf der Suche nach Sinn—Autobiographische Skizze eines Zeitzeugen* (Münster, 1997), 1f; Will Seelmann-Eggebert, *Weder Narren noch Täter—der Schock kam erst später* (Ahlhorn, 2004), 91–96; Gerhardt B. Thamm, *Boy Soldier: A German Teenager at the Nazi Twilight* (Jefferson, NC, 2000), 2f; Haertel, "Leben in grosser Zeit;" 16, 51f; Debus, *Ein Leben*, passim.

27. Buschmann, *Erinnerungen*, 19f; Grothus, "Horst," 66ff; Bulwin, *Spätes Echo*, 5.

28. Lore Walb, *Ich, die Alte, ich die Junge: Konfrontation mit meinen Tagebüchern 1933–1945* (Berlin, 1998), 18ff; Eva Sternheim-Peters, *Habe ich denn allein gejubelt? Eine Jugend im Nationalsozialismus* (Berlin, 2015), 114ff; Renate Finckh, *Sie versprachen uns die Zukunft: Eine Jugend im Nationalsozialismus* (Tübingen, 2002), 7.

29. Albert Leithold, *Notizen aus "tausendjährigen Reichen"* (Delitzsch, 1994), 11f; Härtel, "Leben in grosser Zeit," 4f; Moosmann, Barfuß, 132. Cf. Eric A. Johnson, *What We Knew: Terror, Mass Murder and Everyday Life in Nazi Germany* (Cambridge, UK, 2005); Longerich, "Davon haben wir nichts gewusst" ; and Mary Fulbrook, *Reckonings: Legacies of Nazi Persecution* (Oxford, UK, 2018).

30. Mahlendorf, *Shame of Survival*, 325ff; Grothus, "Horst," 154ff. Cf. Konrad H. Jarausch, "Selbstkritik als Erinnerungskultur: Grundlagen moralischer Politik in Deutschland?," First annual Sachsenhausen lecture, June 2016.

31. Martin Sieg, *Im Schatten*, 102ff; Klein, *Drinnen und Draußen*, 107ff. Cf. Jeffrey Herf, *Divided Memories: The Nazi Past in the Two Germanys* (Cambridge, UK, 1997), passim.

32. Bässmann, "Bericht eines SS-Mannes," 47. Cf. Patrick Tobin, "Crossroads at Ulm: Postwar West Germany and the 1958 Ulm Einsatzkommando Trial" (Diss., Chapel Hill, 2013); Hannah Arendt, *Eichmann in Jerusalem: A Report on the Banality of Evil* (New York, 2006

[1963]); Peter Weiss, *Die Ermittlung: Oratorium in elf Gesängen* (Frankfurt, 2005).

33. Gerhard Joachim, "Wundersame Reise des Odysseus des XX. Jahrhunderts: Von Hitlers Aufstieg bis zum Untergang der Stalinistischen Ära" (Rostock, 1998), 55ff, 118ff; Klein, *Drinnen und Draußen*, 117ff, 316ff; Kosing, *Innenansichten als Zeitzeugnisse*, 427ff, 535ff. Cf. Jon Olsen, *Tailoring Truth: Politicizing the Past and Negotiating Memory in East Germany, 1945–1990* (New York, 2015).

34. Mahlendorf, *Shame of Survival*, 337ff; Walb, *Ich die Alte*, 21ff; and Fehr, "Erinnerungen," 98, 157. Cf. Grothus, "Mein Leben," 63ff; Grothus, "Horst," 225ff; Sölle, *Gegenwind*, 57f, 70ff; Braune, *Abseits der Protokollstrecke*, 147ff.

35. Albert Gompertz, "Experiences of Albert Gompertz: From Nazi Germany to America" (Palm Beach, 1998), 56 ; Ganor, *Wer bist Du Annuschka?*, 125 ; Ilse Polak, *Meine drei Leben: Die Geschichte einer Papenburger Jüdin* (Papenburg, 2013), 62; Mandelstam, "Memoirs," 52 ; Fritz Stern, *Five Germanys I Have Known* (New York, 2007), 208 ; Georg Iggers, *Zwei Seiten einer Geschichte: Lebensbericht aus unruhigen Zeiten* (Göttingen, 2002), 137 ; Ruth Klüger, *Weiter leben: Eine Jugend* (Göttingen, 1992), 269 ; Werner T. Angress, *Witness to the Storm: A Jewish Journey from Nazi Berlin to the 82nd Airborne, 1920–1945* (Durham, NC, 2012), 331 ; and Judith Magyar Isaacson, *Befreiung in Leipzig: Erinnerungen einer ungarischen Jüdin* (Witzenhausen, 1991), 209.

36. Tom W. Smith and Seokho Kim, "National Pride in Comparative Perspective: 1995/96 and 2003/04," *International Journal of Public Opinion Research* 18 (2006) 127–36; Claudia von Salzen, "Dieses Land hat heute den Beifall der Welt gewonnen," *Tagesspiegel*, January 27, 2016; and Niraj Chokshi, "These Are the World's Best Countries," *Washington Post*, January 21, 2016.

37. Härtel "Leben in grosser Zeit," 6. Cf. Jarausch, *After Hitler*, passim.

38. Schultheis, *Kindheit und Jugend*, 121; Finckh, *Sie versprachen*, 268f. Cf. Volker Berghahn, "The Generation of ' 32 and the Re-Civilizing of Post-Hitler West Germany," in *German Zeitgeschichte: Konturen eines Forschungsfeldes*, edited by Thomas Lindenberger and Martin Sabrow, 128–43 (Göttingen, 2016).

39. Martin Sabrow, "Höcke und wir," January 25, 2017, http://www.zeitgeschichte-online.de/kommentar/hoecke-und-wir.

40. Schoenhals, "Betrogener Idealismus," preface; Grothus, "Horst," 244. Cf. Konrad H. Jarausch, Harald Wenzel, and Karin Goihl, eds, *Different Germans, Many Germanies: New Transatlantic Perspectives* (New York, 2017).

41. Timothy Garton Ash, "In gewisser Hinsicht wäre ein Kanzler Schulz für Europa sogar besser," *Tagesspiegel*, April 2, 2017.

文献列表

缩写

DTA 德国埃门丁根日记档案馆（Deutsches Tagebucharchiv, Emmendingen, Germany）

LBA 纽约莱奥 · 贝克档案馆（Leo Baeck Institute Archive, New York City）

Priv. 私人收藏

Pub. 已出版

SK 艺术学院肯波夫斯基藏品（Sammlung Kempowski in Akademie der Künste）

自传

Alenfeld, Irene. *Warum seid Ihr nicht ausgewandert? Überleben in Berlin 1933 bis 1945*. Berlin, 2008. Pub.

Andrée, Horst. *Stationen meines Lebens*. Boxberg, 2000. DTA.

Angress, Werner T. *Witness to the Storm: A Jewish Journey from Nazi Berlin to the 82nd Airborne, 1920–1945*. Durham, NC, 2012. Pub.

Baehrenburg, Ursula. "'Maikäfer flieg,' Lebenserinnerungen 1920–2005." Lautertal, 2005. DTA.

Baucke, Gerhard. *Das Buch gehört dazu! Gute Seiten—schlechte Seiten: Spiegelbild erlebter Zeiten, 1919–1999*. Berlin, 2002. SK.

Beilmann, Christel. *Eine katholische Jugend in Gottes und dem Dritten Reich: Briefe, Berichte, Gedrucktes 1930–1945; Kommentare 1988/89. Wuppertal, 1989*. Pub.

Berger, Gabriel. *"Mir langt's, ich gehe" : Der Lebensweg eiens DDR-Atomphysikers von Anpassung zu Aufruhr*. Freiburg, 1988. Pub.

Bork, Ingrid. *Jedes Unglück hat ein Glück in sich: Friedrichshainer Lebenserinnerungen*.

Berlin, 2010. Pub.

Braune, Werner. *Abseits der Protokollstrecke: Erinnerungen eines Pfarrers an die DDR*. Berlin, 2009. Pub.

Bruhns, Wibke. *My Father's Country: The Story of a German Family*. New York, 2008. Pub.

Bulwin, Ruth. *Spätes Echo: Erzählungen aus Großmutters jungen Jahren*. Wismar, 2014. Pub.

Buschmann, *Heinrich Johann. Erinnerungen aus meinem Leben in der DDR*. Berlin, 2010. Pub.

Debus, Hermann. *Ein Leben im Wandel der Zeiten*. Dörscheid, 2002. SK.

Ehrle, Gustav. "Lebenserinnerungen," Anlagen 2 and 3. SK.

Elias, Ruth. *Die Hoffnung hielt mich am Leben: Mein Weg von eresienstadt und Auschwitz nach Israel*. Munich, 1990. Pub.

Eyck, Frank. *A Historian's Pilgrimage: Memoirs and Reflections*, edited by Rosemarie Eyck. Calgary, 2009. Pub.

Fehr, Bettina. "Erinnerungen." Bonn, 2005. Priv.

Feigel, Werner. *Mission Gerechtigkeit: Ein Leben für die DDR*. Ribnitz-Damgarten, 2014. Pub.

Fest, Joachim. *Not I: Memoirs of a German Childhood*. New York, 2014. Pub.

Finckh, Renate. *Sie versprachen uns die Zukunft: Eine Jugend im Nationalsozialismus*. Tübingen, 2002. Pub.

Fischer, Gudrun. "Mein 14. Geburtstag und dann . . . Eine Allensteinerin berichtet." SK.

Frenzel, Paul. *40 verlorene Jahre: Erinnerungen an die Diktatur des nationalen und des realen Sozialismus*, edited by Jürgen Schneider. Stuttgart, 1994. Pub.

Ganor, Niza. *Wer bist Du Anuschka? Die Überlebensgeschichte eines jüdischen Mädchens*. Munich, 1999. Pub.

Gay, Peter. *My German Question: Growing Up in Nazi Berlin. New Haven*, CT, 1998. Pub.

Gompertz, Albert. "Experiences of Albert Gompertz: From Nazi Germany to America."

Palm Beach, 1998. LBA.

Grah, Ingeborg. "Die rote Käthe." SK.

Greiffenhagen, Martin. *Jahrgang 1928: Aus einem unruhigen Leben*. Munich, 1988. Pub.

Gros, Günter. "Flucht und Heimkehr aus russischer Gefangenscha." Giessen, 1945. DTA.

Groschek, Christel. *Die totgemachte Seele*. Egelsbach, 1999. Pub.

Grothus, Gisela. "Mein Leben als glückliche Mutter, Großmutter, Medizinisch

Technische Assistentin, Büromanagerin, Verlegerin, Zeugin der Weltkatastrophe und des Wiederaufbaus, Feministin und Aktivistin für gleiche Rechte und Chancen aller Frauen." Dorsten, n.d. Priv.

Grothus, Horst. "Horst in seiner Zeit auf dem Wege zum Nationalsozialisten, Militaristen, Patrioten, Flieger, Heldentod, Hungertod, Amputierten, Ehegatten über sechs Jahrzehnte, in Liebe und einer neuen Kultur, Vater, Ingenieur, Manager, Freiberu er, Management- guru, Wissenscha ler, Sozialisten, Kosmopoliten, Politiker, Zivilbürger, Intellektuellen, Weltverbesserer, Störer, Liberalen." Dorsten, n.d. Priv.

Grün, Max von der. *Wie war das eigentlich? Kindheit und Jugend im Dritten Reich*. Darmstadt, 1979. Pub.

Härtel, Karl. "Leben in grosser Zeit: Von den goldenen 20ern bis zum Zusammenbruch des Deutschen Reiches und dem beginnenden Wiederau au." Leopoldshafen, 1996. DTA.

Hasemann, Erich. *Als Soldat in der DDR: Erinnerungen aus über dreißigjähriger Dienstzeit in den bewa neten Organen der DDR*. Berlin, 1997. Pub.

Hecht, Ingeborg. *Als unsichtbare Mauern wuchsen: Eine deutsche Familie unter den Nürnberger Rassengesetzen*, 3rd ed. Hamburg, 2010. Pub.

Helmer, Erich. "'Der Tornister' : Autobiographie 1922–1983." 3 vols. Braunschweig, 1983. DTA.

Hubbe, Wolfgang. "Übernen Graben: Protokoll einer Fahnen ucht." SK.

Huber, Anneliese. "Das war mein Leben." Freiburg, 2000. DTA.

Hübschmann, Klaus. *Trotzdem—(m)ein pralles Leben in der DDR*. Berlin, 2015. Pub.

Iggers, Wilma, and Georg Iggers. *Zwei Seiten einer Geschichte: Lebensbericht aus unruhigen Zeiten*. Göttingen, 2002. Pub.

Isaacson, Judith Magyar. *Befreiung in Leipzig: Erinnerungen einer ungarischen Jüdin*. Witzenhausen, 1991. Pub.

Jarausch, Bruno. "Erinnerungen in einer schlesisch-märkischen Familie." Berlin, n.d. Priv.

Joachim, Gerhard. "Die wundersame Reise des Odysseus des XX. Jahrhunderts: Von Hitlers Aufstieg bis zum Untergang der stalinistischen Ära." Rostock, 1998. SK.

Johannsen, Horst. *Ein Leben von Diktatur zu Diktatur. Bromskirchen, 2003.* DTA.

Klein, Fritz. *Drinnen und Draußen: Ein Historiker in der DDR; Erinnerungen*. Frankfurt, 2000. Pub. Manuscript in Akademie der Wissenschaft.

Klüger, Ruth. *Unterwegs verloren: Erinnerungen*. Vienna, 2008. Pub.

——. *Weiter leben: Eine Jugend*. Göttingen, 1992. Pub.

Koch, Gertrud. *Edelweiß: Meine Jugend als Widerstandskämpferin*. Reinbeck, 2006.

Pub. Kolesnyk, Sonja. "Alte Zeiten." Ingolstadt, 1987. SK.

Kolesnyk, Wilhelm. "Wie es dazu kam, dass ich Nationalsozialist wurde." N.p., n.d. SK. Kosing, Alfred. *Innenansichten als Zeitzeugnisse: Philosophie und Politik in der DDR*. Berlin, 2008. Pub.

Krapf, Gerhard. "Recollections." 9 vols. Edmonton, 1990s. Priv.

Krause, Günter. "Unschuldig zu 10 Jahren Arbeitslager verurteilt vom sowjetischen Geheimdienst (NKWD) 1946–1950: Gera, Weimar, Sachsenhausen, Waldheim." 2006. DTA.

Krohmer, Fritz. *Verwischte Spuren: Erinnerungen eines Kriegskindes 1933–1945. Erdmannhausen, 1992*. Pub.

Lehmann, Helmi. *Verwehte Spuren: aus dem Leben unseres Vaters Friedrich Wilhelm Lehmann*. Schliersee, n.d. Priv.

Leithold, Albert. *Notizen aus "tausendjährigen Reichen."* Delitzsch, 1994. Pub.

Mahlendorf, Ursula R. *Shame of Survival: Working through a Nazi Childhood*. University Park, PA, 2009. Pub.

Mandelstam, Lucy. *Memoirs*. Netanya, 1998. LBA.

Manz, Günter. *Aufstieg und Fall des Landes DDR: Erinnerungen und Ansichten*. Berlin, 2002. Pub.

Meyerstein, Heinz Jehuda. *Gehetzt, gejagt und entkommen: Von Göttingen über München und das KZ Dachau nach Holland, Deutschland, Holland und durch Frankreich über die Pyrenäen in Spanien gerettet*. Konstanz, 2008. Pub.

Moosmann, Agnes. *Barfuß aber nicht arm: Kindheit und Jugend in Bodnegg*. Sigmaringen, 1985. Pub.

Neglein, Hans-Gerd.... *und die Verantwortung trage ich! Aus der Chefetage der Wirtschaft zum Naturschutz in Andalusien*. Frankfurt, 2008. Pub.

Neumaier, Robert. "Das war—Das ist mein Leben 1924–2006." DTA.

Petzold, Joachim. *Parteinahme wofür? DDR-Historiker im Spannungsfeld von Politik undWissenschaft*. Potsdam, 2000. Pub.

Polak, Ilse. *Meine drei Leben. Geschichte einer Papenburger Jüdin*. Papenburg, 2013. Pub.

Queiser, Hans R. *Du gehörst dem Führer! Vom Hitlerjungen zum Kriegsberichter: Ein autobiographischer Bericht*. Cologne, 1993. Pub.

Raschdorff, Hellmut. "Mein Leben von 1922 bis Ende 2003." Freiburg, 2003. DTA.

Richter, Hans Peter. *I Was There*. New York, 1973. Pub.

Schirmer, Hans-Harald. "Erinnerungen an die Familie Hans und Luise Schirmer aus Wolfenbüttel: Von den Lebensbedingungen einer Arbeiterfamilie und ihrer Verwandten in den Krisenjahren nach der Inflation 1923, unter der Nazidiktatur ab 1933 bis zum Kriegsende 1945 und vom Neubeginn." SK.

Schoenhals, Dieter. "Auch ich war in Arkadien geboren . . . oder erstens kommt es

anders, zweitens als man denkt." Stockholm, 1985. Priv.
——. "Betrogener Idealismus oder unglaubliche Naivität" Stockholm, 1985. Priv.
Schöffski, Benno. "Meine Familiengeschichte von 1835 bis 1980." Berlin, 1980. Priv.
Schöffski, Edith. "Erinnerungen: Nur in der Rückschau, in der Zusammenfassung alles Erfahrenen, besitzen wir unser Leben ganz." Berlin, n.d. Priv.
Scholz-Eule, Eberhard, ed. *Wir Scholz-Kinder vom Herrnvorwerk: Aus dem Leben einer schlesischen Familie daheim und in der Zerstreuung*, 3rd ed. St. Georgen, 2008. DTA.
Schultheis, Heinz. *Kindheit und Jugend zwischen den Kriegen, Erwachsenenwerden danach: Gießener Erinnerungen aus den Zwanziger und Dreißiger Jahren und weiter bis 1950.* Leverkusen, 2010. DTA.
Seelmann-Eggebert, Will. *Weder Narren noch Täter—der Schock kam erst später: Eine glückliche Jugend und erfüllte Jahre in bewegter Zeit.* Ahlhorn, 2004. Pub.
Sieg, Martin. *Im Schatten der Wolfschanze: Hitlerjunge auf der Suche nach Sinn—Autobiographische Skizze eines Zeitzeugen*. Münster, 1997. Pub.
Simon, Marie. *Underground in Berlin: A Young Woman's Extraordinary Tale of Survival in the Heart of Nazi Germany*. New York, 2015. Pub.
Sölle, Dorothee. *Gegenwind: Erinnerungen*. Hamburg, 1995. Pub.
Stern, Fritz. *Five Germanys I Have Known*. New York, 2006. Pub.
Sternheim-Peters, Eva. *Habe ich denn allein gejubelt? Eine Jugend im Nationalsozialismus*. Berlin, 2015. Pub.
Taubhorn, Erika. "Mein Leben: Erinnerungen." Wuppertal, 2000. DTA.
Tausch, Hans. "Mein Lebensbericht." Forchheim, 1984. SK.
Thamm, Gerhardt B. *Boy Soldier: A German Teenager in the Nazi Twilight*. Jefferson, NC, 2000. Pub.
Ünaldi, Mehmet. *Mehmet—Ich Gastarbeiter und Türke: Erinnerungen eines Gastarbeiters der ersten Generation*. Münster, 2014. Pub.
Walb, Lore. *Ich, die Alte, ich, die Junge: Konfrontation mit meinen Tagebüchern 1933–1945*. Berlin, 1998. Pub.
Warmbrunn, Werner. "The Terrace Memoirs." Laguna Beach, CA, 1999–2000. LBA.
Weigelt, Winfried. *Mein langes Leben.* Schwerin, 2017. Pub.
Witolla, Jakobine. "Tagebuch, 1923–1990." Hameln, 1990. SK.

记忆片段

Anonyma. *Eine Frau in Berlin: Tagebuchaufzeichnungen vom 20. April bis 22. Juni 1945*. Frankfurt, 2003. Pub.
Bässmann, Joachim. "Bericht eines SS-Mannes über Dienst in Auschwitz." SK.
Botz, Gerhard, ed. *Schweigen und Reden einer Generation: Erinnerungsgespräche*

mit Opfern, Tätern und Mitläufern des Nationalsozialismus, 2nd ed. Vienna, 2007. Pub.

Bronnen, Barbara. *Geschichten vom Überleben: Frauentagebücher aus der NS-Zeit*. Munich, 1998. Pub.

Bulwin, Ruth. "Briefe an ihre Eltern, 1937–1945," transcribed by Brigitte Stark. Priv.

Busch, Marianne. "1. September 1943 bis 21. Januar 1945." DTA.

Dörr, Margarete. *"Wer die Zeit nicht miterlebt hat . . ." Frauenerfahrungen im Zweiten Weltkrieg und in den Jahren danach*. 3 vols. Frankfurt, 1998. Pub.

Hagemann, Günther. Interview with Harro Matthiessen. Hamburg, 1995. Priv.

Hagenauer, Johanna. "Flucht aus Würzburg 1945." Munich, 2015.

Homeyer, Wilhelm. Letters from Russian prison camp. SK.

——. "Die letzten Stunden." Medenau, 1945. SK.

Keil, Jack Baruch. "Untitled Memoirs." LBI.

Lindauer, Inge. "Tagebuch der Flucht aus Oberschlesien." 1945. SK.

Marlens, Hanna. "Untitled Memoirs." Huntington, 1970. LBI.

Mueller, Irmgard. Repeated oral communication. Chapel Hill, NC, 1990s. Stekeler-Weithofer, Pirmin. "Papas Briefe und andere." Leipzig, 2017. Priv. Weinberg, Gerhard. Oral communication. Chapel Hill, NC, 2016.

索引

（按汉语拼音顺序排列，页码见本书边码）

B

C

G

H

N

O

P

Q

R

S

X

Y

Z

M 译丛

imaginist [MIRROR]

001 没有宽恕就没有未来
[南非] 德斯蒙德 · 图图 著

002 漫漫自由路：曼德拉自传
[南非] 纳尔逊 · 曼德拉 著

003 断臂上的花朵：人生与法律的奇幻炼金术
[南非] 奥比 · 萨克斯 著

004 历史的终结与最后的人
[美] 弗朗西斯 · 福山 著

005 政治秩序的起源：从前人类时代到法国大革命
[美] 弗朗西斯 · 福山 著

006 事实即颠覆：无以名之的十年的政治写作
[英] 蒂莫西 · 加顿艾什 著

007 苏联的最后一天：莫斯科，1991 年 12 月 25 日
[爱尔兰] 康纳 · 奥克莱利 著

008 耳语者：斯大林时代苏联的私人生活
[英] 奥兰多 · 费吉斯 著

009 零年：1945：现代世界诞生的时刻
[荷] 伊恩 · 布鲁玛 著

010 大断裂：人类本性与社会秩序的重建
[美] 弗朗西斯 · 福山 著

011 政治秩序与政治衰败：从工业革命到民主全球化
[美] 弗朗西斯 · 福山 著

012 罪孽的报应：德国和日本的战争记忆
[荷] 伊恩 · 布鲁玛 著

013 档案：一部个人史
[英] 蒂莫西 · 加顿艾什 著

014 布达佩斯往事：冷战时期一个东欧家庭的秘密档案
[美] 卡蒂 · 马顿 著

015 古拉格之恋：一个爱情与求生的真实故事
[英] 奥兰多 · 费吉斯 著

016 信任：社会美德与创造经济繁荣
[美] 弗朗西斯 · 福山 著

017 奥斯维辛：一部历史
[英] 劳伦斯 · 里斯 著

018 活着回来的男人：一个普通日本兵的二战及战后生命史
[日] 小熊英二 著

019 我们的后人类未来：生物科技革命的后果
[美] 弗朗西斯 · 福山 著

020　奥斯曼帝国的衰亡：一战中东，1914—1920

［英］尤金·罗根 著

021　国家构建：21 世纪的国家治理与世界秩序

［美］弗朗西斯·福山 著

022　战争、枪炮与选票

［英］保罗·科利尔 著

023　金与铁：俾斯麦、布莱希罗德与德意志帝国的建立

［美］弗里茨·斯特恩 著

024　创造日本：1853—1964

［荷］伊恩·布鲁玛 著

025　娜塔莎之舞：俄罗斯文化史

［英］奥兰多·费吉斯 著

026　日本之镜：日本文化中的英雄与恶人

［荷］伊恩·布鲁玛 著

027　教宗与墨索里尼：庇护十一世与法西斯崛起秘史

［美］大卫·I. 科泽 著

028　明治天皇：1852—1912

［美］唐纳德·基恩 著

029　八月炮火

［美］巴巴拉·W. 塔奇曼 著

030　资本之都：21 世纪德里的美好与野蛮

［英］拉纳·达斯古普塔 著

031　回访历史：新东欧之旅

［美］伊娃·霍夫曼 著

032　克里米亚战争：被遗忘的帝国博弈

［英］奥兰多·费吉斯 著

033　拉丁美洲被切开的血管

［乌拉圭］爱德华多·加莱亚诺 著

034　不敢懈怠：曼德拉的总统岁月

［南非］纳尔逊·曼德拉、曼迪拉·蓝加 著

035　圣经与利剑：英国和巴勒斯坦——从青铜时代到贝尔福宣言

［美］巴巴拉·W. 塔奇曼 著

036　战争时期日本精神史：1931—1945

［日］鹤见俊辅 著

037　印尼 Etc.：众神遗落的珍珠

［英］伊丽莎白·皮萨尼 著

038　第三帝国的到来

［英］理查德·J. 埃文斯 著

039　当权的第三帝国

［英］理查德·J. 埃文斯 著

040　战时的第三帝国
[英] 理查德 · J. 埃文斯 著

041　耶路撒冷之前的艾希曼：平庸面具下的大屠杀刽子手
[德] 贝蒂娜 · 施汤内特 著

042　残酷剧场：艺术、电影与战争阴影
[荷] 伊恩 · 布鲁玛 著

043　资本主义的未来
[英] 保罗 · 科利尔 著

044　救赎者：拉丁美洲的面孔与思想
[墨] 恩里克 · 克劳泽 著

045　滔天洪水：第一次世界大战与全球秩序的重建
[英] 亚当 · 图兹 著

046　风雨横渡：英国、奴隶和美国革命
[英] 西蒙 · 沙玛 著

047　崩盘：全球金融危机如何重塑世界
[英] 亚当 · 图兹 著

048　西方政治传统：近代自由主义之发展
[美] 弗雷德里克 · 沃特金斯 著

049　美国的反智传统
[美] 理查德 · 霍夫施塔特 著

050　东京绮梦：日本最后的前卫年代
[荷] 伊恩 · 布鲁玛 著

051　身份政治：对尊严与认同的渴求
[美] 弗朗西斯 · 福山 著

052　漫长的战败：日本的文化创伤、记忆与认同
[美] 桥本明子 著

053　与屠刀为邻：幸存者、刽子手与卢旺达大屠杀的记忆
[法] 让 · 哈茨菲尔德 著

054　破碎的生活：普通德国人经历的 20 世纪
[美] 康拉德 · H. 雅劳施 著